Manfred Sader

Psychologie
der Gruppe

Juventa Verlag Weinheim und München 1991

Der Autor
Manfred Sader ist Professor für Psychologie an der Westfälischen Wilhelms-Universität Münster. Er war dort von 1968 bis 1984 Direktor des Psychologischen Instituts. Seine Hauptarbeitsgebiete liegen in den Bereichen der Persönlichkeits- und Sozialpsychologie.

Die Deutsche Bibliothek — CIP-Einheitsaufnahme

Sader, Manfred:
Psychologie der Gruppe / Manfred Sader. — Völlige Neubearb.
der 2. Aufl. — Weinheim ; München : Juventa Verlag, 1991
 (Grundlagentexte Psychologie)

ISBN 3-7799-0315-6

Dieser Band stellt eine völlige Neubearbeitung der 1976 (2. Aufl. 1979) erschienenen „Psychologie der Gruppe" dar.

© 1991 Juventa Verlag Weinheim und München
Umschlaggestaltung: Atelier Warminski, 6470 Büdingen 8
Umschlagabbildung: Satirische Darstellung einer Schulszene. Kupferstich nach Peter Brueghel d. Ä. 1557
Printed in Germany

ISBN 3-7799-0315-6

Vorwort zur Neuausgabe

Die erste Auflage dieses Bandes ist 1976 erschienen, ein unveränderter Nachdruck als 2. Auflage 1979. Als sich 1988 die Notwendigkeit einer 3. Auflage abzeichnete, mißfiel es mir, den von der Forschungssubstanz her fast 15 Jahre alten Band unverändert zu belassen oder, mit leichten Überarbeitungen aufgefrischt, in die 3. Runde zu schicken. Ich begann 1988 eine Überarbeitung vorzubereiten, Leselisten anzulegen und in Exzerptsammlungen zu verwandeln. Diese Eichhörnchenphase ist mir dann unter den Händen (zwar weiß ich viel, doch will ich alles wissen) zu groß und unhandlich geworden. Als ich im Februar 1990 endlich mit dem Formulieren begann, mußte ich daher nicht nur einen weitgehend neuen Text herstellen, sondern auch stark auswählen und vieles weglassen, um den von der Bandreihe vorgegebenen und auch sachlich vernünftigen Umfang nicht zu überschreiten. Ich hoffe, das Weglassen zahlloser Einzelarbeiten und Gedankengänge ist dem Band letztlich gut bekommen.

In der Sozialpsychologie wird der gegenwärtige Stand der Kleingruppenforschung zumeist ziemlich negativ beurteilt. Es ist viel von Theorie- und Ergebnislosigkeit die Rede, das Fehlen von Fortschritten wird bemängelt, die Sinnleere von großen Teilen der Laborforschung beklagt. Freilich kommen mir diese Klagen ein wenig vor wie die eines Menschen, der auf der Autobahn von Düsseldorf nach Duisburg latscht und sich über das Fehlen von Wanderwegen in Deutschland beklagt: Er sollte sich eine Wanderkarte kaufen. Zu Beginn meiner wissenschaftlichen Laufbahn wurden in Deutschland maximal von einigen Dutzend Leuten wissenschaftliche Publikationen erstellt, heute hat sich die Zahl verhundertfacht. Da ist es denn auch kein Wunder, daß eine Vielzahl von Abitursaufsätzen und Gesellenstücken entsteht, deren Hersteller weniger an der Weiterführung der Wissenschaft und mehr an dem Nachweis eigener regelgerechter Methodenbeherrschung interessiert sind. Mein Bemühen ging angesichts dieser Situation vor allem dahin, eine Art *kognitiver Landkarte* anzubieten und nicht eine Art Nachschlagewerk zusammenzustellen. Daher habe ich öfters der Versuchung widerstanden, zahllose Einzelexperimente mit je drei bis fünf Zeilen zu charakterisieren und habe es zumeist vorgezogen, paradigmatisch wenige Untersuchungen gründlicher und ausführlicher darzustellen. Insgesamt sollte so eine Art Einführung entstanden sein, die dem Leser behilflich ist, selbständig weiter in dieses Gebiet einzudringen. Theoretischer Stellenwert und praktische Nützlichkeit stehen im Zentrum; Denkmodelle, Paradigmen und praktische Ratschläge spielen eine wesentliche Rolle; vor der Behandlung eines Themas werden nichtbehandelte Themen und Teilaspekte gekennzeichnet. Vor allem aber habe ich mir viel Mühe mit der Benennung und Charakterisierung von weiterführender Literatur gegeben; dabei habe ich nach Möglichkeit neuere und neueste Entwicklungen bevorzugt (Die klassischen älteren Arbeiten finden sich leicht in jedem Lehrbuch wieder.). Außerdem habe ich versucht, Querverbindungen zu anderen Teilbereichen der Psychologie zu ziehen oder doch wenigstens anzudeuten. Und schließlich habe ich einige Anstrengungen darauf verwendet, auch über den Bretterzaun hinauszublicken, der die signifikanten, empirisch abgesicherten Ergebnisse von anderen Ereignissen dieser Welt sorgfältig abschirmt.

Abschließend möchte ich mich bei allen denjenigen herzlich bedanken, die in der einen oder anderen Weise dazu beigetragen haben, daß diese schwierige Überarbeitung überhaupt zu einem guten Ende gekommen ist. An der kritischen Lektüre früher Fassungen, der Erstellung von Texten, dem Lesen von Korrekturen und dem Erstellen der Register waren beteiligt: Susanne Buck-Madert, Waltraud Fischer, Anne Horstmann, Martina Kock, Birgit Pingel, Stefan Pohlmann, Stefanie Schäferhoff, Peter Schwenkmezger, Matthias Sümpelmann, Annette Viebahn und Christina Wiesemann.

Münster, Mai 1991
Manfred Sader

Inhalt

4. Gruppe und Gruppenprozeß

5. Informationsprozesse

6. Konformität und Autonomie

8

7. Entscheidungsprozesse

8. Führungsverhalten

1. Kapitel:
Vorüberlegungen zu Möglichkeiten und Grenzen der Erforschung von Strukturen und Prozessen in Gruppen

Gewöhnlich fangen Einführungsbücher mit Definitionen und Bereichsabgrenzungen an: Was ist Psychologie? Was ist eine Gruppe? Und auf welch kleinen Teil des Wissenswerten, ja eigentlich Unerläßlichen, müssen wir uns hier aus Raumgründen beschränken? Dergleichen Erörterungen sind auch in diesem Buch unvermeidlich. Ich will jedoch versuchen, den Leser und sein Interesse dadurch wachzuhalten, daß ich zunächst mit einem konkreten Stück Forschung beginne und einige begriffliche und methodologische Erörterungen an diesem Beispiel einführe und diskutiere.

Das Kapitel beginnt daher mit Forschungsbericht und Diskussion über eine naheliegende und zentrale Frage einer Psychologie der Gruppe: *Sind Gruppen risikofreudiger als der Einzelne? Sollen wir in unserer Gesellschaft wichtige und riskante Entscheidungen lieber durch einzelne oder durch Gruppen fällen lassen?* An dieses eindrucksvolle Demonstrationsbeispiel empirischer Forschung schließe ich dann eine allgemeinere und grundsätzliche Reflexion über die Möglichkeiten und Grenzen, vor allem auch über den praktischen Nutzen des sozialpsychologischen Forschungsbetriebes an. Hauptsächlich geht es dabei um experimentelle Forschung unter den reduzierten Bedingungen des Laboratoriums: Es werden Lösungsvorschläge diskutiert und an Beispielen konkretisiert. Auf Definitionen der Gruppe muß der Leser bis zum 2. Kapitel warten.

Das Risikoschub-Phänomen

Sind Gruppen risikofreudiger als der Einzelne?

Im Jahre 1961 wurde eine Magisterarbeit am Sloan College des Massachusetts Institute of Technology eingereicht, die den Titel hatte: Ein Vergleich von individuellen und Gruppenentscheidungen unter Einbeziehung von Risiko. Der Autor, J.A.F. Stoner, berichtete darin über folgendes von ihm durchgeführte Experiment: Er hatte einer Gruppe von Studenten höheren Semesters zunächst im Einzelversuch einen Fragebogen vorgelegt, bei dem sich diese Studenten bei sprachlich vorgegebenen lebensnahen Situationen jeweils für eine von zwei Alternativen entscheiden sollten. Diese Situationen waren so geschildert, daß in jedem Fall einem bestimmten Erfolg ein bestimmtes Risiko gegenüberstand. Nachdem auf diese Weise für jeden der Beteiligten Meßgrößen für Risikobereitschaft erhoben worden waren, wurden Gruppendiskussionen zum jeweils gleichen Thema veranstaltet. Nach deren Beendigung wurde die Gruppe gebeten, die vorher vom Einzelnen getroffenen Entscheidungen als Gruppe zu wiederholen. Ergebnis: *Die Gruppen erwiesen sich als wesentlich risikofreudiger als der Einzelne.*

Dieser Sachverhalt wurde *Risikoschub-Phänomen* (risky shift) getauft; Unternehmungen zu diesem Phänomen waren ein zentrales Thema der Entscheidungsforschung von 1962 an bis in die letzten Jahre. Dabei war die Verfahrensweise uneinheitlich und mithin auch die Definition dessen, was als Risikoschub-Phänomen angesehen wurde: Teils ging es um Veränderung gewissermaßen privater Aussagen vor und nach einer einschlägigen Gruppendiskussion, teils um den Unterschied zwischen privater Aussage vorher und „öffentlicher" Aussage nach oder im Rahmen einer Gruppendiskussion.

Die ursprüngliche Magisterarbeit von Stoner ist niemals veröffentlicht worden, aber sie wurde von zwei Mitgliedern des Prüfungsausschusses in späteren eigenen Veröffentlichungen erwähnt. Cartwright (1973) hat sich in einer sehr lesenswerten Arbeit die Mühe gemacht, die wissenschaftliche Geschichte dieses Phänomens zusammenzutragen (vgl. auch Marquis, 1962; Wallach, Kogan & Bem, 1962).

Die inhaltliche Bedeutung und die gesellschaftlichen Konsequenzen eines solchen Befundes liegen auf der Hand: Ständig werden von Einzelnen und von Gremien Entscheidungen getroffen, im Alltag wie in der Industrie, im Bildungswesen wie in der Politik. Viele solche Entscheidungen sind ein Abwägen zwischen Risiken; in vielen Fällen wäre es erwünscht, wenn nicht sogar dringend geboten, Entscheidungsprozesse so zu organisieren, daß das Risiko gering bleibt. Man kann dabei an die Entscheidungen von Hochschulgremien denken, man kann die Ent-

12

scheidung einer Wandergruppe im Hochgebirge bei Lawinengefahr im Auge haben, man kann auch an die Verantwortung für Krieg und Frieden und an Entscheidungen für oder gegen das Auslösen von Atombomben denken. Dieser letzte und spektakulärste Fall wird in den Untersuchungen häufig als Begründung für die Relevanz solcher Forschungsergebnisse herangezogen.

Kann man Risikofreudigkeit messen?

Wenn uns jemand empirische Forschungsergebnisse vorsetzt und daraus praktische Folgerungen ableitet, nach denen wir uns womöglich auch noch richten sollen, so ist es zweckmäßig, dergleichen weder in naiver Wissenschaftsgläubigkeit voreilig zu akzeptieren, noch es andererseits generell als bloßes Laboratoriumsexperiment abzulehnen. Im allgemeinen ist es fruchtbarer, sich den Befunden und den Bedingungen, unter denen sie erhoben worden sind, direkt zuzuwenden.

Daher möchte ich meine kritische Diskussion der Risikoschub-Problematik mit der Darstellung eines der frühen „klassischen" Experimente beginnen. Da die Arbeit von Stoner (1961) nicht zugänglich ist, beschreibe ich eine der zentralen Folgearbeiten (Wallach, Kogan & Bem, 1962).

Teilnehmer an diesem Experiment waren 218 Kunststudenten der Universität von Colorado, von denen 167 zur Experimentier- und 51 zur Kontrollgruppe gehörten. Sie wurden für die Teilnahme an dem Versuch bezahlt. Die Studenten wurden in Gruppen zu je sechs Teilnehmern zu einem Versuchstermin bestellt; es gab also insgesamt 28 solcher Gruppen, 14 bestanden nur aus männlichen, die anderen 14 nur aus weiblichen Teilnehmern. Den Studenten wurde zu Beginn erläutert, daß der Versuch etwa zwei Stunden dauern werde, sie wurden dann zunächst mit einem Fragebogen konfrontiert, in dem zwölf Situationen kurz geschildert waren. In allen diesen Situationen gab es zwei Alternativen, deren eine riskanter als die andere war; die riskantere war aber auch im positiven Fall erstrebenswerter. Ich gebe zwei dieser Fragen wieder.

(2) Ein Mann mit einer schweren Herzerkrankung hat die Wahl, entweder seine alltägliche Lebensführung ernstlich einzuschränken oder aber sich einer schwierigen Operation zu unterziehen, die ihn völlig wiederherstellen kann, im ungünstigen Fall aber tödlich endet.

(8) Ein älterer Student mit beträchtlicher musikalischer Begabung hat die Wahl zwischen dem sicheren Ausbildungsgang eines Medizinstudiums und anschließender Tätigkeit als Arzt und dem riskanteren Weg einer Karriere als Konzertpianist.

Die Teilnehmer werden einzeln gebeten, für jede dieser Vorgaben anzugeben, bis zu welchem Wahrscheinlichkeitsgrad des Eintreffens der ungünstigen Alternative sie diese in Kauf nehmen würden. Sie sollen dazu in Werten von 0 (Gefahr ist praktisch nicht gegeben) bis 10 (Ereignis tritt sicher ein) das maximale Risiko benennen, welches sie für die jeweilige Situation in Kauf nehmen würden. Im Anschluß an diese Alternativenbewertung gibt es eine Gruppendiskussion; danach folgt eine erneute Bewertung der Alternativen.

Diese Werte, pro Teilnehmer über die Antworten aufsummiert, ergeben die Meßgröße für so etwas wie *Risikoneigung*. Je größer der Wert, um so weniger ist der Versuchsteilnehmer geneigt, in dieser – vorgestellten – Situation ein Risiko einzugehen.

Im Anschluß an diese Einzelbeantwortung wurden Teilnehmer zu einer gemeinsamen Diskussion jeder dieser Fragen veranlaßt. Die vorherige Beantwortung wurde hingestellt als „Gelegenheit, sich schon mal mit den Fragen vertraut zu machen". In der Gruppendiskussion sollten sich die Teilnehmer dann auf einen gemeinsamen Wert einigen. Die Größe des Risikoschub-Phänomens wurde dabei operational definiert als die Differenz zwischen dem Mittelwert der Einzelbeurteilung und entweder dem in der Gruppendiskussion gemeinsam festgelegten Punktwert, oder aber als Differenz zwischen Einzelbeurteilungen vor und nach der Gruppendiskussion.

Das wesentliche Ergebnis: Über Fragen und Gruppen aufaddiert, läßt sich insgesamt ein klares und statistisch bedeutsames „Anwachsen der Risikoneigung" durch die Gruppendiskussion bzw. in der Gruppendiskussion nachweisen. Dies gilt für die 14 männlichen Gruppen genauso wie für die 14 Gruppen mit weiblichen Teilnehmern.

Läßt sich nun aus den Ergebnissen dieses Experiments schließen oder auch nur wahrscheinlich machen, daß *ganz allgemein* die Risikofreudigkeit bei Entscheidungen in der Gruppe größer ist als bei Entscheidungen des Einzelnen? Das ist offensichtlich nicht der Fall. Das Risikoschub-Phänomen selbst ist in diesem Experiment zwar überzeugend demonstriert worden, aber die Frage bleibt zunächst völlig offen, wie sich andere Menschen in vergleichbaren oder gar völlig anderen Situationen verhalten werden.

Ich will das Beispiel benutzen, um daran anknüpfend einige Reflexionen über Verallgemeinerbarkeit, Reichweite und vor allem den Nutzen solcher Forschungsergebnisse anzustellen. Zuvor jedoch noch ein Blick auf die Weiterentwicklung der inhaltlichen Fragestellung.

196 weitere Experimente zum Risikoschub-Phänomen: Eine traurige Bilanz

Selten gab es in der Psychologie einen solchen Senkrechtstarter wie diesen. Innerhalb von zehn Jahren erschienen 196 Einzelveröffentlichungen zu diesem Thema; 187 Wissenschaftler aus acht Ländern waren daran beteiligt; das Thema wurde rasch in die Lehrbücher aufgenommen, gelegentlich wird ihm ein ganzes Buchkapitel gewidmet (Brown, 1965). In den weitaus meisten Veröffentlichungen der sechziger und frühen siebziger Jahre wird übereinstimmend als Ergebnis berichtet, daß Gruppen risikofreudiger seien als der Einzelne.

Dieser rasche Siegeszug des Risikoschub-Phänomens durch die psychologischen Laboratorien nicht nur der USA scheint uns unter vielerlei Gesichtspunkten einleuchtend und nachvollziehbar. Vor allem hängt die Beliebtheit des Ansatzes sicher mit seiner einfachen Handhabbarkeit zusammen. Wissenschaftler im Hochschulbetrieb stehen unter Erfolgszwang; sie müssen sich als Wissenschaftler ausweisen. Da Erfolg häufig quantitativ an der Anzahl der Veröffentlichungen gemessen wird, ist es verständlich und naheliegend, daß erfolgversprechende, übersichtliche und leicht realisierbare (voraussetzungslose, atheoretische und mit bereits vorliegendem Material arbeitende) Ansätze bevorzugt werden.

Das Risikoschub-Phänomen ist überdies unmittelbar einleuchtend. Wir alle erleben im Alltag, daß die Entscheidungsfreudigkeit im sicheren Rahmen einer Gruppe größer sein kann. Die Verantwortung für die Konsequenzen wird unter viele aufgeteilt; die dynamischen, risikofreudigen Mitglieder einer Gruppe mögen größeren Einfluß haben als die nachdenklichen, vorsichtigen; Imponiergehabe mag eine Rolle spielen und sich durchsetzen. Diese unmittelbare Plausibilität mag auch für die Rezeption solcher Arbeiten bei den Kollegen eine günstige Vorbedingung sein: Fachfremde Beurteiler fachlicher Kompetenz können mit plausiblen und offensichtlich relevanten Untersuchungen mehr anfangen und beurteilen diese möglicherweise positiver als andere Arbeiten, deren Bedeutung für den Außenstehenden nicht erkennbar ist.

Wenn man sich diese Arbeiten zu einem wichtigen Teilstück einer Entscheidungsforschung in Gruppen näher ansieht, so zeigen sich einige Auffälligkeiten: Dorwin Cartwright hat sich die Mühe gemacht, alle diese verstreuten Einzelarbeiten zu sammeln und auszuwerten. Er hat 1973, also zwölf Jahre nach dem Erscheinen der Arbeit von Stoner (1961), eine Zwischenbilanz zum Forschungsstand gezogen. Sie ist zwar heute inhaltlich überholt (wie meine Darstellung des gegenwärtigen Forschungsstandes im nächsten Abschnitt und im 7. Kapitel zeigen wird), aber sie ist gleichzeitig ein so instruktives Musterbeispiel eines ty-

15

pischen Forschungsverlaufs, daß ich die Sachlage hier nachzeichnen möchte. Dabei muß ich mich freilich darauf beschränken, aus der auch heute noch lesenswerten Arbeit von Cartwright (1973) einige wichtige Punkte herauszugreifen.

Zunächst einmal sind die weitaus meisten Untersuchungen einander im Aufbau sehr ähnlich: Fast durchweg wird das Originalinstrument von Stoner benutzt, methodische Alternativen sind ausgesprochen selten. Mit dieser Verfahrensweise wird in erster Linie die Frage untersucht, ob das Phänomen sich bei ähnlichen Stichproben in anderen Ländern und unter anderen Randbedingungen wiederholen läßt. Von Generalisierbarkeit der Ergebnisse sollte man freilich nicht zu voreilig sprechen. Vor allem nämlich bleibt bei dieser Verfahrensweise die Frage ungeprüft, ob das Phänomen vielleicht an den etwas blutleeren und hypothetischen Versuchsaufbau von Stoner geknüpft ist.

Noch allgemeiner kritisiert Cartwright durchgehend einen Mangel an Konkretheit bei der Durchführung und beim Nachdenken über die Ergebnisse. Es hat merkwürdigerweise niemanden interessiert, was die Versuchsteilnehmer dabei gedacht haben, wie sie ihre Entscheidungsänderung gesehen und nachträglich beurteilt haben, was sie über das ganze Verfahren denken. Auch wenn wir wissen, daß Aussagen von Versuchsteilnehmern selten ein wahrheitsgetreuer und vollständiger Bericht über das Erleben sein können: Nützlich und hilfreich wäre es schon, Informationen über die nackten Wahrscheinlichkeitswerte hinaus zu erhalten.

Noch einen Schritt weiter: Viele der Experimentatoren teilen nicht einmal die Rohwerte mit, sondern beschränken sich auf die aufsummierten Risikoeinschätzungen. Cartwright kann aber anhand einiger Studien, in denen die Rohwerte für jede Frage einzeln ausgewiesen werden, zeigen, daß einzelne Items nichts zur Risikoneigung beitragen, ja, systematisch gegenläufig sind. Hier wäre eine Überprüfung und Überarbeitung des Instruments hilfreich und weiterführend gewesen.

Außerdem werden so gut wie alle Experimente im luftleeren Raum des Laboratoriums durchgeführt, mit rasch zusammengetrommelten „Gruppen" ohne gemeinsame Geschichte oder gemeinsame Zukunft. So naheliegende Fragen wie die, ob es in einer Gruppe eine Norm für „nur nicht auffallen" oder aber für „Schwung, Mut und Tatkraft zeigen" gegeben hat, kann dabei nicht einmal gestellt werden. Und schließlich sind die weitaus meisten Untersuchungen darauf angelegt zu prüfen, ob es *das* Risikoschubphänomen gibt, statt die etwas sinnvollere Frage durch systematische Bedingungsvariation anzugehen, unter welchen konkreten Bedingungen dieses Phänomen auftritt bzw. nicht in Erscheinung tritt.

16

Risikoschub — Polarisation — Pointierung

Neben der Fülle von unkritischen und unreflektierten Wiederholungen der Ausgangsexperimente gab es allmählich auch Autoren, die Variationen erprobten, vor allem aber um eine Einordnung des Phänomens in einen größeren Kontext bemüht waren. Hier sind an erster Stelle Moscovici & Zavalloni (1969) zu nennen:

Sie wiesen erstens darauf hin, daß Einstellungen — und so auch Einstellungen zum Risikoverhalten — typischerweise in der Psychologie an einzelnen Individuen untersucht werden, wobei vom raumzeitlichen Kontext und vom Bezugsrahmen solcher Aussagen fast durchweg abstrahiert wird. Diese Sterilität ist keine Besonderheit der Untersuchung des Risikoverhaltens, sondern durchzieht große Teile der Einstellungsforschung.

Zweitens konnten die Autoren anhand eigener Experimente (Einstellung französischer Schüler gegenüber General de Gaulle und gegenüber Amerikanern) zeigen, daß sich auch hier analoge, durch Gruppendiskussion bewirkte Phänomene zeigen: Nach einschlägigen Gruppendiskussionen werden die Aussagen extremer. Die Autoren benannten das Phänomen *Polarisation:* Gruppenmitglieder verschieben aufgrund einschlägiger Gruppendiskussion ihren eigenen Punktwert vom Mittelwert weg zu einer extremeren Position. Die gutbelegte These der Autoren: Risikoschub ist ein Spezialfall einer allgemeineren Tendenz, bei Aussagen über eigene Einstellungen nach Gruppendiskussion extremere Aussagen zu machen.

Myers & Lamm (1976) sind noch einen Schritt weitergegangen und haben an einer Fülle von Gruppenentscheidungsprozessen zeigen können, daß es sich hier um einen vielfältig beobachtbaren Sachverhalt handelt: Entscheidungen hinsichtlich Einstellungsänderung, Gerichtsentscheidungen, ethische Entscheidungen, Aussagen zur Personenwahrnehmung, Verhandlungen in den verschiedensten Inhaltsbereichen zeigen diese Art der Extremisierung nach Gruppendiskussionen.

Insgesamt hat sich hier der Begriff Polarisation eingebürgert. Ich finde diese Begriffswahl nicht ganz glücklich, weil hier eine Veränderung vom Mittelbereich zu *zwei* Polen nahegelegt wird, während der Sachverhalt zumeist besser dadurch beschrieben würde, daß etwas Vorhandenes und in sich Uneinheitliches, Unklares präzisiert wird, prägnanter wird, pointierter dargestellt wird. *Pointierung* wäre danach eine bessere Bezeichnung, sie läßt sich aber jetzt nachträglich wohl nicht mehr durchsetzen. Davis, Laughlin & Komorita (1976) kommen aus ähnlichen Überlegungen zu dem Vorschlag, das Phänomen „Übertreibung" (Exaggeration) zu nennen. Auch dieser Vorschlag, der der Sachlage näher kommt, hat wohl ebenfalls keine Chancen mehr.

Insgesamt ist hier in den letzten Jahren eine Fülle von Ergebnissen theoretischer Strukturierungen und weiterführenden Überlegungen entstanden, die das Thema Entscheidungsprozesse in Gruppen betreffen. Ich berichte im 7. Kapitel ausführlicher über den Stand der Forschung.

Von der Nützlichkeit sozialpsychologischer Forschungsergebnisse

Wenn im Alltagsdenken von Psychologie und psychologischem Handeln die Rede ist, so wird dieses dabei oft im Gegensatz gesehen zu *wirklichem* Handeln: Wenn Handeln zur Veränderung einer Sachlage führen soll, dann wird „eine Spritze geben", „eine bessere Wohnung verschaffen" oder eine andere Art der Transformation von Materie als echtes Wirken angesehen, die bloße verbale Interaktion dagegen als etwas lediglich Subjektives und weniger Bedeutungsvolles. Es gehört häufig nicht zum „wirklichen" Handeln. Diese einfache Form der Zweiteilung ist sicher auch deshalb so beliebt, weil der erkenntnistheoretische Laie in einer einfachen Dichotomie wie „wirklich" und „nicht wirklich" denkt, die aber zu grob ist, um psychische Sachverhalte angemessen abzubilden. (Ich komme in Kapitel 2 ausführlicher auf diesen Sachverhalt zurück.)

Freilich liegt diese Zweiteilung in „bloßes Reden" und „Handeln" auch insofern nahe, als in der Tat bloßes Reden in unserer Gesellschaft häufig leer und unerheblich ist. Dennoch: Es ist nicht zu leugnen, daß große Teile der Schwierigkeiten, die wir Menschen mit unserer Lebensführung haben, auch psychisch bedingt sind, also etwa auf (falsch) gelerntem Verhalten beruhen und dementsprechend durch Um- und Neulernen, also durch psychische Maßnahmen geändert werden können. So zitiert etwa R. Brown in seinem Lehrbuch der Sozialpsychologie (1986, 635) Statistiken der US Gesundheitsbehörden, wonach schätzungsweise die Hälfte der (vorzeitigen) Todesfälle auf psychische Faktoren des Lebensstils zurückzuführen sind: Mißbrauch von Nikotin und Alkohol, falsche Ernährungsgewohnheiten, Umweltschädigungen und Streß. Wir müssen bei einer solchen Aussage keinen Streit über Prozentwerte anfangen; Umweltschädigungen und Teile des Stresses können auch auf handfeste objektivierbare Fakten zurückführbar sein, die jenseits der Beeinflussung des potentiellen Opfers liegen. Gleichwohl ist deutlich und unbezweifelbar, daß wesentliche Mängel und Schäden im Leben und Zusammenleben der Menschen auf gelerntes und auf falsch

18

Handeln

gelerntes Verhalten zurückzuführen sind. Die bisherige Forschung, insbesondere die Therapieforschung, zeigt, daß die notwendigen Verhaltensänderungen bei einem Teil der Probleme im Prinzip möglich, meistens mühsam und aufwendig, bei einem Teil der Probleme aber auch bei großem Aufwand nicht möglich sind. Dennoch ist es wohl sinnvoll und nützlich, in diesem Bereich Forschung und Praxis weiterzutreiben: Begrenzte Erfolge sind gesellschaftspolitisch wie auch schlichtweg menschlich sinnvoll.

Die Zielsetzungen des Psychologen sind aber nicht auf Therapie, also gewissermaßen auf die Reparatur bereits eingetretener Schäden beschränkt: Auch so etwas wie Verbesserung der Lebensbedingungen kann ein wesentliches Ziel wissenschaftlicher Bemühungen sein. Obgleich man das sicher an vielen Teilbereichen der Psychologie zeigen kann, so ist doch die Sozialpsychologie hier ein besonders gutes Beispiel. Wenn Sozialpsychologie heute als „Wissenschaft vom Verhalten des einzelnen in der Gesellschaft" definiert wird (so bei Krech et al., 1962, 4) oder als Teilbereich der Psychologie, „der sich mit dem wissenschaftlichen Studium des Verhaltens von Individuen als Funktion von sozialen Stimuli" befaßt, angesehen wird (Jones & Gerard, 1967, 1), dann bedarf es keiner ausführlichen Begründung, daß dies ein wichtiges und zentrales Thema ist: Jeder von uns wird durch die Gesellschaft, in der er lebt, tiefgreifend beeinflußt, jeder von uns wirkt auf diesen gesellschaftlichen Prozeß selbst ein durch Handeln und Verhalten und auch dadurch, daß er Zumutbares und Erwartbares unterläßt. Lindgren (1973) begann sein Lehrbuch der Sozialpsychologie mit dem Satz: „Die schwierigsten Probleme, die heute die Menschheit zu lösen hat, sind sozialer Natur."

Da dieser Band im wesentlichen den Bereich abdecken soll, der in der Sozialpsychologie Kleingruppenforschung genannt wird, beziehe ich mich in der weiteren Argumentation zunächst einmal ausschließlich auf diesen Bereich. Aus der Sicht der meisten Teilgebiete der Psychologie wird die Tatsache, daß der Mensch wesentlich in Gruppen lebt und in Gruppen handelt, zumeist vernachlässigt: Ob es sich um Fragen der Einstellung oder der Leistungsmotivation handelt, ob es um Lernen, Denken oder um den Einfluß von Normen auf das Verhalten geht, zumeist ist der einzelne Mensch dabei das Thema. Der Mensch wird als einzelnes und isoliertes Wesen gesehen, der vielleicht ein- oder zweimal die Woche für ein oder zwei Stunden in eine Gruppe geht, und das ist dann der Gegenstand der Kleingruppenforschung. Das ist nicht nur insofern schief, als auch rein quantitativ große Teile des Tagesablaufs sich in Gruppen abspielen, mehr noch insofern, als auch beim Handeln des einzelnen Menschen (ohne eine gegenwärtig vorhandene Gruppe) der Bezug auf eine gedachte oder vorgestellte Gruppe häufig von entscheidender Bedeutung ist.

Man kann sich viele Fragen vorstellen, die von gesellschaftlicher Bedeutung sein können und die eine Kleingruppenforschung beantworten sollte:

— Ist die Risikobereitschaft des Menschen größer bei alleiniger Verantwortung des Einzelnen oder bei gemeinsamer Verantwortung von Gruppen?
— Arbeitet eine Gruppe besser bei hohem oder bei geringem inneren Zusammenhalt dieser Gruppe?
— Wie kann man den Informationsaustausch und die Interaktion in Gruppen verbessern?
— Wie kann man Entscheidungsprozesse in Gruppen optimieren?
— Wie groß darf eine Gruppe sein, wenn eine Entscheidung von allen gemeinsam getragen werden soll?
— Was sind wesentliche Eigenschaften, die ein Führer einer Gruppe haben sollte?
— Wie kann ein Führer einer Gruppe diese für vorgegebene Ziele motivieren?

Vergleicht man dieses Selbstverständnis und diese Ansprüche der Sozialpsychologie mit dem, was die Forschung zu leisten vermag, so wird ein Mißverhältnis sichtbar: Es sieht nicht so aus, als ob die Sozialpsychologie Fragen wie diese in einer Weise beantworten kann, wie sie dem praktisch Handelnden vorschwebt und wie sie gesellschaftlich erforderlich erscheint. Wir können dabei die Frage offen lassen, ob *Risikoneigung* ein typisches Beispiel für den gegenwärtigen Stand der experimentellen Sozialpsychologie ist. Es gibt sicher Bereiche und Experimente, in denen die experimentellen Ansätze breiter und auf höhere Repräsentanz hin angelegt sind, es gibt Untersuchungen, in denen die Fragestellungen zweckmäßiger und breiter operationalisiert worden sind, es gibt Forschungsbereiche, in denen vergleichbare Untersuchungen untereinander besser koordiniert und weitergeführt worden sind.

Das Beispiel des Risikoschub-Phänomens zeigt aber deutlich, daß auch unter günstigen Voraussetzungen der *Induktionsschluß* von „oft" auf „immer" unzulässig bleibt. Überdies spielen im Anwendungsfall konkrete Bedingungen des Einzelfalls eine Rolle, und es ist nicht zu erwarten, daß beweiskräftige Befunde für jede mögliche Bedingungskonstellation erhoben werden und gewissermaßen für jeden konkreten Einzelfall der Anwendung auf Abruf bereitgestellt werden können.

Diese Frage des praktischen Nutzens wird in der Fachliteratur im allgemeinen merkwürdig zurückhaltend behandelt. In der wissenschaftstheoretischen Diskussion kommt sie anscheinend deshalb zu kurz, weil sich der Wissenschaftstheoretiker fast ausschließlich an den forschenden Kollegen und nicht an den Praktiker wendet. In der sozialpsychologischen Lehrbuchliteratur wird nach einleitenden Bemerkungen über die große Bedeutung der Befunde auch für den Alltag die Frage nach dem konkreten Nutzen im allgemeinen völlig ausgespart, stattdessen werden Befunde im wesentlichen im klassischen Lehrbuchstil als Bildungsgüter schlechthin serviert, als Lernmaterial oder als Prüfungsstoff.

Daneben gibt es kritische Arbeiten, die den gegenwärtigen Stand der Sozialpsychologie ganz allgemein beklagen, es ist dabei von Krise die Rede und es wird auf die Bedeutungslosigkeit des größten Teils der vorliegenden empirischen Forschung hingewiesen (so etwa Harré & Secord, 1976). Die Lösung dieses Problems wird dabei teils in veränderten Forschungsansätzen, teils in einer allgemeinen Steigerung der Ansprüche an den Forscher gesehen. Wesentlich seltener wird die Frage diskutiert, ob wir mit unserer Suche nach gesellschaftlichen Handlungsanweisungen nicht möglicherweise zu hohe Anforderungen an experimentelle Einzelarbeiten stellen. Ich will in den folgenden beiden Abschnitten diese beiden Aspekte getrennt behandeln und versuchen, Konsequenzen aufzuzeigen.

Appelle an die Forscher: Erhöhung der Anforderungen

Gehen wir noch einmal vom Risikoschub-Phänomen aus. Wenn man sich die Fülle von Einzelexperimenten näher ansieht, dann ist im allgemeinen die handwerkliche Sauberkeit und Stringenz von Anlage, Durchführung und statistischer Auswertung nicht zu beanstanden. Die großen Zeitschriften unseres Faches haben durch sorgfältige Begutachtungsverfahren und hohe Zurückweisungsquoten ein formal völlig befriedigendes Niveau sowohl der berichteten Experimente als auch der Darstellung durchsetzen können. Was an Mängeln gewissermaßen höherer Ordnung noch verbleibt, betrifft die Nützlichkeit oder Brauchbarkeit solcher Versuchsergebnisse hinsichtlich einer, wie auch immer gearteten, anspruchslosen oder anspruchsvollen Verallgemeinerbarkeit der Ergebnisse über die konkreten Befunde hinaus. Man kann hier die wesentliche Substanz der Einwände und der gegenwärtigen Diskussion in drei Teilfragen untergliedern: Es geht um

— Mängel der Stichprobenauswahl für die Versuche, im folgenden *Subjektrepräsentanz* genannt
— Mängel der Versuchssituation im weitesten Sinne, im folgenden *Handlungs- und Umgebungsrepräsentanz* genannt
— Mängel der Einordnung der Verfahrensweise und/oder der Ergebnisse in übergreifende *theoretische Bezüge*.

21

Subjekt-Repräsentanz: Die Psychologie des Teilnehmers an psychologischen Einführungsveranstaltungen

Ein wesentlicher Teil der psychologischen Forschung geschieht in den Hochschulen, und da liegt es nahe, als Versuchsteilnehmer der Einfachheit halber Studenten des eigenen Faches oder eines benachbarten Faches heranzuziehen. So wird es sich auch bei der Untersuchung des Risikoschub-Phänomens weitgehend um Studenten der Psychologie gehandelt haben. Genaue Zahlen darüber liegen nicht vor; nicht in allen Experimenten zu jener Zeit wurden die Versuchsteilnehmer hinsichtlich ihrer Herkunft und Versuchsmotivation näher charakterisiert. Doch gibt es größere Auszählungen, die ungefähre Abschätzungen ermöglichen. Ausführliche Daten und gründliche Diskussionen finden sich vor allem bei Sears (1986); nähere Angaben und weiterführende Literatur dort und auch bei Higbee, Millard & Folkman (1982).

Zunächst ein paar globale Werte über die Anteile von Versuchen mit College-Studenten in den Veröffentlichungen in vier führenden Fachzeitschriften der Psychologie. Im Jahre 1969 basierten über alle vier Zeitschriften hinweg 61% der Studien auf Daten von College-Studenten. Zehn Jahre später, 1979, war der Anteil bereits auf 70% gestiegen. Dabei gab es charakteristische Unterschiede zwischen den vier Zeitschriften, was vermutlich der jeweiligen Herausgeberpolitik zuzuschreiben ist:

Journal of Personality and Social Psychology 72%
Journal of Experimental Social Psychology   96%
Journal of Social Psychology   57%
Social Psychology Quarterly   53%

Das ist jeweils der Anteil von Untersuchungsberichten, in denen die Stichprobe klar als Studenten definiert wurde. Darüberhinaus gibt es eine Dunkelziffer unklarer Fälle, so daß der Prozentsatz eher höher liegen wird. Was bedeutet diese enge Stichprobenwahl für die Qualität psychologischer Experimente? Zur Beantwortung dieser Frage sind kaum generelle Aussagen denkbar: Natürlich mag es Fragestellungen geben, in denen die Differenz zwischen den Ergebnissen von College-Studenten und „Menschen überhaupt" vernachlässigbar ist. Gleichwohl ist es sicher nützlich, die wesentlichen Punkte aufzuzählen, hinsichtlich derer eine zu enge Stichprobenwahl Forschungsergebnisse beeinträchtigen kann. Ich folge dabei weitgehend einer Zusammenstellung von Sears (1986). Dabei ist es zweckmäßig, als Grundgesamtheit, auf die sich solche Experimente idealerweise beziehen sollten, nicht „Menschen auf dieser Erde" zu nehmen, sondern sich zu beschränken auf etwa „Erwachsene in Westeuropa und Nordamerika". Sears schlägt vor, bei einer solchen Überlegung, wie sich die Studenten des eigenen Faches von anderen Menschen des gleichen Kulturkreises unterscheiden, zumindest über folgende Aspekte nachzudenken:

- Studenten sind hinsichtlich Lebensalter und Ausbildung eine sehr spezielle Stichprobe, was sich auf Einstellungen und Verhalten auswirken kann.
- Sie gehören einem Lebensalter an, in dem man eher „fortschrittlich" als „konservativ" ist.
- Sie sind in einem Lebensalter, in dem gefestigte Einstellungen eher fehlen. Zumal zum Studienbeginn ist die personale Identität durch Wechsel der Umgebung und der sozialen Bezüge eher mehr beeinflußt als bei jener gedachten Grundgesamtheit. Experimentell induzierte Einstellungsveränderungen sind unter diesen Bedingungen sicher bei solchen Stichproben leichter bewirkbar als bei dem Durchschnitt der Bevölkerung.
- Sie sind von ihrem bisherigen Werdegang insbesondere ihrer schulischen Vergangenheit vermutlich in besonderer Weise auf Willfährigkeit und Anpassung gegenüber Lehreranforderungen angelegt.
- Sie werden von ihrer Ausbildung, von ihrer Auslese und Motivation her den Schwerpunkt eher auf kognitive als auf emotionale Prozesse legen.
- In der Versuchssituation werden Gruppennormen im weitesten Sinne eher eine untergeordnete Rolle spielen: So kann etwa beim Risikoverhalten in realen längerfristigen Gruppen eine Norm bestehen, „mutig voranzugehen"; es kann aber auch die Norm geben, „den Kopf nicht aus dem Fenster zu hängen". Solche Gruppennormen werden in den Laborgruppen eine geringere Rolle spielen als in gewachsenen Gruppen mit gemeinsamer Vergangenheit und/oder Zukunft.
- Eigen-Interessen werden im luftleeren Raum der Versuchssituation eine wesentlich geringere Rolle spielen als im Alltag und innerhalb der eigenen sozialen Bezüge.

Sears hat auch versucht, den „Gegentypus" zur typischen „Versuchsperson" der Psychologen auszuformulieren. Nach seinen Überlegungen ist es ein Mensch mit starken und irrationalen Leidenschaften, voll von unbeeinflußbaren Vorurteilen, ein Mensch, der andererseits in ein starres und enges Netz von Familienbindungen verwoben ist, aktiv in einer ethnischen Gruppe tätig ist und sich ständig weiterentwickelt (1986, 527).

Insgesamt also ein sehr unerfreulicher Zeitgenosse, den wir natürlich nicht in eine unserer Versuchsreihen aufnehmen würden.

Sieht man alle diese Aspekte im Zusammenhang, dann ist es deutlich, daß hier nicht von kleineren methodischen Mängeln die Rede ist: Behauptet wird vielmehr, daß wesentliche Teile der sozialpsychologischen Forschungsergebnisse zu einem gewissen, quantitativ allerdings nicht recht abschätzbaren, Anteil ein Kunstprodukt hilfsbereiter und freundlicher Psychologiestudenten, teilweise in Ableistung ihrer Verpflichtung als Versuchspersonen, sind.

Wie sollen wir mit dieser Sachlage umgehen? Ich sehe fünf Möglichkeiten:

1. Wir bleiben bei der bisherigen Verfahrensweise, den Sachverhalt gelegentlich zu erwähnen, aber die praktischen Konsequenzen zu ignorieren: Menschen und Psychologiestudenten sind ungefähr dasselbe, etwaige Mängel bei der Beschränkung auf Psychologiestudenten müssen in Kauf genommen werden und sind statistisch zumeist wohl unerheblich. Das ist der gegenwärtige Trend und wird es wohl auch bleiben.

2. Wir machen den Sachverhalt selbst zum Gegenstand empirischer Forschung und vergleichen verschiedene Stichproben. Dann wird sich vermutlich zeigen, daß die Unterschiede bei verschiedenen Themen unterschiedlich sind, gelegentlich vernachlässigt werden können, gelegentlich beträchtlich sind.

3. Wir überprüfen den Sachverhalt mit meta-analytischen Methoden: Wenn es 60 − 70% Untersuchungen mit College-Studenten gibt, dann muß es ja wohl auch einen bestimmten Prozentsatz von Untersuchungen an Nicht-College-Studenten geben. In der Sammeldarstellung von Cartwright (1973) sind diese Untersuchungen des Risikoschub-Phänomens nicht gesondert ausgewiesen. In einer generellen Auszählung über alle Arbeiten in vier Fachzeitschriften für 1979 ergaben sich bei Higbee, Millard & Folkman (1982) immerhin 18% für „Erwachsene", 8% für „normale Kinder und Jugendliche" und 1% für „sozial Auffällige". Bei einzelnen gut untersuchten Phänomenen wie Gruppendruck nach Asch (1951) sind ebenfalls nicht-studentische Zahlen verfügbar.

4. Wir könnten uns generell bemühen, wo immer das möglich ist, nicht-studentische Stichproben zu bevorzugen und damit die Relationen etwas günstiger zu gestalten.

5. Und schließlich könnten wir uns auch bemühen, bei der Interpretation von Daten aus studentischen Stichproben die Frage zu thematisieren, ob und in welchem Maße damit zu rechnen ist, daß die Ergebnisse eine Besonderheit einer gefälligen und hilfsbereiten studentischen Stichprobe sind.

Handlungs- und Umgebungsrepräsentanz: Handeln statt Ankreuzen von Auswahl-Antworten

Die zweite Möglichkeit der Erhöhung von Ansprüchen an den Forscher soll ebenfalls dazu dienen, die *Übertragbarkeit* von Labor-Befunden auf den Alltag zu verbessern. Dieses Thema läßt sich unter den Stichworten „Handlungs-, Umgebungs- und Erlebensrepräsentanz" behandeln, wobei diese drei Begriffe nicht koordinativ nebeneinander gesehen werden

24

sollten, der umfassendere Aspekt vielmehr Handlungsrepräsentanz ist: Wieweit ist das Handeln im Experiment vergleichbar mit dem Handeln in dem Bereich und Kontext, auf den wir die Ergebnisse übertragen wollen.

Bleiben wir beim Risikoschub-Phänomen: Versuchsteilnehmer sollten hypothetische Situationen hinsichtlich ihrer Risikowahl beurteilen; geschlossen werden soll aus den Ergebnissen auf „Risikoverhalten überhaupt", jedenfalls aber auf entsprechendes Verhalten in anderen Situationen.

Man kann die Auseinandersetzung über die Möglichkeit einer solchen Verallgemeinerung auf unterschiedlichen Ebenen führen. Die einfachste und klarste Aussage finden wir bei wissenschaftstheoretischen Betrachtungen: Wie etwa bei Popper (1969) überzeugend dargestellt, sind Induktionsschlüsse solcher Art grundsätzlich nicht möglich.

Im praktischen Alltag sind wir da wesentlich großzügiger. Wenn wir in einem Fachgeschäft für Bekleidung einmal sachkundig und zuvorkommend bedient worden sind, machen wir einen Induktionsschluß, loben das Geschäft anderen gegenüber und gehen wieder hin: es ist ein gutes Geschäft. Wenn wir einen neuen Zahnarzt auswählen, entscheiden wir uns im allgemeinen nach einer wenig repräsentativen Verhaltensstichprobe dafür, ihn als einen guten oder schlechten Zahnarzt anzusehen und dementsprechende Konsequenzen zu ziehen. Im normalen Alltag sind solche „Induktionsschlüsse" üblich und zum Teil wohl auch für unser Überleben notwendig.

Auf den Fall des Risikoschub-Phänomens angewandt: Wenn ich mich im Rahmen praktischen Alltagshandelns dafür interessiere, ob Gruppen bei Entscheidungen ein höheres Risiko eingehen als der Einzelne, dann wäre es mir eine Hilfe zu wissen, daß in etlichen vergleichbaren Fällen meistens die Gruppenentscheidung sich systematisch von der Einzelentscheidung unterscheidet.

Leider sind solche Vergleichsdaten in der bisherigen sozialpsychologischen Forschung selten, nicht nur beim Risikoschub-Phänomen. Die meisten Ergebnisse stammen aus Experimenten unter reduzierten Bedingungen. Zumeist wird nicht einmal gehandelt, sondern fiktives Handeln beurteilt. Bei solchen Papier- und Bleistiftsituationen fehlen dann häufig wesentliche Bestimmungsstücke, die im Alltag wichtig sein können: die impliziten oder expliziten Normen der Gruppe, die Erkenntnis, anschließend mit dieser Entscheidung leben zu müssen, die vielfältigen Beziehungen der Mitglieder untereinander („Ich schließe mich dem als urteilsfähig bekannten Mitglied X an", „Ich benütze jede Gelegenheit, dem vorlauten Mitglied Y zu widersprechen", „Mir ist die Entscheidung gleichgültig, aber Ich bin für klare Mehrheiten und schließe mich deshalb der Mehrheit immer an" usw.).

Alles das kann für die Entscheidungen von Gruppenmitgliedern wichtig und ausschlaggebend sein, ist aber in den Laborexperimenten dieses Bereichs sorgfältig ausgeklammert. Daß diese Bedingungen oder noch andere, hier nicht genannte, sehr wichtig sein können, konnten etwa Semin & Glendon (1973) zeigen, bei denen unter Alltagsbedingungen (besser wohl: unter den von ihnen realisierten Alltagsbedingungen) *keine* Polarisation bei Gruppenentscheidungen auftrat. Es handelte sich hier um ein Team von Managern, die einzeln und in der Gruppe vergleichbare Entscheidungen produzierten. Für eine längerfristig zusammenarbeitende und eingespielte Gruppe, die mit den getroffenen Entscheidungen weiterarbeiten muß, scheint mir dies ein einsehbarer Befund. Bemerkenswert und charakteristisch ist übrigens, daß dies einer der ganz wenigen Befunde war, der aus „echten" gewachsenen Langzeitgruppen stammt.

Die Forderung an die Forscher, sich in größerem Umfang um reale Gruppen unter Alltagsbedingungen zu bemühen, erscheint daher allgemein als sinnvoll und könnte dazu führen, unter pragmatischen Gesichtspunkten durchaus zu brauchbaren Induktionsschlüssen zu kommen. Sir Popper möge bitte weghören.

Dabei ist es zwar einfach, aber unzweckmäßig, generell zwischen Labor- und Felduntersuchungen zu unterscheiden und die letzteren zu favorisieren. Es gibt eine Fülle von einfallsreichen und überzeugenden Untersuchungen im Labor, und es gibt eine Fülle von Zwischenformen zwischen Papier- und Bleistiftexperimenten im Labor und in der Beobachtung von handelnden Managern im Alltag. Eine der Möglichkeiten ist Rollenspiel als Forschungsmethode (Sader, 1986), eine andere sind Experimente, die zwar unter streng kontrollierten Bedingungen stattfinden, von den Teilnehmern aber als realistischer Alltag gesehen werden.

Als Beispiel mag eine Untersuchung von Doob & Gross (1973) dienen. Die Autoren interessierten sich für die sicher nicht sehr gesellschaftsrelevante, aber doch originelle Frage, ob im Straßenverkehr das Hupen als Aufforderungssignal mit der baulichen Qualität des beeinträchtigenden Fahrzeuges zusammenhängt. Zu diesem Zweck führten sie Versuchssituationen herbei, in denen sie in ihrem Kraftfahrzeug als erste an einer Verkehrsampel standen und hinter ihnen mindestens ein weiteres Fahrzeug wartete. Statt nun bei „grün" ordnungsgemäß loszufahren, blieben sie an der Kreuzung stehen und drückten – unsichtbar für den Hintermann – eine Stoppuhr und ermittelten so die Zeitdauer bis zu dem Augenblick, in dem der Fahrer des nachfolgenden Fahrzeuges sich durch Hupen bemerkbar machte. In einer der beiden Versuchsreihen fuhr der Psychologe ein älteres schäbiges Fahrzeug, in der anderen ein neues elegantes Modell, frisch gewaschen und poliert. Unter der Bedingung des niedrigen Wagenstatus hupten innerhalb der Grünphase mindestens 84%, beim besseren Fahrzeug nur 50%. Auch die Zeitdauer bis zum ersten Hupen war beim schäbigen Fahrzeug wesentlich kürzer als beim vornehmeren. Frauen im Nachfolgefahrzeug hupten signifikant später. Dies ist ein Musterfall für hohe Umgebungsrepräsentanz, nur schade, daß das Experiment inhaltlich nicht so arg viel hergibt. Immerhin kann man es im Zusammenhang mit Aggressionstheorien interpretieren, und das haben die Autoren auch getan.

Die Umgebungsrepräsentanz kann als ein Teil der Handlungsrepräsentanz gesehen werden: Die raumzeitliche Einbettung, der Ort des Geschehens und die Realistik der konkreten Situation können zweifellos das Geschehen im Versuch beeinflussen. Die wesentliche Schwierigkeit für den Experimentator liegt hier vor allem darin, daß es dabei nicht auf die vom *Experimentator gesetzten* Bedingungen für Handeln und Erleben ankommt, sondern auf die vom Teilnehmer in seinem eigenen Erleben praktisch realisierten Bedingungen. Man kann etwa eine entspannte lockere Situation schaffen wollen, ohne daß dieses Bemühen gewissermaßen automatisch dazu führt, daß der Versuchsteilnehmer eine entspannte und lockere Situation erlebt.

Und man kann versuchen, jemandem klar zu machen, daß er sich für die Beurteilung von vorliegenden Risikoentscheidungen ganz in die Situation hineinversetzen soll, aber man kann weder sichern noch abschätzen, in welchem Ausmaß der Teilnehmer dies will und kann. Schlimmer noch: hier muß man natürlich damit rechnen, daß die einzelnen Teilnehmer dies je nach Motivation, Begabung, Phantasie und Stimmungslage in höchst unterschiedlichem Maße tun. So haben sie vermutlich schon von ihrer bisherigen Lebensgeschichte und Entwicklung unter Umständen große Schwierigkeiten, sich in die in dem Experiment verwendeten Entscheidungssituationen hineinzuversetzen. Am Beispiel des Risikoschub-Phänomens: Die Teilnehmer des Experiments standen nicht vor der Frage, eine Herzoperation in Erwägung zu ziehen und gegebenenfalls dabei ihr Leben zu riskieren. Es ist völlig ungeklärt, ob und unter welchen Bedingungen diese papierne Situation einer experimentellen Realität stellvertretend stehen kann für echte Entscheidungen des Einzelnen und einer Gruppe.

Nützlich wäre es angesichts dieser Lage, wenn grundsätzlich im Rahmen eines Experiments durch nachträgliches Befragen der Versuchsteilnehmer geklärt würde, inwieweit die gesetzten Bedingungen realisiert worden sind, etwaige Täuschungen durchschaut oder nicht durchschaut und/oder der Versuch durch Randbedingungen des Versuchs beeinflußt oder beeinträchtigt worden sind. So hält etwa der Experimentator einen „neutralen" Versuchsraum mit kahlen weißen Wänden, vollgestellt mit furchterregendem Experimentalgerümpel der vorigen Versuchsreihen, für einen neutralen Raum, von dem er völlig abstrahieren kann. Der Versuchsteilnehmer hingegen wird von dieser „Umgebung" möglicherweise in einer für den Versuch schädlichen Richtung beeinflußt. Um es konstruktiv auszudrücken: Sicher ist es oft hilfreich, durch die Raumgestaltung die erlebnismäßig verwirklichte „Umgebung" der Versuchsteilnehmer zu beeinflussen.

Einordnung in theoretische Bezüge

Die 196 Nachfolgeexperimente zum Risikoschub-Phänomen waren darauf angelegt, einen *inhaltlichen* Befund zu replizieren: Wie verändern sich Risiko-Einschätzungen durch Anhören oder durch Teilnahme an einschlägigen Gruppendiskussionen? Bei der Darstellung solcher Experimente wird typischerweise zu Anfang so etwas wie eine „theoretische Einleitung" gegeben. Diese bietet aber zumeist lediglich eine Zusammenfassung der Vorläuferexperimente. Es dauerte bis 1969, bis Moscovici und Zavalloni die Idee in die Diskussion warfen, daß es sich bei diesem Phänomen um die Wirkung eines sehr viel allgemeineren Sachverhalts handeln könnte, nämlich einer Erhöhung des Ausprägungsgrades eines in einer Diskussion als diffus, als diskordant oder unprägnant erlebten Sachverhaltes in Richtung auf höhere Deutlichkeit, Entschiedenheit, Klarheit oder Prägnanz. Die Autoren ordneten das Phänomen zunächst in den etwas größeren Zusammenhang von Einstellungsexperimenten ein, man kann hier aber auch Parallelen sehen zu frühen Diskussionen von gedächtnispsychologischen Befunden etwa im Rahmen der Gestaltpsychologie (Hartgenbusch, 1933), in der dieser Sachverhalt als Veränderung von Gedächtnisspuren bei der Wiedergabe eine wesentliche Rolle spielt (zum neueren Stand vgl. Kebeck, 1982; Goldmeier, 1982). Es wäre sicher ganz allgemein nützlich und weiterführend, wenn stärkere Bemühungen üblich würden, *inhaltliche* Einzelphänomene auf ihre Rolle und ihren Stellenwert im größeren psychologischen (und auch allgemeinpsychologischen) Kontext zu überprüfen.

Appelle an den Leser: Senkung der Ansprüche

Es gibt eine große Zahl von Veröffentlichungen, deren Autoren einen Überblick über Probleme der Psychologie der Gruppe oder ausgewählte Teilbereiche davon anbieten. Die meisten Lehrbücher der Sozialpsychologie enthalten ein oder mehrere Kapitel zum Thema Gruppe; besonders hervorzuheben sind Brown (1986) und Hewstone, Stroebe, Codol & Stephenson (1988). An Einzelarbeiten sind vor allem zu nennen Schneider (1975), Raven & Rubin (1976), Crott (1979), Zander (1979), McGrath & Kravitz (1982). Bei der Lektüre solcher Arbeiten fällt auf, daß die weitaus meisten Darstellungen ein eher negatives Bild des Forschungsstandes innerhalb der Gruppenpsychologie geben: Die Klagen gehen vor allem dahin, daß es keinen Fortschritt im Fach gibt (vgl. auch Steiner, 1974; Steiner, 1986); beklagt wird, daß auch in solchen Arbeiten von Gruppen fast nie die Rede ist, vielmehr fast ausschließlich von Einzelnen, die zufällig mal in einer Gruppe sind (Graumann, 1988). Analog dazu kann man bekanntlich weite Teile der Gruppenpsychotherapie als eine Einzeltherapie definieren, bei der noch ein paar Leute herumsitzen, die aber für den Prozeß irrelevant sind. Schließlich wird die Irrelevanz des Erforschten beklagt, so schon Holzkamp (1964, 1972).

Ich habe im vorigen Abschnitt deutlich zu machen versucht, daß es in der Tat Mängel in den Forschungsstrategien und -gewohnheiten gibt, und ich habe dargestellt, ob und inwieweit diese Mängel behebbar sind. In diesem Abschnitt geht es mir um einen anderen Aspekt der Beurteilung des gegenwärtigen Forschungsstandes. Ich stelle die These auf, daß die weitgehend negative Beurteilung des Forschungsstandes wesentlich auch auf *unrealistisch hohe* und dabei vielfach auch *schiefe* Anforderungen zurückzuführen ist. Diese werden häufig undiskutiert und implizit als gegeben unterstellt. Die beiden wesentlichen impliziten Anforderungen:

— Forschungsarbeiten sollen dem Fortschritt der Wissenschaft dienen.
— Das Wichtige bei Forschungsarbeiten sind die Ergebnisse.

Von den Funktionen wissenschaftlicher Veröffentlichungen: Der Fortschritt der Wissenschaft ist für die meisten Autoren kein wesentlicher Gesichtspunkt

Im Sommersemester 1935 gab es im damaligen Deutschen Reich, Universitäten und Hochschulen zusammengerechnet, ausweislich des Statistischen Handbuchs, 71 624 Studenten. Gegenwärtig gibt es, bezogen auf den Bereich lediglich der Bundesrepublik (in den Grenzen von 1988), ca. 1,4 Millionen Studenten, die Anzahl hat sich verzwanzigfacht. Gab es seinerzeit etwa ein halbes Dutzend Professoren der Psychologie und kaum mehr wissenschaftliche Mitarbeiter, so muß man heute mit weit über 200 Professoren und über ein Tausend Mitarbeitern in den Psychologischen Instituten rechnen. In einer neueren Statistik ist gar von fast Tausend Hochschullehrern des Faches Psychologie im deutschsprachigen Raum die Rede. In den meisten Westeuropäischen Ländern und Nordamerika muß man mit einer ähnlichen explosionsartigen Vermehrung rechnen. In diesem gewaltigen System von Massen-Universitäten dienen wissenschaftliche Veröffentlichungen − und so auch Arbeiten zur Psychologie der Gruppe − auch dem Nachweis der wissenschaftlichen Qualifikation dieser zahllosen Autoren. Und man muß wohl auch damit rechnen, daß dies in vielen Fällen eine wesentliche, vielleicht auch die wesentliche Motivation des Forschers sein kann. Vielfach besteht dann wohl subjektiv gar nicht die Absicht, Beiträge zur Weiterentwicklung oder zur Einschränkung von Theorien zu leisten; auch mögliche praktische Anwendungen mögen vielen Autoren völlig gleichgültig sein. Das Verbleiben in der Hochschullehrerlaufbahn, Beförderungschancen, Habilitationen und Berufungen auf Lehrstühle hängen wesentlich auch von der Quantität von Veröffentlichungen ab, die der Bewerber vorlegen kann; publish or perish; wer schreibt, der bleibt. Ein solches Verhalten ist daher unter pragmatischen Gesichtspunkten völlig in Ordnung. Daß dabei unter gegenwärtigen Bedingungen überfüllter Hochschulen und überlasteter Wissenschaftler viel Mittelmäßigkeit produziert wird, wen sollte das wundern. Wer seine wissenschaftlichen Erzeugnisse vielfach an Wochenenden und in der Nacht produzieren muß, der wird die Möglichkeit, durch schlichte Wiederholung vorliegender Versuche mit leichten Variationen wissenschaftliche Veröffentlichungen produzieren zu können, vermutlich dankbar begrüßen. Daß dabei häufig theoriefreie, kurzatmige und leicht eingängige Konzepte bevorzugt werden, liegt ebenfalls nahe. Zweifellos sollten wir uns bemühen, Wissenschaft möglichst so zu organisieren, daß sich derlei Mängel in Grenzen halten; aber es ist kein grundsätzlicher Einwand gegen eine Wissenschaft, daß sie auch unendliche Mengen von uninteressanten Forschungsergebnissen und Mittelmäßigkeit produziert. Wir sollten den Stand der Forschung nicht an beliebigen Publikationen oder gewissermaßen einem Querschnitt von Veröffentlichungen messen; das ist auch in anderen Wissenschaften nicht üblich: Wenn wir in einem Werk über Kunstgeschichte uns über die Holzschnitzkunst im Main-Fränkischen Raum orientieren wollen, dann werden wir die große Menge an bieder ausgeschmückten Dorfkirchen ignorieren und uns Künstlern wie Tilman Riemenschneider zuwenden (Sader, 1986).

Die Thematisierung von Sachverhalten als legitimes Ergebnis empirischer Forschung

Auf den ersten Blick ist es einleuchtend, ja trivial: Forschung wird betrieben, weil wir *Forschungsergebnisse* haben wollen. Diese sind das Ziel unseres Bemühens. Das ist eine Denkweise, die in vielen empirischen Wissenschaften üblich und selbstverständlich ist.

Sehen wir uns aber einmal an, welche Funktionen berühmte Experimente in der Sozialpsychologie gehabt haben, so stellen wir fest, daß die rein quantitativen Ergebnisse dabei oft belanglos waren, gelegentlich nicht einmal mitgeteilt werden: Die Funktion des Experiments liegt dann etwa darin, auf einen Sachverhalt aufmerksam zu machen.

Eine solche Funktion hatten in der Psychologie etwa die Experimente Max Wertheimers (1911) oder die Affen-Experimente Wolfgang Köhlers (1921). In beiden Fällen haben die Autoren zwar systematische Variationen durchgeführt, aber die Ausgangsexperimente allein genügten, einen Sachverhalt zum Thema zu machen. Die meisten weltberühmten Experimente der Sozialpsychologie, die seit Jahrzehnten gerechterweise einen Platz in allen einschlägigen Lehrbüchern finden, sind von dieser Art:

— sie werfen ein bisher unbeachtet gebliebenes Thema auf
— sie stellen eine Selbstverständlichkeit in Frage
— sie legen eine andere Strukturierung eines Sachverhaltes nahe.

Das Asch-Experiment zum Gruppendruck (1951), das Milgram-Experiment zum Gehorsam (1963) und die Experimente von Lewin, Lippitt & White zum Führungsstil (1960) sind Beispiele dafür. Die wissenschaftliche Funktion kann darin liegen, einen neuen fruchtbaren Forschungsansatz anzubieten; sie kann auch darin liegen, bisherige Denkweisen umzustrukturieren; sie kann schließlich darin liegen, daß psychologische Mechanismen, denen ich unterliege, dann unwirksam oder leichter beherrschbar werden, wenn ich sie zum Thema mache, wenn ich sie als solche erkenne.

Ein Beispiel: Tessar, Millar & Moore (1988) interessierten sich für die emotionalen Konsequenzen sozialer Vergleichsprozesse in Abhängigkeit von der sozialen Nähe zum Partner und zur Relevanz der Aufgabe. Je zwei Studentinnen hatten gleichzeitig eine Reihe von Fragen zu beantworten, von denen sie annehmen mußten, daß damit ihre soziale Sensibilität, Kreativität und Urteilsfähigkeit gemessen werden sollte. Durch entsprechende Manipulationen wurde erreicht, daß jeweils eine der beiden Studentinnen wesentlich besser abschnitt als ihre Partnerin. Da die Richtigkeit oder Falschheit der Ergebnisse jeweils sofort zurückgemeldet wurde, war dieses unterschiedliche Abschneiden beiden Versuchsteilnehmerinnen klar. Anschließend wurde die emotionale Gestimmtheit erfaßt (die Teilnehmerinnen sollten unvertraute Wörter nach ihrer Angenehmheit beurteilen). Variiert wurde der Bekanntheitsgrad der beiden Studentinnen und die erlebte Relevanz der zu leistenden Aufgaben. Die Ergebnisse lassen sich so interpretieren, daß bei größerer sozialer Nähe der beiden Studentinnen die emotionalen Effekte größer waren, ebenso wirkte sich die erlebte höhere Relevanz in der gleichen Richtung aus. Wenn die anwesende Kommilitonin deutlich bessere Ergebnisse hatte, so beeinträchtigte das die emotionale Gestimmtheit der Partnerin dann im besonderen Maße, wenn sie ihre Kommilitonin gut kannte und/oder sie die Aufgaben für sich für besonders relevant hielt.

Leider übersteigt es meine organisatorischen Möglichkeiten, diesen Sachverhalt für ein zweites Experiment auszunutzen und die Hälfte der (bereits ein halbes Jahr vorher bestehenden) Kleingruppen zur Vorbereitung der Diplom-Prüfung ausführlich über das Experiment und seine Ergebnisse zu informieren und dann zu einem späteren Zeitpunkt während der Prüfungen die Kohärenz der Gruppen zu vergleichen. Zu erwarten wäre: Alle diejenigen Prüfungsvorbereitungsgruppen, die mit dem Experiment von Tessar, Millar & Moore (1988) vertraut gemacht worden sind, sollten besser mit den emotionalen Belastungen zurechtkommen, die sich während der Examenszeit ergeben (erheblich unterschiedliche Bewertung von Mitgliedern der eigenen Gruppe trotz erlebter gleicher Vorbereitungsqualität; beträchtliche Differenzen zwischen Bewertungen innerhalb der Arbeitsgruppen und durch den Prüfer).

Ein solcher Thematisierungseffekt kann in diesem Fall zwei Richtungen nehmen, und beide sind für die Gruppenmitglieder günstig.

a) Die Beurteilung der Gruppensituation kann sich von *personalen* Attribuierungen zu *systematischen* Attribuierungen verändern: statt zu sagen und zu denken „erst jetzt erkenne ich, daß Susanne die Eigenschaften Neid und Mißgunst besitzt" könnte die Erkenntnis aufleuchten: „Jetzt erkenne ich, wie verheerend sich diese ungerechten Beurteilungen unserer Leistungen auf unsere bislang so harmonische Gruppe auswirken".

b) Ganz generell wird die *Erwartung* systematischer und plausibel vorhersagbarer Effekte dazu führen, daß die Beteiligten sich darauf einstellen und besser damit umgehen können.

Einen solchen Effekt gibt es vermutlich nicht nur bei Ergebnissen von Tessar, Millar & Moore (1988), sondern sehr viel allgemeiner: Forschungsergebnisse, insbesondere in der Psychologie der Gruppe, können dazu führen, bei Strukturen und Prozessen stärker auf systematische Faktoren hinzuweisen, wo wir üblicherweise personale Strukturen und von Personen veranlaßte Prozesse sehen.

Dabei ist es übrigens nicht erforderlich, daß es sich in jedem Fall um hypothesenprüfende experimentelle Arbeiten handelt; auch die reine Deskription kann hier wertvoll sein. So mag etwa die Lektüre der Autobiographie des Konzentrationslagerkommandanten Höss (1963) zu einer völlig anderen Strukturierung des Denkens im Bereich der Begriffe Gehorsam und geistige Selbständigkeit führen. Auch das bloße Demonstrationsexperiment wie bei Metzger (1975) und das reine Gedankenexperiment wie häufig bei Koffka (1935) können diese Funktion haben.

32

Die Methode ist das Ergebnis

Manchmal sind bei Forschungsergebnissen sinnvollerweise nicht die Ergebnisse selbst von Interesse, sondern diese dienen nur als Beleg für die Qualität der Methode. Der Leser nimmt dann die Arbeit mit der Zielsetzung zur Kenntnis, in eigener Verantwortung und unter Bedingungen, die ihn selbst interessieren, Versuche durchzuführen; er entnimmt aus der Veröffentlichung lediglich Informationen hinsichtlich der technischen Qualität, etwa der verwendeten Instrumente, der Zweckmäßigkeit der gewählten Instruktion und Durchführung. Als Beispiel mag die Methode des Soziogramms dienen.

Mitglieder einer Gruppe werden veranlaßt, schriftlich Fragen etwa hinsichtlich des Wunsches nach Zusammenarbeit zu beantworten: Neben wem würdest Du in der Klasse im nächsten Jahr gern sitzen? Mit wem aus der Gruppe möchten Sie gern zusammenarbeiten? Man kann mit unbeschränkten Nennungen arbeiten, man kann drei positive und drei negative Wahlen vorschreiben, man kann jedem Gruppenmitglied Punktwerte zuordnen lassen. Auch hier kann man sich darauf beschränken, empirische Ergebnisse hinzunehmen, einzeln oder nach übergreifenden Themen geordnet. Solche leidlich generalisierbaren Ergebnisse sind etwa

- bei Kindern nimmt die Stabilität der Wahl mit dem Alter zu
- die Wahlstabilität steigt, je länger eine Gruppe zusammen ist
- die Integration der Gruppe steigt mit fortschreitendem Alter
- in gemischtgeschlechtlichen Kindergruppen sinkt mit fortschreitendem Alter die Zahl heterosexueller Wahlen (alle Ergebnisse nach Höhn & Seidel, 1969, 390).

Sinnvoller für die praktische Anwendung ist es jedoch zweifellos, für eigene Handlungsstrategien selbst dergleichen Ergebnisse zu erheben und in der Fachliteratur methodologischen Rat dazu zu suchen: experimentelle Ergebnisse als methodische Hilfe.

Mit Wahrscheinlichkeitsaussagen zufrieden sein

Eine andere Methode des Umgangs mit empirischen Einzelergebnissen besteht darin, über Sammelreferate oder Meta-Analysen größere Mengen von Einzeldaten zusammenzustellen und daraus Wahrscheinlichkeitsaussagen zu entnehmen. Wiederum ein Beispiel:

Eine der ältesten Fragestellungen der Sozialpsychologie kreist um die Frage, ob der einzelne Mensch mehr und besseres leistet, wenn er für sich allein oder in Gegenwart anderer tätig ist. Das erste Experiment hierzu (Triplett, 1897) ist vermutlich eines der frühesten sozialpsychologischen Experimente überhaupt. Plausibilitätsüberlegungen helfen hier nicht weiter; einsichtige Gründe gibt es sowohl für die Überlegenheit der Alleinarbeit als auch für die Arbeit in Gruppen: die Anwesenheit anderer kann als stimulierend gesehen werden; sie kann auch als behindernd, beeinträchtigend, störend erlebt werden. Einen hübschen Erklärungsversuch verdanken wir F.H. Allport: Danach verhält sich der einzelne in der Gruppe genauso, wie er sich sonst verhalten würde, „only more so". H. Lück (1970) hat eine überzeugende Zusammenfassung des komplexen Forschungsstandes gegeben; er kommt zu folgendem Resümee:

Nicht die einfache Anwesenheit anderer, sondern nur die Anwesenheit von Personen, die im Rahmen bestimmter sozialer Wertungsvorgänge als relevant empfunden werden, läßt das Antriebsniveau – gemessen an der Pulsfrequenz und subjektiven Beschreibungen – des Individuums ansteigen, und erst dann verändert sich das Verhalten (Lück, 1970, 79).

Das ist eine typische Wahrscheinlichkeitsaussage, wir können in diesem Fall damit rechnen, daß unter den meisten Realisationsbedingungen des Alltags eher das geschilderte Verhalten eintritt als das Gegenteil. Wenn uns freilich jemand fragt, ob das Ergebnis von Lück *wissenschaftlich gesichert* sei, und damit meint, dann müsse es sich mit Gesetzmäßigkeit immer einstellen, bei Kunststudenten in Colorado und bei Studienräten in Leningrad, bei beliebigen Themen, beliebigen Instruktionen und beliebigen Randbedingungen, wer dies erwartet, den müssen wir enttäuschen: In all den Wissenschaften, in denen eine Vielzahl von Variablen gleichzeitig wirken kann und in der Regel auch wirkt, sind fast durchweg nur Wahrscheinlichkeitsaussagen möglich. Das ist uns in der Medizin, in der Volkswirtschaftstheorie und in der Meteorologie geläufig. Freilich: wer sein bisheriges Verhalten grundsätzlich erst dann verändern will, wenn ihm die Überlegenheit des neuen Verhaltens absolut zwingend nachgewiesen worden ist, der überschätzt in vielen Fällen wohl die wissenschaftliche Begründetheit seines bisherigen Verhaltens. Dieses beruht ja in vielen Fällen auf einem unentwirrbaren Gemisch aus historischen Zufälligkeiten und wurde bei seiner Einführung keineswegs nach wissenschaftlichen Prinzipien aus einer Reihe möglicher Alternativen ausgewählt. Als Beispiele kann man hier etwa an die Wirksamkeit der Hochschulvorlesung, an das Verprügeln von Kindern als Erziehungsmaßnahme oder an bestimmte Formen der bürgerlichen Anstandserziehung denken.

Praktische Konsequenzen

In Anbetracht der explosionsartigen Vermehrung der wissenschaftlichen Produktion auch im Bereich der Gruppenforschung, scheint mir der Versuch nicht sinnvoll und erfolgversprechend, in diesem Buch das *Wesentliche* der einschlägigen Forschungssubstanz darstellen zu wollen. Stattdessen setze ich folgende Akzente:

1. Ich habe acht Teilaspekte ausgewählt und ignoriere damit wesentliche Teile des gegenwärtigen Forschungsstandes.
2. Ich werde hier allgemein den Stand referieren, wie er sich aus zusammenfassenden Werken ergibt.
3. Ich werde mir besondere Mühe geben, die wesentlichen weiterführenden Arbeiten zu nennen.
4. Ich werde mich im besonderen Maße darum bemühen, wertvolle und weiterführende Einzelarbeiten darzustellen, die im besonderen Maße den Anforderungen genügen, die in diesem Kapitel expliziert worden sind.
5. Ich werde dabei einige gewissermaßen klassische Themen, die in besonderem Maße auf die weitere Entwicklung unseres Faches gewirkt haben, hervorheben.

2. Kapitel:
Gruppe und Gruppenstruktur

In diesem Kapitel versuche ich, etwas begriffliche Ordnung in die verwirrende Vielfalt möglicher Gruppen, Gruppendefinitionen und möglichen Gruppengeschehens zu bringen. Zunächst geht es mir dabei um definitorische und klassifikatorische Ansätze, dann um mögliche Paradigmen und die Rolle der Theorie, um methodische Fragen der Erfassung von Gruppenstrukturen und einige ausgewählte Einzelfragen in diesem Bereich. Den Abschluß dieses Kapitels bildet eine Überlegung, inwieweit Rollentheorie und Rollenkonzepte für die Strukturierung von Gruppen und Gruppengeschehen nützlich sind.

Zum Begriff der Gruppe

Definitorische Ansätze

Wenn ein Buch von der Psychologie der Gruppe handelt, dann ist es für den Leser ein naheliegendes Bedürfnis, klare Definitionen und präzise Aussagen über den Bereichsumfang dessen zu erhalten, was in diesem Rahmen behandelt werden soll. Es gibt jedoch in der sozialpsychologischen Literatur eine Vielzahl von *unterschiedlichen* Definitionen zum Begriff der Gruppe. Ich gebe drei Beispiele und wähle dazu eine breite und anspruchslose, eine mittlere und eine enge und anspruchsvolle Definition:

Lindgren definiert in einer Einführung in die Sozialpsychologie:

Wenn zwei oder mehr Personen in irgendeiner Beziehung zueinander stehen, bilden sie eine Gruppe (1973, 347).

Olmsted definiert in einer Einführung in die Kleingruppenforschung:

Eine Gruppe kann definiert werden als eine Mehrheit von Individuen, die in Kontakt miteinander stehen, aufeinander reagieren und in wesentlichen Punkten Gemeinsamkeiten erleben (1959, 21).

Und schließlich McDavid & Harari, ebenfalls in einem Lehrbuchtext:

Eine sozialpsychologische Gruppe ist ein organisiertes System von zwei oder mehr Individuen, die so miteinander verbunden sind, daß in einem gewissen Grade gemeinsame Funktionen möglich sind, Rollenbeziehungen zwischen den Mitgliedern bestehen und Normen existieren, die das Verhalten der Gruppe und aller ihrer Mitglieder regeln (1968, 237).

Wenn zwei einander Fremde nebeneinander die Straße entlang gehen, dann sind sie offenbar nach keiner dieser drei Definitionen eine Gruppe. Werden diese beiden Personen jedoch gemeinsam von einem Dritten für eine Wohltätigkeitssammlung angesprochen, so sind sie nach Lindgren eine Gruppe, nach Olmsted und McDavid & Harari jedoch nicht. Bitten wir fünf Studenten, die einander unbekannt sind, gemeinsam zu einem sozialpsychologischen Experiment in einen Raum und verlesen eine Instruktion, so sind die fünf nach Lindgren und Olmsted eine Gruppe, nicht hingegen nach McDavid & Harari. Erst wenn die Teilnehmer eine Weile miteinander zu tun gehabt haben und sich Ansätze von Rollenspezifizierungen bilden und gemeinsame Normen entwickeln, erst dann würden die Autoren der drei Definitionen wieder miteinander übereinstimmen und von einer sozialpsychologischen Gruppe reden.

Es bringt uns in diesem Zusammenhang nicht weiter, aus der einschlägigen Literatur weitere Definitionen zusammenzutragen, um uns dann für die häufigste, die einleuchtendste oder die vom bedeutendsten Wissenschaftler stammende Definition zu entscheiden. (Weiterführende Diskussionen dieses Definitons- und Abgrenzungsproblems finden sich vor allem bei Cartwright & Zander, 1968, 46 ff.; Kruse, 1972, 1541; Schneider, 1975; Shaw, 1977.)

Andererseits sollten wir uns aber auch durch die vorliegenden und zumeist recht bestimmt klingenden Definitionen (eine Gruppe ist . . .) nicht die Frage aufzwingen lassen, was denn nun eine Gruppe *wirklich ist*. Wir sollten vielmehr akzeptieren, daß der Begriff der Gruppe ein *Konstruktbegriff* ist, den wir an die Phänomene um uns herum herantragen, um etwas Ordnung in unsere Gedanken und Wahrnehmungen zu bekommen (zum Konstruktbegriff: Herrmann, 1969, 30 ff.; Groeben & Westmeyer, 1975, 60 ff.). Wenn wir dementsprechend Gruppen in unserer Umwelt nicht einfach vorfinden, sondern uns innerhalb gewisser Grenzen von Sprachgebrauch und Zweckmäßigkeit je nach Lage der Dinge entscheiden können, wie wir Gruppen definieren wollen, dann ist es völlig legitim, je nach Arbeitsbereich, je nach Forschungsinteresse und je nach der Methode unterschiedliche Definitionen zu setzen.

Für einen solchen Zweck mag es nützlich sein, aus der Vielzahl möglicher Definitionen häufig verwendete *Bestimmungsstücke* zusammenzustellen. Wenn in Umgangssprache und/oder Wissenschaft von Gruppen im Zusammenhang mit Sozialpsychologie die Rede ist, dann werden vor allem folgende Bedingungen genannt. Die Mitglieder

- erleben sich als zusammengehörig
- definieren sich explizit als zusammengehörig
- verfolgen gemeinsame Ziele
- teilen Normen und Verhaltensvorschriften für einen bestimmten Verhaltensbereich
- entwickeln Ansätze von Aufgabenteilung und Rollendifferenzierung
- haben mehr Interaktionen untereinander als nach außen
- identifizieren sich mit einer gemeinsamen Bezugsperson oder einem gemeinsamen Sachverhalt oder einer Aufgabe
- sind räumlich und/oder zeitlich von anderen Individuen der weiteren Umgebung abgehoben.

Besonders häufig wird als Kriterium herangezogen, daß ein unmittelbarer Kontakt jedes Mitgliedes mit jedem anderen möglich sein und/oder faktisch realisiert sein muß. Auch die Überschaubarkeit der Gruppe für jedes Mitglied spielt häufig eine Rolle. Dabei hängt die Wahl der Bestimmungsstücke der Definition ganz offensichtlich vom Forschungskontext ab: Wer an Interaktionsanalysen interessiert ist, der wird gern die Interaktionsdichte als Kriterium wählen; wer mit Gruppen im Betrieb zu tun hat, wird eher das raumzeitliche Beieinander bevorzugen.

Klassifikatorische Ansätze

Welche Bestimmungsstücke der Gruppendefinition man auch wählen mag: die psychologischen Definitionen der Gruppe sagen etwas über den Zusammenhang der Individuen, ihre Beziehungen zueinander aus, aber nichts über diese Individuen selbst. Zweifellos gibt es aber sehr unterschiedliche Konfigurationen, wenn man auf die *inhaltliche* Zusammensetzung und auf andere Rahmenbedingungen abhebt (ausführlich hierzu etwa Schneider, 1975, 29 ff.).

So können Gruppen unterschiedliche *Größe* haben; es ist üblich, Dyaden (2 Personen), Kleinstgruppen (etwa 2 – 6 Personen), Gruppen (3 – etwa 30 Personen) und Großgruppen (zumeist über 25 Personen) zu unterscheiden; die Grenzen sind uneinheitlich. Am ausführlichsten untersucht sind wohl Dyaden; in der Realität am häufigsten vorkommen sollen Gruppen von fünf und weniger Teilnehmern, nach einer frühen Auszählung von James (1951) sollen ca. 92% der Gruppenzugehörigkeiten Gruppen dieser Größe betreffen.

39

Man kann hinsichtlich der *zeitlichen Erstreckung* von ad-hoc-Gruppen über regelmäßige Arbeitsgruppen (einmal wöchentlich zwei Stunden) und Dauerarbeitsgruppen (werktäglich etwa acht Stunden) bis hin zu Gruppen differenzieren, die etwa als Forscher in der Antarktis auf Monate hinaus 24 Stunden täglich gemeinsam verbringen.

Hinsichtlich der formalen Organisation kann man zwischen *informellen* und *formal institutionalisierten* Gruppen unterscheiden und dabei wahrscheinlich noch näher differenzieren.

Man kann nach dem *Lebensalter der Beteiligten* unterscheiden und nach der *Art der Zusammensetzung* (verschiedene Grade von Homogenität und Heterogenität); auch die *Konstanz der teilnehmenden Mitglieder* ist eine wesentliche Variable, von der völligen Konstanz einer Astronautengruppe bis zum Universitätsseminar ohne Anwesenheitsliste, in dem von 60 nominellen Teilnehmern wechselnde Kombinationen von 10 bis 30 Teilnehmern die anwesende „Gruppe" bilden. Alle diese und noch zahlreiche andere Bestimmungsgrößen zu Gruppen können für Strukturen und Verläufe wesentlich sein. Da die meisten dieser Klassifikationsdimensionen einander nicht ausschließen, sondern auf verschiedenen Ebenen liegen, wäre für ein Klassifikationsschema von Gruppen die Einordnung jeder konkreten Gruppe in vielen Dimensionen gleichzeitig erforderlich. Das wird nach den Regeln der Kombinatorik aber rasch unhandlich und trägt nicht mehr zur Verständigung bei. Daher ist es weitgehend üblich geworden, anstelle von Klassifikationssystemen *unvollständige Akzentsetzungen* nach Arbeits- und Interessensschwerpunkten zur Kennzeichnung zu wählen. So unterscheidet etwa Argyle (1969, 236) „Fünf Gruppen von Kleingruppen", nämlich (1) die Familie als Kleingruppe; (2) Gruppen Jugendlicher; (3) Arbeitsgruppen; (4) Ausschüsse, Problemlösungsgruppen und kreative Gruppen; (5) T-Gruppen und Therapiegruppen. Das ist natürlich logisch völlig unbefriedigend, aber die Einteilung deckt wesentliche Forschungsbereiche ab. Und Argyle kann, was den gegenwärtigen Forschungsstand angeht, mit Recht konstatieren: „Neuere Bücher, die sich mit Gruppen beschäftigen, haben die offensichtlichen, doch außerordentlich bedeutsamen Unterschiede zwischen diesen verschiedenen Arten von Gruppen übersehen" (1969, 236). Diese Feststellung trifft auch heute, zwanzig Jahre später, im wesentlichen zu: Es ist in der sozialpsychologischen Literatur häufig von *Gruppen* die Rede, ohne daß eine nähere Eingrenzung erfolgt.

Naheliegende Denkfehler und Implikationen

Da die weitaus meisten empirischen und experimentellen Befunde der Gruppenforschung von kleinen und sehr kleinen Laborgruppen stammen, die nur für dieses Experiment rasch zusammengetrommelt worden sind, liegt es nahe, bei allen Diskussionen über Gruppen, Gruppengeschehen und Handeln in Gruppen von einem solchen vereinfachten Denkmodell auszugehen: zwei bis sechs Teilnehmer, ohne Vorgeschichte und ohne raumzeitlichen Kontext.

Ich möchte auf diese naheliegende Tendenz zur Vereinfachung, die häufig ein schiefes Bild von dem faktischen Gruppengeschehen vermittelt, wenigstens hinweisen und die wichtigsten Relativierungen benennen, die von Fall zu Fall notwendig sein können (vgl. auch Bahrdt, 1980).

— Gruppen handeln im Alltag zumeist nicht im luftleeren Raum, sondern es gibt einen raumzeitlichen Kontext: es gibt eine Vorgeschichte, und es gibt eine Umgebung.
— Die mehrfache Gruppenzugehörigkeit ist die Regel: wir alle sind in mehreren Gruppen engagiert, zwischen dem Handeln in diesen Gruppen und den Anforderungen in diesen Gruppen kann und wird es vielfach Widersprüche und Unvereinbarkeiten geben (vgl. hierzu etwa Weinert, 1987[2], 161).
— Die Gruppengrenzen sind oft unklar und können von den Beteiligten unterschiedlich definiert werden.
— Die Zugehörigkeit oder Nichtzugehörigkeit zu einer Gruppe ist kein „Alles-oder-Nichts-Phänomen". Es gibt häufig sehr fließende Grade von Zugehörigkeit, möglicherweise mit zeitlichen Schwankungen.
— Gruppen müssen nicht aus einer festen definierten Anzahl gleichbleibender Personen bestehen, es kann rasche Wechsel geben und es kann anstelle einer festen Statik auch ein Fließgleichgewicht geben (etwa Kommissionen, in denen anstelle von verhinderten Mitgliedern Ersatzmitglieder mitarbeiten; Gruppen, in denen die zeitliche Zugehörigkeit von Mitgliedern sich überlappt).

Eine weitere Schwierigkeit bei der Benutzung des Gruppenbegriffs liegt darin, daß der Begriff nicht nur rein beschreibend für eine Anzahl von Menschen benutzt wird, sondern auch wertend. So schwingt in der Umgangssprache im Begriff der Gruppe oft mehr und anderes mit, als durch sozialpsychologische Definition festgelegt ist: Wenn Teilnehmer von Selbsterfahrungsgruppen nach einigen Tagen fragen, ob sie denn nun eine „wirkliche Gruppe" seien, wenn Assoziationen von grenzenloser Offenheit und Aufrichtigkeit anklingen, rückhaltlose Zuverlässigkeit und selbstlose Hilfsbereitschaft untereinander implizit als erforderlich für eine „echte Gruppe" unterstellt wird, dann ist offenbar von mehr und von anderem die Rede, als von einer Konfiguration einzelner Personen mit Ansätzen zu Rollenspezifizierungen und gemeinsamen Normen. Vielmehr gibt es hier offensichtlich so etwas wie ideologisch überhöhte Konzepte dessen, was eine wirkliche Gruppe sein sollte (Bahrdt, 1980).

Man kann diese offenbar häufig überhöhten Ansprüche gut dadurch belegen, daß man in Gruppen bestehende Schwierigkeiten auf ihre

41

Gründe hin attribuieren läßt. Weinberg et al. (1981) haben dies bei insgesamt 125 Gruppen getan, die je über acht Wochen hinweg beobachtet wurden. Der am häufigsten attribuierte Grund war mangelnde Gruppenkohärenz (wir sind eben keine gute Gruppe), gefolgt von Führungsproblemen (unser Leiter taugt nichts). Andere Gründe (zu schwierige Aufgabe, falsche Zielsetzung, äußere Umstände) wurden bei weitem seltener genannt.

Es muß hier offen bleiben, wie es zu solchen hohen Ansprüchen an Gruppenmitgliedschaft kommen kann. Im deutschen Sprachraum liegt es nahe, an eine Wiederaufnahme und Wiederbelebung von Gedanken und Konzepten aus der deutschen Romantik zu denken; wahrscheinlich spielt auch das in allen Heeren der Welt nachdrücklich geforderte und gepflegte Kameradschafts- und Treueprinzip gegenüber der unmittelbaren Primärgruppe eine Rolle. Der Sache nach ist jedenfalls unverkennbar, daß die Sehnsucht der Menschen aller Zeiten nach Geborgenheit und Wärme in einem überschaubaren Rahmen heute besonders deutlich hervortritt, und daß diese Bewegung stark durch emotional-affektive und irrationale Züge geprägt wird. Auf der anderen Seite ist deutlich und ist an Verlaufsprotokollen von Gruppensitzungen gut zu belegen, daß die Realisierungsversuche von solchen überhöhten Konzepten zumeist rasch scheitern und in Selbstvorwürfen, Mißerfolgserlebnissen und Verzweiflung enden. Denn die zumeist implizit vorhandenen Idealvorstellungen von dem „eigentlich richtigen" Zusammenleben in einer Gruppe sind unrealistisch hoch und überfordern die Beteiligten. Die Tätigkeit von Psychologen als Leiter solcher Gruppen besteht dann häufig zu einem wesentlichen Teil darin, derartige Ansprüche zu thematisieren und dabei behilflich zu sein, sie in der Gruppe gemeinsam zu reflektieren und auf ein vernünftiges Maß zurückzuschneiden. Sicher ist es unzweckmäßig, auch nur Spuren davon in eine Definition der Gruppe hineinzutragen. Diese sollte vielmehr auf rationale und leicht operationalisierbare Sachverhalte beschränkt bleiben.

Über die Realität von objektiven und phänomenalen Sachverhalten

Auch wenn man von mythologischen Überhöhungen und Wertungen einmal absieht, gehen in die Definition von Gruppen Sachverhalte mit ein, die nur im Erleben der Beteiligten vorkommen:

— das Zusammengehörigkeitsgefühl der Gruppenmitglieder
— gemeinsame Ziele und Normen

- die Identifikation mit einer Bezugsperson
- Beurteilung und Wertung der Mitglieder untereinander.

Das alles sind Sachverhalte, die nur im Erleben der Beteiligten repräsentiert sind. Zur Kennzeichnung in Alltag und Teilen der Psychologie ist hier die Unterscheidung zwischen *objektiv* und *subjektiv* üblich: Objektiv vorhanden ist ein Stuhl oder ein Tisch oder ein Kreuzchen als Fragebogenantwort; subjektiv sind Denken, Gedächtnis, Fühlen und Wollen der Beteiligten. Ich schließe mich im folgenden der Terminologie des Kritischen Realismus an, wie er in erster Linie von der Gestalttheorie eingebracht worden ist: Ich stelle den Begriff des Objektiven dem des Phänomenalen entgegen; Metzger (1975) gebraucht gleichsinnig auch den der „erlebten" Welt. Diese Begriffswahl soll verdeutlichen, daß die erlebte Welt des Einzelnen nichts minder Reales ist, „bloß subjektiv", sondern einen eigenen Wirklichkeitscharakter hat, wenn auch einen anderen als Stühle und Tische. Metzger spricht hier in Nachfolge von Wertheimer, Koffka und Köhler von der erlebten oder auch von der anschaulichen Wirklichkeit. Dabei ist eine Zweiteilung zwischen einer objektiv-physikalischen und einer phänomenalen, erlebten Welt allerdings bereits eine Vereinfachung: Metzger hat schon 1941 vorgeschlagen, fünf Begriffe von Wirklichkeit voneinander zu trennen (vgl. etwa Metzger, 1975, 14 ff.). Bei anderen Autoren findet man andere Begriffe, so etwa bei Groeben (1986) Realität für das objektiv-physikalisch Vorhandene, Gegenstand für das phänomenale Korrelat. Diese Begriffswahl ist vermutlich nicht sehr glücklich, da es im Bereich des Phänomenalen ja nicht nur Gegenstände, sondern auch Beziehungen und adjektivische Zuschreibungen gibt.

Der Sache nach ist auf diese Notwendigkeit einer solchen begrifflichen Unterscheidung und Thematisierung der phänomenalen Welt schon früh hingewiesen worden, häufig wird McLeod (1947) als wichtige frühe Arbeit genannt. Asch (1952, 1987²) hat den Sachverhalt gründlich und mit vielen Beispielen besprochen. Neuere Darstellungen und weiterführende Literatur etwa bei Kebeck & Sader (1984), Zimmer (1989).

Gleichwohl wird die Unterscheidung zwischen dem Objektiven und dem Phänomenalen in der Sozialpsychologie weitgehend ignoriert. In vielen Fällen und bei vielen Themen ist das auch weiter nicht schlimm: Die objektive und die phänomenale Welt stimmen für praktische Belange oft so gut miteinander überein, daß wir hier mit der Erkenntnistheorie des „naiven Realismus" weit kommen können. So schon Koffka in dem bisher einzigen Lehrbuch der Gestaltpsychologie: „In der Regel sind die Dinge so, wie sie aussehen" (1935, 76).

Schwieriger wird es hingegen überall dort, wo nicht ein objektiver meßbarer Vorgang oder Gegenstand zur Debatte steht, sondern lediglich Phänomene:

Das gilt schon für die Risikofreudigkeit in Kapitel 1. Die meisten Bearbeiter dieses Themas haben als selbstverständlich unterstellt, daß die Versuchsteilnehmer das vom Experimentator gesetzte Risiko auch als Risiko erlebten und nicht etwa als ein lediglich verstandesmäßig zu lösendes Problem ohne jede Ich-Beteiligung.

Auch Erfolg und Mißerfolg sind solche lediglich phänomenalen Kategorien, die zumeist nicht aus äußeren Gegebenheiten erschlossen werden können. Dies hat der Lewin-Schüler F. Hoppe (1930) überzeugend nachweisen können. So kann, wie wir das auch aus dem Alltag kennen, der physikalisch-objektiv gleiche Sachverhalt je nach Vorerwartung und Kontext einmal als Erfolg, ein anderes Mal als Mißerfolg gewertet werden.

Ebenso ist erlebte Einsamkeit, worauf etwa Asch (1952) hingewiesen hat, nicht von der objektiv anwesenden Anzahl von Personen im Raum abhängig. Lauth & Viebahn (1987) haben das am Beispiel der sozialen Isolierung überzeugend darstellen können: Danach entsteht Einsamkeit nicht dadurch, daß man faktisch allein ist, sondern ist ein Ergebnis der Bewertung der vorhandenen sozialen Beziehungen.

Und schließlich ist auch das (subjektive) Wohlbefinden einerseits nur in den Kognitionen der Beteiligten festzumachen, andererseits aber unbezweifelbare Realität (Repetti, 1987).

Für weite Bereiche der Psychologie hat daher sicher Metzger recht, wenn er feststellt: „Der Psychologe kann also seine Aufgabe nicht ernsthaft in Angriff nehmen, so lange er seine eigene alltägliche Wirklichkeit in naiver Weise für die eine, allen gemeinsame „objektive" Wirklichkeit hält und sich nicht klar macht, daß sie nur seine persönliche Sonder-Ausgabe der Wirklichkeit ist" (1986, 253).

Wenn in dieser Weise die Wichtigkeit und die eigenständige Bedeutung der phänomenalen Sichtweise hervorgehoben wird, dann liegen zwei Mißverständnisse nahe, auf die ich wenigstens kurz noch eingehen möchte:

1. Eine *Beschränkung auf reinen Phänomenalismus* ist damit keineswegs gemeint. Der Psychologe sollte sich *nicht* auf die Welt der subjektiven Phänomene beschränken, wie dies beispielsweise noch Lewin weitgehend versucht hat. Allerdings sollte er die Phänomene auch nicht schlichtweg ignorieren, wie dies in der Sozialpsychologie gelegentlich noch geschieht. Stadler et al. (1975) haben zu Recht darauf verwiesen, daß selbst in der Wahrnehmungslehre das Ausklammern der objektiven gesellschaftlichen Prozesse eine unzulässige Verkürzung der Sichtweise sein kann. Bei einer solchen Argumentation scheint es mir allerdings nützlich, zwischen dem einzelnen Experiment und dem größeren Forschungskontext zu unterscheiden: Im einzelnen Experiment kann es sinnvoll und ökonomisch sein, bei der Anlage, Durchführung, Aus-

wertung und Diskussion im Raum des Phänomenalen zu bleiben. Bei der Integration solcher Forschungsergebnisse in einen größeren Kontext sollten dann freilich übergreifende Gesichtspunkte herangezogen werden.

Auch einer Bevorzugung von phänomenal orientierten Definitionen soll hier keineswegs das Wort geredet werden. Es ist zwar in der Psychologie oft der Sache nach unvermeidlich, Definitionen an den Phänomenen der Beteiligten festzumachen, und dann sollte man das auch konsequent durchhalten (vgl. Sader, 1975, 258 ff.). Aber in einer Gruppe ist der Rekurs auf die Phänomene der einzelnen methodologisch zumeist eher mißlich: Die vermutete schöne Einheitlichkeit wird hier oft nicht bestätigt. Man muß vielmehr damit rechnen, daß die erlebten Bedingungen – also etwa Zusammengehörigkeitsgefühl, Ziele und Normen in der Gruppe – innerhalb der Gruppe höchst uneinheitlich sein können, und daß zudem die Übereinstimmung zumeist unkritisch überschätzt wird. Schon aus Gründen der zumeist hohen interindividuellen und auch intraindividuellen Varianz der meisten phänomenalen Daten ist es daher vernünftig und ökonomisch, wo immer möglich, auf zählbare und operationalisierbare Verhaltensdaten zurückzugreifen.

2. Die Annahme, daß die Aussagen eines Menschen über sein Erleben, seine Phänomene, seine (subjektive) Befindlichkeit gewissermaßen die zu erforschende Sache selbst seien, ist ebenfalls in vielen Fällen voreilig. Freilich gibt es das: Jemand nennt die Gründe für sein Verhalten, und das kann die reine Wahrheit sein, und nichts als die Wahrheit. Mit dieser Prämisse leben wir bekanntlich im Alltag, und in den weitaus meisten Fällen funktioniert das auch. Wenn wir aber in der Psychologie selbst Berichte als wissenschaftliche Daten verwenden wollen, dann kann es eine Reihe von Schwierigkeiten geben. Ich zähle auf, die Reihenfolge ist keine Bewertung. Unser Gesprächspartner

– sagt uns absichtlich nicht die Wahrheit, was im Einzelfall gute und nachvollziehbare Gründe haben kann,
– verwechselt und/oder vermischt Phänomene und eigenes Erleben mit nachträglicher Rechtfertigung und Begründung,
– berichtet über Sachverhalte, über die er aus psychologischen Gründen nur unvollständige und verzerrte Selbsteinsichten haben kann. Wenn etwa eigene Abwehrmechanismen im Sinne von Freud zur Debatte stehen, dann muß man mit der Möglichkeit rechnen, daß Struktur, Genese und Auswirkung etwa von Übertragungsphänomenen oder Projektionen nicht angemessen im Selbstbericht erinnert und wiedergegeben werden können,
– berichtet über Sachverhalte, die rasch und/oder beiläufig und/oder automatisiert ablaufen und dementsprechend einem Selbstbericht nicht oder fast gar nicht zugänglich sind (vgl. etwa Piontkowski, 1988, 115).

Insgesamt scheint mir die Zeit ausgestanden, in der statistische versus phänomenologisch orientierte Verfahrensweise zum Grundsatzstreit hochstilisiert werden konnte. Mittlerweile ist weitgehend deutlich, daß in je unterschiedlichen Forschungsphasen beides erforderlich sein kann, daß insbesondere in frühen Forschungsphasen die reine Deskription der zu untersuchenden Phänomene nützlich sein kann, und daß überdies häufig nützlich und hilfreich sein kann, die phänomenale Dürftigkeit rein quantitativer Angaben durch Berichte über Erleben und Strukturierung der Beteiligten anzureichern. Insbesondere wäre es forschungsstrategisch nützlich, die potentielle Validität (Groeben, 1986, 139) auch qualitativer Verfahrensweisen durch geeignete methodische Überlegungen zu verbessern (hierzu etwa auch Mayring, 1983; Jüttemann, 1985).

Keine Theorie der Gruppe. Stattdessen nützliche Strukturierungen

Als Beispiel: Aschs Experimente zum Gruppendruck

Wenn man eine Reihe von Sozialpsychologen bitten würde, berühmte Experimente der Kleingruppenforschung aufzuzählen: Salomon Aschs Untersuchungen zum Phänomen des Gruppendrucks würden in kaum einer Aufzählung fehlen. Kaum ein anderer experimenteller Ansatz, ausgenommen vielleicht einige Arbeiten von Lewin (Lewin et al., 1939) und Sherif (Sherif & Sherif, 1969), tauchen mit solcher Regelmäßigkeit in praktisch allen einschlägigen Lehrbüchern auf. Da der Aufbau einfach und übersichtlich ist und die Ergebnisse bis heute nichts von ihrer grundsätzlichen Bedeutung eingebüßt haben, wollen wir das Grundexperiment zur Einführung und Verdeutlichung der Argumentation dieses Abschnitts verwenden (Asch, 1951; 1956). (Ich komme im 6. Kapitel unter anderen Gesichtspunkten noch einmal ausführlicher auf dieses Experiment zurück.)

Eine Gruppe von acht Personen wird in einem vorgeblichen Wahrnehmungsexperiment mit folgender Aufgabe betraut: Es werden den Gruppenmitgliedern jeweils zwei optische Vorlagen dargeboten und zwar gleichzeitig für die ganze Gruppe. Eine davon enthält eine gerade schwarze Linie (Standardreiz), die andere jeweils drei Linien unterschiedlicher Länge (Vergleichsreize). Die Aufgabe der Versuchsteilnehmer ist es dabei, jeweils zu urteilen und auszusagen, welcher der drei Vergleichsreize genau die Länge des Standardreizes hat. Und zwar sollen die Teilnehmer nacheinander entsprechend ihrer Sitzreihenfolge laut ihre Beurteilung nennen. Es werden nacheinander zwölf Tafeln mit je drei Vergleichslinien dargeboten; der Standardreiz bleibt dabei gleich. Der Trick des Versuches: Sieben der acht Teilnehmer sind vom Versuchsleiter vorinstruiert; sie haben den Auftrag, einheitlich in vorgegebener Art und Weise bei einem Teil der Beurteilungen falsche Vergleichslinien zu benennen. Im Anschluß an den Versuchsdurchgang werden die echten Versuchsteilnehmer ausführlich befragt und anschließend über die Anlage, die Ergebnisse und den Sinn des Versuches aufgeklärt.

Es handelt sich also nicht um ein Wahrnehmungsexperiment; Thema ist vielmehr: Wie verhält sich ein Mensch, wenn er sich einer einheitlichen Gruppenaussage gegenüberbefindet, die je mit der eigenen Wahrnehmung nicht übereinstimmt. Das wesentliche Ergebnis: Etwa ein Drittel der Teilnehmer schließt sich unter Gruppendruck gegen besseres Wissen der Gruppenmeinung an.

Die Anzahl derer, die dem Gruppendruck erliegen, hängt außer von Variablen des Individuums natürlich weitgehend von den Versuchsbedingungen ab. Der erlebte Gesamtkontext ist hier sicher von Bedeutung; in einem freundlichen Klima wagt man leichter eine Abweichung. Daneben ist aber vor allem die Größenordnung der Abweichung der falschen Vergleichsreize vom Standardreiz von Bedeutung. Asch hat die Vergleichslinien in den kritischen Darbietungen so unterschiedlich gewählt, daß in Kontrollversuchen (bei schriftlicher Beantwortung, also ohne sozialen Einfluß) durchweg richtige Zuordnungen möglich waren.

Dieses Grundexperiment ist schon von Asch und später von vielen anderen Forschern in vielfältiger Weise wiederholt worden. So hat man etwa die Gruppengröße verkleinert und gefunden, daß die numerische Größe der Mehrheit für den Effekt nicht wesentlich ist: Der Effekt setzt bei einer Mehrheit von etwa vier Teilnehmern mit voller Stärke ein; vergrößert man die Mehrheit auf acht oder gar sechzehn Teilnehmer, so steigert das den Effekt nicht. Andererseits: Befindet sich auch nur ein weiterer „echter" Teilnehmer im Versuchsraum, so vermindert das den Mehrheitseffekt beträchtlich, hebt ihn in etlichen Fällen sogar völlig auf. Man kann auch einen weiblichen Versuchsteilnehmer dem Gruppendruck durchweg männlicher Kollegen aussetzen (der Effekt wird größer); man kann auch einen männlichen Teilnehmer dem Gruppendruck durchgehend weiblicher Teilnehmer aussetzen (der Effekt verschwindet). (Benke, Hink & Röhrig, 1965). Ich könnte mir vorstellen, daß dieses letztere Ergebnis jetzt, 25 Jahre später, nicht mehr in dieser Weise ausfällt.

Insgesamt ein dankbares Experimentierfeld, in dem mit relativ geringem Aufwand imponierende Ergebnisse gewonnen werden können.

Reflexionen zu einer Theorie der Gruppe

Die große Bedeutung der Asch-Experimente in der Sozialpsychologie ist zweifellos nicht nur auf die überzeugende Einfachheit und Überschaubarkeit des Versuchsdesigns zurückzuführen. Wer einmal ohne Vorinformation an einem solchen Experiment teilgenommen, sich als Beobachter oder Veranstalter erlebt oder auch nur mit einiger Phantasie sich in einer solchen oder einer analogen Rolle erlebt hat, dem ist wohl deutlich: da ist nicht nur vom Vergleich von Linien die Rede. Im Sinne der Einteilungen, die im ersten Kapitel getroffen wurden, steckt die Bedeutung der Befunde sicher nicht in erster Linie in der Möglichkeit, wissenschaftlich gesicherte Verallgemeinerungen aus den vorliegenden quantitativen Befunden abzuleiten: der Effekt der Thematisierung ist hier zentraler.

Unabhängig davon wäre es jedoch wünschenswert, Befunde wie diese in größere wissenschaftliche Zusammenhänge zu integrieren. In diesem Zusammenhang wird oft bedauernd darauf hingewiesen, daß es eine übergreifende Theorie der Gruppe leider noch nicht gebe. Erwartet wird dabei im allgemeinen zunächst einmal eine vereinheitlichte Begriffssprache, dann aber auch eine Integration empirischer Befunde und schließlich die Möglichkeit, Geschehen in der Gruppe mit Hilfe solcher Theorien besser zu verstehen, zu erklären und vorauszusagen. Ganz anspruchsvolle Leser wünschen möglicherweise zudem, wissenschaftlich gesicherte Handlungsanweisungen aus solchen Theorien entnehmen zu können.

Derartige Ansprüche verkennen die Möglichkeiten und Grenzen einer Theorie, zumindest im Bereich der Sozialpsychologie. Der Begriff der Gruppe, so weit oder so eng wir ihn im Einzelfall definieren mögen, bleibt immer ein weiter und abstrakter Konstruktbegriff. Das Bundeskabinett fällt möglicherweise darunter, eine kleine Sonderschulklasse ebenfalls, in den meisten Definitionen auch kurzzeitige Gruppierungen, befristete Zweckgemeinschaften und die Familie. Es ist unwahrscheinlich, daß es viele Gemeinsamkeiten gibt, die ein Theoriedach über alle diese Gruppen hin sinnvoll erscheinen lassen.

Außerdem: das Geschehen in der Gruppe kann vielfältig sein. Das Entscheidende kann in einem Fall die *Wahrnehmung*, in anderen Fällen das *Lernen* sein; im einen mag es um *Problemlösen* in der Gruppe gehen, im anderen um gemeinsames *Handeln*. Das Wahrnehmen, Denken, Fühlen, Wollen oder Verhalten des einzelnen in der Gruppe kann sich wiederum auf einen anderen einzelnen in der Gruppe beziehen, oder auf Gruppenprozesse oder auf Ereignisse anderer Art innerhalb oder außerhalb der Gruppe. Der einzelne Mensch in der Gruppe kann Wahrnehmungsverzerrungen oder kognitive Dissonanzen erleben; er kann aus Angst, Ärger oder Neugier handeln. Er kann durch Ereignisse in der

Gruppe motiviert oder frustriert werden. Das Geschehen in der Gruppe kann durch den Dogmatismus einzelner, durch Streß als überhöhte Anforderungen an die Gruppe von außen, durch Sozialisationsvariablen einzelner oder der Gruppe maßgeblich beeinflußt werden. Es ist nicht zu sehen, wie dies alles – oder doch wesentliche Teile davon – durch eine Theorie der Gruppe abgedeckt werden könnte, in die dann wesentliche Teile der Theorien der Einzelbereiche der Psychologie mit eingehen müßten.

Diese Suche nach der Gesamttheorie, nach dem endgültig Richtigen, Verbindlichen, der Sicherheit der richtigen Aussage, ist wohl wesentlich mit dadurch bedingt, daß wir Menschen kognitive Unsicherheit schlecht ertragen können. Gesucht wird eine Weltsicht, die aus ganz wenigen Grundprinzipien alles erklären kann. Es fällt uns schwer, ist aber wohl unvermeidlich, daß wir mit Unsicherheiten und vorläufigen Strukturierungen leben müssen. Bei dieser Sachlage sind Theorien mittlerer Reichweite und Paradigmen geringen Bereichsumfangs für die Strukturierung, die Hypothesenbildung und die empirische Arbeit sicher nützlicher. Ich will zunächst einmal an drei Beispielen zeigen, wie die Ergebnisse Aschs mehr oder weniger zweckmäßig unter verschiedenen Paradigmen organisiert werden können.

Persönlichkeitsorientiertes Paradigma: Unaufrichtigkeit, Ichschwäche oder Suggestibilität

Im Alltagsdenken und in der impliziten naiven Verhaltenstheorie der meisten Menschen ist dies der häufigste und beliebteste Erklärungsansatz: Jemand handelt in einer bestimmten Art und Weise, weil er bestimmte persönliche Eigenschaften hat.

Im Asch-Experiment haben sich die verschiedenen Teilnehmer ja nicht in gleicher Weise verhalten: Einige sind dem Gruppendruck erlegen, einige haben durchweg – und unbeeinflußt – lediglich ihre Wahrnehmungen berichtet, einige haben sich während des Versuchs uneinheitlich verhalten. Was liegt näher als anzunehmen, daß die geistig Selbständigen, die wenig Beeinflußbaren, die Aufrichtigen bei ihrer Meinung blieben und einfach sagten, „wie es ist"; und daß die Unselbständigen, die Anpassungsbedürftigen, die an Ichschwäche Leidenden, die Unaufrichtigen, die Suggestiblen dem Gruppendruck erlegen sind und sich rasch und willig wider besseres Wissen der offensichtlichen Mehrheitsmeinung angeschlossen haben.

Diese Zurückführung des individuellen Handelns auf Eigenschaften der Person ist nicht nur für eine laienhafte Theorie zentral. Auch die wissenschaftliche Psychologie hat ein Jahrhundert lang mit diesem

49

Grundparadigma gearbeitet. So nahm etwa eine breite und vielgestaltige Charakterkunde mit einer großen Zahl von Typologien und klassifikatorischen Beschreibungssystemen einen wesentlichen Raum ein. (Als erste Einführung ist auch heute noch der Band von Helwig, 1957, nützlich; einen breiten und materialreichen Überblick bietet das Handbuch der Psychologie, Band 4, herausgegeben von Lersch & Thomae, 1960.)

Psychologie wurde — in der Öffentlichkeit fast ausschließlich und innerhalb des Fachgebietes zu großen Teilen — als eine Möglichkeit gesehen, mit Hilfe eines geschulten intuitiven Blicks, einer Handschriftenprobe oder eines Testverfahrens Aussagen über Personen zu machen, und zwar in der Annahme, daß die Kenntnis von Eigenschaften einer Person für die Erklärung und Voraussage menschlichen Handelns und Verhaltens zentrale Bedeutung habe. Noch vor zwanzig Jahren bestand die Tätigkeit von Psychologen in der Erziehungsberatung, der freien Praxis und der Begutachtung vor Gericht im wesentlichen aus der Erstellung von charakterologischen Gutachten, aus denen dann wiederum Handlungs- und Verhaltensvorschriften entnommen wurden. Dabei gab es dann durchaus Ähnlichkeiten der für die Glaubwürdigkeit jugendlicher Zeugen verwendeten diagnostischen Verfahren mit dem Experiment von Asch (vgl. etwa Aengenendt, 1955).

Heute werden persönlichkeitsorientierte Denkansätze in der Psychologie zwar für viele Fragestellungen als nützlich angesehen, aber sie haben nicht mehr diesen zentralen Stellenwert wie noch vor wenigen Jahrzehnten. Auch in der Persönlichkeitspsychologie selbst ist dieser eigenschaftszentrierte Ansatz in den letzten Jahren von mehreren Seiten und in mehrerlei Hinsicht relativiert worden. An die Stelle des Eigenschaftsdenkens traten interaktionistische Modelle; neuere Ansätze verzichten weitgehend darauf, ein inhaltliches System von Charaktereigenschaften vorzugeben. (Vgl. hierzu etwa Mischel, 1973; 1976; Thomae, 1968; zur grundsätzlichen Problematik Herrmann, 1969 und Sader, 1980.)

Lerntheoretisches Paradigma: Verstärkung für Anpassung, Bestrafung für Nichtübereinstimmung?

Der lerntheoretische Ansatz geht davon aus, daß alles Verhalten gelernt ist. Er führt Handeln und Verhalten nicht auf Persönlichkeitseigenschaften der beteiligten Personen zurück, sondern auf deren Lerngeschichte, auf bisher für Verhalten empfangene Verstärkungen und auf die Erwartung von Verstärkungen durch Handeln und Verhalten. Daß im Asch-Experiment die Teilnehmer sich unterschiedlich verhalten, läßt sich dann durch ihre bisherige Sozialisationsgeschichte erklären:

Die meisten von uns haben für solche Situationen gelernt, daß Anpassung an die Meinung der anderen Leute das einfachste Verfahren ist, Konflikten auszuweichen; vor allem die frühkindliche Erziehung und auch die schulische Sozialisation sind auf diese Richtung hin angelegt. Widerspruch gegen Eltern, gegen die Kindergartentante, gegen Lehrer und Lehrherren wird in unserer Gesellschaft wenig prämiiert. Die unaufrichtigen Höflichkeitsregeln und Konventionen der gesellschaftlichen Unterhaltung wirken wohl in ähnlicher Richtung.

Nur für relativ wenige Menschen sind häusliche Erziehung, Schule und andere Umwelteinflüsse insgesamt so positiv verlaufen, daß sie in Situationen wie dem Asch-Experiment unbefangene Aufrichtigkeit trotz gegenläufiger Aussagen aller Leute um sie herum für möglich und zweckmäßig halten. Lerntheoretische Paradigmen gelten heute in der Psychologie allgemein neben den kognitiven Ansätzen als die wesentlichen Paradigmen. Sie sind auch für die meisten der neueren Therapieansätze von großer Bedeutung.

Kognitives Paradigma: Dissonanzen vermeiden

Man kann Handeln und Verhalten von Menschen in einer Situation, wie sie das Asch-Experiment darstellt, auch unter allgemein-psychologischen Gesichtspunkten sehen und dabei Denkstrukturen und Begriffe etwa aus der Wahrnehmungs-, Gedächtnis- und Denkpsychologie benutzen. In den letzten Jahren hat sich als eine Art Oberbegriff für alle Formen und Arten von aufnehmenden, speichernden und verarbeitenden Erkenntnisvorgängen der Begriff der Kognition eingebürgert, und es ist üblich geworden, neben der Erforschung und Beschreibung einzelner kognitiver Prozesse auch überdauernde Orientierungs- und Organisationsschemata anzunehmen, die wir *kognitive Strukturen* nennen.

Einer der bedeutendsten Ansätze in diesem Bereich ist die Theorie der kognitiven Konsistenz von L. Festinger (1957). Es gibt kaum ein anderes einzelnes Paradigma der neueren Sozialpsychologie, welches in einem solchen Ausmaß empirische Arbeiten und theoretische Reflexionen angeregt hat. Die Einheiten dieser Theorie sind sogenannte kognitive Elemente, im Asch-Experiment etwa die beiden Wahrnehmungselemente: „Ich sehe ganz deutlich, daß die Standardlinie genauso lang ist wie die Vergleichslinie B" und: „Ich höre, daß alle Miturteiler sagen, der Standardreiz sei genauso lang wie die Vergleichslinie C". Festingers Grundannahme: „Wir Menschen tendieren dazu, relevante kognitive Elemente unserer Umgebung in Übereinstimmung zu bringen; es stört, beeinträchtigt, beunruhigt uns, wenn wir in unserem Handlungs- und Erlebensfeld Dissonanzen erleben." Die beiden wesentlichen, in der Theorie Festingers vorgesehenen Lösungsstrategien: Ent-

51

weder wir leugnen unsere Wahrnehmung oder wir ignorieren die Aussagen der anderen. Daneben finden sich in Versuchsprotokollen häufig auch Erklärungsversuche, die uns gestatten, diese Dissonanz zu beseitigen. „Das liegt vielleicht an der Parallaxe" oder: „Ich bin Brillenträger, vielleicht liegt das daran".

Zur Frage der Paradigmenwahl

Ich habe drei mögliche Paradigmen herausgegriffen und dabei ziemlich verkürzte und vereinfachte Darstellungen gegeben. In jedem der drei Bereiche Persönlichkeitspsychologie, Lerntheorie und Theorie der kognitiven Strukturierung gibt es verschiedene Paradigmen, und bei näherem Zusehen werden die Dinge — wie auch sonst — theoretisch, begrifflich und methodisch komplizierter. Hier sollte keine inhaltliche Einführung versucht werden; es kam mir nur darauf an, unterschiedliche Arten des Herangehens an ein und dieselbe Situation aufzuzeigen. Die Reihe solcher möglicher Strukturierungen von Sachverhalten, Prozessen und Forschungsergebnissen läßt sich fortsetzen. Wir können Asch-Befunde in marxistischen oder christlichen Paradigmen strukturieren, und auch an anderen inhaltlich organisierten psychologischen Teiltheorien ist kein Mangel.

Mir kommt es in diesem Zusammenhang jedoch vor allem darauf an, einige formale Sachverhalte zu verdeutlichen.

1. Jede Wahl eines Forschungsparadigmas bedeutet notwendig den Einschluß und den Ausschluß bestimmter Forschungsstrategien, Aspekte, Sachverhalte, Ergebnisse und Interpretationsmöglichkeiten.

2. Eine solche grundsätzliche Begrenzung durch Paradigmenwahl läßt sich nicht dadurch vermeiden, daß man die Einheit alles Psychischen proklamiert, ganzheitspsychologische Postulate aufstellt oder schlicht den Anspruch — zumeist an andere Leute — stellt, man müsse alle relevanten Variablen immer gleichzeitig untersuchen.

3. Für eine realistische Forschungspraxis sollte man fordern, daß der Wissenschaftler die eigene Paradigmenwahl reflektiert, begründet und auf die zweifellos vorhandenen Verkürzungen seines Ansatzes gegenüber unverstellter Realität aufmerksam macht; am besten vor seinen eigenen Experimenten, aber möglichst nicht anstelle seiner eigenen Experimente.

4. Bei der länger dauernden Befassung mit einem inhaltlichen Bereich sollte es üblicher werden, daß der Forscher den Zugriff mit verschiedenen Paradigmen versucht; eine bislang seltene Verfahrensweise, die aber zum Beispiel die Forschung im Bereich der Risikoneigung erheblich hätte befruchten können. Man kann auch Befunde, die unter einem

52

bestimmten Paradigma erstellt worden sind, noch später im Rahmen anderer Denkansätze interpretieren.

5. Wenn sich aus solchen Ansätzen Forschungsergebnisse sichern lassen, dann sollten zu deren Interpretation und theoretischer Einordnung die eingangs getroffenen paradigmatischen Setzungen und Begrenzungen nicht außer acht gelassen werden.

Die Erfassung von Gruppenstrukturen

Die Überschrift legt den Gedanken nahe, daß es Methoden geben könnte, *die* Gruppenstruktur zu erfassen, und in der Tat ist unter Praktikern oft von *der* Gruppenstruktur die Rede. Nun mag es sicher den Fall geben, daß in einer Gruppe nach einhelliger Auffassung *eine* Dimension so überwertig ist, daß nichts anderes außer dieser Dimension für die Gruppenstruktur von Bedeutung ist. Oder es kann den Fall geben, daß für das konkrete Handeln nur eine Dimension von Bedeutung ist; die Existenz anderer Strukturierungen wird akzeptiert, ist aber praktisch ohne Belang. In der Regel ist aber allen Beteiligten deutlich, daß mit Hilfe einer Fragestellung eine unter zahlreichen Dimensionen thematisiert wird. Und es ist zugleich deutlich, daß bei der Beantwortung dieser einen Fragestellung nicht ausschließlich auf *eine* Dimension zurückgegriffen wird.

Gruppenstruktur ist dabei ein sehr weiter Begriff, und es kann viele Fragestellungen geben. Einige davon werden in diesem Buch an anderen Stellen unter inhaltlichen Gesichtspunkten aufgegriffen: Es gibt Attraktions- und Kohärenz-Strukturen, die im Kapitel 3 behandelt werden, es gibt Koalitions-Strukturen (Kapitel 4), Kommunikations-Strukturen (Kapitel 5), Führungs-Strukturen (Kapitel 8), um nur einige zu nennen.

An dieser Stelle will ich mich daher auf grundsätzliche Fragen der Erfassung von Strukturaspekten beschränken. Ich wähle dafür ein Beispiel, welches weit von der Konvention üblicher Verfahrensweisen abweicht, die leicht und übersichtlich in der vorliegenden Literatur zu finden sind (vor allem Dollase, 1973; 1975; Höhn & Seidel, 1969).

In meinem Beispiel geht es um die Erfassung der Struktur hinsichtlich einer künftigen Arbeitsbeziehung, und zwar geschieht die Datenerhebung gewissermaßen aktiv durch Handeln und Reflexion der Gruppenmitglieder selbst. In dem folgenden Bericht interessieren nicht die Ergebnisse; die konkrete Beschreibung soll nur zur Veranschaulichung der methodologischen Diskussion dienen.

Mit wem möchtest Du im nächsten Semester gemeinsam eine Gruppe leiten?

Ich berichte hier über einen Versuch einer Gruppe von 14 Studentinnen und Studenten, in einem langwierigen und anstrengenden Prozeß gemeinsam Informationen über einen wichtigen Aspekt ihrer Gruppenstruktur zu erarbeiten. Der Prozeß liegt Jahre zurück; er wurde von mir geleitet.

Es handelte sich um 14 Teilnehmerinnen und Teilnehmer einer zweisemestrigen Universitäts-Lehrveranstaltung im Rahmen der Psychotherapieausbildung, acht Frauen und sechs Männer, alle im letzten Studienabschnitt, also in der Regel im siebten oder achten Studiensemester. Der erste Teil der Veranstaltung (Dauer ein Semester mit insgesamt 30 drei- bis vierstündigen Sitzungen) hatte den Unterricht in einem Therapieverfahren (Psychodrama) zum Ziel, im wesentlichen auf der Basis von Selbsterfahrung und begleitendem Literaturstudium. Für das zweite Semester war systematischer Unterricht geplant, daneben die zusätzliche freiwillige Möglichkeit, daß je zwei übende Leiter einer Gruppe von Studierenden Anfangsgründe des Psychodrama in sechs zweistündigen Sitzungen vermitteln sollten. Außerdem sollten diese Teams von je zwei übenden Leitern im Sommersemester bei der eigenen Gruppe je zwei Sitzungen leiten. Die Studienordnung des Fachbereichs schreibt vor, daß bei derartigen zweisemestrigen Veranstaltungen im zweiten Semester Gelegenheit zu praktischer Einübung anzubieten ist.

Da im Rahmen einer Psychodramaausbildung die Erstellung von Soziogrammen von Gruppen ohnehin eine wichtige Rolle spielt, ergab sich gewissermaßen aus didaktischen Gründen die Notwendigkeit, den Teilnehmern wenigstens einmal während der beiden Semester das eigene Erleben der Anlage, Durchführung und Auswertung einer solchen Verfahrensweise zur Thematisierung und Visualisierung von Aspekten der Gruppenstruktur zu vermitteln.

Die Gruppe einigte sich rasch darauf, die praktisch erforderliche Fragestellung „Mit wem möchtest Du im nächsten Semester gemeinsam eine Gruppe leiten?" zu bearbeiten und nicht eine folgenlosere hypothetische Frage von der Art „Wenn Du ein Problem hättest, was Dir nahegeht und vielleicht sogar peinlich ist, mit wem in der Gruppe könntest Du darüber reden?". Diese Entscheidung für ein Soziogramm mit praktischen Konsequenzen ist sinnvoll und wird in der einschlägigen Literatur weitgehend bevorzugt, gelegentlich als die einzige sinnvolle Möglichkeit dargestellt. Die Gruppe einigte sich weiterhin darauf, nicht lediglich einzelne Nennungen oder eine Rangfolge zu erfragen (meine erste Präferenz wäre..., meine zweite Präferenz wäre...), sondern daß jeweils alle Teilnehmer Aussagen über alle anderen Teilnehmer machen sollten (1 = ich möchte nicht gern mit diesem Gruppenmitglied im Sommersemester eine Gruppe leiten; 6 = ich möchte sehr gern mit diesem Gruppenmitglied im Sommersemester eine Gruppe leiten).

In der folgenden Sitzung bekam jeder Teilnehmer einen Bogen, auf den er selbst noch einmal die wörtliche Fragestellung, die Bedeutung der Punktwerte eins und sechs, dann aber seine eigenen Wertungen hinsichtlich aller Teilnehmer einzutragen hatte.

Zu diesem Zweck löste sich die Gruppe auf, die Teilnehmer verteilten sich im Raum. Bis der Letzte mit Ausfüllen fertig war, dauerte es nahezu eine Stunde.

Anschließend wurden die Bögen abgegeben, die Gruppe versammelte sich wieder im Kreis und wurde nach ihrem Ergehen und Erleben in der Ausfüllphase befragt. Dabei wurde die Aufgabe von Teilnehmern als „unerwartet schwierig und belastend" beschrieben, die meisten Teilnehmer berichteten vor allem über die Schwierigkeit, sich auf die vorgegebene Dimension zu beschränken: „Wen mag ich" und „mit wem möchte ich leiten" waren oft schlecht zu trennen. Gleichzeitig wurde von mehreren Teilnehmern darauf hingewiesen, daß ihre Entscheidung „morgen schon wieder ganz anders aussehen könnte".

Dann bekamen alle Teilnehmer ein leeres Matrizenblatt, in welches in Vorspalte und Kopfspalte in einheitlicher Reihenfolge alle Namen eingetragen wurden. Jeder bekam nun einen ausgefüllten Testbogen (keiner seinen eigenen), und alle Teilnehmer verlasen der Reihe nach alle Daten und trugen sie gleichzeitig in ihr eigenes Matrizenblatt ein. Das Ergebnis (ohne die Namen) ist in Abbildung 1 zu sehen.

Nachdem auf diese Weise jeder seine und alle anderen Aussagen vor sich liegen hatte, wurden die Teilnehmer aufgefordert, sich für eine halbe Stunde in Kleingruppen zurückzuziehen, um zunächst gemeinsam die Frage zu besprechen, welche allgemeinen Aussagen sich über die Matrize als Indikator für die Gruppenstruktur machen lassen. Dadurch sollte erreicht werden, daß sich die Teilnehmer nicht sofort und ausschließlich auf die Exegese ihrer eigenen Punktwertung fixieren. An schließend wurde gemeinsam zusammengetragen:

– kein eindeutiger Star in der Gruppe
– niemand wird von allen Teilnehmern abgelehnt
– weitgehend volle Skalen-Ausnutzung, was als Mut zur Aufrichtigkeit in der Gruppe interpretiert wurde (es kommt in manchen Gruppen durchaus vor, daß Teilnehmer nur die Werte 5 und 6 vergeben: „Ich kann mit euch allen in gleicher Weise zusammenarbeiten"; auch die Beschränkung auf den Mittelbereich, also die Werte 3 und 4, ist nicht selten)
– eine leichte Tendenz zur positiven Bewertung war erkennbar, der Mittelwert ca. 3,8 statt 3,5

— deutliche Unterschiede in den Präferenzen für die einzelnen Teilnehmer werden sichtbar.

Abbildung 1

Aussagender

Aussage über ⟶

	♂	♂	♂	♀	♀	♀	♀	♀	♀	♀	♂	♂	♂	♂
♂	X	3	3	2	5	1	6	2	4	2	5	1	2	1
♂	2	X	5	4	5	5	5	3	5	6	4	3	6	5
♂	1	5	X	4	6	5	6	5	5	5	5	4	6	3
♀	2	3	5	X	3	5	6	5	4	6	2	3	3	1
♀	4	4	6	2	X	1	6	5	5	5	1	2	4	3
♀	1	6	4	6	1	X	3	2	2	4	6	4	5	1
♀	3	5	6	4	2	3	X	5	6	4	5	2	6	1
♀	1	4	6	5	4	2	3	X	5	6	6	2	6	1
♀	1	3	5	3	6	2	4	5	X	4	6	1	5	1
♀	5	6	5	5	6	4	5	5	5	X	5	4	5	5
♂	4	2	3	1	5	5	4	4	5	3	X	3	2	3
♂	2	6	5	1	6	6	3	4	4	5	4	X	3	2
♂	1	6	6	4	4	3	6	4	5	4	3	1	X	1
♂	1	6	5	1	6	1	4	5	4	6	1	5	1	X

Beispiel eines Soziogrammes zur Fragestellung:
„Im nächsten Semester sollt Ihr zu zweit eine Psychodrama-Gruppe leiten. Mit wem würdet Ihr gern / nicht gern dabei zusammenarbeiten (1 = nicht gern; 6 = sehr gern)?"

Anschließend hatten alle Teilnehmer die Gelegenheit, in der gemeinsam im Kreis sitzenden Gruppe von anderen Teilnehmern Kommentare hinsichtlich gegebener und/oder erhaltener Werte zu geben oder solche zu erfragen. Diese Gelegenheit wurde nicht nennenswert genutzt; die Teilnehmer machten schwache Versuche, Sachverhalte zu erfragen, aber das versandete rasch. Einzelne Teilnehmer äußerten, daß sie „mit den Zahlen wenig anfangen könnten", mit der Situation unzufrieden, von der Verfahrensweise enttäuscht seien: „Irgendwie habe ich mir das ganz anders vorgestellt, vorher". Die Gruppe beschloß, die nächsten Sitzungen der Aufarbeitung des Soziogramms und der Beziehungsklärung zu widmen, und zwar mit psychodramatischen Mitteln. Dementsprechend dienten in der Tat die drei nächsten (je dreistündigen) Sitzungen dazu, jedem Mitglied der Gruppe Gelegenheit zu geben, jedem Mitglied positive und/oder negative Rückmeldungen zu geben. Die von der Gruppe dazu gemeinsam erarbeitete Verfahrensweise sah so aus: Jeweils ein Mitglied stellte sich als Standbild oder Denkmal auf den Marktplatz (ein erhöhter Platz auf der Bühne des Psychodramaraums), alle anderen Mitglieder, die sich vor dem Denkmal auf dem Marktplatz ergingen, hatten, wenn sie das wollten, Gelegenheit, mit szenischen und im allgemeinen nicht verbalen Mitteln positive und negative Rückmeldung zu verdeutlichen. Das klappte nicht vollständig: einzelne Teilnehmer beschränkten sich auf rein verbale Aussagen. Nach den Teilnehmern wurden in der dritten Sitzung auch die Co-Leiterin und der Leiter gebeten, sich als Standbilder auf den Markt zu stellen und die gleiche Prozedur über sich ergehen zu lassen.

Nach drei solchen Sitzungen intensiver Beziehungsklärungen wirkten die Teilnehmer angestrengt, aber mit der Verfahrensweise und dem Ergebnis zufrieden: Es gibt nur positive Äußerungen dazu, wobei die Klarheit und die Aufrichtigkeit, gleichzeitig aber auch die Fairneß und die Konstruktivität der Beiträge hervorgehoben werden.

Erst in einer weiteren vierten Sitzung erfolgt der faktische Zuordnungsprozeß in Zweier-Leiterteams. Auch hier dauert es in einem langwierigen und zähen Prozeß noch etwa zwei Stunden, bis Einvernehmen über die Aufteilung vorhanden ist. Nur wenige Teilnehmer können dabei ihre erste Präferenz verwirklichen, aber jeder findet einen Partner oder eine Partnerin innerhalb seiner ersten vier Präferenzen.

Ich habe den Prozeß der Anlage, Durchführung und Auswertung eines Soziogramms (als Beispiel für eine empirische Erfassung von Gruppenstrukturen) ausführlich und konkret dargestellt, weil es mir gerade auf die konkrete Einbettung der Datenerhebung in einen äußeren Gesamtkontext ankommt. Diese Abhängigkeit der Ergebnisse vom raumzeitlichen Kontext und der Vorgeschichte würde sicher noch deutlicher darstellbar werden, wenn ich auf *inhaltliche* Aussagen bezüglich einzelner Teilnehmer eingehen würde. Zweifellos sind auch hier, wie auch sonst in Gruppen, einzelne Mitglieder durch charakteristisches Handeln und Verhalten dafür verantwortlich oder mitverantwortlich, daß die Prozesse gerade so und nicht anders laufen. Doch übersteigt eine solche Ausfaltung der gesamten Gruppengeschichte nicht nur die Möglichkeiten der Darstellungen im Rahmen eines solchen Buches, sondern sie trägt wohl auch insgesamt gemessen am Aufwand zu wenig an nützlicher Information bei. Auch mit dem Datenschutz hätte ich Schwierigkeiten.

Ich beschränke mich daher auf die kurze Diskussion von fünf Stichworten.

Anmerkungen zur Erfassungsmethode

Zeitliche Erstreckung

Zunächst einmal fällt die enorme *zeitliche Erstreckung* des Prozesses auf. Geht das nicht auch ein bißchen schneller? Wenn versehentlich ein Betriebspsychologe dieses Buch liest, wird er sicher die Anzahl der Personen mit der Anzahl der benötigten Stunden und das Ergebnis mit dem durchschnittlichen Stundenlohn der Beteiligten multiplizieren. So gut kann die Verbesserung des Gruppenklimas nie werden, daß ein so immenser Aufwand gerechtfertigt wäre. Vor allem aber kontrastiert das Verfahren vom Aufwand her beträchtlich mit dem, was etwa an unbemerkter Datenerfassung während einer laufenden Gruppe möglich ist und ebenfalls Daten zur Gruppenstruktur liefert: Für die Erfassung der Blickbewegungen, der Interaktionshäufigkeiten, der Interaktionsrichtungen, der Anzahl der Unterbrechungen und dergleichen ist kein zusätzlicher Zeitaufwand erforderlich.

Wenn man dazu noch berücksichtigt, daß dieser ganze Aufwand betrieben wurde, damit die Teilnehmer in sechs Sitzungen gemeinsam eine Gruppe leiten, dann wird die Unverhältnismäßigkeit an Aufwand und Ertrag noch deutlicher.

Demgegenüber ist zunächst zuzugeben, daß der hohe Zeitaufwand auch dadurch mit verursacht worden ist, daß das Ganze im Rahmen einer Lehrveranstaltung stattfand, in der solche Beziehungsklärungen (mit psychodramatischen Mitteln) legitimes Thema waren. Andererseits: Man unterschätzt leicht den Zeitaufwand, der erforderlich ist, wenn 14 Teilnehmer plus Leiter und Coleiterin, die ja ebenfalls aktiv und passiv beteiligt waren, je zu jedem Stellung nehmen sollen. In der Praxis pflegen Beziehungsklärungen in Gruppen oft so auszusehen, daß einige Meinungsführer Aussagen zu einigen Teilnehmern machen, die übrigen mit dem Kopf nicken oder sich völlig bedeckt halten. Wenn dagegen von jedem Teilnehmer Aussagen über jeden Teilnehmer vom Design her vorgesehen sind, dann kommt es zu 15 x 16 Aussagen, also

240 Aussagen, und wenn wir neun Zeitstunden ohne Berücksichtigung gelegentlich notwendiger Verschnaufpausen durch 240 teilen, dann bleiben pro Rückmeldung knapp 2 1/2 Minuten. Faktisch gab es zwar einen informellen Druck zur Beteiligung, aber durchaus die Möglichkeit, in Einzelfällen nichts zu sagen, so daß die Gesamtzahl der Rückmeldungen etwas niedriger liegt.

Wichtig ist aber vor allem, daß öffentlich erhobene Daten zur Gruppenstruktur auch öffentlich und in der Verfahrensweise transparent zu verarbeiten sind. Und es ist nicht gut, sich dabei auf wenige spontane Aussagen gewissermaßen der ersten halben Stunde zu beschränken.

Verantwortlichkeit

Die gesamte Verfahrensweise setzte das explizite Einverständnis aller Beteiligten voraus; alle mußten mit dem Kriterium und der Art der Durchführung einverstanden sein. Auch die psychodramatische Art der Auswertung wurde nicht vom Leiter vorgegeben, sondern in gemeinsamer Arbeit von der Gruppe entwickelt. Das setzt freilich voraus, daß die Gruppe über Kenntnisse und Fertigkeiten verfügt, autonom zwischen mehreren Möglichkeiten zu entscheiden. Insgesamt aber gilt: Wenn ein solcher Prozeß nicht von der Gruppe verantwortlich getragen wird, dann lohnt der Zeitaufwand nicht. Denn Spontaneität und Offenbarungsbereitschaft für die aktive Beteiligung, Mut und Vertrauen zur Fairneß der Gruppe für die passive Beteiligung werden während der ganzen Zeit von allen Beteiligten in hohem Maße abverlangt.

Kriterienwahl

Es gibt viele Kriterien, die für die Erhebung der Gruppenstruktur im Rahmen der Soziometrie verwendet werden.

– Neben wem würdest Du in der Klasse gern sitzen?
– Mit wem möchtest Du zusammenarbeiten? (Eventuell mit konkreter Vorgabe eines Themas, welches den Inhaltsbereich definiert)
– Zu wem hast Du Vertrauen?
– Wer, glaubst Du, hat Macht in dieser Gruppe?
– Wem würdest Du in dieser Gruppe gern Macht geben?

Weitere Vorschläge in der Literatur etwa Dollase (1975), Höhn & Seidel (1969). Dabei wird es zumeist als vorteilhaft, von anderen Autoren als unerläßlich bezeichnet, daß es um eine handlungsrelevante Frage geht und daß nicht nur die Ergebnisse aufgearbeitet, sondern auch Handlungskonsequenzen daraus gezogen werden sollen. Das ist vor allem für die Motivation der Teilnehmer wichtig. Insofern ist die Frage „Mit wem möchtest Du gern auf eine einsame Insel?" ein bißchen sinnlos und nicht recht auswertbar.

Erfassungsmodalitäten

Manchmal werden nur positive Nennungen erfragt, manchmal positive und negative. Manchmal wird die Anzahl ins Belieben gestellt, in anderen vorgegeben. Ich selbst halte die Zuordnung von Zahlen zu jedem einzelnen Gruppenmitglied bei kleineren Gruppen bis ca. fünfzehn Teilnehmern für die zweckmäßigste und angemessenste Lösung, wenn es um die Abbildung von Phänomenen in der Gruppe geht: Bei der Begrenzung auf drei positive und drei negative Wahlen werden die mittleren Gruppenmitglieder nicht angemessen berücksichtigt; bei der Vorgabe von drei positiven Wahlen wird zwischen dem vierten und letzten Platz nicht mehr angemessen unterschieden. Bei größeren Gruppen kann es legitim sein, drei positive und drei negative Wahlen herauszugreifen: Zwingen wir bei sehr großen Gruppen alle Teilnehmer zu Aussagen im diffusen Mittelfeld, so taugen diese Aussagen oft wenig.

Dimensionalität

Auch wenn man eine bestimmte Dimension wie Vertrauen, Wünsche nach Zusammenarbeit, Eignung als Führer der Gruppe usw. vorgibt, muß man in der Regel damit rechnen, daß andere Dimensionen berücksichtigt werden. Die Teilnehmer sind bei der Beantwortung einer konkreten Frage im allgemeinen nicht imstande, sauber innerhalb einer Dimension zu bleiben. Bleiben wir bei unserem Beispiel, im Sommersemester mit dem Mitglied A eine Gruppe leiten zu wollen. In den Punktwert können Überlegungen eingehen, die auf unterschiedlichen Ebenen liegen und unterschiedliches Gewicht haben können. Ich gebe Beispiele:

— Wir wohnen im gleichen Stadtteil, das macht die Kooperation leichter.
— A ist mir bei der Leitung von Gruppen überlegen, da kann uns nicht viel passieren, er wird die Sache schon hinkriegen. — Ich bin A bei der Leitung von Gruppen überlegen, endlich komme ich einmal in eine Situation, wo ich nicht untergebuttert werde, sondern sagen kann, wo es langgeht.
— Ich kann A gut leiden, und vielleicht kommt es bei dieser Gelegenheit zu einer engeren Beziehung.
— Ich habe schon in früheren Semestern mit A zusammengearbeitet, wir wissen, daß wir uns aufeinander verlassen können.
— Ich kenne A noch relativ wenig, und ich würde gern ausprobieren, wie wir beide miteinander zurechtkommen.
— A wird vermutlich von niemandem gewählt, und das ist schlimm für ihn. Deshalb gebe ich ihm wenigstens meine Stimme.
— Mit A kann ich zwar überhaupt nicht gut zusammenarbeiten, aber wenn ich ihm hier wenig Punkte gebe, dann ist er hinterher sauer, und das gibt endlose Diskussionen mit ihm.

Wenn man sich diese unterschiedlichen Beweggründe ansieht, die zu bestimmten Punktwerten führen können, dann ist es naheliegend, daß für viele Autoren solche Soziogramme nur mit äußerster Vorsicht hinsichtlich der vorgegebenen Dimension interpretierbar erscheinen. Wenn wir uns daher auf reale Gruppen mit Beziehungen untereinander einlassen, wenn wir eine reale Fragestellung wählen, wenn wir die Beteiligten eigenmotiviert und ernstlich in eine Diskussion bringen, und wenn wir dabei nicht ausschließen können, daß die Beteiligten durch das einschlägige Handeln und dessen Interpretation selbst ihre Meinung ändern, nachdenken, etwas dazulernen, dann bleibt in solchen Fällen als wissenschaftliche Substanz des Soziogrammes im wesentlichen der Anregungswert für die Weiterarbeit.

Einzelfragen zur Gruppenstruktur

Vor allem in den letzten Jahren um und nach 1950 hat es eine Fülle von theoretischen und empirischen Arbeiten gegeben, die in den breiten Fragenkomplex einer strukturellen Untersuchung von Gruppen gehören. Als Quellen sind vor allem einige Handbücher zu nennen, die auch heute noch unentbehrlich sind: Hare (1962); Cartwright & Zander (1968[3]); Shaw (1976[2]). In deutscher Sprache ist eine große Materialfülle in den beiden Halbbänden Sozialpsychologie verarbeitet, die Graumann 1969 und 1972 herausgegeben hat, dort findet sich vor allem in den Kapiteln 30 bis 35 ein sorgfältiger und vielfältiger Überblick über den seinerzeitigen Stand. Handliche neuere Zusammenstellungen bei Schneider (1975) und Crott (1979). Eine Bibliographie „Small Group Research 1959 − 1969" verdanken wir Hare (1972); sie umfaßt 2021 Nachweise, ist aber nur grob nach Sachgebieten aufbereitet und dementsprechend unhandlich in der Benutzung.

Da etliche strukturelle Probleme der Kleingruppe in den nächsten Kapiteln an passender Stelle besprochen werden, beschränke ich mich hier darauf, fünf Stichworte wenigstens kurz vorzustellen, die mir wichtig sind, aber woanders nicht recht untergebracht werden konnten.

Gruppengröße

Es liegt nahe, daß unter sonst gleichen Bedingungen die Größe der Gruppe eine wichtige Variable ist. Andererseits ist deutlich, daß generelle Aussagen über *die* optimale Gruppengröße nicht zu erwarten sind:

61

Diese ist vielmehr wesentlich mit abhängig von der Aufgabenstellung. Aufgaben vom Typ des Hebens und Tragens, die Lösung von schwierigen Denkaufgaben oder die gemeinsame Erledigung von Leitungsfunktionen folgen sicher unterschiedlichen Gesetzmäßigkeiten. Eine wesentliche Rolle spielen außerdem Variablen des raumzeitlichen Kontextes, die Vorgeschichte der Gruppe, die zeitliche Erstreckung, die Geschlechtsverteilung und vieles andere mehr. (Weiterführende Literatur bei Weinert, 1987[2], 159; van Knippenberg, de Vries & van Knippenberg, 1990).

Und schließlich werden zur Beurteilung der Funktion der Gruppengröße sehr unterschiedliche Kriterien herangezogen, häufig die Produktivität des Einzelnen oder der Gesamtgruppe, aber auch die Zufriedenheit des Einzelnen oder die Stabilität der Gruppe. Will man trotzdem übergreifende Gemeinsamkeiten suchen, so muß man sich mit Wahrscheinlichkeiten zufrieden geben, die aber oft nützlich sein können. Dabei stammen die wichtigsten Aussagen nicht aus empirischen Befunden, sondern trivialerweise aus ganz einfachen plausiblen Überlegungen, die aber dennoch merkwürdigerweise selten angestellt werden. Mit steigender Gruppengröße sinkt naheliegenderweise die mögliche aktive Beteiligungszeit des einzelnen: in der Dyade hat jeder im Prinzip 50% der Redezeit für sich, in der Gruppe mit zehn Mitgliedern noch 10%, bei 30 Gruppenmitgliedern entfallen auf den einzelnen durchschnittlich 3 1/3%. Das bedeutet, daß bei größeren Gruppen die Teilnehmer

— eigene Ideen und Anregungen nicht angemessen einbringen können
— die Gruppe in geringerem Maße als ihre eigene Gruppe erleben
— weniger eigene Verantwortung für Geschehen und Unterlassungen der Gruppe erleben
— sich möglicherweise weniger anstrengen, weil das Resultat der Arbeit des einzelnen nicht so deutlich sichtbar ist.

Es ist plausibel und läßt sich empirisch bestätigen, daß die Anzahl der Schweiger mit der Gruppengröße wächst, die organisatorischen Anteile an der Arbeitszeit ebenfalls mit der Gruppengröße wachsen, der erlebte Zusammenhalt der Gruppe mit der Gruppengröße abnimmt. Belege finden sich vor allem bei Hare (1962); Hare, Borgotta & Bales (1965[2]).

Diese unvermeidbaren Mängel zu großer Gruppen spiegeln sich auch im subjektiven Erleben der Beteiligten wider. Um nur einen empirischen Beleg herauszugreifen: Slater hat 1958 über Versuche berichtet, bei denen ad-hoc-Gruppen von 2 — 7 Teilnehmern je 40 Minuten lang ein vorgegebenes Thema zu diskutieren hatten. Es gab dabei je vier Gruppen mit 2, 3, 4, 5, 6 und 7 männlichen Teilnehmern. Alle Teilnehmer wurden im Anschluß an den Versuch unter anderem befragt, wie sie die Gruppengröße hinsichtlich der Aufgabenstellung beurteilten, „zu groß" oder „zu klein". Die eindrucksvollen Ergebnisse sind in Abbildung 2 wiedergegeben. Die Gruppengröße von 5 war die einzige, in der niemand die Gruppe zu klein und niemand sie zu groß fand. Ähnliche Ergebnisse finden sich häufiger in der Literatur, wenn auch zumeist nicht so geschlossen und beeindruckend wie bei Slater (1958). Für die häufige Nennung der Zahl 5 spielt außerdem vermutlich eine Rolle, daß es eine ungerade Zahl ist, was die Gruppe bei Dissens entscheidungsfähiger macht: es gibt zumeist eine klare Mehrheit.

Abbildung 2

Platz	zu klein in %	zu groß in %	Anzahl der Möglichkeiten
2	34	0	32
3	17	0	48
4	11	0	64
5	0	0	80
6	0	14	96
7	0	13	112

Prozentanteile der Fälle, in denen die Teilnehmer das Gefühl hatten, die Gruppe sei zu klein oder zu groß, um die geforderte Aufgabe zu erfüllen, in Gruppen mit unterschiedlichen Größen (nach Slater, 1958, 132).

Wenn man sich auf echte Gruppentätigkeit beschränkt, in der also für Entscheidungen oder Lösungsfindungen im Prinzip alle gemeinsam etwas tun müssen, dann lassen sich zwei Konsequenzen ziehen: Über weite Bereiche von Problemen kann es nützlich sein, von der „optimalen Gruppengröße von fünf Teilnehmern" auszugehen, und ganz allgemein ist ein „Gesetz der kleinstmöglichen Gruppengröße" oft hilfreich: Während der Laie unter Umständen dazu tendiert, die Leistungsfähigkeit der Gruppe durch Hinzufügen weiterer Kapazität zu steigern, scheinen in der praktischen Arbeit zumeist die Nachteile zu überwiegen, wenn die (zu zahlreichen) Beteiligten ihre Kapazität nicht mehr voll einbringen können. Anscheinend kann man auch die Verantwortung in einer Gruppe nur begrenzt aufteilen: Fünf Menschen können sich gemeinsam verantwortlich fühlen, bei 30 Teilnehmern ist der eigene Verantwortungsanteil zu klein, um noch im Erleben eine Rolle zu spielen.

Es gibt Befunde aus der Frühzeit der Gruppenforschung (so etwa James, 1951), daß auch im Alltag die kleinen und kleinsten Gruppen überwiegen. James hat ausgezählt, daß 92% aller Gruppen, denen der durchschnittliche Mensch angehört, nur zwei oder drei Mitglieder haben und nur 2% der Gruppen mehr als fünf Mitglieder. Dabei beschränkt sich

James auf die Auszählung von Zugehörigkeit und sagt nichts über die relative Verweildauer in diesen Gruppen. Immerhin läßt sich durch solche Auszählungen der Trend der Sozialpsychologen rechtfertigen, sich (aus organisatorischen Gründen) weitgehend auf Dyaden und Kleinstgruppen zu beschränken.

Allgemein wird bei der Untersuchung der Auswirkungen von Gruppengrößen beanstandet, daß fast ausschließlich ad-hoc-Gruppen untersucht und damit die etwas anders gelagerten Probleme der gewachsenen, langfristigen Gruppe nicht angemessen berücksichtigt werden. Auch die bislang weitgehende Theorielosigkeit von Untersuchungen zur Gruppengröße ist häufig Gegenstand der Kritik (vgl. etwa Davis, Laughlin & Komorita, 1976). In Ermangelung theoriegeleiteter Unterschiede der Gruppengröße arbeiten die meisten Autoren implizit mit einfachen linearen Modellvorstellungen, wobei dann strukturelle Momente wie gerade oder ungerade Teilnehmerzahl, Zeitdauer der Kooperation, Aufteilung in männliche und weibliche, starke und schwache Teilnehmer unberücksichtigt bleiben.

Gruppenziele und Ziele des Gruppenmitglieds

Auf den ersten Blick ist das alles ganz einfach: Jemand hat *Ziele*, etwa Chorgesang zu pflegen oder die Welthilfssprache Esperanto zu lernen. Er oder sie geht in einen Gesangverein oder in eine Esperanto-Gruppe, wo die Mitglieder diese Ziele gemeinsam verwirklichen. In einem solchen einfachen Denkmodell wird dann zwar nicht gerade eine völlige Identität der Ziele des einzelnen und der Gruppe vorausgesetzt, wohl aber eine weitgehende strukturelle Passung; Mackie & Goethals (1987) haben dafür den Begriff der Ziel-Isomorphie geprägt. Diese ist aber faktisch häufig nur eingeschränkt vorhanden (vgl. etwa Weick, 1985, 22 ff.). Das ist ein weites Feld, ich beschränke mich auf fünf Stichworte:

1. *Die Motivation*, Mitglied in einer Gruppe zu werden und/oder zu bleiben, muß nicht notwendig mit dem explizierten Gruppenziel identisch sein: Man kann in einen Gesangverein gehen, weil Freunde bereits Mitglieder sind, weil man dort Nähe und Geselligkeit erwartet oder weil das viele Singen bekanntlich trockene Kehlen macht und man eine Rechtfertigung für einen schönen Bierabend sucht. Auch bei der Esperanto-Gruppe sieht es möglicherweise ähnlich aus. Ich war von 1947 bis 1950 Vorstandsmitglied einer solchen Gruppe; nach meiner Schätzung hat über die Hälfte der Mitglieder nicht die geringsten Anstalten gemacht, die Welthilfssprache Esperanto tatsächlich zu erlernen: Vereinsfeste, Vorstandsquerelen und organisatorische Probleme nahmen die meiste Energie in Anspruch. Man kann hier Allports Begriff einer „funktionellen Autonomie der Motive" heranziehen: untergeordnete Teilaspekte

werden überwertig und beherrschen Denken und Handeln der Beteiligten. Zu ähnlichen Ergebnissen führte beispielsweise eine Untersuchung von Knorr-Cetina (1984), in der die Ziele von Wissenschaftlern bei ihrer Zusammenarbeit insbesondere in Forschungslabors untersucht werden. Das Bemühen um Erkenntnisfortschritt und die Suche nach Wahrheit kamen dabei auch vor, aber Frau Knorr-Cetina konnte eindrucksvoll belegen, daß auch, und vielfach sogar in erster Linie, ganz andere Variablen den Forschungsprozeß bestimmten.

2. *Eine allgemeine Zieltaxonomie* ist von Mackie & Goethals (1987) vorgeschlagen worden. Danach ist es zweckmäßig, drei breite Klassen von Zielen zu unterscheiden: Da gibt es zunächst praktisch-utilitaristische Ziele wie Problemlösen, Leiten einer Organisation oder andere praktische Aufgaben, die ein Handeln in Gruppen erfordern. Diese Art von Zielen hat in der Kleingruppenforschung zumeist im Vordergrund gestanden.

Dann gibt es die große Klasse der Gruppen, die ihren Mitgliedern *Kenntnisse und Informationen* verschaffen. Die Skala reicht hier vom Schützenverein der Geschäftsleute einer Kleinstadt über den Kegelclub der Bauunternehmer bis zu offiziellen oder halboffiziellen Berufs- und Standesorganisationen. Hier sind die vorgeblichen Vereinsziele häufig völlig belanglos. Die dritte Klasse sind Gruppen, die ihren Mitgliedern in erster Linie soziale Identität verschaffen. Als Musterbeispiel können etwa englische Clubs oder in unserem Lande die Rotary Clubs dienen. Das allgemeinmenschliche Bedürfnis nach sozialer Identität und positiver Selbstbewertung (Tajfel, 1981; 1982) führt sicher häufig zur Aufnahme und zur Beibehaltung von Gruppenzugehörigkeiten.

3. Es gibt in Gruppen im allgemeinen einen starken *Druck auf Einheitlichkeit des Gruppenziels* als Gegenkraft gegen Intra- und Interzielkonflikte. Sowohl der Streit über die richtige Art der Erreichung eines (konsensualen) Ziels als auch der Streit über die Wertigkeit konkurrierender Ziele führt häufig zu Konflikten. In realen langfristigen Gruppen können das jahrelang schwelende Auseinandersetzungen mit kaum nachvollziehbarer historischer Entwicklung sein. Die experimentelle Erforschung von Gruppenkonflikten bevorzugt demgegenüber ad-hoc-Konflikte, die im Labor abgebildet werden können. Für die Bearbeitung langfristiger verfestigter Konflikte findet man heutzutage Hilfe eher in der organisationspsychologischen als in der Kleingruppenliteratur.

4. Bei Gruppen mit *Zwangsmitgliedschaft*, wie eine Schulklasse oder vielfach auch bei Veranstaltungen in der Hochschule, ist ganz allgemein eine wesentlich geringere Identifikation mit den zumeist von außen vorgegebenen Zielen der Gruppe zu erwarten. Hier ist es oft eine wesentliche didaktische Aufgabe, einvernehmlich innerhalb eines vorgegebenen Rahmens gemeinsame Ziele überhaupt erst zu verabreden.

65

5. Ziele in Gruppen sind oft *nicht statisch, sondern verändern sich in der Zeit*; im Anschluß an Lewin kann es sinnvoll sein, dynamische Prozesse, die vor allem am einzelnen untersucht worden sind, auch auf Gruppen zu übertragen: Das Anspruchsniveau an die Höhe der gesetzten Ziele (zum neuesten Stand vgl. etwa Heckhausen, 1989, 255 ff.) oder das Behalten von unerledigten und erledigten Aufgaben (Zeigarnik, 1927) können als Beispiele dienen.

Macht und Status

> *Es gibt immer Orte zu finden,*
> *die leer von Macht sind. Die*
> *institutionelle Umklammerung*
> *des Lebens ist zu Anteilen*
> *Schein.*
>
> *Brückner*

Die Verteilung oder Zuordnung von Macht in der Gruppe ist ein wichtiger Aspekt der Gruppenstruktur. Wenn man in einer Gruppe, die schon längere Zeit besteht, die wahrgenommenen Machtverhältnisse erfragt, so ist das für die Beteiligten im allgemeinen eine als sinnvoll erlebte Frage:

— wer hat den größten Einfluß auf Gruppenentscheidungen?
— wen sehe ich an, wenn ich mich an „die Gruppe" wende?
— an wessen Zustimmung zu meinen Vorschlägen ist mir besonders gelegen?

Wenn etwa alle Gruppenmitglieder aufgefordert werden, kleine Karteikärtchen, die als Machtkärtchen vorgestellt werden, an alle diejenigen in der Gruppe zu verteilen, die „Macht in der Gruppe" haben, so empfinden die weitaus meisten Gruppenmitglieder eine solche Aufgabe als lösbar. Dabei kommt es allerdings im allgemeinen zu uneinheitlichen Lösungen: Die Gruppenmitglieder erleben zumeist unterschiedliche Machtstrukturen in der gleichen Gruppe. In der Kleingruppenforschung wird das Problem der Machtstruktur von Gruppen oft diskutiert, allerdings in uneinheitlicher Terminologie. Teils werden die Begriffe Macht und Status als gleichbedeutend benutzt, teils einander gegenübergestellt. Dann ist zumeist Macht der erlebte Sachverhalt, Status ein Bestandteil des formalen hierarchischen Aufbaus: Der formal Ranghöchste hat oft nicht die größte Macht. Oft wird auch Macht und Einfluß einander gegenübergestellt, meist in der Weise, daß Macht potentieller Einfluß ist, und Einfluß ist der beobachtbare Sachverhalt. Ich werde im folgenden hauptsächlich den Begriff der Macht verwenden, wie dies in der Literatur überwiegend der Fall ist.

66

Im Denken des Laien wird Macht weitgehend an ihrem Besitzer festgemacht. Jemand *hat* Macht, wer *hat* mehr Macht, warum hat A Macht? Das ist naheliegend, aber einseitig: wir sollten auf diejenigen sehen, die jemandem Macht geben, Macht zuschreiben, Macht nicht wegnehmen. Und wir sollten den raumzeitlichen Kontext nicht außer acht lassen: Jemand kann in einer bestimmten Situation oder Klasse von Situationen Macht haben, in anderen aber nicht, und jemand kann zu einem bestimmten Zeitpunkt Macht haben, vorher oder hinterher aber nicht. Eine weitere Relativierung folgt aus dem Anfangsbeispiel: Macht ist ein erlebter, phänomenaler Sachverhalt; es gibt nicht *die* Machtstruktur der Gruppe, sondern Sichtweisen, die sich — und zum Teil beträchtlich — unterscheiden können.

Man kann den sehr breiten Machtbegriff nach unterschiedlichen Arten von Macht differenzieren, was vielfach (und uneinheitlich) versucht worden ist. Am häufigsten findet sich eine Klassifikation, die French & Raven (1959) vorgeschlagen haben (ausführlichere Darstellung und theoretische Einordnung vgl. etwa Schneider, 1975, 150 ff.; Crott, 1979, 172 ff.). French & Raven unterscheiden

- Belohnungs- und Bestrafungsmacht
- legitime Macht (die auf Gesetzen, Normen oder Regeln beruht)
- Identifikationsmacht (sich so verhalten zu wollen, wie eine Person, die man schätzt, als Vorbild ansieht, deren Verhaltensregeln man aus irgendwelchen Gründen internalisiert hat)
- Experten-Macht (auf Sachkenntnissen oder vermeintlichen Sachkenntnissen beruhend)
- Informationsmacht (die dadurch entsteht, daß man Informationen zugänglich macht oder zurückhält, auswählt oder verfälscht).

Im konkreten Fall mag die Unterscheidung zwischen unterschiedlichen Quellen von Macht schwierig sein, sie mögen im Einzelfall untrennbar gemeinsam auftreten oder auch hierarchisch vernetzt sein. In gewachsenen Gruppen wird es zudem noch Netzwerkstrukturen von Machtverteilungen geben, an denen nicht nur unterschiedliche Machtquellen, sondern auch mehrere Personen beteiligt sein können.

Soweit bei Arbeiten über Machtstrukturen theoretische Modelle zugrunde liegen, so ist die Austauschtheorie besonders häufig. Einen neueren Überblick bietet Molm (1988). Häufiger sind implizite Machtmodelle, die mehr oder weniger unbemerkt in die Diskussion eingehen. So ist es eine häufige Vorstellung, daß Macht so etwas wie ein Napfkuchen ist: Wenn man ein Stück abschneidet und weggibt, so hat man es nicht mehr. Für manche Sachverhalte erschiene mir ein entgegengesetztes Modell sinnvoller: Macht wächst dadurch, daß ich Macht abgebe. Und je mehr Macht ich abgebe, desto mächtiger werde ich (Reason, 1980).

Man kann die Machtstruktur direkt erfragen, wie in unserem Eingangs-
beispiel. Man kann auch aus anderen Daten Rückschlüsse ziehen, vor
allem aus der Analyse von Gruppenentscheidungen (vgl. hierzu auch
Kapitel 7). Auch der Schluß von der relativen Redehäufigkeit auf die
Machtstruktur ist im Prinzip plausibel, bevorzugt allerdings den Viel-
schwätzer und vernachlässigt die Qualität der Beiträge. Ein hübsches
Beispiel verdanken wir Skvoretz (1988): Er hat Gruppen aus je sechs
Teilnehmern gebildet, die einander nicht kannten und die gemeinsam
eine Problemaufgabe zu bearbeiten hatten (Der besten Gruppe wurden
30 Dollar versprochen.). Die insgesamt 31 Gruppen unterschieden sich
nach dem Anteil der Männer und Frauen: Es gab reine Männergrup-
pen, reine Frauengruppen und es gab alle möglichen Verteilungen dazwischen. Skvoretz nennt das Status-Differenzierung und fand auch,
daß in 27 von 31 Gruppen ein Mann die höchste Redehäufigkeit hatte,
nur in 4 von 31 Gruppen eine Frau. Die beteiligten Frauen hatten im
Durchschnitt 25 Redebeiträge, die Männer hingegen 30.

Wenn man nicht, wie dies weitgehend üblich ist, lediglich auf den
Macht*besitzer* fokussiert, sondern die Gegenpartei der „Unterworfe-
nen", „Abhängigen" ins Auge faßt, dann fällt zunächst auf, daß es hier
bei weitem weniger empirische Arbeiten gibt. Zwar gibt es theoretische
Arbeiten zu diesem Thema; besonders hervorzuheben ist die Arbeit
von Erich Fromm (1975) „Die Furcht vor der Freiheit", auch Moscovici
(1986) hat das Thema gründlich abgehandelt. Aber im öffentlichen Bewußtsein ist das Denkmodell: „Wir sind den Mächtigen leider ausgelie-
fert", unstreitig vorherrschend. Zurhorst (1988) hat vermutet, daß das
Thema zu brisant sei und wir gern unsere Selbsttäuschung aufrechterhalten wollen: Wir können leider nicht so handeln, wie wir wollen, weil
wir den Mächtigen dieser Welt unterworfen sind. Wahrscheinlich ist es,
was die Arbeit in der Gruppe betrifft, nicht ausschließlich Furcht vor
der Freiheit, Furcht vor der Übernahme von Eigenverantwortung.
Wenn wir uns innerhalb des Möglichen nicht dafür einsetzen, das als
richtig Erkannte durchzusetzen, so ist das auch wohl Bequemlichkeit
und Denkfaulheit.

Ein letzter Punkt in diesem Zusammenhang: Spätestens seit dem geistigen Umbruch, der in der Bundesrepublik mit den 68er Jahren eingesetzt hat, wird Macht, und so auch Macht in Gruppen, vielfach generell
als etwas Negatives gesehen. Anscheinend von einer impliziten Vorstellung ausgehend, nach der alle eigentlich gleich sein müßten, wird
Macht – eigene und die anderer Teilnehmer – als etwas eher Ungehöri-
ges, jedenfalls Undemokratisches gesehen. Soweit eine solche Vorstellung in Demokratiemodellen festgemacht wird, so sind das jedenfalls
sehr triviale Modelle, die in der politikwissenschaftlichen Diskussion
keine Rolle spielen. Hier werden strukturelle Festlegungen etwa oft als
unnötige Einengungen des Handlungsspielraumes erlebt, als hemmend, behindernd und störend. Dabei schwingt dann gelegentlich die

Meinung mit, das eigentlich Erstrebenswerte sei das freie uneinge-schränkte Zueinander von Menschen, bei denen sich strukturelle Fest-legungen allenfalls aus der Sache ergeben dürften.

Demgegenüber steht der auffällige und empirisch wie auch in Alltags-beobachtungen gut belegbare Befund, daß Gruppen unter fast allen Be-dingungen nach Strukturierung streben, gleichgültig, ob diese von der Aufgabenstellung her erforderlich, erwünscht oder gar hemmend ist. Das gilt für die Rangverhältnisse bezüglich aller relevanten Dimensio-nen; das gilt aber auch für zahlreiche weitere Festlegungen bis zur Sitz-platzwahl, der zeitlichen Strukturierung und der Kommunikations-struktur (vgl. etwa Sherif & Sherif, 1969, 229 ff.). Es scheint für uns Men-schen schwierig zu sein, ungeklärte Strukturen zu ertragen: Es muß doch alles seine Ordnung haben. Daß dies kein Spezialprodukt unserer gegenwärtigen Sozialisationsbedingungen unter dem Leistungsterror des Spätkapitalismus ist, läßt sich z.B. an tierpsychologischen Befunden demonstrieren: auch in den weitaus meisten Tiergesellschaften gibt es harte und klare Rangverhältnisse. Ein besonders überzeugendes und zudem sorgfältig untersuchtes Beispiel ist die Rangstruktur auf einem Hühnerhof. Hier hat T. Schjelderup-Ebbe schon 1922 an tausenden von Hühnern belegen können, daß in ein und demselben Hühnerhof keine zwei Hennen A und B existieren, die, wenn sie zusammen leben, die Frage, ob A Despot über B oder B Despot über A sein soll, nicht unter sich abgemacht haben (1922, 234). Diese Rangordnung betrifft nur eine Dimension, welche Henne welche andere vom Futterplatz weghacken darf. Man spricht seit diesen Befunden von einer Hackordnung, und da die Arbeit von Schjelderup-Ebbe instruktiv und überzeugend gewesen ist, hat sich der Ausdruck auch außerhalb des Hühnerhofs eingebürgert.

Dabei liegen die Dinge jedoch selbst im Hühnerhof nicht so einfach, wie man vermuten möchte. So richtet sich die Hackordnung nicht ein-fach nach der Körperkraft oder Geschicklichkeit der Hennen im Zwei-kampf; eine Vielzahl von anderen, gewissermaßen historischen Bege-benheiten kann dabei mitspielen: So können etwa Junghennen früher einmal einer älteren kräftigen Henne unterlegen gewesen sein; die Hackordnung bleibt aber auch dann erhalten, wenn die ehemalige Junghenne erwachsen und stärker ist als die ehemalige Rivalin, die jetzt alt und schwach sein mag: traditionelle historische Festlegungen von früher werden zeitlebens respektiert. Und auch bei Zweikämpfen siegt keineswegs einfach die Stärkere: Der Autor hat 476 Zweikämpfe beob-achtet, bei denen eine der beiden Hennen auf dem Platz beheimatet, die andere gewissermaßen als Zugereiste zu betrachten war. In 294 Fällen siegte die Henne auf eigenem Platz; es gab aber nur 182 Siege von Mit-gliedern der auswärtigen Mannschaft (1922, 243).

Vergleichbare tierpsychologische Befunde werden auch bei anderen Tierarten berichtet (Belege bei Dröscher, 1968). Freilich sollte man solche Befunde nicht vorschnell in der Weise interpretieren, daß die klare und durchgängige Rangordnung das eigentlich *Natürliche* sei, welches beim Menschen dann wieder durchschlägt, wenn die dünne Tünche höherer Strukturen abblättert. Wir finden auch im Tierreich durchaus Rangordnungen, bei denen diese feste Platzzuordnung für den einzelnen fehlt. So berichten etwa Itani et al. (1963) und Kawai (1964) von wildlebenden Trupps von Rotgesichtsmakaken, bei denen es Ringzonen von Rängen gibt; innerhalb einer Ringzone herrscht völlige Gleichberechtigung (vgl. auch die Diskussion bei Bischof, 1985, 324).

Vielleicht hängt die implizite Annahme einer Gleichheit aller als Naturzustand und Optimum auch damit zusammen, daß Macht in Gruppen — und auch sonst — häufig als deprivativer Zustand konstituiert wird: Macht entsteht, wenn man jemandem etwas wegnimmt oder vorenthält, was demjenigen/derjenigen eigentlich zusteht. Bei einer solchen Vereinfachung geraten dann die vielfältigen Möglichkeiten aus dem Blickfeld, in denen höchst sinnvoll und im Einvernehmen aller Beteiligten nach Absprache Macht delegiert werden kann. Sternberger (1986) weist in diesem Zusammenhang auf die Unterschiede zwischen *Herrschaft* und *Vereinbarung* hin und hinsichtlich der Vereinigung auf die Sonderrolle der gleichberechtigten Genossenschaft, die einen machtausübenden Leiter auf Zeit hat.

Faktisch muß man wohl damit rechnen, daß in einer Gruppe gleichzeitig Herrschafts- und Genossenschaftselemente bestehen, auch ist der Fall häufig, daß durch Gewohnheit oder absichtliches Handeln aus Genossenschaft Herrschaft wird.

Der plausible Sachverhalt, daß der Besitz von Macht den Machtinhaber verändert, ist noch wenig untersucht worden. Kipnis et al. (1976) sprechen hier vom metamorphen Effekt von Macht und geben Beispiele.

Gruppe und Leistung

> *Ein Mann allein trägt zwei*
> *Eimer Wasser. Zwei Männer*
> *tragen zusammen einen Eimer*
> *Wasser, und drei Männer tragen*
> *überhaupt kein Wasser mehr.*
>
> *Chines. Sprichwort*

Wenn in diesem Abschnitt von den Zusammenhängen zwischen Gruppe und Leistung die Rede ist, so wird bei diesem Thema besonders deutlich, daß die Aufteilung dieses Buches in Einzelkapitel nur ein Notbehelf ist: Leistung in Gruppen, Leistung von Gruppen betrifft nicht nur Strukturen (Kapitel 2), sondern auch Prozesse (Kapitel 4) und sicher auch Entscheidungen in Gruppen (Kapitel 7); und Führung in Gruppen (Kapitel 8) hat sicher ebenfalls mit Leistungen in und von Gruppen zu tun. Ich bemühe mich hier strukturelle Aspekte in den Vordergrund zu rücken, Überschneidungen sind gleichwohl unvermeidlich.

Leistungen nach innen und außen

Wenn von Leistungen und Gruppen die Rede ist, so dominiert in der Fachliteratur bei weitem die Frage nach Überlegenheit oder Unterlegenheit der Gruppe über den einzelnen: Wann und unter welchen Bedingungen ist eine Gruppe von fünf Teilnehmern in ihrer Leistung besser als fünf einzelne? Diese Frage wird uns im folgenden beschäftigen, aber ich möchte doch darauf hinweisen, daß Gruppen − im günstigen Fall − auch eine Leistung nach *innen* erbringen. Die Gruppe kann

− als emotionale Unterstützung erlebt werden
− als Übungsgelände zum leidlich gefahrlosen Probehandeln dienen
− personale Identität anbieten oder erleichtern

und auf diese Weise als soziales Netzwerk dienen. Das kann für die psychosoziale Gesundheit des Gruppenmitgliedes wichtig sein, besonders in belastenden Situationen. In dem von Brüderl (1988) herausgegebenen Band über Theorien und Methoden der Bewältigungsforschung wird insbesondere in dem Abschnitt von Schröder & Schmitt (149 − 159) auf diesen Sachverhalt eingegangen.

Der Leistungsvorteil der Gruppe. Eine verheerende Bilanz

Arbeit in Gruppen hat es seit eh und je gegeben. Man kann an die Familie und auch an den Familienbetrieb denken, an handwerkliche und industrielle Kooperation, an Leitungsgremien vom römischen Senat über den „Rat der Zehn" in Venedig bis zum Fachbereichsrat in der gegenwärtigen deutschen Hochschule. Obgleich es hier schon von je her eine Fülle von Erfahrungen, Regelungen und Diskussionen gegeben hat, fängt die großangelegte systematische Erforschung der Gruppe − gewissermaßen der Gruppe als solcher − erst in den 40er und 50er Jahren an. Sehr rasch entwickelt sich nicht nur eine Kleingruppen*forschung*, sondern auch ein enorm vielgestaltiges Feld praktischer Anwendung. Unter den Bezeichnungen „Gruppendynamik", „T-Gruppen", „sensitivity trainings", „Encounter-Gruppen" wird, als Fortbildungsmaßnahme und auch rein kommerziell, eine Fülle von Gelegenheiten angeboten,

− mehr über sich selbst zu erfahren
− sensibler für Gruppenprozesse zu werden
− in Gruppen effektiver arbeiten zu können
− mit Gruppen besser umgehen zu können.

71

Es liegt nahe, daß dabei weitgehend — gewissermaßen als handlungsleitende Ideologie — von der Überlegenheit der Gruppe über vergleichbare Einzelarbeit ausgegangen wurde:

— viele Augen sehen mehr als zwei
— wechselseitige Ergänzung der Begabungen und Fertigkeiten ist ein Vorteil
— wechselseitige Ermutigung, Geborgenheit und Solidarität ist etwas Positives.

In der begleitenden Empirie ging es dabei dementsprechend im wesentlichen nicht um den Leistungsvorteil der Gruppe, sondern in erster Linie um die Erfassung der Wirkung solcher Trainingsveranstaltungen (Sammeldarstellungen der Befunde etwa bei Golembiewski & Blumberg, 1971; Cooper & Mangham, 1971; Hill, 1982; Davis & Stasson, 1988, bes. 521 ff.). Hier konnte vielfach, wenn auch keineswegs durchweg, nachgewiesen werden, daß geeignete Trainingsveranstaltungen sowohl in Selbst- als auch in Fremdbeobachtungen positive Wirkungen auf Teilnehmer haben können. Die Diskussion stand über Jahrzehnte hinweg weitgehend im Vordergrund des allgemeinen Interesses, aber es gab daneben in zunehmendem Maße auch Untersuchungen, bei denen es unmittelbar um den Leistungsvorteil der Gruppe bei vorgegebenen Aufgaben ging. Diese Ergebnisse waren zumeist sehr viel weniger positiv, sie entsprachen nicht der herrschenden Ideologie und wurden von gruppendynamischen Praktikern lange Zeit völlig ignoriert. Beschränken wir uns auf diese Ergebnisse, so ist die Bilanz für den Gruppenvorteil sehr viel ungünstiger, um nicht zu sagen verheerend. Ich greife zwei Bereiche heraus.

Brainstorming nennt man eine Vorgehensweise, bei der in einer Gruppe zu einem Thema möglichst viele kreative Ideen gesammelt werden sollen. Die Teilnehmer werden instruiert, möglichst viele Ideen zu einer vorgegebenen Aufgabe in der Gruppe laut und spontan zu nennen. Bewertende Aussagen sind ausdrücklich untersagt. Im allgemeinen wird nach Mitteln für die Bewältigung einer Aufgabe oder nach Konsequenzen, die sich aus einer Situation ergeben können, gesucht. Es wird angenommen, daß die Anregungen durch die Dynamik der Situation und die wechselseitige Befruchtung, Aufnahme und Weiterverarbeitung der Ideen anderer usw. zu einem Ergebnis führen, welches dem der Einzelarbeit einer gleich großen Anzahl von Versuchsteilnehmern überlegen ist. Dies war lange Zeit das Paradebeispiel für die Überlegenheit der Gruppe überhaupt, leider gibt es so gut wie keine solide empirische Bestätigung. Lamm & Trommsdorff (1973) haben die Literatur gesichtet, das Ergebnis ist eindeutig negativ. Im allgemeinen war nach Zahl und Qualität der Lösungen entweder die nominelle „Gruppe" der echten Gruppe überlegen, oder es gab keine Unterschiede zwischen den Bedingungen (vgl. auch Woodman & Sherwood, 1980; Diehl & Stroebe, 1987).

Persönlichkeitsstruktur und Gruppenleistung

Im Prinzip naheliegend ist auch ein Zusammenhang zwischen der Persönlichkeitsstruktur der Gruppenmitglieder und der Gruppenleistung. So nahm etwa Cattell (1951) als sicher an, daß man von Persönlichkeitsfaktoren auf Gruppenleistungen schließen könnte (1951, 180) und auch Golembiewski, dem wir mehrere umfassende Sammeldarstellungen (1962; 1970) zum gruppendynamischen Training verdanken, hielt Persönlichkeitscharakteristika für die Voraussage von Gruppenhandlungen für wesentlich.

Driskell, Hogan & Salas haben 1987 die verfügbare empirische Substanz gesichtet. Sie kommen zu einer eindeutigen negativen Bilanz:

„Da scheint es eine Diskrepanz zu geben zwischen dem, was die Leute allgemein annehmen, und dem, was empirisch nachweisbar ist." (1987, 92)

Und den Stand der Forschung bezeichnen die Autoren als „Komplexität, wenn nicht gar völlige Konfusion, viel Spekulation und wenig Übereinstimmung" (1987, 92). Ähnliche Klagen finden sich in dem anderen großen Sammelbericht von Hackman & Morris (1975):

„. . . trotz jahrzehntelanger Gruppenforschung wissen wir immer noch wenig darüber, warum manche Gruppen erfolgreicher sind als andere . . ." (1975, 46).

Zumindest im Hinblick auf optimale Gruppenstrukturen sind also keine übergreifenden inhaltlichen Aussagen zu machen, von praktischen Ratschlägen ganz abgesehen. Gleichwohl kann es nützlich sein, in einigen Thesen und Kommentaren die Problemlage etwas näher zu kennzeichnen. Ich folge dabei zum Teil den beiden Sammelreferaten von Morris & Hackman (1975) und Driskell, Hogan & Salas (1987), die sich im Anschluß an die Darstellung des gegenwärtigen Standes ebenfalls Gedanken über mögliche Verbesserungen gemacht haben. Dabei läßt sich zeigen, daß der sarkastische Satz von Driskell, Hogan & Salas nicht die einzige Erkenntnis bleiben muß: „Effektive Gruppen setzen sich aus effektiven Gruppenmitgliedern zusammen" (1987, 91).

Sechs Thesen.

1. Generelle Aussagen über Leistungen und mögliche Leistungsvorteile von Gruppen scheitern zunächst einmal höchst trivialerweise daran, daß das für verschiedene Aufgaben verschieden sein wird

Wahrscheinlich liegt es an der Herkunft der Psychologie aus der Charakterologie, daß die Psychologen von früh an so sehr auf Personenvariablen eingestellt waren und weniger auf konkrete sachliche Aufgaben. Zwar hat es schon immer Autoren gegeben, die auf die zentrale Bedeutung der *Aufgabe* in diesem Zusammenhang hingewiesen haben; so hat etwa Hofstätter (1956) gezeigt, daß für unterschiedliche Aufgaben völlig andere Gesetzlichkeiten gelten können. Selbst wenn man wie er nur eine Dreiteilung vornimmt und Aufgaben vom Typ des Hebens und Tragens, vom Typ des Suchens und Findens und vom Typ des Bestimmens unterscheidet, ist deutlich, daß hier Unterschiede zu erwarten sind. Hackman & Morris (1975) haben die Vielfalt zusam mengestellt und diskutiert, auch Witte (1989, 507 ff.) macht Vorschläge für eine ausführliche Taxonomie von möglichen Aufgaben.

2. Generelle Aussagen über Leistungen und Leistungsvorteile scheitern zweitens auch daran, daß die Ergebnis-Dimensionen höchst unterschiedlich definiert werden können

So geht es in der Brainstorming-Forschung zumeist um die Anzahl und die Qualität der Ergebnisse und viel weniger um Wohlbefinden oder Freude an der Tätigkeit. So kann ich mir beispielsweise Situationen vorstellen, in denen ich zwischen leicht vermindertem Leistungsausstoß und emotionalem Wohlbefinden einerseits, vermehrtem Leistungsausstoß/Zeiteinheit und emotionaler Kargheit andererseits zu wählen habe, und da hätte ich schon Ideen, wie ich mein Leben lieber gestalten will. Auch hier haben wir wieder den Fall vor uns, daß das kurzfristige quantitativ auszuwertende Laboratoriumsexperiment wenig Übertragbarkeit auf den Alltag bietet.

3. Persönlichkeitsvariablen werden im allgemeinen keinen Voraussagewert für Gruppenleistungen haben

Driskell, Hogan & Salas (1987) haben diesen Sachverhalt ausführlich dokumentiert und diskutiert: die üblichen Persönlichkeitsvariablen wie Extraversion und Introversion sind zu breit und vielgestaltig, als daß damit konkretes Verhalten in Aufgabensituationen vorhersagbar wäre. Zudem muß man mit Wechselwirkungen zwischen Teilnehmern rechnen und höchst gewagte Annahmen hinsichtlich der Struktur der Gesamtgruppe machen: Ist ein dominanter Teilnehmer ein Gewinn für die Gruppe? Sind dann drei dominante Teilnehmer noch besser? Aber auch: Ist ein dominanter Teilnehmer jemand, der unter allen Aufgaben-, Situations- und Strukturbedingungen auch wirklich dominant ist? Persönlichkeitsvariablen können eine Rolle spielen, wenn es in einer konkreten Gruppe Schwierigkeiten gibt. Selbst dann wird man sich vor einfachen und generell nützlichen Regeln hüten müssen: Ob ein oder zwei dominante Teilnehmer in einer Gruppe nachteilig oder gar hilfreich sind, läßt sich generell vorher nicht entscheiden.

4. Aus den Thesen 1 bis 3 folgt für mich, daß die Suche nach einem Gesamt-modell zur Beurteilung der strukturellen Vorbedingungen für optimale Gruppenleistungen unökonomisch ist

Wenn wir zehn Aufgabentypen und sagen wir fünf Ergebnisdimensionen haben und dann die jeweilige Aufgabenschwierigkeit noch als dritte Dimension einführen, dann wird das ein so unhandliches Modell, mit dem man praktisch nichts mehr anfangen kann. Wobei noch zu fragen wäre, ob diese Differenzierung denn überhaupt unter praktischen Gesichtspunkten bereits ausreicht.

5. Anstelle einer ergebniszentrierten Sichtweise − Wann ist was besser? − sollten wir uns dem Geschehen selbst zuwenden und die Prozesse selbst näher ansehen

Die reine Beschränkung auf Ergebnisse, die unter bestimmten Bedingungen gewonnen worden sind, ist vermutlich noch ein Überbleibsel aus behavioristischen Zeiten, als es tabu war, die subjektiven Phänomene während eines Prozesses ernst zu nehmen: Denn faktisch können in Gruppenprozessen, die nach Instruktion, Aufgabe und Teilnehmerkreis äußerlich völlig identisch aussehen, in Wirklichkeit ja höchst unterschiedliche Prozesse ablaufen. So kommen denn sowohl Hackman & Morris (1975) als auch Lamm & Trommsdorff (1973) sowie Driskell, Hogan & Salas (1987) zu der gleichen Schlußfolgerung, die im Einzelfall konkret wirkenden Variablen zu identifizieren. Lamm & Trommsdorff zählen 13 Variablen auf, vom Beobachtungslernen über die wechselseitige kognitive Stimulation bis zur Arbeitsteilung und Verlangsamung durch Gruppenprozesse. Ich komme im Kapitel 4 ausführlicher darauf zurück.

6. Die verfügbare Literatur betrifft fast ausschließlich kurzzeitige Experimente. Die wichtigen Gesichtspunkte von Phasen im Gruppenprozeß und der Gruppenentwicklung werden dabei vernachlässigt

Fast die gesamte Literatur über Leistung in Gruppen betrifft Experimente mit ad hoc zusammengestellten Gruppen oft unklarer Motivation, die in *einer* Sitzung die Leistung zu vollbringen hatten, sich als Gruppe zusammenzuraufen und gemeinsam eine Aufgabe zu bearbeiten. Von da aus liegt die Vermutung nahe, daß möglicherweise in etlichen Fällen die echte Gruppe über die „nominelle" Gruppe (bei der jeder einzeln arbeitet und die Ergebnisse zu einer synthetischen Gruppe zusammengefaßt wurden) gesiegt hätte, wenn es mehrere Arbeitsphasen gegeben hätte. In der Tat gibt es Ergebnisse von Lindgren & Lindgren (1965), bei denen die Leistung der echten Gruppe in späteren Phasen anwächst (vgl. auch Maier & Hoffman, 1960). Ich komme auch darauf in Kapitel 4 zurück.

Ein Beispiel extremer Gruppen: Terroristische Vereinigungen

Der wesentliche Teil der Kleingruppenforschung handelt von Gruppen, die für den Zweck der Untersuchung ad hoc zusammengestellt worden sind. Die Motivation der Beteiligten muß oft erst mühsam erzeugt werden, eine gemeinsame Geschichte der Teilnehmer gibt es nicht, und wenn es sie gibt, ist sie eher Störfaktor als Thema. Ist das schon ohnehin in der Kleingruppenforschung störend, so noch mehr in einem Kapitel, daß eigentlich von Strukturen handeln soll.

Daher wäre es sicher ein nützliches Korrektiv, als Ergänzung und Kontrolle über Daten zu verfügen, die aus gewachsenen, längerfristigen Gruppen stammen: strukturelle Probleme bei einem Vorstand eines Industrieunternehmens, der Teilnehmer einer Nordpolexpedition, der Besatzung eines U-Bootes usw. Einiges gibt es in diesem Bereich bereits, so etwa bei Gerichtsprozessen, vor allem Verhandlungen von Geschworenen und Schöffen (Bierbrauer & Gottwald, 1987; Haisch, 1987).

Ich bemühe mich hier, ein besonders extremes Beispiel einzubringen: die terroristische Vereinigung und ihre Gruppenstruktur. In der Angewandten Sozialpsychologie wird der Begriff der terroristischen Vereinigung oder Terrorgruppe auf solche Gruppen beschränkt, die Terror von unten, von der Basis her zum Ziel haben. Terror, der von oben, von den Machthabern, ausgeht, ist von der Gruppenstruktur her etwas anderes und fällt nicht unter diesen Begriff. Die methodische Situation der Datenerhebung ist bei solchen Gruppen extrem ungünstig:

— konventionelle Methoden sind so gut wie nie anwendbar, weder Interview noch Fragebogen, keine teilnehmenden Beobachtungen
— die Objektivität der relativ wenigen und oft sekundären Quellen läßt sich zumeist nicht abschätzen und ist oft mangelhaft
— die Daten sind lückenhaft, wesentliche Daten oft grundsätzlich unzugänglich
— Daten sind oft durch die Parteilichkeit der Informanten und durch die emotionale Aufgeladenheit der Situation verzerrt
— auch der Untersucher kann sich von dieser emotionalen Aufgeladenheit der Situation nicht immer freimachen.

Dennoch gibt es eine Reihe von Arbeiten, die entweder die bundesdeutsche Terroristenszene betreffen oder sogar weltweite Überblicksdarstellungen versuchen. Zur bundesdeutschen Szene ist in erster Linie der von Baeyer-Katte, Claessens, Feger & Neidhardt (1982) herausgegebene Sammelband zu nennen, der auch die Literatur ausführlich dokumentiert. Für den umfassenderen Überblick gibt es ein neueres Sammelreferat von McCauley & Segal (1987) ebenfalls mit ausführlichen Verweisen. Hier sind große Mengen von Daten aus der internationalen Szene zusammengestellt. Obgleich es Terror und auch Terror von Gruppen immer gegeben hat, ist das Phänomen unter dieser Markenbezeichnung neu: Die älteste Darstellung, Laqueur's Buch „Terrorism" stammt von 1977.

Post (1985) hat vorgeschlagen, ganz grob zwei Arten von Terrorgruppen zu unterscheiden: die anarchisch-ideologische und die nationalistisch-separatistische. Die anarchisch-ideologische Terrorgruppe will einer zumeist unscharf definierten Idee zum Siege verhelfen, die nationalistisch-separatistische will eine ethnische Minderheit aus einem größeren Volksverband lösen. Obgleich beide in vielen Aspekten strukturell vergleichbar sind, gibt es doch einen wesentlichen Unterschied: die Separatistengruppe steht zumeist in Einklang mit dem familiären und sozialen Netzwerk: sie werden von Familie, Freunden und Bekannten akzeptiert, oft als Helden gesehen. Die anarchisch-ideologische Gruppe steht fast durchweg im Gegensatz zur Herkunftsfamilie und dem sozialen Netzwerk bei Gruppenbeitritt.

Alle Terrorgruppen gleichen sich — von ganz wenigen Ausnahmen abgesehen — in wesentlichen Punkten:

- die Mitglieder sind jung, meist unter 30 Jahren
- sie sind weitaus überwiegend männlich, weibliche Leiter vor allem sind — außer bei der Baader-Meinhof-Gruppe in Deutschland — extrem selten
- die große Mehrheit gehört zur Mittel- und Oberschicht
- 80—90% der Teilnehmer haben eine akademische Ausbildung angefangen, aber zumeist ohne Abschluß abgebrochen
- bei den Gruppenmitgliedern lassen sich nirgendwo in nennenswertem Umfang pathologische Charakterzüge nachweisen. „Das herausragende gemeinsame Kennzeichen der Terroristen ist ihre Normalität" (Crenshaw, 1981, 390). Daher gibt es auch von der Persönlichkeitsstruktur nicht so etwas wie den typischen Terroristen, auch wenn das von der öffentlichen Meinung her sehr erwünscht wäre und in der Öffentlichkeit gern so gesehen wird
- potentielle Mitglieder, die als wesentliches Motiv Abenteuerlust einbringen, werden von den meisten Gruppen nicht zur Teilnahme ermutigt, die ernsthafte ideologische Bindung ist zumindest für die Zugehörigkeit zur Kerngruppe unerläßlich.

Terroristische Gruppen unterscheiden sich von den Gruppen, auf denen die experimentelle Kleingruppenforschung aufbaut, in mehrerlei Hinsicht:

- die Gruppen sind extrem zur Umwelt hin abgegrenzt
- die Mitgliedschaft ist im allgemeinen ausschließlich: Man kann nicht noch einer anderen Gruppe angehören
- durch diese Ausschließlichkeit und enorme Kontaktdichte kommt es zu Problemen, die in anderen Gruppen — zumindest in dieser Ausprägung — nicht vorkommen

— zur Ausschließlichkeit kommt vielfach längere zeitliche Erstreckung hinzu, was die emotionale Dichte noch verschärft.

Insgesamt ist die einschlägige Literatur trotz aller Mängel und Einseitigkeiten eine Fundgrube an Anregungen und Erkenntnissen für die Sozialpsychologie. Das gilt im deutschen Sprachraum insbesondere für den von Baeyer-Katte, Claessens, Feger & Neidhardt (1982) herausgegebenen Sammelband, in dem sich sieben Autoren in Einzelbeiträgen mit unterschiedlichen Aspekten von Gruppenprozessen im Rahmen des Terrorismus auseinandersetzen. Ich beschränke mich hier darauf, daraus zwei Aspekte herauszuheben:

— gruppendynamische Methoden und Verfahrensweisen der terroristischen Gruppen zur Erzielung der gewünschten Gruppenstruktur
— sozialpsychologische Erklärungsansätze für das Verhalten der Gruppe und ihrer Mitglieder.

Strategien und Verfahrensweisen ergeben sich im wesentlichen aus der Notwendigkeit einer weitgehenden Verhaltenskontrolle und kritiklosen Durchsetzung von Anordnungen, daneben aus der Notwendigkeit der Geheimhaltung. Wesentliche Maßnahmen dazu sind:

— Abschneiden aller Kontakte zu Beziehungspersonen außerhalb der Gruppe (Eltern, Ehefrau, Kinder, Freunde, Bekannte). Die Gruppe mußte ein Beziehungsmonopol und völlige soziale Isolierung durchsetzen. Das war aus technischen Gründen der Strafverfolgung unerläßlich, ist aber darüberhinaus für eine starke Gruppenbildung notwendig und findet sich bei vielen Sekten und Mönchsorden wieder
— gleichzeitig werden damit alle Loyalitäten außerhalb der Gruppe, wenigstens der Intention nach, aufgehoben; Referenzgruppen und Bezugspersonen für den einzelnen verlieren stark an Einfluß
— innerhalb der Gruppe war, zumindest bei deutschen Gruppen, das Klima ausgesprochen wohlwollend: für jeden standen extensive Spontanfreundschaften bereit, hohe Freundlichkeitserfahrung und persönliche Zuwendung wurden planmäßig und intensiv vermittelt
— ideologisch wurden zumeist einfache und überschaubare Argumentationsmodelle angeboten, mit einfachen Schuldzuweisungen für alle Mängel der Gesellschaft und des eigenen bisherigen Lebens
— generelle Diskursverweigerung nach außen und oft auch nach innen schützt diese Argumentationsmodelle
— durch Schuldverstrickung wird weitere Solidarität erzwungen, gleichzeitig Erpreßbarkeit bei drohendem Verrat und Verlassen der Gruppe.

Wenn man nach *Erklärungsmodellen* für das Verhalten von Mitgliedern solcher Gruppen sucht, dann fallen dem Laien zunächst persönlichkeitsspezifische Erklärungen ein: das Verhalten wird an den Personeigenschaften der Mitglieder festgemacht, die als dogmatisch, fanatisch, unmoralisch, gefühllos usw. gesehen werden. Wahrscheinlich unterscheiden sich Laien und Psychologen generell durch die Art der Ursachenattribution; Laien tendieren zu Personenmodellen, Psychologen zu Überlegungen über die *Mit*beteiligung von systematischen Variablen. In einer als bedrohlich und aufgeladen erlebten Situation ist dieser Unterschied allerdings alles andere als „rein akademisch". In der damaligen Zeit der aktuellen Bedrohung aller Bürger durch Terroranschläge galt es vielmehr bereits als Sympathisantentum, wenn man überhaupt über gesellschaftliche und andere Einflüsse auf das Verhalten von Terroristen nachdachte. Zahlreiche Schriftsteller und Politiker wurden angegriffen, wenn sie es wagten, in diesem sensiblen Bereich überhaupt auch nur laut nachzudenken (so z.B. Günther Grass, Heinrich Böll, Peter Brückner). Und ein Innenminister wurde von der Gegenpartei halbwegs zum Staatsfeind erklärt, weil er eine Diskussion mit einem Terroristen führte und das Ergebnis auch noch veröffentlichte (Jäschke & Malanowski, 1980). Dabei wurden dann leicht die Ebenen vermischt. Es ist sicher schädlich für die Gesellschaft, wenn Sympathie und Verständnis für Bombenleger und Mörder geäußert wird, denn dies ermutigt weitere Straftaten. Aber es ist auch gesellschaftlich sinnvoll und hilfreich, wenn intensiv und laut darüber nachgedacht wird, ob es innerhalb der Gruppe dynamische Vorgänge gibt, die für solche Verwandlungen wesentlich sind. Erklärungsbedürftig ist dabei vor allem und in erster Linie der Sachverhalt der *Eskalation*.

Denn es ist im Prinzip legitim und nützlich, wenn sich Gleichgesinnte treffen, politisch arbeiten, auf politische Prozesse einwirken. Wo sind die Erklärungsmodelle dafür, wann und unter welchen Bedingungen aus solchen Anfängen Gruppen entstehen, die zur Durchsetzung ihrer Ziele Straftaten begehen, Unschuldige in Gefahr bringen, gezielt Mordanschläge organisieren.

Ich beschränke mich hier auf Nennung und kurze Charakterisierung einiger Denkansätze; weitere Gedanken finden sich etwa bei McCauley & Segal (1987) und dort zitierter Literatur.

a) Ich beginne mit lerntheoretischen Vorstellungen im weitesten Sinn: die planmäßige Organisation von intensiver unbedingter Zuwendung und Wertschätzung innerhalb der Gruppe macht für den einzelnen den Verbleib und die Anpassung an die Gruppennorm wichtig. Wer außerhalb solcher Gruppen bekommt schon so viel uneingeschränkte positive Zuwendung in unserer Gesellschaft? Gleichzeitig erscheinen die Führungspersonen als Modelle, und wegen der Abschottung nach außen als die einzigen verfügbaren Modelle.

b) Es vermindert kognitive Dissonanz im Sinne Festingers, wenn die Gruppenmitglieder in immer höherem Maße den erlebten Normen der Gruppe zu entsprechen trachten. Gerade in solchen Gruppen, die eng aufeinander angewiesen sind, sind Meinungsunterschiede schwer zu ertragen und werden im Sinne größerer Einheitlichkeit vermindert.

c) Die jeweils erwünschte Attribuierung von Ursachen zu Ereignissen kann durch Informationskontrolle und Diskursverweigerung erzielt werden: Alles Nachteilige wird den verbrecherischen oder geistesschwachen Regierungen und den Konzernherren zugeschrieben, wobei die entsprechenden Begriffe besetzt werden: Werbung wird Konsumterror, Personalauslese Gesinnungsterror, im Hintergrund wird eine einheitliche Gruppe von Drahtziehern gesehen.

d) Die Polarisierung von Meinungen und Einstellungen, im Kapitel 1 am Beispiel der Risikofreudigkeit dargestellt, führt auch zur Polarisierung von Normen: subjektiv passen sich die Gruppenmitglieder an das an, was sie als herrschende Meinung oder Einstellung erleben; da aber die subjektiv wahrgenommenen Einstellungen aus vielerlei Gründen radikaler sind als das faktische Spektrum, führt dieser Mechanismus unweigerlich zur Radikalisierung (vgl. die Theorie sozialer Vergleichsprozesse, etwa bei Haisch & Frey, 1984, 75 ff.).

Alle diese Prozesse — die Liste läßt sich fortsetzen — spielen nicht nur in Terrorgruppen eine Rolle, sondern lassen sich häufig bei längerfristigen intensiven Gruppenprozessen nachweisen. Ich komme in Kapitel 4 darauf zurück.

Begrenzt verwendungsfähig: Das Rollenkonzept

= Beschreibung v. Gruppenstruktur

Der Begriff der Rolle wird in der sozialpsychologischen, soziologischen und pädagogischen Literatur vielfältig und sehr unterschiedlich verwendet. An Überblicksdarstellungen für den Bereich der Sozialpsychologie sind vor allem zu nennen: Biddle & Thomas (1966), Sader (1969), Wiswede (1977) und Sader (1986). Es gibt eine Fülle von Einzelbefunden, die an bekannten Rollen festgemacht sind; auch die Tatsache selbst, daß wir in unserer Gesellschaft in einer Vielzahl von Rollen gefordert werden und dementsprechend eine gewisse Rollenflexibilität erwerben sollten (Paulhus & Martin, 1988) ist im Prinzip ein interessanter Gegenstand für die Kleingruppenforschung.

Auch ganz allgemein zur Beschreibung von Gruppenstrukturen ist es oft hilfreich, Rollenbegriffe zu benutzen. Allerdings: Wenn wir im Alltag Gruppenstrukturen beschreiben, dann gehen wir selten von systematisch gewonnenen Verhaltensstichproben aus. Im allgemeinen basieren unsere Aussagen vielmehr auf kurzen, schiefen Stichproben des erlebten Verhaltens, die zudem durch unsere eigene Zugehörigkeit zur

80

Gruppe zusätzlich verzerrt sein können. Solche ad-hoc-Beschreibungen sind dann zum Teil Aussagen über allgemeine Charakteristika der Gruppe wie Klima oder Verlaufsformen von Prozessen, zum großen Teil sind sie aber an Personen festgemacht. Wir kennzeichnen einzelne Gruppenmitglieder als Außenseiter oder als Star der Gruppe, als Inhaber der Alpha- oder Beta-Rollen, als sozioemotionale oder aufgabenzentrierte Führer. Derartige Globaletikettierungen sind beliebt, haben aber wenig Wert: Ihre Nützlichkeit beschränkt sich – ebenso wie bei anderen Vulgärstereotypien – darauf, den Benutzern solcher Stereotypen ein gewisses Maß von Verständigung untereinander zu ermöglichen. Man kann versuchen, das Begriffssystem zu verfeinern und es gleichzeitig stärker am Verhalten zu orientieren. So haben Benne & Sheats schon 1948 vorgeschlagen, solche Aussagen nach den Kategorien Aufgaben-, Gruppenprozeß- und Individuum-Zentrierung aufzugliedern.

Als *aufgabenorientierte* Positionen wären etwa der Koordinator, der kritische Bewerter, der Verfahrens- und Durchführungstechnologe zu nennen; an *gruppenprozeßorientierten* Positionen wären etwa die des Ermutigers, des Konflikteharmonisierers, des Kommentators der Gruppenprozesse oder des vorbildlichen Gruppenmitgliedes zu nennen; an *individuumszentrierten* Positionen nennen Benne & Sheats unter anderem den Aggressiven, den Quertreiber, den Von-sich-selbst-Redner, den Dominierenden oder den Unterstützungsbedürftigen.

Solche Kurzbezeichnungen für Verhalten in einer Gruppe mögen manchmal nützlich sein und zur Verständigung beitragen. Beim praktischen Gebrauch sollte man allerdings zumindest vier Punkte beachten.

1. Im Alltag liegt es nahe, solche Etikettierungen an Personen festzumachen: A ist ein Hemmschuh für jede sachliche Arbeit; B ist jemand, der ständig den Stellenwert unserer Arbeit thematisiert. Es erscheint jedoch nützlicher, solche Zuordnungen lediglich als Rollenzuschreibungen zu sehen: In dieser konkreten Gruppensituation zeigt A dieses Rollenverhalten. Möglicherweise verhält er sich in einer anderen Situation anders. Wir tun weder ihm noch der Gruppe einen Gefallen, wenn wir ihm dies als Personeigenschaft zuschreiben und damit möglicherweise erst sein und unser weiteres Verhalten in dieser Richtung festlegen.

2. Vielfach wird eine solche Zuordnung allein vom Leiter oder einem Beobachter getroffen. Es wäre aber nützlicher, wenn die Kognitionen aller Beteiligten dabei erfragt werden könnten. So könnte man manchmal Rückmeldeprozesse in der Gruppe dadurch anreichern, daß man vorgegebene Rollenbegriffe den einzelnen Personen zuordnen läßt.

3. Erst bei einer solchen Systematisierung des Zuordnungsverfahrens wären dann auch empirische Überprüfungen der interindividuellen Übereinstimmung solcher Zuordnungen möglich, und man könnte vor jeder weiteren Verarbeitung die Zuverlässigkeit und Gültigkeit solcher Zuordnungen prüfen.

4. Schon Benne & Sheats (1948) weisen darauf hin, daß solche Zuordnungen von Rollen zu Personen nicht das Ende, sondern der Anfang eines Lernprozesses sein sollten: Die Erkenntnis, daß jemand von den Mitgliedern der Gruppe als Verkörperung einer bestimmten Rolle erlebt wird, könnte die Beteiligten zu der Überlegung veranlassen, ob es sinnvoll wäre, daß er sich das abgewöhnt, daß er eine andere Rolle als Erweiterung seines bisherigen Rollenrepertoires erlernt oder daß die Mitglieder lernen sollen, mit ihm in dieser Rolle besser umzugehen.

Ganz allgemein erscheint es mir freilich nützlicher, wo immer möglich auf beschreibbares Verhalten anstelle solcher Etikettierungen zurückzugreifen; vor allem erscheint es mir methodisch und pragmatisch *einfacher*, sich unmittelbar auf Verhalten zu beziehen: Die Aussage „Du hast mich heute schon mehrfach mitten im Satz unterbrochen, ich wünschte mir, daß Du mich öfter ausreden ließest" ist für die Beteiligten und den Gruppenprozeß vermutlich übersichtlicher und hilfreicher als die Zuschreibung einer Dominanz-Rolle.

3. Kapitel:
Attraktion und Kohärenz

Eine der wichtigsten Fragestellungen einer Psychologie der Gruppe betrifft die Struktur, die Genese und die Veränderung der Beziehungen der Mitglieder untereinander. Wir sollten in der Psychologie nicht den Menschen als einzelnes isoliertes Wesen ansehen, welches sich dann und wann entschließt, Kontakte mit anderen aufzunehmen oder das aber bleibenzulassen. Wir Menschen sind vielmehr darauf angelegt und können von früh an nur überleben, wenn wir Beziehungen zu anderen Menschen aufnehmen und aufrechterhalten. Obgleich auf diesen Sachverhalt aus der Sicht der Sozialpsychologie und auch in anderen Teilbereichen der Psychologie immer wieder aufmerksam gemacht wird, gibt es zweifellos so etwas wie die forschungsstrategische Notwendigkeit, für bestimmte Fragestellungen von diesen Bindungen zu abstrahieren. Dieser Sachverhalt ist theoretisch unbestritten, in der sozialpsychologischen Fachliteratur wird aus „zeitweilig abstrahieren" aber allzuoft „völlig ignorieren".

Ein wesentlicher Teil der theoretischen und methodologischen Überlegungen und der empirischen Forschungssubstanz zur Beziehung von Gruppenmitgliedern untereinander wird unter den Stichworten *Attraktion* und *Kohärenz* behandelt. Von Attraktion ist dabei im wesentlichen in dyadischen oder Zweierbeziehungen die Rede; innerhalb der Gruppe und diese zumeist als Einheit betrachtend, wird der Zusammenhalt meist als Kohärenz bezeichnet. Hier sind die Begriffe jedoch uneinheitlich, statt Kohärenz findet man auch die Bezeichnungen Kohäsion, Zusammenhalt, Syntalität, Solidarität oder Attraktivität. Die Begriffe werden teils synonym verwendet, teils voneinander abgehoben. Wenn ich im folgenden von *Kohärenz* spreche, meine ich Meßgrößen des Zusammenhalts der gesamten Gruppe: ein weiter und globaler Konstruktbegriff, der sowohl phänomenalen, erlebten Zusammenhalt erfaßt als auch objektivierbare Daten, also soziometrische Wahlen oder Interaktionsdichte. Da die Beziehungen zwischen je zwei Mitgliedern einfach zu erfassen und dem Phänomen der Kohärenz einer gesamten Gruppe auch methodisch vorgeordnet sind, beginne ich mit einem Überblick über die Attraktionsforschung, wende mich dann der Erfassung von

Kohärenz der Gruppe zu und betrachte abschließend Ergebnisse der Kohärenzforschung und ihre mögliche Anwendung auf Gruppenniveau.

Versuch einer kognitiven Landkarte der Attraktionsforschung

Was ist Attraktion?

Wenn wir den Begriff der Attraktion oder Attraktivität im allgemeinen Sprachgebrauch mit Bezug auf eine andere Person benutzen, so fast ausschließlich mit *positiver* Bedeutung. Nennen wir jemanden attraktiv, so meinen wir etwas wie „gern mögen", „gut leiden können", etwas wie Zuneigung, hohe Wertschätzung oder Liebe, aber oft auch gleichzeitig „gepflegte Erscheinung", „ansprechendes körperliches Aussehen".

Wir gebrauchen den Begriff Attraktion zumeist einstrahlig. Attraktion wird dann als von einem Nullpunkt zu einem Maximum ausgehend gedacht; wir sprechen von geringer, mäßiger oder hoher Attraktion.

In der wissenschaftlichen Literatur wird der Begriff manchmal auch zweistrahlig verwendet, die Meßgröße läuft dann von starker negativer Attraktion über einen neutralen Nullpunkt zu hoher positiver Attraktion. Das ist sprachlich nicht sehr befriedigend, aber es fehlt ein sprachlicher Gegenbegriff; Haß, Abneigung, „nicht gut leiden können" sind sprachlich schlechte Notbehelfe. Gegen die Verwendung einer zweidimensionalen Skala von minus über null zu plus spricht allerdings wiederum eine andere Befürchtung: es könnte ja auch sein, daß es sich in unseren Phänomenen gar nicht um *eine* Dimension mit positiven und negativen Ausprägungsgraden handelt, sondern um zwei voneinander im Prinzip unabhängige Dinge: wir können jemanden in hohem Grade attraktiv finden, aber ihn dennoch hassen. Möglicherweise spielen diese Schwierigkeiten für den größten Teil der Attraktionsforschung keine wesentliche Rolle: In der bei weitem größten Zahl der Untersuchungen ist nur von positiver Attraktion die Rede, so daß Berscheid & Walster (1969) das Thema der Attraktionsforschung mit einigem Recht auf den Satz reduzieren konnten: „Why people like the people they like" (1969, 1).

Jedoch: Auch wenn man auf diese Weise den Bereich der Attraktionsforschung einengt, bleibt doch eine Fülle von Problemen, Fragestellungen und Ansätzen übrig. Und wenn ich in einem Einführungsbuch

84

auch nicht die Verpflichtung verspüre, bei jedem auftauchenden Begriff ein Sammelreferat der einschlägigen Forschung zu liefern, so will ich doch bei diesem (und nur bei diesem) Teilbereich einmal die Vielfalt und Verschränkung von Fragestellungen demonstrieren und versuchen, das Forschungsgebiet in eine Art von Problemkatalog oder kognitiver Landkarte zu ordnen. Ich tue das bei diesem und nicht bei einem anderen Teilgebiet des Buches, weil ich hoffe, daß der Leser das Thema Attraktion attraktiver findet als etwa die Erfassung von Gruppenstrukturen oder Modelle des Informationsflusses, und daß er etwas geduldiger auch ausschweifenderen Aufzählungen folgen wird. Ein weiterer Grund: Die Ergebnisse der Attraktionsforschung werden noch wenig in die Sozialpsychologie der Gruppe eingebracht, vielmehr eher in anderen Lehrbuchkapiteln wie Einstellungsforschung oder Personwahrnehmung behandelt. Es ist aber nützlich, sie auch im Kontext des Geschehens in der Gruppe zu sehen. Kanäle zwischen Teilbereichen zu ziehen, ist meistens nützlich.

Neun einschränkende Vorbemerkungen

Bevor wir die theoretischen Überlegungen und empirischen Befunde der — im wesentlichen US-amerikanischen — Attraktionsforschung voreilig auf bundesdeutschen Alltag verallgemeinern und übertragen, sind einige einschränkende Vorbemerkungen erforderlich.

1. Der Zusammenhang zwischen Attraktion und Handeln ist je nach theoretischem Denkmodell eng oder weit. Wenn ich Attraktion als Einstellung ansehe, dann kann der Zusammenhang zu einschlägigem Handeln sehr lose sein oder ganz fehlen: wenn ich den gegenwärtigen Bundeskanzler oder die Schalterbeamtin am Postschalter attraktiv finde, so muß das keine Verhaltenskonsequenzen haben. In der verfügbaren Literatur wird Attraktion zumeist als Einstellung gesehen.

Wenn ich Attraktion als Gefühl rekonstruiere, werde ich eher Verhaltenssequenzen erwarten. Diese Sichtweise ist in der Attraktionsforschung eher selten, vergleiche die ausführliche Diskussion von Berscheid (1985, 422 ff.) samt dort angegebenen Beispielen.

Wenn Attraktion unmittelbar als Verhalten rekonstruiert wird, wie etwa im Arbeitskreis um Byrne (vgl. etwa Byrne, 1971), dann sind Attraktion und Handeln praktisch identisch. Aber wir können in definitorische Probleme geraten: Ist eine bestimmte Handlungs- und Verhaltensweise *immer* als Attraktion zu bezeichnen? (hierzu Berscheid, 1985, 424 ff.).

2. Wie auch sonst in der Kleingruppenforschung, so überwiegen auch im Bereich der Attraktionsforschung die Kurzzeitexperimente be-

trächtlich. Huston & Levinger (1978) haben ausgezählt, daß 2/3 aller Attraktionsexperimente zwischen 1972 und 1976 sich praktisch auf einen ersten Eindruck zwischen Menschen beschränken, die einander nicht kannten und nicht auf die Dauer miteinander zu tun hatten. Die längerdauernde Entwicklung etwa von Freundschaften ist demgegenüber bei weitem seltener untersucht (vgl. aber Hays, 1984; 1985). Es bedarf wohl keiner Diskussion, daß Attraktion nicht angemessen auf den ersten Fünf-Minuten-Eindruck reduziert werden darf. Gleichwohl können auch solche Experimente nützlich sein: sie bilden unter Umständen die erste Phase einer Kontaktaufnahme, den ersten Eindruck bei einer beginnenden Beziehung ab und können in dieser Weise nützlich sein.

3. Die weitaus meisten Experimente finden unter den reduzierten Bedingungen des *Laboratoriums* statt: Kontextvariablen, die nicht explizit im Design gesetzt sind, spielen dann keine Rolle. Wenn im Denken nur Personvariablen zugelassen sind, wird vieles zu Unrecht ignoriert: Ob Kosten und Nutzen in einer Beziehung sich ausgleichen oder aber beispielsweise die Kosten wesentlich höher sind als der Nutzen, spielt für die Aufrechterhaltung einer Beziehung im Alltag ganz sicher eine Rolle, bleibt im Experiment aber zumeist ausgeklammert. Hier sind in der letzten Zeit Querverbindungen zur Equity- oder Gerechtigkeitsforschung gezogen worden (vgl. Hatfield et al., 1985; Sprecher, 1986). Auch die Stimmung kann eine wesentliche Variable sein (Clark & Waddell, 1983).

Erst in den allerletzten Jahren hat es hier einen Wandel gegeben, der aber in den einschlägigen Arbeiten noch kaum verarbeitet worden ist: in zunehmendem Maße werden enge dyadische Beziehungen zum Thema gemacht, und zwar in ihrem lebenszeitlichen Gesamtkontext. Sammelreferate bei Clark & Reis (1988), Duck & Pond (1989); Berscheid, Snyder & Omoto (1989). In dieser „close-relationship"-Forschung ist auch eine Fülle von lebensgeschichtlicher Substanz zusammengetragen worden.

4. Vom *Lebensalter* der Versuchsteilnehmer her gesehen basiert die Attraktionsforschung im wesentlichen auf Menschen zwischen 18 und 30 Jahren, die bevorzugt dem Mittelstand angehören.

5. Die meisten Arbeiten betreffen ausschließlich Studentinnen und Studenten an amerikanischen Hochschulen, vorzugsweise aus Einführungskursen in die Psychologie. Selbst wenn man die Ergebnisse nicht auf „Menschen überhaupt", sondern nur auf Psychologiestudenten ganz allgemein übertragen wollte, geriete man in Schwierigkeiten: In den USA wohnt und lebt ein großer Teil der Studenten auf dem Hochschulgelände (nach Hays, 1985, 911, etwa 77% der Studenten), in der Bundesrepublik wohnt ein großer Teil der Studierenden bei den Eltern, ein weiterer großer Teil in Zimmern zum Teil weit ab vom Hochschulgelände. Es ist anzunehmen, daß sich dieser Unterschied zweifellos auf

das ganze Verhalten auswirkt. Rosenblatt (1974) hat überdies Daten aus interkulturellen Vergleichsstudien zur Attraktion zusammengestellt und zeigen können, daß der Sachverhalt der Attraktion in unterschiedlichem kulturellen Kontext sehr unterschiedlich strukturiert sein kann und zum Teil eine bei weitem geringere Rolle spielt als in der US-amerikanischen Studentenpopulation. Wenn es in manchen Kulturen üblich ist, daß die Eltern schon frühzeitig mit Eheverträgen über das zukünftige Schicksal ihrer Kinder verfügen, dann ist interpersonale Attraktion zwischen den Geschlechtern ein unerwünschter Sachverhalt, der durch internalisierte Gesellschaftsnormen und harte äußere Maßnahmen in Grenzen gehalten wird.

6. Die verfügbaren Daten sind im wesentlichen quantitativ und hypothesenprüfend, deskriptive Daten als freie Berichte, Schilderungen der Verschränktheit der Daten mit Kontextvariablen und dergleichen sind selten, ebenso Daten über Entwicklung und Veränderung.

7. Nicht alle Arten von Attraktionsbeziehungen haben das Interesse der Forscher gefunden: Sorgfältigere Beachtung fanden nur drei ausgewählte Bereiche: Freundschaften innerhalb des gleichen Geschlechts, Beziehungen zwischen Männern und Frauen, ebenfalls weitgehend beschränkt auf Studenten, und Beziehungen in der Ehe. Attraktion zwischen Menschen unterschiedlicher Generationen, nicht-sexuelle Freundschaften zwischen Männern und Frauen, homosexuelle Attraktionsbeziehungen und Attraktion in Beruf und Verwandtschaft sind viel weniger zum Thema gemacht worden, von außerehelichen Beziehungen ganz zu schweigen.

8. Obgleich die Begriffe *Attraktion* und *Liebe* eines gewissen Zusammenhanges nicht entbehren, ist in der frühen Attraktionsforschung von Liebe so gut wie nie die Rede: Psychologen sind anständige Menschen. Mit Recht stellt Rubin (1974) in einem der frühen Sammelreferate über den Zusammenhang zwischen Attraktion und Liebe fest: „Beiden Gefühlen wurde viel Aufmerksamkeit gewidmet, aber selten werden die beiden im gleichen Satz, in der gleichen Zeitschrift oder im selben geistigen Kontext erwähnt." Erst in jüngster Zeit sind hier Querverbindungen gezogen worden, die aber noch nicht viel praktische Auswirkungen gehabt haben. (Unter frühen Arbeiten ist Miller & Siegel, 1972, hervorzuheben.)

9. Wenn wir das Hauptwort *Attraktion* benutzen, dann legt uns die Sprache nahe, hier einen festen Sachverhalt anzunehmen. Den subjektiven Phänomenen entspricht es aber vielfach eher, mit sehr fragilen, leicht wechselnden und oft nicht klar bestimmbaren Phänomenen zu rechnen. Unser Erleben kann hier rasch in den Dimensionen Fremdheit/Vertrautheit, Erregung/Sicherheit und Intimität/Autonomie wechseln (Bischof, 1985, 497).

Für alle genannten Einschränkungen gibt es bedeutende einzelne Ausnahmen, die aber das Gesamtbild nicht merklich beeinflussen. Wir tun gut daran, ständig zu beachten, daß die Nützlichkeit der im folgenden zu berichtenden Forschungsergebnisse jenseits amerikanischer Psychologiestudenten gelegentlich fragwürdig sein kann: nicht die Prozentsätze bei quantitativen Ergebnissen sind hier das Entscheidende, sondern die Akzentsetzungen, die gedanklichen Strukturierungen und die Umzentrierungen.

Theoretische Modelle

Die anspruchsvollste Unterteilung der Vielheit von Ansätzen und Befunden ist die theoriegeleitete Systematisierung: Ansätze und Befunde werden danach geordnet, im Rahmen welcher Theorie sie stehen. In der Attraktionsforschung ist eine solche Einteilungsweise unzweckmäßig, vor allem aber sehr unübersichtlich. In der älteren Literatur ist zwar verschiedentlich so vorgegangen worden (so etwa Lott & Lott, 1972, für die Lerntheorien; Byrne, 1969, im Rahmen der Einstellungsforschung). Aber mit zunehmender Vielfalt theoretischer Ansätze wurde diese Verfahrensweise nicht mehr recht handhabbar. Ich werde daher kurz die Theoriesituation darstellen und dann ein handlicheres Organisationsprinzip für Befunde benutzen. Zunächst folge ich Berscheid (1985), die ein zweistufiges Ordnungsverfahren vorschlägt. Danach ist zunächst nach dem Bereichsumfang von Theorien eine Dreiteilung sinnvoll:

a) Allgemeine psychologische und sozialpsychologische Theorien, die *auch* in der Attraktionsforschung benutzt worden sind. Diese lassen sich in die großen Klassen der Konsistenztheorien (u.a. Heider, Newcomb, Festinger) und die der Lerntheorien unterteilen.

b) Spezielle Theorien, die nur Attraktion betreffen. Hier ist vor allem der Ansatz von Lott & Lott (1986; 1972) zu nennen, daneben Aronson (1969) und Byrne (1971), Clore & Byrne (1974).

c) Noch speziellere Theorien, die nur einen Teilsachverhalt der Attraktion betreffen, vor allem Rubin (1974), Kiesler & Goldberg (1968), Fromm (1980). Auch die Filter-Theorien der Entwicklung von Anziehung (Kerckhoff & Davis, 1962; Murstein, 1976) gehören hierher.

Umfängliche Nennungen oder gar Darstellungen zahlreicher Theorien erspare ich mir hier, da die meisten Leser sicher weniger an Theorien als an Ergebnissen interessiert sind, zumal die Leser aus den vorigen Kapiteln gelernt haben (sollten), daß in der Psychologie selten aus Theorien auf (beliebigen) Alltag geschlossen werden kann. Für Interessenten verweise ich vor allem auf die ausgezeichnete und reichhaltige Darstellung bei Berscheid (1985, 426 – 440). Eine vergleichende Bewer-

tung von Theorien zur Liebe und zur Attraktion verdanken wir Sternberg (1987).

Indikatoren für Attraktion: Probleme der Erfassung und quantitativen Verarbeitung

Wenn von Meßmethoden für die Bestimmung des Attraktionsgrades von A für B die Rede ist, so ist zunächst daran zu erinnern, daß Attraktion ein Konstruktbegriff ist: eine vom Forscher an die Vielfalt der Phänomene herangetragene Sammelbezeichnung für eine Reihe im Einzelfall wohl unterscheidbarer Phänomene. Dementsprechend darf es uns nicht beunruhigen oder verwundern, daß es eine ganze Reihe von Operationalisierungen für Attraktion gibt.

Berscheid (1985, 414) sieht J. L. Moreno als denjenigen an, der als erster systematisch Attraktion erfaßt hat: In seinem berühmten Buch „Who shall survive?" von 1934 hat er Methoden vorgeschlagen, die Attraktionsstruktur von Dyaden und Gruppen quantitativ zu erfassen. Für ihn war es dabei nicht wichtig, auf definitorische Probleme einzugehen (etwa: Was verstehen die Befragten unter diesen vagen Begriffen?), weil diese Erhebung in der Regel für ihn lediglich der Ausgangspunkt und nicht das Endprodukt war: Er hat anschließend an solchen Befragungen mit den Befragten gearbeitet und hatte im allgemeinen hinreichende Gelegenheit zu erfahren, was die Befragten mit ihren soziometrischen Wahlen meinten, was die Aussage „möchte gern mit X zusammenarbeiten" bedeutete. Die Nachfolger, die sich wie Hyänen auf diese Erfassungsmethode gestürzt haben, haben die Aussagen der Versuchsteilnehmer im allgemeinen als Fertigprodukt angesehen und anhand dubioser Formeln weiterverarbeitet. Erst in den letzten Jahren ist hier mehr begriffliche Reflexion üblich geworden (Huston & Levinger, 1978; Berscheid, 1985; Berscheid, Snyder & Omoto, 1989).

Bei den Methoden, die auf verbalen Aussagen beruhen, sind Einschätzskalen besonders beliebt. Die Versuchsteilnehmer haben eine Reihe von Aussagen hinsichtlich einer Zielperson als für sie zutreffend oder nicht zutreffend zu kennzeichnen. Ein Beispiel hierzu findet sich weiter unten bei der Besprechung der Experimente von Rubin. Das wohl am häufigsten verwendete Instrument ist die Interpersonal-Judgement-Skala von Byrne (1971). Es besteht aus einer wohlkonstituierten Einschätzskala, bei der die Zielperson hinsichtlich sechs Dimensionen einzustufen ist und jeweils sieben Ausprägungsgrade vorgegeben sind. Byrne konnte zeigen, daß diese Meßgröße für Attraktion mit einer Reihe weiterer Variablen gut korreliert: Distanzskalen, soziometrische Wahlen, Einschätzungen der Wünschbarkeit als Partner für eine Verabredung usw. (ausführliche Belege in Byrne, 1971). Häufig werden auch soziometrische Techniken verwendet: Versuchsteilnehmer sollen andere Personen hinsichtlich ihrer Wünschbarkeit als Arbeits- oder Freizeitpartner, als Führer, Gruppenmitglieder oder Freunde einstufen (hierzu ausführlich und kritisch Lindzey & Byrne, 1968). Der naheliegende Einwand, es sei doch fraglich, ob die Versuchsbeteiligten hier aufrichtig ihre wirkliche Meinung äußern und die Werte negativenfalls nicht völlig unbrauchbar seien, wird von den Forschern dieses Arbeitsbereichs nicht akzeptiert: es geht ja nicht darum, ob die Aussagen den wirklichen Grad von Attraktion widerspiegeln. Dieser spielt in der Argumentation vielmehr keine Rolle. Untersucht wird nur, ob Meßgrößen korrelieren und ob sie Voraussagen gestatten, die zutreffen. Sicher läßt sich die Gefahr einer absichtlichen Verfälschung von Phänomenen in den Aussagen nicht ausschalten, und bei der Offenherzigkeit mancher Fragestellungen und der Tabuisierung dieses ganzen Bereiches muß man wohl gelegentlich mit Artefakten rechnen. Vor allem kann es wohl passieren, daß statt der Inhalte der Antwortstil der Teilnehmer entscheidend ist. Dann gibt es zwar meßbare Zusammenhänge, aber diese sehen anders aus als der Experimentator vermutet. Einen Teil der Schwierigkeiten hat man in manchen Versuchen dadurch ausgeschaltet, daß man anstelle der verbalen Aussagen *nichtverbale* Meßgrößen verwendet; etwa Augenkontakt, physische Nähe und Sitzplatzwahl, Körperhaltung, Gestik und Mimik. Die Ergebnisse stehen noch ziemlich in den Anfängen (weiterführende Literatur dazu bei Byrne & Griffitt, 1973, 319). Systematische Darstellungen der nonverbalen Erhebungstechniken über Attraktion hinaus (Mehrabian, 1971) zeigen jedoch, daß hier ein aussichtsreiches interessantes Arbeitsfeld vorliegt, bei dem zudem alte deutsche Traditionen der Ausdruckskunde (Lersch, 1955; Bühler, 1968) auf wesentlich verbessertem methodologischem Niveau wieder aufgenommen werden.

Attraktion als abhängige Variable

Es ist eine nützliche Zweiteilung von Denkansätzen und Befunden der Attraktionsforschung, wenn man sie danach sortiert, ob Attraktion als Ursache oder als Folge konstruiert wird. In der Frage „Urteile ich gerechter oder ungerechter über jemanden, den ich gern mag?" ist ein bestimmtes Ausmaß an Attraktion gesetzt, ich interessiere mich für die Folgen. Attraktion ist die unabhängige Variable des Experiments, mein Verhalten die abhängige. Stelle ich hingegen die Frage: „Was muß ich tun, um attraktiv zu wirken?", so ist Attraktion die abhängige Variable. Attraktion als abhängige Variable hat in der Literatur augenscheinlich das größere Interesse gefunden. Bei Byrne & Griffitt, die ihr Sammelreferat danach organisiert haben, werden 95 Literaturtitel hierzu und nur 16 zu Attraktion als unabhängiger Variable referiert. Andere Sammelarbeiten (so etwa Aronson, 1969) beschränken sich ganz auf diesen Gesichtspunkt. Die Frage „Was muß ich tun und lassen, um attraktiv zu wirken" beschäftigt anscheinend auch die Psychologen stärker als die Frage: „Urteile ich gerecht, wenn ich jemanden gern mag?"

Wie kommt es zu Attraktion? Oder primitiver gefragt: Wie muß ich es anstellen, um attraktiv zu wirken? In der Laientheorie lassen sich hier zwei Denkansätze unterscheiden, einer für leichte und mittlere Grade von Attraktion und einer für ernsthafte Fälle, die in der Umgangssprache zumeist Liebe genannt werden (vgl. auch Sternberg, 1987).

In der Laientheorie für leichte und mittlere Fälle von Attraktivität wird diese im wesentlichen von Eigenschaften der fraglichen Person bestimmt. Jemand ist attraktiv, weil er/sie hübsch, intelligent, apart, freundlich, geistreich oder wie auch immer ist.

Die Laientheorie für ernstere Fälle, die wir Liebe nennen, sieht etwas anders aus. Hier spielen beide Beteiligten eine Rolle, und ein Hauch von Schicksal durchzieht den Denkansatz. Liebe entsteht schnell, unerklärlich aber unbezweifelbar, die Beteiligten erleben dies als ein höheres Wirken, als etwas, was der rationalen Steuerung nur begrenzt zugänglich ist. Sie finden einander und sind füreinander bestimmt. Die überzeugendste Darstellung dieses Paradigmas verdanken wir Platon, der die Liebe von Mann und Frau dadurch erklärt, daß sie früher eins gewesen seien, und wenn nun die zwei Hälften, die früher eins gewesen sind, einander begegnen, dann streben sie in Liebe zueinander.

Beide Denkansätze stimmen darin überein, daß den Handlungsmöglichkeiten der Beteiligten geringer Raum zugestanden wird. Im ersten Fall ist es weitgehend eine Sache der personalen Ausstattung, ob jemand attraktiv ist oder nicht. Man kann mit Friseur und Schneider nachhelfen, aber das Wesentliche hat man, oder man hat es nicht. Im Fall von Liebe ist es noch schlimmer: Wir warten darauf, daß der Richtige kommt, und dann wird ein Funke überspringen, und wir werden wissen, daß wir füreinander bestimmt sind. Der geübte Fernsehzuschauer weiß es in den ersten zehn Minuten.

Diese Schemata durchziehen unsere gesamte Literatur und haben unser Denken und Handeln weitgehend mitbestimmt. Das reicht bis in die Sprache hinein: sowohl „anziehend" als auch „attraktiv" lassen an einen Magneten, an unerklärliche Anziehungskräfte und nicht an kognitiv und rational gesteuertes Verhalten denken. Die Versuchung ist groß, jetzt Fernsehen und Trivialliteratur anzugreifen, die uns diese Welt vorspiegeln und die verhindern, daß wir nach vernünftigeren Denkmodellen handeln. Doch so gern wir uns durch Sündenböcke entlasten, schon die Herkunft des Denkmodells von Platon sollte uns zu denken geben: Die Leitbilder und Modelle sind vermutlich tief in uns angelegt, und sie sind keineswegs auf die zweitrangige Unterhaltungsliteratur beschränkt: Shakespeares wie Schillers Dramen leben davon, weder bei Gottfried Keller noch in Goethes Romanen (Wahlverwandtschaften!) finden wir andere Denkmuster.

Der Psychologe hat jedoch allen Grund, sich für andere Strukturierungen einzusetzen. Wir wissen aus der Erziehungs- und Eheberatung, wie verheerend dieses fatalistische Denken wirken kann: die weitgehende Leugnung des bestehenden Handlungsspielraums, die Vertuschung der bestehenden Verantwortung und Verantwortlichkeit für Handeln und Beziehung und der irrational hohe Anspruch, der dann beispielsweise auch zu einem völlig unzweckmäßigen Konfliktmodell führt. Wenn das weise Schicksal uns füreinander bestimmt hat, dann müssen wir auch jederzeit und völlig harmonieren, und es darf keine Konflikte geben:

„Konflikte müssen um jeden Preis vermieden werden, denn Konflikte würden bedeuten, daß wir letztlich nicht füreinander bestimmt sind" (Bach & Deutsch, 1972, 23).

Ein nützlicherer Denkansatz der Attraktion sollte breiter angelegt sein, sollte alle möglichen relevanten Variablen umfassen können und bestehende Handlungsmöglichkeiten kennzeichnen und nicht verdecken. Und wenn wir dafür Anregungen aus der Literatur benötigen, dann sollten wir eher Anleihen machen bei Theodor Fontane, bei Ibsen oder bei Bert Brecht als bei den deutschen Klassikern.

Nun ist dies eine vereinfachende Zeichnung: Auch bei der Laientheorie der Attraktivität als Persönlichkeitseigenschaft pflegen wir bei einigem Nachdenken zu relativieren und im allgemeinen zumindest drei Einschränkungen zu machen: Attraktivität ist nicht eine Persönlichkeitseigenschaft schlechthin, sondern (a) für jemanden, (b) in einer bestimmten Situation und (c) zu einer bestimmten Zeit. Ich kann jemanden attraktiv finden, aber ein anderer tut das nicht, weil er etwa einen anderen Geschmack hat, ich kann jemanden in einer bestimmten Situation attraktiv finden, in einer anderen aber nicht, etwa nur beim Tennisspiel und nicht im Beruf, und ich kann jemanden für eine bestimmte Zeit attraktiv finden, etwa weil meine Frau verreist ist.

Die Denkansätze des Psychologen sind jedoch noch weiter; fast alle nur denkbaren Variablen sind schon einmal auf ihren Zusammenhang mit Attraktion untersucht worden. Ich greife einige Fragestellungen heraus und gehe dabei von relativ weiten Einflußgrößen zu engeren über. Vollständigkeit ist nicht beabsichtigt.

92

Physische Attraktivität

Hier gibt es etliche Experimente, bei denen im wesentlichen mit Papier und Bleistift gearbeitet, den Teilnehmern Bilder von möglichen gedachten Partnern vorgelegt und hypothetische Fragen gestellt wurden. Dabei ergab es sich zumeist, daß physisch attraktive Partner bevorzugt wurden. Der Wert solcher Experimente ist begrenzt. Rosenblatt (1974, 88) macht vor allem darauf aufmerksam, daß hier das faktische Verhalten der Beteiligten offensichtlich völlig irrelevant ist, es spielt aber bei Subgruppen jenseits von Psychologiestudenten vermutlich häufig eine viel wesentlichere Rolle.

Immerhin gibt es auch großangelegte Feldexperimente unter ziemlich realistischen Bedingungen, bei denen wenigstens der Papier-und-Bleistift-Charakter des Experiments aufgehoben ist: So haben Walster et al. (zit. nach Berscheid & Walster, 1969, 107 − 112) die stattliche Zahl von 712 College-Studenten zu Tanzabenden eingeladen, bei denen die Partner vorgeblich durch einen Computer, in Wirklichkeit aber völlig nach Zufall zusammengestellt worden waren. Alle Teilnehmer wurden vorher unbemerkt durch vier Beurteiler nach physischer Attraktivität eingeschätzt. Von allen Teilnehmern wurden außerdem zahlreiche Testdaten hinsichtlich der Intelligenz und der Persönlichkeit erhoben; in einer Tanzpause wurden wechselseitige Eindrücke der Tanzpartner ermittelt. Zwei Tage nach dem Tanzabend, der von 20.00 bis 22.30 Uhr gedauert hatte, wurden weitere Daten erhoben; sechs Monate später wurde erfragt, ob die Partner sich noch einmal zu einem „date" verabredet hatten. Wesentliches Ergebnis hinsichtlich der Attraktivität: Die vorher ermittelte physische Attraktivität (als Mittelwert von vier Beurteilern) gab die beste Voraussage dafür, ob es später zu einem „date", einem verabredeten Treffen nach dem Tanzabend, gekommen war. Dies galt für männliche wie für weibliche Tanzpartner gleichermaßen: Körperliche Attraktivität war *die* entscheidende Variable, nicht Intelligenz, nicht ähnliche Persönlichkeitsmerkmale, nicht irgendeine der anderen ermittelten Variablen.

Interessante Nebenergebnisse: Die vier Beurteiler stimmten nur mäßig (Korrelationen von .49 bis .58) in ihrer Beurteilung der Attraktivität der Tanzpartner überein, und die Übereinstimmung der beiden männlichen beziehungsweise weiblichen untereinander war nicht größer als die zwischen Beurteilern unterschiedlichen Geschlechts. Man muß bei der Beurteilung solcher Ergebnisse freilich in Rechnung stellen, daß es sich um einander unbekannte Erstsemester handelte und daß der relativ kurze Kontakt während des Abends tiefergehende Beurteilungen vermutlich nicht erlaubte. Auch mag in solches Verabredungsverhalten anderes eingehen als Attraktivität, etwa Dimensionen wie soziale Geltung und Prestige in der Gruppe der Studenten (weiterführende Literatur bei Stroebe et al., 1971, 80 ff.).

Räumliche Nähe

Wenn räumliche Nähe als relevante Einflußgröße postuliert wird, so kann man zunächst einmal demographische Belege anführen. So hat etwa Bossard (1932) bei 5000 beantragten Fällen von Heiratserlaubnis in Philadelphia den Wohnsitz der beiden Antragsteller erfaßt und festgestellt, daß 12% zum Zeitpunkt der Antragstellung bereits die gleiche Anschrift hatten und etwa 1/3 der Antragsteller innerhalb von fünf Häuserblocks oder näher wohnte. Mit steigender Entfernung der beiden Wohnsitze voneinander nahm die Anzahl der Antragsteller ab. Das ist für sich allein noch nicht sehr überzeugend, da es sich nicht notwendig um die Wohnsitze vor dem Kennenlernen handelt. Aber es gibt ähnliche Befunde bei der Auszählung von Freundschaften in größeren Wohnheimen, bei denen Wohnsitzveränderungen nach Beginn der Freundschaft gesondert erfaßt wurden: Auch hier läßt sich die Gesetzmäßigkeit finden. Je näher zwei Individuen geographisch benachbart sind, um so wahrscheinlicher ist es, daß Attraktion besteht (Berscheid & Walster, 1969, 46 ff.). Vergleichbare Befunde gibt es bei interkulturellen Erhebungen (Rosenblatt, 1974) und bei der systematischen Untersuchung von Freundschaften (Hays, 1985).

Insgesamt sind das natürlich Wahrscheinlichkeitsaussagen, die nichts über den Einzelfall aussagen. Es folgt nicht daraus, daß Tante Agathe (4 km) eine höhere Attraktivität auf mich ausübt als Tante Käthe (6 km). Doch selbst als Wahrscheinlichkeitsaussage ist der Befund zwar gesichert und auch plausibel, aber nur in Grenzen nützlich. Denn bei der Vorliebe der Psychologen für positive Haltungen bleibt durchweg ununtersucht, ob räumliche Nähe nicht auch Abneigung fördert. Dies ist ebenfalls plausibel und meist an vielen Einzelfällen dokumentierbar. In Expeditionsberichten ist häufig davon die Rede, daß das lange Aufeinanderangewiesensein nicht nur zu Attraktion und Freundschaften führt. Wahrscheinlich müßte man eher formulieren, daß räumliche Nähe eine Voraussetzung für Kontaktintensivierung ist, und aus dieser kann Attraktion oder Gleichgültigkeit oder gar Feindseligkeit resultieren. Daher sollte man den Voraussagewert von räumlicher Nähe für Attraktion zurückhaltender beurteilen.

Ähnlichkeit

Ob Ähnlichkeit oder Gegensätzlichkeit in Persönlichkeitszügen, Interessen, Liebhabereien und Werthaltungen eher zu höherer Attraktivität führt, ist ebenfalls eine beliebte Fragestellung der Attraktionsforschung. Die Volksweisheit legt sich hier nicht fest: „Gleich und gleich gesellt sich gern". Und: „Gegensätze ziehen sich an". Plausible Argumentationen gibt es für beide Positionen. Die erste wird unter dem Stichwort Matching-Hypothese bearbeitet, die zweite als Komplementaritäts-Hypothese. In frühen Experimenten ist man dabei zumeist so vorgegangen, daß man für eine Anzahl von Probanden Eigenschafts-profile und Aussagen über Attraktionen ermittelt und diese miteinander korreliert hat. Ergaben sich positive Korrelationen, so wurde dies als Ähnlichkeit interpretiert, bei negativen Korrelationen sprachen die Experimentatoren von Komplementarität. Eine solche Verfahrensweise ist jedoch methodisch unbefriedigend. Zunächst einmal sollten dabei nicht die objektiv ermittelten „Eigenschaften" eine Rolle spielen, sondern die phänomenal von den Beteiligten wahrgenommenen Eigenschaften. Dann wäre es auch günstiger, nicht von „Eigenschaften", sondern von tatsächlich beobachtbaren Verhaltensweisen auszugehen. Und schließlich wäre auch in Rechnung zu stellen, daß Ähnlichkeit oder Gegensätzlichkeit sich nicht bei allen wahrnehmbaren Verhaltenskomplexen in gleicher Weise zeigt.

So hat Murstein (1971, 11) mit Recht darauf aufmerksam gemacht, daß die Dinge bei wünschenswerten und unerwünschten Eigenschaften verschieden liegen: „Das Endergebnis dieser Studien ist, daß ein Individuum, welches wünschenswerte Eigenschaften besitzt, die engere Interaktion mit solchen Mitmenschen bevorzugt, die er in dieser Weise als ähnlich erlebt. Besitzt jemand diese wünschenswerten Eigenschaften nicht, so bevorzugt er Partner, die ihm unähnlich sind." (vgl. hierzu auch Mursteins beißende Kritik am Ähnlichkeitskonzept überhaupt, 1971, 1 ff.).

Secord & Backman (1964) haben eine weitere nützliche Unterscheidung durch den zusätzlichen Begriff der Kongruenz hineingebracht. Während „intelligent − nicht intelligent" einfach Gegensätzlichkeiten sind, ist bei „dominant − submissiv" über den Gegensatz hinaus noch eine funktionale Beziehung vorhanden, ein Aufeinanderangewiesensein. Wenn ich so richtig dominant sein will, ist ein unterwürfiger Partner natürlich eine ideale Ergänzung.

Solche Überlegungen und Relativierungen sind für unser Denken und Handeln im Alltag eher ärgerlich und störend als hilfreich. Wir würden einfache Gesetzmäßigkeiten lieber sehen. Auch die Volksweisheit arbeitet ja weitgehend ohne Bereichseinschränkungen. Angesichts einer möglichen Resignation des Lesers, daß nützliche Aussagen anscheinend nicht zu erwarten seien, ist daher zunächst daran zu erinnern, daß uns keine generellen Handlungsanweisungen für den Alltag geboten werden sollen, sondern Denkansätze, die unsere Strukturierungsmöglichkeiten erweitern können. Zum anderen bedeutet eine solche Relativierung nicht, daß immer alles vorkommen könne, und im Grunde könne man gar nichts sagen. Secord & Backman (1964) haben in einem großangelegten Experiment durchaus zeigen können, daß und unter welchen Bedingungen Ähnlichkeit, Gegensätzlichkeit und Kongruenz für die Partnerwahl der Zweierbeziehung entscheidend waren. Dabei überwog rein quantitativ die Ähnlichkeit. Sehr allgemein könnte man wohl formulieren, daß es Bereiche von Persönlichkeitseigenschaften, Werturteilen und Handlungspräferenzen gibt, bei denen Ähnlichkeit und andere, bei denen Kongruenz funktional wesentlicher ist. Metaanalytische Zusammenstellungen und ein Überblick über neuere Daten finden sich vor allem bei Feingold (1988; vgl. auch Clark & Reis, 1988). Viele derartige Untersuchungen bleiben übrigens insofern unbefriedigend, als sie sich auf die bloße Beschreibung eines Sachverhalts beschränken, während uns auch die psychologischen Mechanismen interessieren würden, aufgrund derer es zur Bevorzugung von Ähnlichkeit, Gegensätzlichkeit oder Komplementarität kommt. Das ist freilich ein weites Feld, da hier mit vielerlei Mechanismen und Verursachungen im Einzelfall gerechnet werden muß. Es ist leider derzeit nicht üblich, sich in solchen Experimenten für die Phänomene und die einzelnen kognitiven Vollzüge der Versuchsteilnehmer zu interessieren. Die unterschiedlichen einzelnen inhaltlichen Strebungen und Motivierungen des Individuums interessieren wenig, immerhin werden aber formalere Erklärungsmodelle versucht. Für den Fall der Ähnlichkeit ist es vor allem die Reduktion von Unsicherheit und erlebter Dissonanz. Wenn ich mich für eine radikale politische Partei, für eine Ferienreise nach Finnland oder für das Erlernen des Waldhornspielens engagiere, so entscheide ich mich damit gleichzeitig immer gegen andere Alternativen. Und es ist für mich eine Reduktion von Unsicherheit, eine Erleichterung und Beruhigung, anderen zu begegnen, die unabhängig von mir auch diese seltene Entscheidung gefällt haben. Daß mir dergleichen Leute zunächst einmal sympathisch sind, ist von daher naheliegend.

Reziprozität

Eine oft in Experimenten bestätigte Regel läßt sich etwa so formulieren: Wenn ich von jemandem erfahre, daß er (oder sie) mich gut leiden kann, so führt das — unter sonst gleichen Bedingungen — zu einem positiven Gefühl für ihn bzw. für sie. Der Sachverhalt ist im Prinzip plausibel: Es ist für mich zumeist positiv zu hören, daß jemand mich gut leiden kann. Und es ist naheliegend, daß ich solche Leute nicht nur für besonders urteilsfähig, einfühlsam und intelligent halte, sondern daß sie mir auch sympathisch sind. Freilich werden solche Befunde typischerweise unter Laborbedingungen gewonnen: Leute, die einander unbekannt sind, werden für kurze Zeit zu einem Experiment zusammengeholt, und zumeist werden ihnen manipulierte Daten über wechselseitige Attraktion per Zufall vorgelegt, um andere Faktoren auszuschalten. Daß beim Fehlen jeglicher anderer Information die Aussage „A hat gesagt, daß er mich sympathisch findet" die soziometrische Struktur der Gruppe beeinflußt, liegt auf der Hand. Ob das Verfahren bei verfestigten sozialen Beziehungen so wirksam ist, bleibt fraglich. Allerdings wissen wir aus Erziehungs- und Eheberatung, daß die Verbalisierung positiver Gefühle oft hilfreich sein kann. Und in unserer Gesellschaft ist es in weiten Bereichen tabuisiert, positive Gefühle auszusprechen. Insofern wäre es zumindest eine nützliche praktische Konsequenz aus der Attraktionsforschung und speziell der Anwendung der Reziprozitätsregel, im Falle des Vorliegens positiver Einstellungen und Gefühle diese auch zu formulieren. Hier ist ein Berührungspunkt der Attraktionsforschung mit Rückmeldeproblemen (Feedback) der Interaktionsforschung. Wenn in unserer Gesellschaft vernünftigere Rückmeldeprozesse üblich wären, so wäre dies auch für das emotionale Klima eine große Hilfe.

Andere relevante Variablen

In der umfangreichen Erforschung der Attraktion als abhängiger Variable ist eine große Anzahl von anderen Wirkgrößen untersucht worden. So ist es etwa ein naheliegender Ansatz, die allgemeinen Rahmenbedingungen zum Thema zu machen. Unter den restriktiven Bedingungen des Laborexperiments ließ sich dabei durchaus quanitativ nachweisen, daß allein schon eine ungünstige Raumtemperatur – in diesem Fall zu hohe Temperatur – auf die wechselseitige Attraktion negativ wirkte. Bei solchen Untersuchungen sollte man freilich im Auge behalten, daß reduzierte Laborbedingungen günstig sind für den Nachweis solcher Effekte und daß man dabei zwischen statistisch signifikanten und inhaltlich bedeutsamen Effekten unterscheiden sollte (vgl. Sader & Keil, 1966, 280).

Sehr instruktiv erscheint mir dagegen ein Befund von Deutsch & Solomon (1959), bei dem Lob und Tadel als unabhängige Variablen dienen. Im Alltag läßt man sich leicht von der Hypothese leiten, daß Lob Attraktion steigert, Tadel dagegen eher negativ wirkt. Und zumindest unsere Höflichkeitsregeln gehen davon aus, daß etwa ein geladener Gast das Essen nicht objektiv bewerten, sondern loben soll. Deutsch & Solomon konnten bei einer Untersuchung, an der 132 weibliche Mitarbeiter einer amerikanischen Telefonfirma beteiligt waren, Lob und Tadel und die phänomenale Berechtigung für Lob und Tadel experimentell variieren und gleichzeitig Bewertungen auf der Attraktionsdimension für die Verteiler von Lob und Tadel erheben. Die Ergebnisse:

> ungerechter Tadel: sehr negativ,
> gerechter Tadel: ziemlich günstig,
> ungerechtes Lob: ziemlich günstig,
> gerechtes Lob: sehr günstig.

Daß eine als sachangemessen empfundene positive Bewertung sich auf der Attraktionsdimension günstig auswirkt, leuchtet uns unmittelbar ein. Daß eine als ungerecht empfundene positive Aussage sich wesentlich weniger positiv auswirkt, sollte uns veranlassen, möglichst substantiell gerechtfertigte Aussagen zu machen. Hier machen Eltern und andere Leute wohl insbesondere gegenüber kleineren Kindern Fehler. Ob der etwa gleichartige Effekt von ungerechtfertigtem Lob und gerechtfertigtem Tadel auf andere Situationen übertragbar ist, muß wohl offenbleiben. Ich selbst würde als Gast bei einer Essenseinladung trotz der Befunde von Deutsch & Solomon nicht davon ausgehen, daß ungerechtfertigtes Lob und berechtigter Tadel meine Attraktivität beim Gastgeber in gleicher Weise beeinflussen.

Überblickt man diese Befunde zur Attraktionsforschung, so ist festzuhalten:

1. Im Gegensatz zur Laientheorie sind die Person und Verhaltenseigenschaften der Zielperson zwar auch eine relevante Variable, aber nur eine unter vielen.

2. Das Beziehungsgeflecht kann bereits in der Interaktion zwischen zwei Personen sehr komplex sein.

3. Dieses Geflecht läßt sich nicht auf wenige markante Aussagen von genereller Gültigkeit reduzieren.

Attraktion als unabhängige Variable

Die Frage nach den Konsequenzen von Attraktion hat insgesamt weniger Interesse gefunden als die nach den Antezedenz-Stimuli. Für beide Bereiche gilt, daß es eine Reihe von neueren Zusammenfassungen gibt, deren Ergebnisse ich hier nicht ausführlich darstellen will (vgl. vor allem Berscheid, 1985). Für meine kurze und kommentierte Aufzählung von Problemen und Ergebnissen folge ich der pragmatischen Darstellung von Byrne & Griffitt (1973). Danach kann man wesentliche Aspekte des gegenwärtigen Kenntnisstandes in fünf Sätzen fassen:

1. *Wir Menschen tendieren dazu, uns physisch, verbal oder symbolisch auf diejenigen hin zu bewegen, bezüglich derer wir Attraktion empfinden.* Die etwas gestelzte Sprache ist hier unvermeidlich, da uns in der deutschen Sprache eine brauchbare Übersetzungsmöglichkeit für „liking" fehlt: Lieben ist zu viel; gern mögen oder gut leiden können, attraktiv finden, uns angezogen fühlen, das alles entspricht jeweils nur einem Teilbereich dessen, was wir in der amerikanischen Attraktionsforschung „liking" nennen. Dieser erste Aussagesatz entspricht weitgehend dem, was schon der Begriff Attraktion oder Anziehung sprachlich enthält und läßt sich durch empirische Befunde vielfach belegen. Man kann auszählen, daß wir unter sonst gleichen Bedingungen attraktive Personen häufiger und länger ansehen (Ellsworth & Carlsmith, 1968), wir beurteilen sie als größer, erkennen sie schneller und rutschen dichter an

sie heran. In der Tat läßt sich bei Stehparties wie auch bei der Sitzplatz-wahl zeigen, daß Attraktion und räumliche Nähe korrelieren (Goldberg et al., 1969). Solche Daten sind allerdings kulturabhängig und mögli-cherweise auch schichtspezifisch. Belege für interkulturelle Unterschie-de findet man etwa bei Watson & Graves (1966), die Araber und Ameri-kaner verglichen haben; ausführliche interkulturelle Daten über Nava-jo-Indianer, Eskimos aus dem Nordwesten von Kanada und viele weite-re Kulturen sind von Rosenblatt (1974) zusammengestellt worden.

2. *Wir Menschen tendieren dazu, Menschen positiver zu bewerten, bezüg-lich derer wir Attraktion empfinden.* Auch diese Aussage ist plausibel und bequem quantitativ zu belegen. Ob es Kenntnisse in Zeitgeschichte betrifft oder allgemeine Intelligenz, Anpassung oder affektive Dimen-sionen, ob simulierte Gerichtsverfahren oder Beurteilung einfacher Lernaufgaben: Wir tendieren zumeist zu Ungerechtigkeit zugunsten derer, die wir mögen (ausführliche Belege bei Byrne, 1971).

3. *Wir Menschen tendieren dazu, uns von solchen Mitmenschen stärker be-einflussen zu lassen, bezüglich derer wir Attraktion empfinden.* Attraktive Modelle werden eher nachgeahmt, was für Kaufentschlüsse ebenso nachweisbar ist wie für die Wahl sinnloser Silben in einem Experiment, für Wettstrategien und für den Entschluß, sich dem Tiefseetauchen zu-zuwenden. Auch die oberflächlichste Analyse von Werbung im Fernse-hen z.B. zeigt, daß die Hersteller von Werbespots dies wissen und da-nach handeln: Es sind zumeist attraktive Personen, die uns von den Vorzügen einer bestimmten Margarine überzeugen wollen.

4. *Wir Menschen helfen anderen Menschen eher, wenn wir die hilfsbedürf-tige Person attraktiv finden.* Die Psychologen haben sich in den letzten Jahren auch mit dem Verhalten befaßt, welches wir Altruismus nennen und haben hier ebenfalls „liking" als wesentliche Einflußvariable bele-gen können (Berkowitz, 1972; Krebs, 1970; Mussen & Eisenberg-Berg, 1979).

5. *Wir Menschen werden in unserem Lernverhalten davon beeinflußt, ob und in welchem Grad wir den beteiligten Personen gegenüber Attraktion empfinden.* Das ist uns für Schulanfänger geläufig, gilt aber generell für weite Bereiche des durch Personen vermittelten Lernens. Die bloße Gegenwart einer „liked" Person kann nachgewiesenermaßen das Ler-nen von einfachem verbalen Material erleichtern, stört andererseits aber eher bei Aufgaben von höherem Schwierigkeitsniveau (Byrne & Griffitt, 1973, 326; Lück, 1969; Paulus, 1983).

Kohärenz der Gruppe: Begriff und Messung

Die Kohärenz oder der Zusammenhalt einer Gruppe, die Solidarität der Mitglieder untereinander, das „Gruppenklima" ist oft unmittelbar erlebbar, häufig eindeutig und überzeugend: Wir fühlen uns in einer Gruppe wohl, können unsere Energie leicht der gemeinsamen Aufgaben zuwenden, uns leicht mit den Mitgliedern verständigen, und wir mögen die Mitglieder oder doch wenigstens die meisten. In anderen Gruppen erleben wir das Klima als frostig, es kommt zu keiner guten Verständigung, es gibt Statuskämpfe und Mißverständnisse, und wir sind froh, wenn wir wieder draußen sind.

Aber obgleich uns dies unmittelbar einleuchtet und wir uns auch leicht über diese Phänomene mit anderen verständigen können, ist es doch ungemein schwierig, dies alles begrifflich zu fassen. Selbst wenn wir einsehen, daß es *die* Kohärenz als ein einheitliches Phänomen nicht gibt, sondern Kohärenz ein weiter Konstruktbegriff, eine Sammelbezeichnung für eine Klasse von Phänomenen ist, bleibt die begriffliche Erfassung schwierig. Die am häufigsten verwendete Definition stammt von Festinger. Danach ist Gruppenkohärenz „. . . die Resultante aller derjenigen Kräfte, die auf die Mitglieder einwirken, in der Gruppe zu bleiben" (Festinger, 1950, 185). Irle hat offensichtlich in mündlicher Absprache mit Festinger vorgeschlagen, diese Definition anders übersetzend zu interpretieren. Danach wäre Kohärenz „die durchschnittliche Attraktivität, welche die Gruppe bei ihren Mitgliedern genießt" (1975, 452). Feger (1972, 1596 ff.) und Cartwright & Zander (1968, 91) haben Fragen der zweckmäßigen Definition etwas ausführlicher dargestellt. Vor allem die Arbeit von Cartwright & Zander (1968) ist auch heute noch grundlegend. Neuere Darstellungen etwa bei Collins & Raven, 1968; Shaw, 1976; 1977; Zander, 1979. Es lohnt in unserem Zusammenhang jedoch nicht recht, zu viel Mühe an Definitionsversuche zu hängen: Im konkreten Fall sollte man ohnehin auf Operationalisierungen durch Meßvorschriften drängen.

Es scheint mir jedoch wichtig, kurz auf den Zusammenhang von Attraktion in der Paarbeziehung und Kohärenz der gesamten Gruppe einzugehen. Dieser wird manchmal so gesehen, als sei die Gruppenkohärenz im wesentlichen als Summe der Einzelattraktionen zu sehen: Wenn es viel Attraktion zwischen den einzelnen in der Gruppe gibt, wird die Kohärenz hoch sein. Vermutlich ist eine solche Aussage als korrelationsstatistische Wahrscheinlichkeitsaussage sogar richtig. Gleichwohl erscheint es mir unzweckmäßig, in dieser Weise zu definieren: denn es ist durchaus der Fall denkbar, daß viel positive Attraktion zwischen Mitgliedern existiert, die Gruppe aber trotzdem — oder gerade deshalb — auseinanderfällt. In der oben genannten Definition von Festinger ist denn auch zurecht nicht von der Attraktion der Mitglieder, sondern der

Gruppe die Rede. Attraktion der Einzelmitglieder untereinander ist nur *eine* der relevanten Variablen. Zumindest wären als weitere zu nennen: Ziel und Funktionsweise der Gruppe, mögliche Alternativen der Mitglieder, Erfolge bzw. Mißerfolge und Kräfte, die von außen auf die Gruppe wirken (systematisch dargestellt bei Cartwright & Zander, 1968, 91 ff.; Secord & Backman, 1964, 268 ff.).

Was die *Messung von Gruppenkohärenz* betrifft, so haben Cartwright & Zander (1968, 92 ff.) vier Arten der Ermittlung von Kohärenz unterschieden. Ich folge dieser Einteilung, wenn auch nur eingeschränkt der inhaltlichen Argumentation.

Attraktion der Mitglieder untereinander ist nach den oben diskutierten Einschränkungen dann keine gute Meßgröße, wenn gewissermaßen das Attraktions-Insgesamt aufaddiert werden soll. Eine Gruppe, bestehend aus zwei Ehepaaren, bei denen einer der beiden Männer zusätzlich mit der Ehefrau des anderen eng befreundet ist, hat sicher ein Maximum an aufsummierter Attraktion in sich vereinigt, hat aber als Gruppe möglicherweise wenig gemeinsamen Zusammenhalt. Andererseits kann es vor allem bei größeren Gruppen eine vernünftige Meßgröße sein, wenn man das Verhältnis der Freundschaftswahl von Mitgliedern innerhalb und außerhalb vergleicht. Höhn & Seidel (1969, 388 f.) schlagen weitere soziometrische Indizes für Gruppenkohärenz von ähnlicher Art vor. Man kann die Zahl der erwiderten Wahlen auf die Zahl der möglichen Wahlen beziehen, man kann die Anzahl der nach Soziogrammergebnissen isolierten Personen als Meßgröße verwenden usw. (weitere Daten dazu vor allem bei Dollase, 1976[2]).

Einschätzung der Gruppe als Ganzes durch die Mitglieder hinsichtlich der erlebten Gruppenkohärenz kann ein sinnvolles Verfahren sein, wenn die Bezugsgrößenproblematik dabei geregelt werden kann. Man muß wohl damit rechnen, daß die Mitglieder unterschiedliche und zum Teil unrealistisch hohe Vorstellungen vom Klima einer „guten" Gruppe haben. Wenn sprachlich geeignete Kategorien vorgegeben werden können oder den Mitgliedern erlebte Vergleichswerte zur Verfügung stehen, ist dies sicher eine einfache und brauchbare Methode.

Die direkte Frage nach dem Ausmaß der individuellen Identifikation mit der Gruppe wird bei Cartwright & Zander ebenfalls als Methode ausgeführt, und es werden einzelne Befunde berichtet, die die Brauchbarkeit einer solche Meßgröße nahelegen. Bei solchen direkten Fragen, deren Beantwortung im einzelnen Fall oft nützliche Aufschlüsse gibt, ist aber an die generelle Problematik der Fragebogenmethode zu erinnern. Dergleichen Ergebnisse werden sehr leicht durch generelle Antwortstile überlagert (Tränkle, 1983).

Der explizit verbalisierte *Wunsch in der Gruppe zu bleiben*, kann ebenfalls oft als gute Meßgröße für Kohärenz verwendet werden, wenn die

Attraktivität des Zieles oder das Fehlen besserer Alternativen nicht das Ergebnis verfälschen. Bei manchen Konstellationen können auch das Wiederkommen zum nächsten Gruppentermin, die Pünktlichkeit der Teilnehmer, das Nichtweggehen nach Ende der vereinbarten Zeit, das gemeinsame Zusammenbleiben zu anderen Aktivitäten oder dergleichen als gute Meßgrößen fungieren. Solche Maße werden unter anderem auch bei Seminargruppen in der Hochschule verwendet.

Schließlich sind auch noch Kombinationen aus diesen Methoden möglich sowie die Ermittlung von Meßgrößen aus Interaktionsdaten (Cartwright & Zander, 1968, 94 ff.). So kann man bei geeigneten Diskussionsthemen die Anzahl der Schweiger oder die Art der Redeverteilung (wer spricht zu wem?) heranziehen oder Beobachtungsdaten über den Beteiligungsgrad der Gruppenmitglieder.

Insgesamt ist zu sagen, daß es wohl Ansätze der quantitativen Bestimmung von Kohärenz gibt, aber wenig Einheitlichkeit und Vergleichbarkeit. Von der Erarbeitung einiger weniger Standardmethoden zur Erfassung von Kohärenz sind wir noch weit entfernt. Dieser methodologische Rückstand ist sicher auch auf die Vielfalt des Gegenstandes zurückzuführen. Es gibt ein zu breites Spektrum von Gruppen und Gruppengeschehen, als daß einheitliche Instrumente zur Erfassung der Kohärenz möglich wären.

*Keine einheitlichen Instrumente der Erfassung v. K.,
weil ein zu breites Spektrum von Gruppen*

Gruppenkohärenz: Ergebnisse und Konsequenzen

= Einfluß auf Verhalten u. Handeln in G.

Wollte ich hier wiederum einen Überblick über den empirischen Forschungsstand geben, so wäre es zweckmäßig, abermals zwei Abschnitte zu machen und Kohärenz einmal als abhängige und einmal als unabhängige Variable durch alle Bereiche durchzuhecheln. Ich verweise stattdessen auf das Ehepaar Lott von der Universität Kentucky, die nicht nur 1972 ein Sammelreferat zur Attraktionsforschung vorgelegt haben, sondern auch 1965 ein noch umfangreicheres zur Kohärenz: es umfaßt knapp 300 Titel Literatur und betrifft zwar den frühen Zeitraum von 1950 bis 1962, aber genau diese Jahre waren der Höhepunkt der empirischen Kleingruppenforschung; danach ist das Thema etwas aus der Mode gekommen.

Anstelle eines Versuches einer Gesamtdarstellung beschränke ich mich darauf, acht Ergebnisse und Überlegungen herauszugreifen, die mir im

Zusammenhang mit Gruppenproblemen besonders wesentlich zu sein scheinen.

1. Der weite Konstruktbegriff Kohärenz umfaßt einen zentralen und inhaltlich wichtigen Teilbereich der Psychologie der Gruppe. Es gibt eine Fülle von Hinweisen darauf, daß unser Handeln und Verhalten in Gruppen in starkem Maße durch den Grad von Kohärenz in diesen Gruppen geprägt wird. Empirische Befunde haben es an sich — auch wenn sie gehäuft auftreten —, daß immer nur von ausgliederbaren kurzzeitigen Gruppen die Rede ist und unsere Alltagswelt auf diese Weise parzelliert wird. 30 Probanden in Alabama, 40 Grundschullehrer in Leipzig: das verdeckt etwas die Tatsache, daß es sich hier um Sachverhalte handelt, in denen wir ständig stehen. Unsere Erziehung findet in Familie und Schule weitgehend in Gruppen statt, wir arbeiten im Betrieb, in der Hochschule und in der Verwaltung in Gruppen, und die wesentlichen politischen Entscheidungen fallen in der westlichen Demokratie wie auch unter den meisten anderen Regierungsformen in Gruppen. Zwei sehr unterschiedliche Beispiele mögen mehr als Demonstration denn als Beleg dienen:

Keil & Piontkowski (1973) haben bei einer umfangreichen Untersuchung des Unterrichtsgeschehens an der Universität Münster an 110 Lehrveranstaltungen Daten von 75 Dozenten und 936 Studenten analysiert. Unter anderem wurden dabei auch Daten zur Gruppencharakteristik faktoranalysiert (Adaptation eines Verfahrens von Hemphill & Westie, 1956). Dabei erwies sich insgesamt die erlebte Gruppenkohärenz „als der wichtigste Umständefaktor zur Erhöhung der Eigenaktivität des einzelnen" (1973, 108). Die Autoren folgern aus diesem Befund unter anderem mit Recht, daß das Problem der Beteiligung des einzelnen sich nicht einfach automatisch durch Reduktion der Teilnehmerzahlen an Veranstaltungen organisatorisch erledigen läßt. Es käme darauf an, in der Tat in Gruppen zu arbeiten, und nicht darauf, die Hörerzahl des monologisierenden Dozenten zu vermindern.

Auf einer völlig anderen Ebene liegt ein Befund von Kissel (1965). Hier wurden einer Reihe von Teilnehmern unlösbare Denkaufgaben gegeben und gleichzeitig physiologische Meßwerte abgenommen. Ein Teil der Probanden arbeitete allein, ein Teil mit einem ihm fremden Teilnehmer zusammen, ein Teil mit einem Freund. Es konnte nachgewiesen werden, daß die physiologisch kontrollierbare Belastung bei der Arbeit mit einem Freund zusammen am geringsten, die Belastung bei der Arbeit allein am höchsten war. Daß die Gegenwart eines Leidensgefährten streßreduzierend wirkt, ließ sich auch an Rhesusaffen zeigen. Allerdings konnte hier der Unterschied zwischen Freund und Fremden bei Leidensgefährten nicht gesichert werden: die streßreduzierende Wirkung unterschied sich nicht nach dem Bekanntheitsgrad mit dem Leidensgefährten (Mason, 1960).

'. Kohärenz ist ein faktoriell sehr komplexer Konstruktbegriff. Es gibt eine Reihe von Versuchen, Meßgrößen von Kohärenz dadurch miteinander zu vergleichen, daß sie faktorenanalytisch untersucht werden. So fanden Hagstrom & Selvin (1965) bei einer Faktorenanalyse von 19 möglichen Indikatoren über 20 College-Studentengruppen hinweg im wesentlichen zwei Faktoren, die sie „soziale Zufriedenheit" und „soziometrischer Zusammenhalt" nannten. Kiesler & Goldberg (1968) haben dagegen eine Reihe einfacher Fragen zum Sachverhalt Kohärenz miteinander verglichen und faktoranalysiert. Hier ergaben sich zwei Faktoren, die sich am ehesten als „liking" und „respect" kennzeichnen lassen. Eisman (1959) hat es damit bewenden lassen, die Ergebnisse von fünf Meßgrößen von Kohärenz bei 14 Studentengruppen zu erheben und korrelationsstatistisch miteinander zu vergleichen. Es ergaben sich in keinem Fall auch nur statistisch signifikante Korrelationen. Bis zu einer psychometrisch aufgearbeiteten Kohärenzskala ist offenbar noch ein weiter Weg. Einstweilen tun wir wohl gut daran, bei allen Schlußfolgerungen inhaltlicher Art im Auge zu behalten: Kohärenz ist ein weiter Konstruktbegriff. Möglicherweise geben wir ihn eines Tages auf zugunsten engerer Beschreibungsdimensionen.

3. Der Zusammenhang zwischen Kohärenz und Leistung einer Gruppe ist nicht einfach positiv linear. Es wäre so schön einfach und plausibel: je höher die Kohärenz einer Gruppe, desto besser die Leistung. Nach den vorliegenden Befunden müssen wir jedoch eher mit komplexeren Zusammenhängen rechnen. Betrachten wir zunächst den Fall der Kohärenz als unabhängiger und den Fall der Leistung als abhängiger Variable: Bei geringer Kohärenz verbrauchen die Mitglieder ihre Energie weitgehend für die Schaffung, Aufrechterhaltung und Verbesserung ihres Status und für andere Gruppenprozesse; für die Aufgabe selbst bleibt wenig. Bei mittleren Graden von Kohärenz werden viele Energien für die Sache selbst freigesetzt. Bei hoher Kohärenz kann die Leistung wieder absinken; die Gruppenmitglieder haben sich einen Kaffee gekocht, sitzen gemütlich zusammen, sprechen über sich selber und als Gruppe und vergessen darüber ihre Aufgabe, weil das Gespräch wesentlich anziehender ist als die gestellte Aufgabe.

Betrachten wir Leistung als unabhängige Variable und Kohärenz als davon abhängig, so steigt der Gruppenzusammenhalt zumeist mit der als Gruppe vollbrachten Leistung. Nichts ist erfolgreicher als der Erfolg. In den empirischen Befunden wird es zum Teil noch komplizierter, indem zumindest die Struktur der Gruppe und die Art der Aufgabe mit eingehen. Diese auch praktisch relevante Frage hat in der experimentellen Arbeit viel Interesse gefunden. Für eine Reduktion auf pragmatisches Handeln sollte man in Rechnung stellen, daß die weitaus meisten Gruppen in unserer Gesellschaft bei weitem zu wenig Kohärenz haben, um optimal die Energien der gemeinsamen Sache zuzuwenden. Daher ist der Ratschlag zumeist nützlich, daß man versuchen solle, die Gruppenkohärenz zu erhöhen. Das gilt ganz besonders dann, wenn Lernen in Gruppen nicht einfach kognitives Aneignen von Informationen bedeutet, sondern Verhaltensänderungen einschließt. Da jede ernstliche Bemühung um Verhaltensänderung im allgemeinen Ängste auslöst, wagen die meisten Menschen nur in relativ angstfreien Situationen neues Verhalten zu erproben. Daher ist bei allen Trainingsformen, bei denen Verhalten in Frage gestellt und neues Verhalten eingeübt werden soll, eine hohe Gruppenkohärenz Voraussetzung (vgl. Grell, 1975, 32; Sader, Sieland & Theis, 1976, 34).

4. Wettstreit innerhalb der Gruppe schadet der Gruppenkohärenz. Die Frage nach der Funktion von Wettbewerb in der Gruppe war schon früh ein Thema der Kleingruppenforschung: die entscheidenden Experimente von Deutsch sind schon 1949 entstanden. Deutsch (1949a; 1949b) hat mit Studenten experimentiert, die an einem Einführungskurs in Betriebspsychologie teilnahmen, und er hat in einem großangelegten Experiment ungefähr 40 Einzelhypothesen überprüft, die im wesentlichen unterschiedliche Aspekte der Differenzen zwischen experimentell induzierter Kooperation und experimentell induziertem Wettbewerb in der Gruppe betrafen. Irle (1975, 428) hat fünf Ergebnisse dieser Dissertation von Deutsch hervorgehoben:

a) Kooperativ orientierte Gruppen bearbeiten die Aufgaben mehr gemeinsam und koordinieren ihre instrumentellen Handlungsschritte häufiger als rein kompetitiv orientierte Gruppen; ihre jeweiligen Handlungsschritte sind inhomogener als die kompetitiver Gruppen.

b) Die Kommunikationsrate ist in kooperativ orientierten Gruppen größer als in kompetitiv orientierten Gruppen.

c) Die Urteile über die Richtung und Entfernung der Ziele sind in kooperativen Gruppen ähnlicher als in kompetitiven Gruppen.

d) Die Produktivität ist in kooperativen Gruppen größer als in kompetitiven Gruppen, und zwar quantitativ (Zeit bis zur Erreichung der Ziele) wie qualitativ (Güte der Ergebnisse).

e) In kooperativen Gruppen treten freundliche Attitüden häufiger und feindliche Attitüden (auch Aggressionen) seltener auf als in kompetitiven Gruppen.

Ganz allgemein gesprochen ist also der Wettbewerb innerhalb der Gruppe dem Klima und damit auf die Dauer auch der Leistung abträglich. So sehr es uns daher gelegentlich auch reizt, die Motivation des einzelnen in der Gruppe durch Wettbewerb mit seinem Nebenmann zu steigern: für das Gruppenklima wäre es besser, dies zu unterlassen und allenfalls den Wettbewerb zwischen Gruppen anzuregen. Das gilt auch für die Familiengruppe, deren Klima oft durch kompetitive Attitüden ruiniert wird: Nimm dir ein Beispiel an deiner Schwester Eva-Maria, wie brav die ihren Teller leergegessen hat.

Die Primärgruppe selbst wettbewerbsfrei zu halten und den Wettbewerb stattdessen nach außen zu tragen, ist auch ein Leitgedanke der sowjetischen Erziehung (vgl. etwa den instruktiven Vergleich Bronfenbrenners, 1973, zwischen der amerikanischen und sowjetischen Erziehung; dort auch weiterführende Literatur).

5. Die mehrfache Gruppenzugehörigkeit ist die Regel. Wenn von Gruppe und Kohärenz die Rede ist, so denkt man leicht zu ausschließlich an den Fall *einer* Gruppe und *einer* Mitgliedschaft. Das kann eine nützliche Vereinfachung sein, und es gibt sicher den Fall, daß für jemanden im wesentlichen *eine* Gruppe und die Zugehörigkeit zu dieser nur thematisch ist. Man muß nicht nur an Expeditionen in die Wüste Sahara oder die Antarktis denken, auch die Grundschulklasse oder die hauptberufliche Arbeitsgruppe kann phänomenal so erscheinen. Im Alltag unserer Gesellschaft ist allerdings die mehrfache oder gar vielfache Gruppenzugehörigkeit die Regel. Ich selbst kann sicher ein gutes Dutzend Gruppen aufzählen, in denen ich zwischen 2 und 25 Monatsstunden ein aktiv tätiges Gruppenmitglied bin. Auch in diesen zahllosen Gruppen gibt es zweifellos das Phänomen Gruppenkohärenz. Aber die Begriffe, die Anforderungen an Kohärenz und die Meßgrößen für Kohärenz wirken hier übersteigert und schief. Da der Trend der mehrfachen und vielfachen Gruppenzugehörigkeit in unserer Gesellschaft eher noch wachsen wird — auch in der Schule ist der feste Klassenverband in den höheren Altersstufen mittlerweile die Ausnahme —, werden wir zu anspruchslosen und leichter realisierbaren Leitsätzen für derartige Gruppen kommen müssen: Die aufwendige und thematisierte langfristige Arbeit am Gruppenklima und damit ein wesentlicher Teil der Ratschläge für die Verbesserung von Kohärenz sollten nicht generell für alle beiläufigen Gruppen gelten: Ich muß nicht in fünf verschiedenen Ausschüssen das Gruppenklima pflegen.

6. Die Schattenseiten hoher Kohärenz: Selbständigkeit und Eigenverantwortlichkeit kommen zu kurz. In der Kleingruppenforschung wird zumeist auf dem Niveau der Gruppe diskutiert: Einzelbeiträge werden im Hinblick auf die Gruppe bewertet, das Handeln des einzelnen wird im wesentlichen in seiner Funktion für die Gruppe gesehen; auch die Personcharakteristika werden im Lichte des Gruppengeschehens diskutiert. Als Kriterium gilt zwar auch so etwas wie die Zufriedenheit des einzelnen (in der Gruppe) aber auffällig häufig doch auch die Leistung, das quantifizierbare Ergebnis. Dabei geraten leicht individuelle Gesichtspunkte des einzelnen jenseits seiner Gruppenzugehörigkeit aus dem Gesichtskreis. So wichtig es sicher ist, wenn jeder von uns auch die Geborgenheit einer kohärenten Primärgruppe erlebt, so gefährlich ist es, ausschließlich und ganz darin aufzugehen und sich möglicherweise darin verstecken zu können. Nähe und Geborgenheit bedeutet vielfach auch das Aufgeben von eigener Identität (Witte, 1989, 446). Auch tendieren kohärente Gruppen dazu, beispielsweise den Schwachen, Scho-

nungsbedürftigen mitzutragen. Das mag im einzelnen Fall etwas Positives sein, aber es kann sich auch auf den Schwachen selbst auf die Dauer verheerend auswirken, wenn wir ihm auf Dauer diejenigen Konfrontationen ersparen, die für seine Ichentwicklung unerläßlich sind (Bahrdt, 1980). Beispiele erleben wir in der Hochschule in manchen Verfahrensweisen der Kleingruppenarbeit, Beispiele sind auch überbesorgte und überbehütende mächtige Eltern, die in der hochkohärenten Familiengruppe den Nachwuchs von jeder Eigenständigkeit fernhalten und so zur Lebensuntüchtigkeit erziehen.

Dies ist freilich keine *notwendige* Folge hoher Kohärenz. Auch die kohärente Gruppe kann Verantwortung delegieren und den Schwachen, Gehemmten, Verängstigten, Unselbständigen systematisch helfen. Auch dafür finden wir in der Hochschule häufig Beispiele, daß Gruppenarbeit zu einer positiven Entwicklung *aller* Beteiligten führen kann. Aber: Schwierigkeiten in der Gruppe, Terminnot, Druck von außen führen leicht dazu, daß wenige starke den Laden schmeißen, und leider zu oft immer die gleichen. Das sind Prozesse, die sich nur bei der Analyse von Gruppen über längere Zeit hinweg zeigen können, und auch nur dann, wenn es sich um selbstorganisierte Gruppen ohne vorgegebene Leitung handelt. Berichte dieser Art sind in der Literatur selten: das kurz dauernde Experiment mit rasch auf dem Flur zusammengetrommelten Studenten ist weitgehend die Regel. Vor allem sind systematische Berichte von führerlosen Gruppen selten, was in der Natur der Sache liegt (vgl. aber Kapitel 8).

Auf andere Schattenseiten zu hoher Gruppenkohärenz kommen wir im 7. Kapitel zu sprechen: Entscheidungsprozesse können gleichermaßen durch zu hohe und zu niedrige Gruppenkohärenz ruiniert werden.

7. Kohärenz und Offenheit. Übersteigerte Ansprüche an Handeln und Verhalten in Gruppen betreffen vor allem auch das Maß zweckmäßiger Offenheit und Aufrichtigkeit in der Interaktion der Gruppenmitglieder untereinander. Es ist sicher richtig, daß insgesamt etwas mehr Offenheit und Aufrichtigkeit in vielen Bereichen unserer Gesellschaft nützlich wäre. Vor allem unsere Höflichkeitsregeln sind gelegentlich doch etwas dysfunktional: Wenn Gast und Gastgeber bis weit über Mitternacht über Themen Konversation halten, von denen sie wechselseitig irrtümlich vermuten, der andere sei am Thema und am Zusammensein interessiert, dann wäre etwas mehr Aufrichtigkeit sicher von Nutzen. Auch in der Eheberatung ist eine etwas offenere Interessendarstellung und Verbalisierung der emotionalen Zuständlichkeiten oft ein ganz zentraler Ratschlag.

Entgegen einer weitverbreiteten Laienvorstellung ist allerdings das Maximum von Offenheit nicht das Optimum. Wenn das Normsystem einer Gruppe in Richtung auf Verpflichtung zu einer rückhaltlosen Offenheit ausartet, so ist zumindest für die Gruppe und deren Kohärenz

Vorsicht am Platze. Die Schwierigkeiten liegen hier einmal beim *Sender* offener Informationen. Er soll gegen seine bisherige Lerngeschichte handeln und Dinge thematisieren, die er bislang auch vor sich selbst und noch mehr vor anderen verborgen gehalten hat. Das ist oft mehr, als wir Menschen leisten können. Schwierigkeiten liegen aber auch beim *Empfänger*, der beliebige Informationen zu jedem Zeitpunkt aufnehmen und geistig verarbeiten können soll.

Doch ist dies nur die Spitze eines Eisbergs: Man müßte das Thema grundsätzlicher in den Kategorien von Selbst, Selbsterkenntnis und Selbstbeurteilung diskutieren samt den schiefen und oft verlogenen Denkmodellen von Intimbereich, Persönlichkeitsschutz, Vertraulichkeit und Geheimhaltung. Es gibt hier eine Vielzahl von Einzelexperimenten und theoretischen Strukturierungen. Einen guten Überblick bietet Schweiker (1983). Ich will mich in diesem Zusammenhang auf einen einzigen pragmatisch nützlichen Lösungsvorschlag beschränken, der von Rogers (1942) in die Therapie und insbesondere in die Diskussion des Therapeutenverhaltens in der Gesprächspsychotherapie eingebracht worden ist: Danach wird zwischen *Echtheit* und *Offenheit* unterschieden, und nur Echtheit ist das Ziel. Echtheit im Verhalten in der Gruppe meint nicht, daß man immer alles sagen soll, was man so denkt, und meint schon gar nicht, daß man ständig sein gesamtes Selbst aufdecken und den anderen Leuten vorführen soll. Echtheit im Verhalten meint nur, daß alles das, was man sagt, wie man sich verhält, reale Aspekte der Person sein sollen: Bei Offenheit ist dagegen die Darlegung des gesamten eigenen Phänomenbestandes letztes Ziel. Bei Echtheit nur, daß die Aussagen, die man macht, subjektiv (vom Sender) als aufrichtig erlebt werden. Es erschiene mir nützlich, etwas von dem, was hier als Therapeutenverhalten empfohlen wird, in unseren Gruppenalltag zu tragen.

8. Auch Rollenhandeln ist legitim. Wenn wir an die vielfältige Gruppenzugehörigkeit des einzelnen in unserer Gesellschaft denken, dann sind die Ergebnisse und Ratschläge der Kleingruppenforschung vielfach zu aufwendig und zu anspruchsvoll. Zweifellos ist es wünschenswert, daß jeder von uns auch einer Primärgruppe angehört, in der er sich geborgen fühlen und notfalls auch von seiner schweren Jugend erzählen oder über die verständnislose Ehefrau jammern kann. Aber für die Vielzahl der beiläufigen Gruppenzugehörigkeiten ist das eine unzweckmäßige Zielvorstellung. Hier wäre es sinnvoller, pragmatischer, einfacher und anspruchsloser, organisatorische Hilfen vorzugeben: in Vermeidung unnötiger Mißverständnisse die klare Information, die Vorgabe von Regeln. Einiges davon findet sich in den nächsten Kapiteln, auch bei Thelen (1954) gibt es Zusammenstellungen, die noch keineswegs veraltet sind. Als formales Denkmodell erscheint mir hier das Rollenhandeln zweckmäßig. Ich handele nach verabredeten Regeln in einer Rolle, und jeder weiß, daß dies eine Rolle ist. Die Rolle des Diskussionsleiters, die

Rolle des Verteidigers einer Position als Vertreter einer Gruppe, für die ich zu sprechen habe, die Rolle des kooperativen Gruppenmitgliedes, das an einer sachgerechten Erledigung der Probleme interessiert ist. Zweifellos wird ein solcher Vorschlag nicht jedem gefallen: dem Handeln in Rollen, so unvermeidlich es wohl ist, haftet oft der Geruch des Uneigentlichen, Unechten, ja Unaufrichtigen an: „Spiele hier keine Rolle, sei ganz du selbst." Allerdings hat die rollentheoretische Diskussion die Schwierigkeiten aufgedeckt und bewußt gemacht, daß das Denkmodell des eigentlichen Selbst hinter den Rollenmasken problematisch ist (vgl. Sader, 1969). Welche meiner Rollen soll ich dadurch hervorheben, daß ich sie mein eigentliches Selbst nenne?

4. Kapitel:
Gruppe und Gruppenprozeß

Zwei Prämissen

Wenn man sich mit psychischen Prozessen im Gruppengeschehen befassen will, so ist es sinnvoll, zunächst einmal zwei Prämissen zu akzeptieren:

1. *Beschränkung auf gruppenspezifische Prozesse.* Wenn wir den Begriff der Gruppenprozesse weit fassen — alles, was in Gruppen geschieht, sind Gruppenprozesse — dann stehen wir unversehens großen Teilen der Psychologie gegenüber: Handeln, Ereignissen, Verhalten, welches *auch* in Gruppen geschieht.

— Gruppenmitglieder rufen sich Ereignisse der gestrigen Sitzung ins Gedächtnis; die wesentlichen und zum Teil eklatanten Unterschiede zwischen Ereignis und Reproduktion sind Gegenstand einer Gedächtnispsychologie.
— Gruppenmitglieder kommen aus den unterschiedlichen Familienstrukturen, und das mag ihren Verhaltensstil prägen. Die Rolle von Familienstrukturen für späteres Verhalten ist in der üblichen Aufteilung eher ein Thema der Entwicklungspsychologie.
— Ein Gruppenmitglied erklärt einen komplizierten Sachverhalt, mißachtet dabei alle Gesetzlichkeiten einer Didaktik. Er oder sie kann sich nicht verständlich machen. Das Thema gehört in die Lernpsychologie oder in die Pädagogische Psychologie.

Man kann sich kaum Sachverhalte der Psychologie vorstellen, die nicht auch wesentlich auf Gruppenprozesse einwirken. Nun kann man die Teilbereiche der Psychologie nicht säuberlich Schubladen zuordnen; aber es ist sicherlich nicht sinnvoll, gewissermaßen die ganze Psychologie noch einmal unter dem Gesichtspunkt des Gruppengeschehens abzuhandeln: Wir sollten den Schwerpunkt auf gruppen*spezifische* Prozesse legen.

2. *Keine Theorie der Gruppenprozesse.* Daraus ergibt sich auch, daß wir keine große Gesamttheorie der Gruppenprozesse erwarten dürfen,

nicht jetzt und wohl auch nicht später. Wie wir in Kapitel 2 gesehen haben, können wir unter Gruppen sehr unterschiedliche Dinge sehen, vom Bundeskabinett über eine Schulklasse bis zu zeitweiligen oder kurzzeitigen Zusammenstellungen von Personen. Gemeinsame Theorien für Prozesse in solchen nach Ziel, Selbstverständnis, Organisationsform unterschiedlichen „Gruppen" sind kaum zu erwarten. Prozesse in Gruppen folgen ganz sicher allgemeinen Gesetzmäßigkeiten, und wir können theoretisch fundierte und empirisch überprüfte (Wahrscheinlichkeits-) Aussagen darüber machen, ob sich etwa der wahre Sachverhalt einerseits und Erinnern oder Wiedererkennen von früheren Gruppenereignissen andererseits systematisch unterscheiden. Aber eine Gesamttheorie für Gruppenprozesse ist nicht zu erwarten.

In Prozessen denken

Die Welt um uns herum ist vielgestaltig und komplex; wir Menschen sind von unserem Wahrnehmungs- und Denkvermögen so ausgestattet, daß wir nur einen Bruchteil der Informationen aufnehmen. Einer der wesentlichen Vereinfachungsmechanismen besteht darin, daß wir bevorzugt in *Strukturen* und nicht in *Prozessen* denken: Wir denken in Momentaufnahmen, in Querschnitten durch Prozesse, und wir ignorieren weitgehend zeitliche Verläufe. Wir greifen Ereignisse (aus Prozessen) heraus und suchen Gründe dafür; wir greifen Ereignisse heraus und überlegen, welche Konsequenzen sie haben können. In der gestalttheoretischen Methodendiskussion war dies schon früh ein wesentlicher Gesichtspunkt; insbesondere Koffka hat immer wieder nachdrücklich darauf hingewiesen,

— . . . daß Ereignisse von vorangegangenen Ereignissen abhängen (1935, 428)
— . . . daß unsere erste Organisation von Daten die spätere beeinflußt (1935, 196)
— . . . daß wir zu leicht auf Dinge konzentriert sind, aber mit den Kategorien von Ordnung und Bedeutung beginnen sollten (1935, 308).

Besonders eindrucksvolle Belege für unsere Tendenz, statisch und nicht in Prozessen zu denken, finden sich bei Dörner et al. (1983). Er hat in Computersimulationen Versuchspersonen damit beauftragt, eine Stadt zu regieren. Dabei ließ sich u.a. deutlich zeigen, daß die Versuchsteilnehmer häufig den Fehler machten, auf augenblickliche Einzelereignisse zu reagieren und dabei längerfristige Prozesse nicht angemessen kognitiv zu repräsentieren.

Selbst unsere Zukunftsprojektionen haben zumeist statischen Charakter und sind eher am Endziel als am Weg dorthin orientiert. So gibt es etwa bei den großen Gesellschaftsutopien keine einzige, die an Prozessen orientiert ist: Utopien sind konfliktfreie Endstadien, in denen nichts mehr sich verändert und auch keine Veränderung notwendig ist, vielmehr alles endgültig und richtig geregelt ist.

In der Sozialpsychologie ist auf die Notwendigkeit, in Prozessen und nicht in Strukturen zu denken, häufig und nachdrücklich hingewiesen worden; in der letzten Zeit vor allem von Cartwright (1979), McGuire (1983), Doise (1986), Lück (1989).

In der sozialpsychologischen Forschung dagegen, wie sich in Lehrbüchern, Monographien und Zeitschriftenarbeiten zeigt, werden Prozesse von auch nur etwas ausgedehnterer zeitlicher Erstreckung ausgesprochen selten berücksichtigt. Die herkömmliche Experimentierpraxis betrifft fast ausschließlich ahistorische kurzzeitige Experimente. Längere Prozesse kommen kaum je vor. Was sind die Konsequenzen? Ich greife vier Aspekte heraus:

1. Das isolierte Geschehen ohne zeitlichen Kontext kann u.U. unverständlich und unerklärbar bleiben. In Gruppen reagieren Mitglieder nicht nur auf unmittelbar vorangegangene Ereignisse, sondern auch auf weiter zurückliegende Sachverhalte. Wenn diese aber durch die Vorgehensweise ausgeblendet sind, so führt das zu Fehlern in der Erforschung von Zusammenhängen. Solche verzögerten Reaktionen können in manchen Gruppen und unter manchen Bedingungen eher die Regel als die Ausnahme sein. Die Entwicklung und Störung von Vertrauensbeziehungen ist dafür ein gut nachvollziehbares Beispiel.

2. Bei längeren Ketten von Reaktionen und Gegenreaktionen kann es zu Aufschaukelungsprozessen kommen, die gewaltige und zum ursprünglichen Anlaß disproportionale Ausmaße annehmen können. Die isolierte Betrachtung von späten Phasen kann hier ebenfalls zu völlig falschen Schlußfolgerungen führen. Gutes Demonstrationsbeispiel etwa die Gefängnisexperimente von Zimbardo (Haney, Banks & Zimbardo, 1973; vgl. auch Sader, 1980, 164 ff.).

3. In ähnlicher Weise wirkt die „Schritt-für-Schritt-Technik", bei der vom Versuchsleiter langsame Steigerungen der Bedingungen gesetzt werden und bei den Teilnehmern sehr komplizierte Entscheidungsprozesse dazu führen, zu lange mitzumachen, weil durch die früheren Schritte bereits Bedingungen gesetzt wurden, die bei späteren Stadien ein Aufhören erschweren. Miller (1986) hat diesen Sachverhalt am Beispiel der Milgram-Experimente überzeugend verdeutlichen können: die Bereitschaft, den Anweisungen des Versuchsleiters zu entsprechen und höhere Intensitäten von Elektroschocks auszuteilen, kann nicht isoliert von der Vorgeschichte des Einverständnisses in früheren Ver-

suchsphasen gesehen werden. Ich denke, daß viele Scheußlichkeiten und Grausamkeiten in Kriegen, die isoliert gesehen völlig unverständlich und nicht nachvollziehbar sind, nur unter Berücksichtigung der Vorgeschichte (etwas) verständlicher gemacht werden können. Das läßt sich auch an der Aufarbeitung der Handlungsweise von Terroristengruppen gut verdeutlichen (Baeyer-Katte et al., 1982). Das gilt aber nicht nur für das Verhalten der Terroristen selbst, sondern auch für die Gegenspieler dieses Prozesses, etwa die Politiker. Auch hier ist deutlich, daß die vorangegangene Eskalation verantwortliche Politiker zu Stellungnahmen führt, die, isoliert gesehen, völlig unangemessen sind:

Bereits auf die Ankündigung einer Demonstration hin bezeichnet ein Sprecher des CDU-Landesvorstandes diese (Wahrnehmung eines legitimen Grundrechts) als „Herausforderung der Bürger dieser Stadt" und erklärt, daß durch „derartige unüberlegte Krawalle die Langmut der Berliner Bevölkerung über Gebühr strapaziert" werde (Baeyer-Katte et al., 1982, 60).

4. Und schließlich wird bei einer solchen prozessualen Betrachtungsweise auch die Etikettierung von Ereignissen als „Ursache" und „Wirkung" oft fragwürdig und vielfach willkürlich. So etwa bei Schneider-Düker (1989, 3 f.):

Menschliches Sozialverhalten ist in einem feed-back-Netzwerk eingebettet, in dem der Effekt die Ursache beeinflußt, in dem die Person die Umwelt ansteckt und von ihr angesteckt wird, wo abhängige und unabhängige Variablen willkürlich und austauschbar sind.

Angesichts dieser Komplikationen ist es zwar bedauerlich aber auch naheliegend, daß es wenig Forschungsergebnisse über längere zeitliche Erstreckungen bei realen Gruppen gibt. Dies wird zwar immer wieder bedauert (etwa Backman, 1979, 299; Graumann, 1988), ist aber kaum grundsätzlich zu ändern. Immerhin: einige Vorschläge folgen im übernächsten Abschnitt.

Gruppenprozesse: Komplex, vernetzt, dynamisch und nicht transparent

Soweit Prozesse in Gruppen zum Thema gemacht werden, wird oft darauf hingewiesen, daß Prozesse in realen Gruppen über die Zeit hinweg beobachtet oder mit Instrumenten erfaßt, sehr komplex sind.

Der Begriff der Komplexität wird dabei meist als unscharfe Sammelbezeichnung für Undurchdringbarkeit, zu große Vielfalt, Nichtvorhandensein von augenscheinlichen Ordnungsprinzipien benutzt.

Nach einer Einteilung von Shaw (1977, 364 f.) kann man die zahllosen, im Gruppenprozeß möglicherweise wirksamen Variablen in fünf breite Klassen einordnen, nämlich

- unmittelbare Umgebung
- Mitgliedercharakteristika
- Gruppenzusammensetzung
- Gruppenstruktur
- Aufgabe.

Solche Einteilungen geben ein grobes Raster, welches manchmal nützlich sein kann. Jeder dieser Einteilungsgesichtspunkte kann seinerseits wieder eine Fülle von Einzelvariablen enthalten. Eine solche Aufzählung suggeriert aber gleichzeitig, daß die objektiv-physikalischen Gegebenheiten das Entscheidende sind. Faktisch wirkt aber z.B. nicht die objektiv vorhandene Umgebung, sondern deren erlebnismäßiges Korrelat auf den Versuchsteilnehmer ein, und das kann ein beträchtlicher Unterschied sein. Objektiv Vorhandenes muß nicht notwendig phänomenal repräsentiert sein, objektiv nicht Vorhandenes kann phänomenal repräsentiert sein. Auch können diese Verhältnisse von Versuchsteilnehmer zu Versuchsteilnehmer höchst unterschiedlich sein. Entsprechendes gilt für Mitgliedercharakteristika, Gruppenzusammensetzung, -struktur und -aufgabe. Asch (1952, zit. nach 1987, 45 ff.) hat nachdrücklich auf diese Unterscheidung hingewiesen und darauf aufmerksam gemacht, daß wir uns, wo immer möglich, über die phänomenalen Gegebenheiten informieren sollten.

Dörner (1976, 1979^2) hat im Rahmen einer allgemeineren Darstellung des Problemlösens als Informationsverarbeitung vorgeschlagen, nicht bei dem unspezifischen Begriff der Komplexität stehenzubleiben, sondern daneben die Begiffe der Dynamik, der Vernetztheit und der mangelnden Transparenz zu verwenden.

Dynamik meint, daß das System und die einzelnen Teile nicht statisch gesehen werden dürfen, sondern zusammen, allein, miteinander, gegeneinander in Bewegung sind, so daß etwa Genese und Weiterentwicklung ins Kalkül einbezogen werden müssen. Dörner weist außerdem in diesem Zusammenhang darauf hin, daß Dynamik häufig auch Handeln unter Zeitdruck heißen kann. Handeln ist meistens Handeln unter Zeitdruck (vgl. etwa Wahl, 1991).

Vernetztheit von Variablen heißt, daß sie wechselseitig voneinander abhängen, so daß es nicht möglich ist, sie isoliert zu erfassen und/oder zu beeinflussen.

Mangelnde Transparenz — ein ganz zentrales Stichwort für alle Gruppenprozesse — betrifft den Sachverhalt, daß die meisten real wirkenden Variablen in einer Gruppe in den meisten Fällen unthematisch, unbearbeitet und vielfach völlig unbekannt bleiben. Die „wirklichen" Ziele der

Beteiligten, die Einstellung zu den anderen Gruppenmitgliedern, ja die verfügbaren Ressourcen etwa an Fachkenntnissen und Erfahrungen sind fast überall viel zu wenig transparent; die optimale Transparenz ist aus einer Vielzahl von Gründen unter den meisten Bedingungen grundsätzlich nicht erreichbar.

Forschung bei zu hoher Komplexität. Vier Strategien

Erste Strategie: Komplexe Themen meiden

Dies ist ohne Zweifel die beliebteste Strategie, und sie läßt sich überzeugend dokumentieren. Die bei weitem meisten Arbeiten zum Gruppenverhalten betreffen kurzzeitige Experimente und finden in Dyaden statt. Nach Arbeiten, die längere Prozesse abbilden, muß man sehr suchen. Damit bleiben Untersuchungsthemen, bei denen es um Folgen von früheren Ereignissen auf spätere Ereignisse geht, stark unterrepräsentiert; Themen, die die Entwicklung von Vertrauen innerhalb einer Gruppe voraussetzen, kommen so gut wie gar nicht vor. Das Ineinandergreifen von Prozessen, die Gleichzeitigkeit von mehreren Denkebenen sind kein Thema.

Zweite Strategie: Sachverhalte herausgreifen und den Kontext ignorieren

Die meisten veröffentlichten Experimente folgen dieser Strategie. Das Experiment und seine Durchführung werden demonstrativ und deutlich vom Lebenskontext abgehoben: Es wird so eine Art Mini-Realität angeboten, die lediglich für die Dauer des Versuches gilt. Ausgeblendet wird der inhaltlich relevante eigene Lebenskontext, ausgeblendet wird auch der Experimentierkontext, also etwa die Vorstellungen, die der Versuchsteilnehmer von psychologischen Experimenten hat:

— Da geht es doch meist um ganz andere Themen als das, was uns der Versuchsleiter als Thema weismachen will.
— Das muß ich aus Gefälligkeit tun, da muß ich den Studienvorschriften gehorchen und die Experimente über mich ergehen lassen.

Um kein Mißverständnis aufkommen zu lassen: Es besteht überhaupt kein Zweifel daran, daß man auf diese Weise Fragestellungen sinnvoll untersuchen kann. Die Lehrbücher und Monographien sind voll von solchen Experimentalberichten, und vieles davon ist nützlich und hilfreich. Aber es gibt zwei gewichtige Einschränkungen:

116

a) Wirkungen von solchen Variablen, die methodisch ausgeblendet worden sind, können naheliegenderweise nicht mehr erfaßt werden. So weist etwa Heckhausen (1987, 100) darauf hin,

„... wie wichtig es ist, Sachverhalte wie Willensprozesse in einer angemessenen Bereichseinbettung zu studieren, d. h. in einem ökologischen Kontext, damit der Sachverhalt seine Natur nicht zu sehr verändern muß."

In ähnlicher Weise betont Graumann etwa den Zusammenhang von Handlung und Selbstkonzept (1987, 60).

b) Wenn aber gar das komplexe Zusammenspiel von Variablen das eigentliche Thema ist, dann wird mit der Strategie der Reduktion auf einen einfachen Fall das Thema verfehlt. Wenn es darum geht,

„... das immer noch so dunkle Wirkungsgeflecht der ganz alltäglichen Handlungsführung zu untersuchen ... das unablässige Fortspinnen von vielerlei Handlungsfäden ... das Aufnehmen und Fallenlassen einer Handlung..." (Heckhausen, 1987, 121),

dann beeinträchtigt die Forschungsstrategie des Herausgreifens von Teilsachverhalten den Forschungsgegenstand und die Ergebnisse.

Dritte Strategie: Herausgreifen und Kontext thematisieren

Zweifellos ist es oft schwierig und vielfach gar nicht möglich, komplexes, vernetztes, dynamisches und weitgehend intransparentes Geschehen in Gruppen unter völliger Belassung der Gesamtsituation zu untersuchen. Man kann

— die faktisch wirkenden oder vermutlich als relevant anzusehenden Variablen benennen und näher charakterisieren: die Vertrautheit oder Nichtvertrautheit der Teilnehmer mit dem Raum, die psychische Einbettung des Geschehens, die Beziehung zwischen Versuchsleiter/Beobachter und Teilnehmer, die Vertrautheit der Teilnehmer untereinander, relevante Daten einschlägiger Vorgeschichte usw.
— den gleichen Sachverhalt unter verschiedenen Gesichtspunkten mit unterschiedlich instruierten Beobachtern in expliziter Mehr-Ebenen-Analyse (von Saldern, 1986) untersuchen.

Diese Berücksichtigung des ganzen Feldes ist eine alte Forderung der Gestalttheorie, die sich damit schon früh den elementaristischen Annahmen entgegenstellte, vgl. vor allem Koffka (1935, 196 ff., 428 ff.), Metzger (1954), in neuerer Zeit hat Henle (1983) diese Diskussion belebt und ins Gedächtnis zurückgerufen. Andererseits muß man allerdings auch E. E. Jones (1985) recht geben, der in einem Überblick über den gegenwärtigen Stand der Sozialpsychologie darauf hinweist, daß die Gestaltpsychologen selbst diese methodische Forderung nach Einbeziehung des Gesamtfeldes in der eigenen Foschung nicht gerade hoch priorisiert haben.

Vierte Strategie: Komplexität stehen lassen

Wir sind unter pragmatischen Gesichtspunkten im allgemeinen darauf eingestellt, komplexe Sachverhalte durch Abstraktion, durch Weglassen, durch Fokussierung zu vereinfachen. Unser Wahrnehmungsapparat ist so angelegt, unser Gedächtnis für diese Strategie eingerichtet, unser Denkvermögen für diese Art von Prozessen organisiert. Das ist notwendig und sinnvoll. Bei dieser Sachlage ist es dann auch naheliegend, daß wir Gruppenprozesse vereinfachend wahrnehmen, in der Erinnerung vereinfachen und vereinfacht darüber reflektieren. Das ist einsichtig, und man kann es gut empirisch belegen, daß das so geschieht (vgl. etwa Kebeck, 1982).

Gleichwohl kann es auch eine sinnvolle Strategie sein, nicht voreilig zu vereinfachen, „auf das Wesentliche zu reduzieren", sondern sich explizit, geduldig und mit langem Atem dem komplexen Sachverhalt zu stellen. Die hohe Komplexität ist dann nicht ein ärgerliches Hindernis zur Erfassung des Wesentlichen, sondern sie ist unser eigentliches Thema.

Man kann das vielleicht am leichtesten an Beispielen aus der neueren schöngeistigen Literatur deutlich machen. Während es noch beispielsweise Theodor Fontane darauf ankam, in sparsamer Zeichnung das Wesentliche deutlich zu machen, gibt es im Übergang vom 19. zum 20. Jahrhundert einen Wechsel vom chronistischen Erzählen großer Zeiträume zur minuziösen Schilderung unmittelbaren Erlebens im je gegenwärtigen Moment. Hier wäre etwa an Franz Kafka zu erinnern (Der Prozeß), an Uwe Johnson (Mutmaßungen über Jakob), Martin Walser (Seelenarbeit).

Auch in der Psychologie hat es Versuche gegeben, sich hoher Komplexität zu stellen. So hat etwa Mann (1959) sorgfältig ausgezählt, wieviel unterschiedliche Persönlichkeitsvariablen zur Untersuchung von Gruppenverhalten herangezogen worden sind (er kam auf über 500) James & Jones (1974) haben sowohl graphisch als auch tabellarisch alle relevanten Variablenkomplexe im Organisationsgeschehen aufgelistet (vgl. Weinert 1987, 162, 165).

Vielleicht sollten wir öfter den Mut haben, uns der hohen Komplexität zunächst einmal deskriptiv zu nähern: Dabei sollten wir mit dem größtmöglichen Betrachtungsabstand beginnen, in der Sprache der Gestalttheorie „von oben nach unten" vorgehen (Koffka, 1935, 546; Groeben, 1986; Groeben, Wahl, Schlee & Scheele, 1988; Scheele & Groeben, 1988). Bei einer solchen Verfahrensweise kann übrigens der Fall auftreten, auf den Strack (1988) unter Bezugnahme auf Hamilton & Gifford (1976) aufmerksam macht: daß nämlich zwar über alle Beteiligten hinweg möglicherweise eine Vielzahl von Variablen wirken, daß aber auf den einzelnen gesehen „die Häufigkeit des gleichzeitigen Auftretens mehrerer distinkter Merkmale systematisch überschätzt wird" (Strack, 1988, 76). Ähnlich vermutet Groeben (1986, 217):

118

„Die Kompliziertheit mancher psychologischer Erklärungen ist ein Artefakt von Restbeständen objektivistischer Außensicht".

Drei Einzelprobleme beim Umgang mit hoher Komplexität

Was ist und wie berücksichtigt man Kontext?

Es ist bei der Erforschung von Gruppenprozessen — wie auch in anderen Bereichen der experimentellen Psychologie — völlig unbestritten, daß es neben den explizit gesetzten Bedingungen weitere Variablen geben kann, die auf das Geschehen und die Ergebnisse von Experimenten einwirken können. Und die hohe Komplexität des Geschehens in Gruppen rührt denn auch wesentlich daher, daß zu viele Variablen Einfluß nehmen können.

Man kann sich diesem Problem mit dem Denkmodell des raumzeitlichen Kontextes, des Kräfte- oder Gesamtfeldes nähern: Versuche — und anderes Geschehen — finden nicht im luftleeren Raum statt, sondern es gibt eine räumliche, zeitliche und geistig/inhaltliche Einbettung in einen größeren Kontext. Die naheliegende methodische Konsequenz heißt dann, zunächst einmal sehr abstrakt gesagt, man müsse den Kontext, das Feld, die Feldkräfte berücksichtigen (vgl. insbesondere S. Asch, 1952; 1987). Wenn wir uns das etwas näher ansehen wollen, so ist es zweckmäßig, mit einigen Beispielen zu beginnen.

1. Im Rahmen einer einschlägigen Lehrveranstaltung wird ein Gruppenexperiment durchgeführt, und weil Experimentierräume knapp sind, findet das Experiment im Dienstzimmer eines Hochschullehrers statt, der diesen Raum während der Praktikumszeit üblicherweise zur Verfügung stellt und natürlich nicht anwesend ist. Es zeigt sich, daß sich die meisten Gruppenmitglieder schlecht konzentrieren können; in der Nachbefragung ist davon die Rede, daß die meisten in diesem Raum schon Prüfungen absolviert haben und daß sie die „ganze Atmosphäre" beeinträchtigt habe. Der Raum unterscheidet sich, wie das bei modernen Universitätshochhäusern so üblich ist, (objektiv-physikalisch) nicht von den benachbarten Mitarbeiterzimmern, die ohne Schwierigkeiten für den gleichen Zweck genutzt werden.

Daß solche Kräfte gewirkt haben, läßt sich in der anschließenden Nachbefragung zumeist aufklären, allerdings nicht immer: Es kann sein, daß einige Versuchsteilnehmer mit Selbstbeobachtung unvertraut und/

119

oder erkenntnistheoretisch nur auf „objektiv-physikalische" Wirkungen eingestellt, hier keine brauchbaren Informationen geben können.

2. Einige Studierende beteiligen sich als Versuchsteilnehmer an einem Gruppenexperiment. Der Versuchsleiter hat, wie sie wissen, die letzten Jahre über Intergruppenphänomene gearbeitet, publiziert und in einigen Lehrveranstaltungen referiert. Bei der Nachbefragung nach dem Versuch stellt sich heraus, daß die Teilnehmer dem Versuchsleiter Instruktion und Einbettung in eine Fragestellung schlichtweg nicht geglaubt haben, sondern eine andere Fragestellung (angelehnt etwa an Tajfel, 1982) als selbstverständlich unterstellt haben. Wir könnten hier von Vorerwartungen oder von einem ideengeschichtlichen Kontext sprechen. Auch hier sind explizite Nachbefragungen sehr sinnvoll. Insgesamt dürfte der Vorgang der Unterstellung einer anderen Fragestellung im Experimentierbetrieb nicht selten sein.

3. Eine Studentin führt im Rahmen ihrer Examensarbeit eine Befragung von studentischen Teilnehmern einer Therapie-Ausbildungsgruppe durch. Es geht um Bericht, Beurteilung und Bewertung von Körperkontakt zwischen Ausbildungstherapeut und Teilnehmern. Die Interviewerin, die selbst als Co-Leiterin an dieser Gruppe während der ganzen Zeit beteiligt war (61 Sitzungen zu je drei Stunden), ist überrascht über das ungewohnt hohe Ausmaß an Aufrichtigkeit, dem sie bei ihrer Befragung begegnet.

In allen drei Fällen handelt es sich darum, daß Kräfte auf das Versuchsgeschehen einwirken, die „eigentlich", von der Intention des Versuchsleiters her, außerhalb des geplanten und organisierten Versuchsdesigns liegen. Sie wirken in das Geschehen hinein, beeinflussen die Ergebnisse und bleiben, wenn es z.B. nur eine eilige Nachbefragung gibt, vielfach verborgen. Solche Kontextwirkungen können unterschiedliches Ausmaß und unterschiedliche Richtungen haben: Sie können den eigentlichen Versuchszweck empfindlich stören oder die Ergebnisse zunichte machen, sie können als Störvariable wirken und die Streuung erhöhen, sie können das Vertrauen der Versuchsteilnehmer in den Versuchsleiter positiv oder negativ beeinflussen, im letzten der drei Beispiele die Ergebnisse phänomennäher und damit brauchbarer machen.

Dieser Sachverhalt ist in der herkömmlichen Experimentierpraxis keineswegs übersehen worden: Die konventionelle Lösung lag und liegt jedoch in dem Bemühen, solche Variablen auszuschalten oder zumindest ihre Auswirkungen zu verringern. Die Zufallsauswahl von (Psychologie-) Studenten bei Versuchen, die Herauslösung von Versuchsgeschehen aus dem Alltagskontext und die sorgfältige Kontrolle der Gleichartigkeit der Versuchsbedingungen sollen Kontext- oder Feldkräfte ausschließen. Die nachdrückliche und gründliche Auseinandersetzung mit diesem Problembereich hat jedoch erst dann beginnen können, als die

„subjektive Wende" der Psychologie, das Ernstnehmen der Phänomene selbst, einsetzte.

E. E. Jones sieht dieses „Aufkommen des Subjektivismus in den 30er und 40er Jahren" (1985, 83); die geistige Vorarbeit dieser inhaltlichen und methodischen Auseinandersetzung liegt jedoch schon etwas früher und wurde im wesentlichen von der Gestalttheorie getragen und maßgeblich geformt, in erster Linie von Max Wertheimer, Wolfgang Köhler und Kurt Koffka; die gründlichsten Darstellungen sind vor allem Koffka (1935) und Metzger (1975). In der Sozialpsychologie ist hier sicher in erster Linie Kurt Lewin zu nennen, der vor allem durch die in der Zeitschrift „Psychologische Forschung" veröffentlichten 19 Untersuchungen zur Handlungs- und Affektpsychologie nachdrücklich zur Thematisierung von Phänomenen beigetragen hat. Er spricht hier von Feldkräften, betont die Bedeutung des jeweiligen Gesamtfeldes und hat auch der theoretischen und methodischen Durchdringung dieses Sachverhalts viel Aufmerksamkeit geschenkt. Während Lewin selbst nie eine Gesamtdarstellung seiner Feldtheorie angeboten hat, haben einige seiner Schüler umfassende und übersichtliche Darstellungen vorgelegt, so vor allem Cartwright (1959) und Deutsch & Krauss (1965).

Die praktische Behandlung des Problems von Feldkräften ist einstweilen noch sehr uneinheitlich und reicht von der völligen Ignorierung alles dessen, was nicht als Fragebogenantwort vom Experimentator vorgesehen ist, bis zur irrealen Anforderung, man „müsse immer das Gesamtfeld sehen". Die praktische Schwierigkeit in der Erfüllung dieser Anforderung liegt allerdings zunächst einmal schon darin, daß die Gesamtfeldbedingungen nur in den Phänomenen der Beteiligten repräsentiert sind, vielfach aber selbst diesen nicht bewußt sind und dementsprechend nicht einfach erfragt werden können. Wenn bei einer Gruppe von zwölf Teilnehmern die erlebten Gesamtfelder interindividuell unterschiedlich oft auch intraindividuell keineswegs über den gesamten Versuchsverlauf hinweg stabil sind, dann stößt eine systematische Einbeziehung rasch an Grenzen.

Aber: Unter den meisten Bedingungen ist es nicht nur — gewissermaßen aus technischen Gründen — ausgeschlossen, das Gesamtfeld wirklich zu erfassen: Es ist auch nicht sinnvoll mit diesem Denkmodell zu arbeiten. Denn es ist keineswegs so, wie eine oberflächlich-eilige Rezeption vermeintlich eiliger gestalttheoretischer Gedanken uns glauben machen will, daß „im Seelischen immer alles mit allem zusammenhängt". Im Gegenteil: Das wesentliche Thema der gestalttheoretischen Forschung sind die Gesetze der Strukturierung, der Gliederung, der Schaffung und Ausgliederung von Teilen. Koffka geht hier so weit zu sagen, daß das Gerede von der Gesamtsituation das Problem eigentlich nur verdunkele. Wie jede Alltagsbeobachtung lehrt, gibt es in der Regel nicht einen durchgängigen Handlungs- und Verhaltensstrom, sondern ineinander verschachtelte, aber gleichwohl inhaltlich völlig unabhängige Untersysteme. So schon Lewin in seinen ersten grundlegenden Arbeiten:

„Gäbe es nicht diese bisweilen erstaunlich weitgehende Abschließung verschiedener psychischer Komplexe gegeneinander, sondern wäre eine dauernde reale Einheit der Seele vorhanden, derart, daß man alle momentan vorhandenen seelischen Spannungen als Spannung in einem gleichmäßig einheitlichen geschlossenen System zu betrachten hätte, so wäre u.a. keine geordnete Handlung möglich". (1926, 321)

Es ist daher sicher nützlich, bei der Planung, Durchführung und Auswertung von Experimenten Kontextbedingungen entweder zu reduzieren oder zu erfassen. Es ist sicher nützlich, in Nachbefragungen neben dem „manipulation check" auch nach unbeabsichtigten anderen Feldkräften zu fragen. Aber der entscheidende Punkt ist, nicht unentwegt aber folgenlos die Ganzheitlichkeit allen Geschehens zu beteuern, sondern die faktisch wirksamen Gesetze der Strukturierung zum Thema zu machen.

Die Bedeutung von Strukturgesetzen

In der psychologischen Forschung ist es üblich und auch pragmatisch sinnvoll, *Einzel*themen herauszugreifen und diese vor allem unter *inhaltlichen* Gesichtspunkten zu bearbeiten. Diese Verfahrensweise ist auch in der Gruppenforschung weitgehend üblich: Die Redehäufigkeit, die Attraktivität oder die Vorgehensweise bei der gemeinsamen Lösung eines Problems sind Beispiele für inhaltliche Fragestellungen.

Eine von der Gestalttheorie immer wieder monierte Konsequenz dieser Verfahrensweise ist die Vernachlässigung des Kontextes. Davon war im vorigen Abschnitt die Rede. Eine andere naheliegende Konsequenz liegt darin, daß bei einer solchen Beschränkung auf konkrete inhaltliche Variablen übergreifende, strukturelle, unter Umständen sehr allgemeine Gesetzmäßigkeiten überhaupt nicht sichtbar werden und daher auch nicht zum Thema gemacht werden können. Der Laie geht hier oft typischerweise noch einen Schritt weiter und beschränkt sich unter den konkreten Variablen auf die Persönlichkeitseigenschaften der Beteiligten:

— Ereignisse werden der Tatkraft oder der Motivation einzelner zugeschrieben
— das Scheitern der Gruppe beim Finden eines Kompromisses, wie das Entscheidungsverhalten der Gruppenmitglieder wird auf Charaktereigenschaften der Beteiligten zurückgeführt
— die Leistung der Gruppe oder ihr Versagen wird an der fachlichen Qualifikation oder dem Führungsverhalten des Leiters festgemacht.

Erst wenn Teilnehmer oder Leiter die Erfahrung machen, daß bestimmte Dinge sich immer wieder in bestimmter Weise ereignen, obgleich die beteiligten Personen höchst unterschiedlich sein können, werden übergreifende strukturelle Gesetzlichkeiten sichtbar. Ich will versuchen, das an einigen Beispielen zu verdeutlichen. Dabei ist weder Vollständigkeit noch gar eine Systematik beabsichtigt; ich beschränke mich auf die kurze Charakteristik von sieben Einzelbeispielen, wobei ich vor allem bemüht bin, solche Fälle zu wählen, die nicht schon in anderen Teilen des Buches ausführlicher besprochen werden. Bei den meisten ist die Herkunft aus der Gestalttheorie deutlich, lediglich das letzte Beispiel stammt aus der Psychoanalyse, wo sich allein bei den Verdrängungsmechanismen leicht eine Reihe weiterer eindrucksvoller Beispiele aufzählen ließe.

Erstes Beipiel: Prägnanzprinzip oder „Tendenz zur guten Gestalt"

Das ist einer der ganz zentralen Begriffe der Gestalttheorie, und wenn in Lehrbüchern der Psychologie die Gestalttheorie vorkommt, so beschränken sich die Autoren vielfach auf diesen einen Sachverhalt. Wenn unsere Wahrnehmung von unseren objektiv-physikalischen Reizgegebenheiten abweicht, so in Richtung auf höhere Prägnanz, auf eine „gute Gestalt". Der Begriff wurde von Max Wertheimer 1914 (als Diskussionsbemerkung zu einem Vortrag von Benussi) erstmalig verwendet, er ist zentraler Leitbegriff in den grundlegenden Untersuchungen Wertheimers 1922. In der Folgezeit hat es vielfältige Weiterführungen gegeben; die beiden zentralen Arbeiten sind Rausch (1966) und Hüppe (1984), dort auch reichlich weiterführende Literatur. Ich gehe auf diese Vielfalt hier nicht ein, sondern beschränke mich auf das, was (leidlich einvernehmlich) als Prägnanztendenz, Prägnanzprinzip oder Tendenz zur guten Gestalt bezeichnet wird. In der Formulierung von Hüppe (1984, 15)

Unser Wahrnehmungssystem strebt danach, möglichst prägnant Gestalten entstehen zu lassen. In Abhängigkeit von den Reizverhältnissen nähern sich die Phänomene mehr oder weniger weit ihren Prägnanzformen an.

Dieser Sachverhalt ist, wie das in der Wahrnehmungsforschung weitgehend üblich ist, vor allem im kurzzeitigen Experiment untersucht worden: Es wird eine Reizvorlage angeboten, etwa eine geometrisch optische Figur, und die Versuchsteilnehmer beschreiben ihre Wahrnehmung. Der Effekt ist besonders deutlich und eindrucksvoll unter ungünstigen Wahrnehmungsbedingungen, etwa kurzzeitiger oder peripherer Darbietung oder extremer Verkleinerung der Vorlage. Bei der Übertragung auf die Wahrnehmung von Gruppenprozessen durch die Beteiligten (u.U. auch bei Beobachtern) ist vor allem zu beachten, daß es hier nicht um Momentaufnahmen geht, sondern um längerfristiges Geschehen: Ein Teilnehmer nimmt einen Aspekt der Gruppensituation wahr, er handelt entsprechend seiner Wahrnehmung, sein Handeln wird von anderen wahrgenommen, diese handeln entsprechend. Was im Wahrnehmungsexperiment u.U. kleine und gerade eben meßbare Abweichungen von Vorlage und Wahrnehmung ist, kann sich hier bei längerem Gruppengeschehen zu beträchtlichen Effekten aufschaukeln.

Das eindrucksvollste Beispiel ist für mich immer wieder das Verhalten von Gruppenmitgliedern in neu zusammengestellten Gruppen, vor allem dann, wenn alle Teilnehmer einander unbekannt sind. Die Situation wird als unklar und ordnungsbedürftig erlebt, und schon die kleinsten Hinweisreize werden zur Strukturierung benutzt; diese Anfangsstrukturierungen prägen das weitere Verhalten und verfestigen das Bild, das sich die Teilnehmer von Gruppenstruktur, Gruppenaufgabe, Leiterverhalten, Umgangsmodalitäten machen. Da aber die Beteiligten höchst unterschiedliche Hinweisreize aufnehmen und verarbeiten, kann es oft zu grotesken Unterschieden in Wahrnehmung und Beurteilung von Handeln und Verhalten kommen.

Diese Prägnanztendenz ist ein allgemeiner und notwendigerweise auftretender Prozeß: Niemand nimmt all die vielfältigen Signale auf, die die einzelnen durch Handeln und Verhalten aussenden, von daher gibt es keine Alternative zu dieser Vereinfachung. Die Wirkungen selbst jedoch sind zumeist nicht voraussagbar und können unterschiedliche Richtungen haben: Eine prägnantere Gestalt der Gruppenstruktur kann in gleicher Weise durch Betonung und Verstärkung der Unterschiede entstehen: Hervorhebungen werden größer und deutlicher; oder aber durch Ignorieren und Übersehen vorhandener Unterschiede: „Wir sind alle völlig gleich" ist auch eine gute Gestalt. In der Wahrnehmungs- und Gedächtnisforschung sind beide Richtungen gut dokumentiert, mein eigener Eindruck geht dahin, daß in Gruppen die Hervorhebung und Verstärkung von Ungleichheiten die Bedürfnisse der Beteiligten nach Strukturierung besser erfüllt als das, was in der Wahrnehmungs- und Gedächtnisforschung Nivellierung genannt wird.

Insgesamt kann man die vielfältigsten Prozesse der Bildung, Aufrechterhaltung, Wiederherstellung und Weiterentwicklung von erlebter Struktur und Ordnung unter diesem Denkansatz sehen.

Zweites Beispiel: Binnen- und Ausgliederung

Wenn auch die Strukturierung des *Gesamt*feldes meist Vorrang hat und die wesentliche Beachtung findet, so sollten wir andererseits die Binnengliederung nicht übersehen: In den meisten Gruppen kommt es rasch zur Bildung von Kleinstgruppen, vor allem Dyaden und Triaden. Es entwickeln sich Spannungsverhältnisse, und es kommt zur Selbstausgrenzung von Außenseitern, (seltener) auch zur Ausgrenzung einzelner durch die Gruppe. Bei solchen Vorgängen wird von den Beteiligten zunächst nur die personale Komponente erlebt: Ich gehe mit K. in der Mittagspause essen, weil ich K. nett finde. Das subjektive Bedürfnis zur kleineren, intimeren Untereinheit bleibt dabei oft unthematisch, ebenso Struktur und Strukturänderungen solcher Untereinheiten.

Binnen- und Ausgliederung im Gruppenprozeß betrifft aber nicht nur Personen, sondern auch Zeiten. Zeit läuft nicht einfach gleichmäßig ab, sondern zeigt ebenfalls Strukturen und Gliederung, Ausgrenzung besonderer Zeiten und Binnengliederungen.

Das fällt mir am deutlichsten dann auf, wenn die gleiche, vollständig versammelte Gruppe gemeinsam agiert „bevor es losgeht" und dann bei offiziellem Beginn der Sitzung ganz plötzlich ein völlig anderes Interaktionsverhalten einsetzt. Auch innerhalb von Arbeitsprozessen ist oft eine Binnengliederung mit unterschiedlichen Inhalten und unterschiedlichen Normen erkennbar. Solche Ausgrenzungen mit unterschiedlichen Normen und Rollensystemen sind wichtig und oft hilfreich. So berichtet etwa von Hentig über „Auszeiten" bei der Gremienarbeit, vom Leiter angeordnete oder von Teilnehmern beantragte Zeiten während einer Gremiumssitzung (etwa drei Minuten), in denen niemand sprechen durfte. Es wird berichtet, daß die Diskussion anschließend an diese Auszeit häufig an Niveau und Ordnung gewinnt. Die Teezeremonie in Tibet hat eine ähnliche Struktur: Wenn während intensiver inhaltlicher Verhandlungen einer Gruppe Tee gereicht wurde, dann war der Gesprächs- oder Verhandlungsgegenstand für die Dauer des Teetrinkens tabuisiert. Auch die Festsetzung einer Tagesordnung bei Verhandlungen (samt definierten Pausen) geht in diese Richtung.

In den Anfängen meiner akademischen Laufbahn war ich Mitglied einer Philosophischen Fakultät, bei deren Sitzungen der letzte Tagesordnungspunkt immer hieß: in welches Weinlokal gehen wir jetzt? Diese Zweiteilung der Tagesordnung in offizielle und inoffizielle Punkte war nicht nur anregend, sondern auch wissenschaftlich fruchtbar und menschlich hilfreich. Es sollte mehr Binnengliederungen mit unterschiedlichen Normensystemen geben.

Solche Binnengliederungen zeitlicher oder personaler Art müssen keineswegs immer harmonisch in den Gesamtrahmen passen; sie können durchaus ein Eigenleben gewinnen und über das Gesamtsystem hinausragen, gewissermaßen funktionelle Autonomie gewinnen (vgl. Allport, 1937, 192 ff.).

Drittes Beispiel: Umstrukturierung, Umzentrierung

Wenn ein Lehrer einer Schulklasse gegenübersteht, wenn ein Leiter einer Selbsterfahrungsgruppe mit der Gruppe arbeitet, wenn ein Gruppenmitglied den Ereignissen in der Gruppe aufmerksam zu folgen versucht, dann gehen wir zumeist von der impliziten stillschweigenden Voraussetzung aus, daß bei genügender Aufmerksamkeit im Prinzip das Gruppengeschehen wahrgenommen werden kann. Und wenn jemand nicht mit — sozusagen allgegenwärtiger freischwebender Aufmerksamkeit — alles Relevante registriert, dann sind wir mit personalen Zuschreibungen schnell bei der Hand: Mangelnde Aufmerksamkeit, nicht genügend an der Aufgabe und/oder der Gruppe interessiert, schlechtes Gedächtnis oder mangelnde Fähigkeit zur Einfühlung in andere sind dann die naheliegenden Zuschreibungen.

Doch zeigt uns die einfache Selbstbeobachtung, daß freischwebende allumfassende Aufmerksamkeit etwas eher Seltenes ist: unsere Aufmerksamkeit ist gerichtet, etwa

— auf ein inhaltliches Ziel
— auf einzelne Personen
— auf das Bedürfnis, uns selbst zu präsentieren
— auf die Vermeidung von Störungen.

Das gilt nicht nur für den Lehrer oder Leiter, sondern auch für alle Gruppenmitglieder. In der Gestalttheorie wird dieser Sachverhalt unter dem Begriff der Zentrierung oder der Zentrierungsverhältnisse abgehandelt: Die ausführlichste und gründlichste systematische Darstellung verdanken wir W. Metzger (1975), der diesem Sachverhalt ein ganzes Buchkapitel gewidmet hat. Für die Betrachtung von Gruppenprozessen sind dabei mehrere Dinge wichtig.

Zunächst: Für einen fruchtbaren gemeinsamen Gruppenprozeß ist es unerläßlich, daß die Zentrierungsverhältnisse bei allen Beteiligten leidlich übereinstimmen. Da gibt es verschiedene Möglichkeiten. Man kann durch kurze Stellungnahmen aller Beteiligten („Blitzlicht") sich einen Überblick über Zielsetzungen, Interessen, Motivationen verschaffen.

Das ist eine übliche aber zweischneidige Maßnahme. Die Zentrierungsverhältnisse der Beteiligten sind keine feste abfragbare Größe, die durch Befragung unverändert bleibt. Im Gegenteil: alle Aussagen beeinflussen den Sachverhalt. Wer sich anhören muß, daß drei Mitglieder vor ihm zu Protokoll geben, daß sie kein Interesse an der gemeinsamen Arbeit mehr haben, wird dadurch selbst in Motivation und Zielsetzung und zwar zumeist negativ beeinträchtigt.

Man kann als Leiter durch eigenes Handeln die Zentrierung auf das Ziel günstig zu beeinflussen versuchen. Man kann den Sachverhalt der uneinheitlichen Zentrierung zum Thema machen und in gemeinsamer Verantwortung Lösungen suchen. Der Sachverhalt der Zentrierungsverhältnisse betrifft aber nicht nur die Kognitionen der Beteiligten. Es gibt auch Zentrierungen in der Prozeßgestaltung, in der Vermittlung von Inhalten, in der Gestaltung des Raumes, im Gesamtfeld der Gruppe. Es erleichtert jegliche Gruppenarbeit, wenn die äußeren Rahmenbedingungen mit den Zielen harmonieren. Das Kirchenkonzert in einer Turnhalle, der Mathematikunterricht in einer Barockkirche mögen als (triviale) Beispiele genügen: Bei längerer Arbeit mit der gleichen Gruppe lohnt es immer, Zeit und Aufmerksamkeit auf die Zentrierungsverhältnisse der Gesamtsituation zu richten.

Und schließlich: Die bisherige Diskussion der Zentrierungsverhältnisse legt den Gedanken nahe, daß es gewissermaßen optimale Zentrierungen in der Gruppe gibt, nämlich die generelle Übereinstimmung, die homogene Zentrierung. Das ist jedoch zu vereinfacht gesehen. So kann es etwa im Gegenteil sehr fruchtbar sein, mit unterschiedlichen Gesichtspunkten, von unterschiedlichen Ausgangspunkten an das gleiche Problem heranzugehen, wie das etwa die Regel ist, wenn Experten aus unterschiedlichen Wissens- oder Erfahrungsbereichen zusammenarbeiten. Hier ist dann die Herausarbeitung der Unterschiede und nicht der leichte vordergründige Konsens das eigentliche Thema. Auch die absichtliche Umzentrierung kann eine wertvolle Hilfe dafür sein, in der Sache selbst weiterzukommen.

Viertes Beispiel: Figur-Grund-Wechsel

Ein einfaches, aber unmittelbar überzeugendes Beispiel für phänomenale Umstrukturierung bei objektiv gleicher Reizvorlage ist die Becherfigur von Rubin (vgl. Abb. 3). Hier kann man nach Wahl und willentlich die schwarze oder die weiße Fläche als Figur und die jeweils andere als Hintergrund sehen. Analoge Fälle der Figur-Grundvertauschung unter Beibehaltung der objektiven Gegebenheiten gibt es auch im Gruppenprozeß:

— Wir können statt der Personen in einem Prozeß deren Beziehungen zum Thema machen (Schwinger, 1991).
— Wir können anstelle der Gruppenarbeit die Pausen oder die Störungen thematisieren.
— Wir können anstelle der Schwierigkeiten, die die Störungen eines Störenfriedes für die Gruppe produzieren, auf seine positiven Leistungen für den Prozeß hinweisen.

Abbildung 3: Die Becherfigur nach E. Rubin

Absichtliche Umstrukturierungen sind oft hilfreich und weiterführend. In der Gestalttheorie haben vor allem Duncker (1935), Köhler (1933) und Wertheimer (1945, zit. nach 1957) darauf hingewiesen und an zahlreichen Beispielen gezeigt, daß kreatives und produktives Denken häufig auf Umstrukturieren des Vorhandenen und nicht auf „Einfällen" von außen beruht.

Fünftes Beispiel: Die Abhängigkeit der Teile vom Gesamtfeld

Die frühe Experimentalpsychologie ging, und zwar stillschweigend und völlig undiskutiert, von der plausiblen Annahme aus, daß es eine klare und eindeutige Beziehung zwischen der Reizvorlage und der Sinneswahrnehmung gibt. Wolfgang Köhler (1913, 52) hat diese Annahme thematisiert und als Konstanzannahme bezeichnet. In der Formulierung von K. Koffka (1925, 528): „über die Sinnesgegebenheiten entscheidet der Reiz". Oder, in der Formulierung von Metzger (1940, zit. nach 1975, 258):

„Der Zustand jedes einzelnen Punktes des Sinnesfeldes ist . . . ausschließlich von der Einwirkung auf das zugehörige Elementarorgan bestimmt."

Die gestalttheoretische Forschung hat zeigen können, daß diese so plausible Grundannahme unter vielen Bedingungen *nicht* zutrifft. (Ausführliche theoretische Diskussionen etwa bei Koffka, 1925, 1935; Metzger, 1945, zit. nach 1975, hier vor allem im Kapitel 7.)

Stattdessen:

„Was an einer Stelle geschieht, ist mitbestimmend für das Geschehen an jeder anderen Stelle und hängt zugleich mit von dem Geschehen an jeder anderen Stelle ab" (Metzger, 1940, zit. nach 1975, 260).

Dieser Sachverhalt ist in erster Linie in der optischen Wahrnehmung erforscht worden, Metzger hat in seinem Buch „Gesetze des Sehens" (1975³) einen großen Teil der Forschungssubstanz zusammengestellt. Bei der Übertragung auf Gruppenprozesse lassen sich zumindest abstraktiv mehrere Ebenen unterscheiden: Gruppenmitglieder (und Leiter und auch neutrale „Beobachter")

— nehmen die Ereignisse in der Gruppe in Abhängigkeit vom erlebten Gesamtfeld wahr
— handeln entsprechend diesen von Feldkräften beeinflußten Wahrnehmungen
— nehmen auch ihre eigenen Handlungen (nicht objektiv-korrekt, sondern) durch Kräfte des Gesamtfeldes beeinflußt wahr.

Die Konsequenzen sind vielfältig, aber so trivial und selbstverständlich sie im Grunde sind: In der Reflexion über Gruppenprozesse werden sie von allen Beteiligten weitgehend ignoriert. Handeln und Verhalten wird dem einzelnen zugeschrieben, der einzelne wird als kooperativ oder träge, ausgelassen oder deprimiert, strukturierend, dominant oder feindselig gesehen. Die enorme Feldabhängigkeit von Verhalten wird dem Beoachter dann am deutlichsten, wenn er die gleiche Person in unterschiedlichen Gruppen erlebt.

Derartige Feldkräfte haben viel mit räumlicher Nähe zu tun: Manchmal kann man die Wirkung von Feldkräften schon dadurch reduzieren, daß man räumlich etwas aus dem Kräftefeld heraustritt, räumlichen Abstand von der Gruppe gewinnt. So sehen z.B. Beobachter, die außerhalb der Gruppe sitzen, oft Ereignisse ganz anders als die Mitglieder im Zentrum des Geschehens.

Sechstes Beispiel: Die Zuschreibung von Ursachen

Wir Menschen tendieren dazu, in Wahrnehmung, Gedächtnis und Denken höhere Grade an Ordnung herzustellen, als in der Realität vorhanden sind. Zwei aufeinanderfolgende Ereignisse (eine Tür fällt zu, das Licht geht aus) werden in unserer Wahrnehmung gern kausal verbunden; das vielgestaltige politische Leben wird auf das Wirken weniger Drahtzieher zurückgeführt, die „alle Fäden in der Hand haben", und Ereignisse in der Gruppe werden dem Wirken einer Person oder einem Ereignis zugeschrieben. Dieser Sachverhalt hat über die Gestaltpsychologen Kurt Lewin und Fritz Heider Eingang in mehrere große Theorien der Sozialpsychologie gefunden, vor allem die Theorie der kognitiven Dissonanz (Festinger, 1957; neuere Darstellung etwa Frey, 1984) und die Attributionstheorien (Heider, 1958; Jones & Davis, 1965; H. H. Kelley, 1967; 1973; neuerer Überblick etwa bei Meyer & Schmalt, 1984).

Es ist bei der Interpretation von Gruppenprozessen unerläßlich, diese zentralen Ordnungsmechanismen angemessen zu berücksichtigen.

Siebentes Beispiel: Übertragungsprozesse

Man kann zahlreiche Begriffe aus der Psychoanalyse dazu benutzen, bestimmte Arten von Gruppenprozessen zu beschreiben: Nach dem Denkmodell der *Projektion* werden eigene Befürchtungen anderen zugeschrieben; nach dem Modell der *Regression* werden einzelne oder die ganze Gruppe unter bestimmten Bedingungen in ein Verhalten aus früheren Entwicklungsphasen zurückgehen; *Verdrängung*: bestimmte Ereignisse des Gruppengeschehens werden tabuisiert und von einzelnen oder der ganzen Gruppe „vergessen".

Ich will mich hier darauf beschränken, Nützlichkeit und Grenzen derartiger Begriffe wenigstens an einem Beispiel kurz zu diskutieren.

Für Freud ist das Konzept der *Übertragung* eines der zentralen Konzepte seines ganzen Denkansatzes. Er meint damit die Zuschreibung von solchen Kognitionen und Emotionen, die aus früheren Beziehungen der Person zu anderen Personen, zumeist wohl den Eltern, stammen, auf andere Personen, in seinem Denkansatz vor allem auf den Therapeuten. Der Begriff wird von Freud und den frühen Freudianern außerordentlich schillernd und uneinheitlich gebraucht, manchmal definitorisch ausschließlich am sexuellen Bereich festgemacht, manchmal breiter und allgemeiner gesehen. Besonders häufig wird seine Definition von 1905 zitiert:

„Was sind Übertragungen? Es sind Neuauflagen, Nachbildungen von den Regungen und Phantasien, die während des Vordringens der Analyse erweckt und bewußt gemacht werden sollen, mit einer für die Gattung charakteristischen Ersetzung einer früheren Person durch die Person des Arztes. Um es anders zu sagen: eine ganze Reihe früherer psychischer Erlebnisse wird nicht als vergangen, sondern als aktuelle Beziehung zur Person des Arztes wieder lebendig" (zit. nach 1981, 111).

Die instruktivste Definition habe ich bei Anna Freud gefunden (zit. nach 1984, 17):

„Übertragungen nennen wir alle jene Regungen des Patienten dem Analytiker gegenüber, die nicht in der aktuellen analytischen Situation neu entstehen, sondern aus frühen und frühesten Objektbeziehungen stammen und unter dem Einfluß des Wiederholungszwanges in der analytischen Situation nur neu belebt werden."

Die Übertragung ermöglicht dem Therapeuten in der Einzeltherapie, psychische Prozesse zu bearbeiten, die ansonsten wegen des Widerstandes des Klienten nicht bearbeitbar wären: So können etwa die unbewußten und somit unzugänglichen Beziehungen zum Vater bearbeitbar gemacht werden, weil sie sich in der Therapiesituation (in Analogie zu früheren Beziehungen) zwischen Klient und Therapeut wiederholen.

Dementsprechend ist der Übertragungsmechanismus das zentrale und vermutlich wichtigste Hilfsmittel der analytischen Arbeit des psychoanalytisch orientierten Therapeuten: ohne Übertragung keine Konfliktbearbeitung. Das gilt nicht nur für die Einzeltherapie, sondern auch für die psychoanalytisch orientierte Gruppentherapie und zum Teil auch für die psychoanalytisch orientierte nichttherapeutische Gruppenarbeit.

Bei den meisten Darstellungen des Übertragungskonzepts, so fast durchweg bei Freud, aber auch in der neueren Literatur, wird Übertragung als ein „Alles-oder-Nichts-Phänomen" gesehen: Entweder es herrscht Übertragung, dann ist der Klient in seinen Therapeuten verliebt, oder er haßt ihn; oder es herrscht keine Übertragung, dann sind Freud und die analytisch arbeitenden Gruppentherapeuten ihrer wesentlichen Arbeitsgrundlage beraubt, aber der nichttherapeutische Gruppenleiter atmet auf und kann sich der sachlichen Arbeit widmen (so etwa bei Freud, 1917, zit. nach 1984, 347):

„Die Übertragung kann als stürmische Liebesforderung auftreten oder in gemäßigteren Formen; anstelle des Wunsches, Geliebte zu sein kann zwischen dem jungen Mädchen und dem alten Mann der Wunsch auftauchen, als bevorzugte Tochter angenommen zu werden, das libidinöse Streben kann sich zum Vorschlag einer unzertrennlichen, aber ideal unsinnlichen Freundschaft mildern."

Mir scheint es zunächst einmal ganz allgemein nützlicher — und das gilt auch für andere Begriffe der Psychoanalyse — hier nicht die stärksten Ausprägungsgrade für die Definition zu benutzen, sondern unterschiedliche Ausprägungsgrade zuzulassen. Wir sollten dementsprechend nicht von Übertragung, sondern von *Übertragungsphänomenen* sprechen, die in unterschiedlichem Ausmaß vorhanden sein können und selten völlig fehlen. Übertragungsphänomene können freilich so stark und beherrschend sein, daß nichts neben ihnen Platz hat, sie können andererseits auch eher beiläufiger Natur sein oder andere gleichzeitige Phänomene in der Beziehung gestatten. Die gleiche zu hohe Radikalität in der Begriffsbildung findet sich auch bei der Einordnung von Übertragung in positive und negative Fälle: Hier wird oft und zu leicht auf „zärtliche Gefühle" einerseits, „leidenschaftlichen Haß" andererseits reduziert. Wahrscheinlich ist es begrifflich zweckmäßiger, ambivalente und vielschichtige, oft in sich widersprüchliche Gefühle und Einstellungen nicht vorab begrifflich auszuschließen. Wenn man sich auf ein Denkmodell eines Kontinuums von geringfügigen bis zu maximalen Übertragungsphänomenen in einer Situation einmal einläßt, dann ist es naheliegend, daß bis zu einem gewissen Grade Übertragungsphänomene in jeder Gruppe auftreten, gegenüber dem Leiter wie auch zwischen Teilnehmern.

Denn wenn ich eine Beziehung zu einem anderen Menschen aufnehme, dann werde ich diesem zumeist nicht einfach „unvoreingenommen" entgegentreten, sondern weitgehend bereits bestehende Verhaltensmuster benutzen, die aus früheren und vielleicht frühesten Sozialbeziehungen stammen. Wir alle verfügen nur über eine begrenzte Zahl von Verhaltensmustern, und da ist es naheliegend, daß wir diese zur Strukturierung von Gruppensituationen benutzen (wie auch zu allen anderen sozialen Situationen).

Praktische Konsequenzen:

— Wir sollten akzeptieren, daß es Übertragungsphänomene gibt und daß diese zunächst einmal nichts Negatives und schon gar nichts Pathologisches sind.
— Aus Therapiesituationen kann der Gruppenleiter übernehmen, daß Übertragungsphänomene gegenüber dem Leiter in der Regel stärker werden, wenn der Leiter undurchsichtig bleibt, nicht klar Stellung bezieht, sich und seine eigene Befindlichkeit nicht deutlich macht.
— Und umgekehrt: Übertragungsphänomene gegenüber dem Leiter werden reduziert, wenn dieser sichtbar, klar und deutlich ist, eigene Gefühle und Betroffenheit artikuliert.

Das Einheiten-Problem

Ein wichtiger struktureller Gesichtspunkt bei der Beobachtung und Erforschung von Gruppenprozessen ist auch die Wahl der Einheitengröße. Wenn ein Untersuchungsgegenstand aus einer Reihe von Einzelproblemen besteht, die nicht wechselseitig aufeinander einwirken, dann ist die Bildung von Untereinheiten zumeist unproblematisch. Wenn der Chemiker nacheinander 37 Reagenzgläser mit Blutproben analysiert, dann sind das 37 einzelne Arbeitseinheiten, und er kann Aufgabe und Ergebnis nach sachlichen oder frei wählbaren Gesichtspunkten zusammenfassen oder untergliedern. Wenn ich dagegen einen zeitlichen Verlauf eines Gruppenprozesses vor mir habe, dann ist die Wahl der Untersuchungseinheiten oft dafür entscheidend, welche Arten von Ergebnissen ich erhalte und die Zerlegung

„... läßt also nicht die Gebilde unverändert, sondern stellt sich als radikaler, wesentliche Eigenschaften berührender Eingriff dar" (Koffka, 1925, 548).

Bei der Wahl kleiner (zu kleiner) Einheiten geht der übergreifende Zusammenhang verloren: Man wird nie entdecken, daß es so etwas wie Gesichtszüge gibt, wenn man das Gesicht Punkt für Punkt durch eine Lupe betrachtet. Bei einer Wahl großer (zu großer) Einheiten geht durch Reduktionsprozesse und Abstraktion der Kontakt zu den ursprünglichen Phänomenen verloren: Die Darstellung wird auf phänomenferne Oberbegriffe reduziert. So können bei der Wahl unterschiedlicher Einheiten durchaus gegensätzliche Beurteilungen des gleichen Sachverhalts resultieren.

Brüderl (1988) weist im Rahmen der Bewältigungsforschung z.B. darauf hin, daß etwa hohe instrumentelle Unterstützung zwar kurzfristig erleichternd wirken, langfristig aber in Abhängigkeit führen kann. Bei der Wahl kleiner Beobachtungseinheiten ist soziale Unterstützung daher positiv, bei längeren Beobachtungsabschnitten negativ zu sehen. Entgegengesetzt verhält es sich in der Gruppe beispielsweise mit harter und ehrlicher Kritik: Sie kann kurzfristig schmerzhaft sein und das Gruppenklima nachhaltig stören; auf längere Sicht wird sie u.U. einen starken Vertrauenszuwachs bringen und den Mitgliedern die Möglichkeit geben, ihr Verhalten zu verändern.

Die methodischen Probleme der Einheitenbildung werden außerhalb der Gestalttheorie selten ausführlicher thematisiert, und ganz allgemein wird man wohl Groeben (1986, 38) recht geben müssen, daß sich

... die aus der Elementenpsychologie stammende molekularistische Tendenz bei der Einheitendefinition der Psychologie ... bis in die kontemporäre Forschungsentwicklung der Psychologie hinein erhalten hat ...

und daß dadurch

... durch einen − gewohnheitsmäßigen − Molekularismus bei der Einheitenwahl unbegründet und unnötig Bedeutungen verfehlt werden ... (1986, 47).

132

In der Sozialpsychologie hat sich S. Asch (1952, 1987) ausführlich mit dem Problem der Einheitenbildung auseinandergesetzt (vgl. vor allem 1987, 60 bis 64), in der allgemeinen Methodenlehre ist vor allem auf Groeben (1986) zu verweisen. Insgesamt lassen sich die praktischen Ratschläge im Umgang mit diesem Problem (sehr grob und vereinfacht) in drei Punkten zusammenfassen:

1. Wenn irgend möglich, sollte man vorfindbare erlebnismäßig repräsentierte Einschnitte und Gruppierungen für die Einheitenbildung benutzen und künstliche Aufgliederungen (etwa nach Zeitablauf) eher meiden.

2. Oft ist eine Entscheidung für *eine* einheitliche Einheitenbildung vermeidbar, man kann im Sinne von Bronfenbrenner (1981) nacheinander mit Makro-, Meso- und Mikrostrukturen arbeiten.

3. Der gestalttheoretische Ratschlag von oben nach unten (Koffka, 1925, 546) ist dabei für die Reihenfolge der Betrachtungseinheiten oft hilfreich.

Inhaltliche Einzelfragen

Erfassung von Gruppenprozessen

Wenn man an wissenschaftliche Kleingruppenforschung denkt, dann sollte man meinen, daß die Erfassung, Beschreibung und Analyse von Verlaufsprozessen eines der zentralen Themen sein müßte. Und das nicht nur bei künstlich zusammengestellten kurzzeitigen Laboratoriumsgruppen, sondern auch bei den vielerlei Gruppen des Alltags.

Wenn man die verfügbare Literatur in Fachzeitschriften und die systematischen Zusammenstellungen in Lehrbüchern und Sammelreferaten ansieht, so findet man jedoch ausgesprochen wenig Beschreibungen und Analysen von alltäglichen Gruppenprozessen. Das mag z.T. damit zusammenhängen, daß der Bereich der Kleingruppenforschung in den letzten Jahren ganz allgemein von den erforschenden Sozialpsychologen gemieden wird, wie vielfach beklagt worden ist (vgl. etwa Graumann, 1988). Vor allem hängt es aber wohl mit methodischen Schwierigkeiten der Prozeßforschung ganz allgemein zusammen (vgl. Petermann, 1978; 1986), wobei noch hinzukommt, daß in diesem Bereich die Ansprüche von Laien und Praktikern unreflektiert hoch sind.

Im typischen Fall sieht es etwa so aus: Eine Gruppe von etwa zwölf Teilnehmern hat an einem Arbeitstag fünf mal 90 Minuten getagt; es hat an diesem Tag einige tausend Interaktionen gegeben, zwischen den Beteiligten lief eine Vielzahl von einzelnen Prozessen, die jeweils einige der Beteiligten betrafen, aber auch von den anderen registriert worden sind. Die Teilnehmer haben den Eindruck, das Geschehen insgesamt nicht völlig verstanden zu haben. Was liegt in einer solchen Situation näher als von einer psychologischen *Prozeßanalyse* Informationen darüber zu erwarten, wie es denn nun wirklich gewesen ist: Eine solche Prozeßanalyse soll dann Begründungen für mein und anderer Leute Verhalten bieten, strukturierende Oberbegriffe und wissenschaftliche Erklärungen darüber geben, was gewesen ist und wie man es hätte besser machen können. Häufig schwingt dabei noch die Frage nach der Bewertung mit; die Teilnehmer erhoffen sich individuelle charakterologische Aufschlüsse über ihre Person und wissenschaftlich begründete Verhaltensvorschläge für ihre Person für die Zukunft.

Was demgegenüber die empirische Methode der Prozeß-Erfassung zu leisten vermag, kann man angesichts solcher Ansprüche nur als ärmlich charakterisieren. Mehr als eine quantitative Analyse hinsichtlich vorgegebener Kategorien vermag der Psychologe im allgemeinen nicht zu bieten. Es ist wichtig, sich dies ganz klar vor Augen zu führen: Eine empirische Prozeß-Erfassung kann nichts anderes sein, als im günstigsten Falle sachgerechte Zahlenangaben darüber, wie häufig sich bestimmte Sachverhalte ereignet haben, *hinsichtlich derer wir vorher Kategorien aufgestellt haben.* Was wir als Beteiligte während dieser Zeit erlebt haben, kommt in den Zahlenangaben nicht oder nur sehr unvollkommen zur Geltung; von kausaler Erklärung und von praktischen Ratschlägen für zukünftiges Handeln kann dabei kaum je die Rede sein. Methoden der Prozeß-Erfassung vermögen den Prozeß — nämlich das, was ich in 90 Minuten erlebt habe — nicht angemessen zu erfassen.

Wenn wir in dieser Hinsicht bescheidener sind, so finden wir Einzelarbeiten und Sammelreferate zu den verschiedensten Teilthemen. Relativ breite Aspekte des Geschehens werden von Interaktionsanalysen abgedeckt (vgl. Kapitel 5). Mit vorgegebenen Kategorien und deren Auszählung kann man eine Fülle von Fragestellungen angehen, von der Rolle der Emotion (Clark & Reis, 1988, 609) über psychoanalytische Kategorien (Sandner, 1986) bis zur Rolle von feedback-Prozessen (vgl. Kapitel 5).

Phasen im Gruppenprozeß

Es ist plausibel und naheliegend, längerfristige Gruppenprozesse in Phasen zu unterteilen, und es gibt eine ganze Reihe von Versuchen, solche — als möglichst allgemeingültig und gesetzmäßig anzunehmenden — Phasen systematisch aufzustellen. Ich beginne mit ein paar methodologischen Vorbemerkungen und stelle dann die wesentlichen Systematiken kurz dar. Ganz allgemein ist die ernstzunehmende Forschungssubstanz hier nicht sehr überzeugend, weil

— das kurzzeitige Laborexperiment überwiegt, bei dem solche Phasen überhaupt nicht auftreten können
— bei Therapie- und Selbsterfahrungsgruppen die Informationen zumeist vom Leiter kommen, eher anekdotischen Charakter haben und durch die Sichtweise des prozeßbeteiligten Leiters verzerrt sind
— bei der möglichen Fülle von Gruppenzielen, Strukturen und Gruppengeschichten kaum einheitliche Aussagen für *die* Gruppe zu erwarten sind.

Tuckman (1965) hat die bis dahin vorliegende Forschungssubstanz ausgewertet und schlägt als erste Annäherung vor, zwischen den vier Phasen von „forming", „storming", „norming", „performing" zu unterscheiden. Balzer, Küchenhoff & Rauch (1985) berichten über konkrete Verläufe.

Daß in einer *ersten Phase* eines auf längere Zeitdauer hin angelegten Gruppenprozesses die Teilnehmer in hohem Maße vom Leiter abhängig sind, vorsichtig die Regeln und Grenzen des Verfahrens austesten, mit ihrer Akklimatisation beschäftigt sind und sich nur zögernd beteiligen, ist plausibel und unter fast allen Gruppenbedingungen zu beobachten.

Daß in einer *zweiten Phase* Intragruppenkonflikte anstehen, Wettbewerb um Gruppenpositionen einsetzt, Eifersucht in der Beziehung zum Leiter vorkommt und ausgetragen wird, leuchtet zwar ebenfalls ein, ist wohl auch häufig, aber keineswegs gesetzmäßig. Der dominante und autoritäre Leiter z.B. kann die Austragung und das Sichtbarwerden von Konflikten oft auf längere Sicht unterbinden; und der sehr gruppenzentrierte Leiter, der den Beteiligten früh viel Verantwortung für den Prozeß überläßt, kann solche Konflikte häufig entbehrlich machen.

Daß in einer *dritten Phase* (nach der Aufarbeitung des Konflikts) verstärkt die Festlegung von Gruppennormen betrieben wird, mag ja sein, aber bei Licht besehen, finden von der ersten Stunde an ständig Definitionen und Umdefinitionen von Normen statt.

Daß eine *vierte Phase* der verstärkten Gruppenleistung erst spät einsetzt, ist einleuchtend: Man muß sich erst zusammenraufen, bevor man wesentliche Teile der Energie auf die Aufgabe richten kann. Da aber oft zu Anfang wesentliche Teile der Positionsklärungen über Leistungswettbewerb ausgemacht werden können, kann wesentliches „performing" auch in frühen Phasen charakteristisch sein. Bei der Kategorisierung der vorliegenden Forschungssubstanz kam Tuckman dann auch zu der Erkenntnis, daß die Übereinstimmung in den berichteten Phasen keineswegs vollständig war, obgleich sich insgesamt gewisse Regelmäßigkeiten abzeichneten.

135

Wir sollten daher nicht erwarten, daß ein faktisch sich ereignender Gruppenprozeß in vier sauber zu trennende Phasen mit definierbaren Wendepunkten zerfällt; aber es ist eine vernünftige Heuristik, daß all diese vier Phasen sinnvoll und notwendig sind. Und es wäre den meisten Gruppen zu wünschen, daß in einer längeren „performing"-Phase ab und zu auch etwas „storming" dazwischen käme. Und daß es neben dem Prozeß der zunehmenden Einengung der Gruppennormen auch den Prozeß der einvernehmlichen Freiheitsgewährung geben sollte: eine Norm, nicht alle Gruppennormen so ganz ernst nehmen zu müssen.

Wenn von Phasen im Gruppenprozeß die Rede ist, sollte auch die allererste Phase nicht unbeachtet bleiben, die Entstehung der Gruppe. Auch hier gibt es noch nicht viel, wenigstens in Hinsicht auf echte „und natürliche" Alltagsgruppen fehlen Untersuchungen fast ganz, wie immer wieder beklagt worden ist (Zander, 1979, 437). Moreland (1987) hat neuestens die verfügbaren Ergebnisse zur Entstehung von Gruppen zusammengetragen und eine erste Systematik angeboten.

Schließlich wäre auch das Ende, das Aufhören oder Sterben einer Gruppe als letzte Phase eines Gruppenprozesses ein interessantes Thema. Aber da die Befassung mit Tod und Sterben für die Psychologen — wie auch weitgehend für unsere Gesellschaft — ein Tabuthema ist (vgl. Feifel, 1990), liegt es nahe, daß dieser Sachverhalt auch in der Kleingruppenforschung noch kein Interesse gefunden hat. Das ist zweifellos ein beträchtlicher Mangel. Unterbliebene und/oder mißlungene Ablösungsversuche von der Familie und anderen Gruppen werden selten thematisiert; die daraus resultierenden Schwierigkeiten sind das tägliche Brot der Therapeuten.

Dabei wird bei der Ablösung von Gruppen oft nur die negative Bedeutung gesehen: ich verliere etwas. Der Verlust von Beziehungen macht aber nicht nur arm, er befreit auch (Brückner, 1980, 34).

Wettbewerb und Kooperation

Die Frage, ob sich Wettbewerb oder Kooperation auf die Leistung der Gruppe günstiger auswirkt, ist seit den Anfängen der Kleingruppenforschung ein besonders beliebtes Thema gewesen. Im Alltags- und Laienverständnis wird häufig angenommen, daß Wettbewerb zusätzliche Motivationen schafft und daher unter vielen Bedingungen bessere Leistungen hervorrufen müßte. Bei der empirischen Überprüfung zeigte sich schon früh, daß entgegen dieser Vermutung fast durchweg Kooperation die besseren Ergebnisse zeitigte. Dies geht schon aus den frühen Arbeiten von M. Deutsch (1949) hervor, die hinsichtlich Anlage und Definition als grundlegend gelten (Zusammenfassung des theoretischen und empirischen Beitrags dieser heute nicht mehr leicht zugänglichen Arbeiten von 1949 vgl. Deutsch, 1968). Johnson et al. haben 1981 eine sorgfältige Metaanalyse vorgelegt, bei der sie 122 empirische Stu-

136

dien mit insgesamt 286 Ergebnissen einbezogen haben. Auch hier heißt das generelle Ergebnis: Kooperation ist erheblich effektiver als Wettbewerb einerseits, individualistische Einzelarbeit andererseits. Bevor wir dieses überzeugende Ergebnis als „endgültigen wissenschaftlichen Beweis" für die grundsätzliche Überlegenheit der Kooperation akzeptieren, sollten wir jenseits der plakativen Etiketten „Wettbewerb" und „Kooperation" doch etwas näher ins konkrete Detail gehen.

Zunächst: Johnson et al. (1981) haben nicht einfach zwischen den Arbeitsformen „Kooperation" und „Wettbewerb" in der Gruppe unterschieden, sondern nicht nur Einzelarbeit einbezogen, sondern auch bei Wettbewerb zwischen interpersonalem und Intergruppenwettbewerb unterschieden. Das Ergebnis:

a) Kooperation ist beträchtlich effektiver als interpersonaler Wettbewerb oder Einzelarbeit.

b) Kooperation mit Wettbewerb zwischen den Gruppen ist ebenfalls dem interpersonalen Wettbewerb und auch der Einzelarbeit überlegen.

c) Es gab keinen statistisch gesicherten Leistungsunterschied zwischen interpersonalem Wettbewerb und Einzelarbeit.

Neben dieser Differenzierung zwischen verschiedenen Bedingungen scheint mir zweitens der Hinweis nützlich, daß es keine reinen Verwirklichungen weder bei Wettbewerb noch bei Kooperation gibt: auch unter Kooperationsbedingungen bleiben Elemente des Wettbewerbs, wie jede Selbstbeobachtung zeigt. Und auch unter Wettbewerbsbedingungen bleibt fast durchweg ein gewisses Ausmaß an Kooperation. Dabei handelt es sich einmal um die Einhaltung von Regeln und das Ausmaß der Einhaltung von Regeln, und es handelt sich darüberhinaus häufig um etwas, was man die Einhaltung zusätzlicher impliziter Regeln nennen könnte. So ist es z.B. im Tennisspiel sehr deutlich, daß es unterschiedliche Grade von Wettbewerb geben kann.

Und drittens schließlich bewegt sich die Etikettierung von Handlungsverläufen als Wettbewerb oder Kooperation auf einer bestimmten Verabredungsebene, und oberhalb oder unterhalb dieser Ebene kann es weitere Ebenen geben: So kann es in der Gruppe die Ebene der Kooperation geben, innerhalb derer es verabredungsgemäß Wettbewerb gibt. Eine Judogruppe an einem Übungsabend: Jeder kann gegen jeden kämpfen und dieser Wettbewerb kann verabredete Kooperation sein. Wenn wir genauer hinsehen, werden wir dieser Verschränkung von Wettbewerb und Kooperation in vielfältigsten Formen begegnen.

Koalitionsbildung

In der Gruppenforschung geht es im wesentlichen um die beiden Einheiten „Einzelner" und „Gruppe". Die Binnengliederung in der Gruppe hat demgegenüber vergleichsweise wenig Interesse gefunden. Dabei

137

lehrt aber jede Beobachtung des Gruppengeschehens von außen, und mehr noch aus der Sicht des Beteiligten, daß die Gruppe zumeist nicht die Einheitlichkeit hat, die ihr von außen zugeschrieben wird. Hofstätter (1956, zit. nach 1986, 111) hat vorgeschlagen, diese Urteilstäuschung (der Überschätzung der Einheitlichkeit des Tuns und Meinens) Unifikation zu nennen; der Ausdruck hat sich aber nicht durchgesetzt. Diese Uneinheitlichkeit von Einstellungen und Handeln führt zumeist zu Untergruppen, es bilden sich Koalitionen.

Dieses Stichwort Koalitionsbildung kommt in der Gruppenforschung vor, ist auch ausführlich Gegenstand der empirischen Forschung geworden, aber leider fast ausschließlich unter extrem praxisfernen Reduktionsbedingungen. Im allgemeinen beschränkte sich die Forschung auf Kleinstgruppen von drei Teilnehmern, wo ja in der Tat eine Koalitionsbildung von Zweien gegen Einen möglich ist. Außerdem wurde das Design zumeist auf eine einzige lediglich kognitiv interessierende Handlung reduziert. Diese Reduktion wird bereits in der Definition des Koalitionsbegriffs deutlich, so etwa bei Komorita & Kravitz (1983, 179):

„Eine Koalition soll definiert werden durch zwei oder mehr Parteien, die darüber einig sind, miteinander zu kooperieren (gleich ihre Ressourcen zu vereinigen), um ein von allen Beteiligten gewünschtes Ergebnis zu erreichen."

Es gibt eine Reihe von Theorien zur Koalitionsbildung, die Voraussagen gestatten, unter welchen Bedingungen ich den einen oder den anderen Versuchspartner als Koalitionspartner wähle. Kommunikation der Partner über einfache Kosten-Nutzen-Argumente hinaus ist nicht vorgesehen, oft sind die Partner auch gar nicht vorhanden, sondern es geht nur um Aussagen fiktiver Partner. Eine Darstellung der zahlreichen Theorien und der wesentlichen Voraussagemöglichkeiten findet sich bei Murnighan (1978) und bei Komorita & Kravitz (1983).

Mit den Gesetzmäßigkeiten von Koalitionen in realen Gruppen hat das alles wenig zu tun, hier sind die relevanten Variablen im Bereich von Attraktion, Neugierverhalten, inhaltlichen Anforderungen des Gruppengeschehens, Affiliationsbedürfnis, Abhängigkeits- oder Selbständigkeitsbedürfnis zu sehen und im allgemeinen nicht auf kognitives Fünf-Minuten-Geschehen beschränkt. Es ist damit zu rechnen, daß es in einer Gruppe bereichsspezifisch unter Umständen unterschiedliche Koalitionen gibt, und es ist mit einer außerordentlichen Streuung in der Zeitdimension zu rechnen. Es gibt ständige Koalitionen über Jahre hinweg, und es gibt kurze Zweckbündnisse. Teile dieses Themas lassen sich leichter unter dem Stichwort von Freundschaft (Kon, 1979) und der engen persönlichen Beziehung (Duck, 1983; 1989) einordnen als in der mathematischen Spieltheorie.

138

5. Kapitel:
Informationsprozesse

Wenn es in einer Gruppe Schwierigkeiten gibt, wenn eine Gruppe nicht arbeitsfähig ist, die selbst gesetzten oder von außen gestellten Anforderungen nicht erfüllt, dann sind wir im allgemeinen zu *personenzentrierten* Erklärungen geneigt: Die Mitglieder der Gruppe haben sich nicht genug Mühe gegeben, sie waren nicht fleißig, nicht fähig, nicht intelligent, nicht einfallsreich genug. Sie waren zu rechthaberisch, zu streitsüchtig, nicht kooperativ. Solche Erklärungsversuche mögen oft naheliegend sein, und sicher sind sie vielfach nützlich. In diesem Kapitel soll für das Geschehen in Gruppen stattdessen der Aspekt des Informationsaustauschs thematisiert werden: Strukturen und Prozesse des Informationsaustauschs haben eine wesentliche Funktion für die Arbeitsfähigkeit, für Erfolg oder nicht Erfolg und die Zufriedenheit der Mitglieder. Es ist daher sicher lohnend, diesen Aspekt des Gruppengeschehens hervorzuheben.

Auch hier gilt es wieder, sich zu beschränken: Obgleich Informationsprozesse ganz wesentlich das Medium der Sprache benutzen, muß hier der mögliche Beitrag der Psychologie der Sprache unberücksichtigt bleiben. (Überblick und weiterführende Literatur vgl. vor allem Hörmann, 1976; List, 1981; Grimm & Engelkamp, 1981; Herrmann, 1985). Auch das an sich naheliegende Konzept der Verständlichkeit (Groeben, 1978[2]) und die Frage der systematischen Verbesserung der Fähigkeit der Interaktion durch Lern- und Trainingsprogramme in Gruppen (Sader et al., 1976) sollen hier unberücksichtigt bleiben. Stattdessen soll es nur darum gehen, an ziemlich kleinen und primitiven Paradigmen einige Grundsachverhalte herauszuarbeiten, deren Beachtung auf einer rein pragmatischen Ebene nützlich sein könnte.

Die Informationsmöglichkeiten werden meist überschätzt

Zwölf Wissenschaftler arbeiten an einem Hochschulinstitut in enger räumlicher Verbundenheit, aber an je eigenen wissenschaftlichen Arbeiten. Einige sitzen an ihren Dissertationen, andere an Forschungsprojekten, andere an Buchveröffentlichungen. Das landläufige Stereotyp der Kooperation geht dahin, daß sie *eigentlich*, wenn sie sowohl wissenschaftlich interessierte als auch kooperationsbereite Menschen wären, wechselseitig über ihre Tätigkeit informiert sein müßten, Erfahrungen und Ratschläge austauschen und so ihre Arbeit wechselseitig befruchten könnten. Die Alltagserfahrung lehrt, daß dies weitgehend nicht der Fall ist. In dem Bereich, den ich selbst überschauen kann, ist die ernsthafte wissenschaftliche Kommunikation zwischen zwei Partnern, bei der beide den Eindruck haben, einander zu verstehen und den Argumenten wechselseitig gerecht zu werden, eher die Ausnahme und wird zumeist als seltener Glücksfall erlebt.

Anscheinend wird der Zeit- und Kraftaufwand für Informationsaufnahme und -abgabe zumeist unterschätzt. Daß drei Veranstalter von Parallelkursen sich über ihre Kursinhalte absprechen, daß jemand, der auf einem Gebiet arbeitet, Kontakt hat mit anderen, die Ähnliches tun, daß man von seinen wissenschaftlichen Nachbarn weiß, was sie tun, alles das klingt selbstverständlich, ist aber oft mit wesentlich mehr Aufwand verbunden, als wir uns leisten können. Denn für ein ernsthaftes wissenschaftliches Gespräch ist im allgemeinen eine Lektürevorbereitung erforderlich, und für das Gespräch selbst muß man wohl auch ziemlich viel Zeit veranschlagen. Es ist sicher nicht sinnvoll, sich hier auf Zeitstunden festzulegen, zumal das von Fach zu Fach und je nach der Dichte der Arbeitsbereiche zueinander variieren wird. Aber wenn diese zwölf Wissenschaftler die Kommunikation mit den jeweils elf anderen ernst nehmen wollten, so könnte es leicht passieren, daß sie für eigene Arbeit keine Zeit mehr übrig behalten. Es scheint mir ganz allgemein ein nützlicher Ratschlag, diese Utopie der eigentlichen, wahren und schrankenlosen Kommunikation (Bahrdt, 1980), die unrealistisch hohen Normen des „eigentlich sollte man" kritisch zu überprüfen und sich solchen Fragen des Informationsaustauschs mit dem Rechenstift und dem Terminkalender zu nähern.

Fragen wir nach empirisch abgesicherten Daten für die Einschätzung von Möglichkeiten und Grenzen des Informationsaustauschs, so sind wir weitgehend auf Laboratoriumsexperimente angewiesen, in dem dieser Sachverhalt im allgemeinen nur in kurzen zeitlichen Erstreckungen, ohne Berücksichtigung von Kontext und zumeist noch außerdem unter ziemlich restriktiven Bedingungen untersucht worden ist. Zumal in der älteren Gedächtnisforschung ging es fast ausschließlich darum, einfache quantifizierbare Gedächtnisinhalte im einseitigen Informationsfluß der Dyade zu erforschen: Zahlenreihen und sinnlose Silben waren das bevorzugte Informationsmaterial. Erst verhältnismäßig spät ist die Übermittlung komplexerer Sachverhalte untersucht worden. Eines der frühen Standardexperimente hierzu geht auf Sir Frederic Bartlett (1932) zurück und hat Ähnlichkeit mit einem beliebten Gesellschaftsspiel, das unter dem Namen „Stille Post" bekannt ist.

In der handlichen und leicht demonstrierbaren Form des Praktikumsversuchs (vgl. etwa Oppenheim, 1962) sieht das so aus: Einem Versuchsteilnehmer wird eine kurze Geschichte von etwa 150 bis 200 Wörtern vorgelesen; er wird anschließend gebeten, diese einem weiteren Versuchsteilnehmer aus dem Gedächtnis wiederzugeben, dieser wiederum soll sie einem dritten weitererzählen; nach einer Kette von sieben bis zehn solcher Reproduktionen ist im allgemeinen die Geschichte aus Mangel an Substanz gestorben.

Das ist ein allgemeines und stets gut reproduzierbares Ergebnis solcher Experimente: Zumindest unter diesen restriktiven Bedingungen können wir offenbar wenig Information rasch speichern und angemessen wiedergeben. Schon nach den ersten Wiedergaben fehlt bereits Wesentliches. Vieles wird falsch wiedergegeben. Das klingt trivial, aber wir sollten daran denken, daß wir im Alltag zumeist von der entgegengesetzten Erwartung ausgehen, nämlich daß eine solche Weitergabe von Informationen angemessen möglich ist.

Freilich unterscheiden sich die Bedingungen des Experiments in mehrerlei Hinsicht von dem, was wir im Alltag tun: Die lange Informationskette ist nicht die Regel; die Informationsmenge von 150 bis 200 Wörtern ist für Alltagsbedingungen hoch; die Fremdheit und die Beziehungslosigkeit des Textes zum Alltag der Versuchsteilnehmer ist ebenfalls eine sehr spezielle und künstliche Bedingung. Trotzdem: Wir erleben derartige Mängel der Informationsübermittlung auch im Alltag, im Betrieb, in der Familie und im gruppendynamischen Training. Zum neueren Forschungsstand vgl. etwa Hoffmann (1983); Klatzky (1985); Engelkamp (1990).

Wichtig ist auch ein zweites Ergebnis solcher Untersuchungen: Solche Reproduktionsexperimente sind schon früh unter den verschiedensten Bedingungen angestellt worden. Hartgenbusch (1933) hat einzelne Sätze wiederholen lassen; Allport & Postman (1958) haben die Gerüchtebildung in den USA nach dem Pearl-Harbour-Schock von 1942 herangezogen. Bei allen derartigen Experimenten ließ sich immer wieder nachweisen, daß die Veränderungen keineswegs blindem Zufall folgen. Vielmehr ließ sich eine Reihe von Gesetzmäßigkeiten sichern, die ganz grob unter Stichworten wie *Vereinfachung, Verdichtung, Abschleifen, Ausfüllen vermeintlicher Lücken, Angleichen, stärkere Konturierung* usw. zusammengefaßt werden können. Von gestalttheoretisch orientierten Autoren ist mit Recht darauf hingewiesen worden, daß ein wesentlicher

Teil solcher Veränderungen sich gut nach Gestaltgesetzen ordnen und beschreiben läßt (Metzger, 1954, 213). Daneben ist etwa mit dem Einfluß von Denkschemata und Stereotypen zu rechnen, die wir in irgendeiner Weise in unserer Sozialisation gelernt haben.

Es gibt keinen plausiblen Grund anzunehmen, daß diese systematischen Informationsveränderungen nicht auch dann im Alltag eine Rolle spielen, wenn wir sie einmal nicht systematisch kontrollieren. Vermutlich wird jeder Informationsaustausch in Gruppen durch diese Tendenzen mehr oder weniger stark geprägt.

Drei ziemlich allgemeine Ratschläge lassen sich ableiten:

1. Man sollte die Anzahl der Schaltstellen für Informationen möglichst gering halten: kurze Wege, wenig Zwischenstationen. Die für alle Gruppenmitglieder zugängliche Visualisierung alles Wesentlichen am schwarzen Brett, in der Handbibliothek, in übersichtlichen Vervielfältigungen, ist zumeist eine wesentliche Verbesserung.

2. Sich selbst und anderen diesen Sachverhalt immer wieder vor Augen zu führen, ist meist nützlich. Wenn wir die Gesetzmäßigkeiten der Veränderungen von Informationen kennen, werden wir stets auf Transportschäden gefaßt sein, und wir sind weniger leicht in Versuchung, sie vorschnell mit moralischen Kategorien zu messen: Lügen, Verfälschung, Verzerrung als intentionale oder fahrlässige Akte des Übermittlers gibt es sicher auch, sie sind aber in vielen Fällen nicht die zweckmäßigen Kategorien zur Beurteilung solcher Veränderungsprozesse.

3. Wahrscheinlich ist es sinnvoll, in komplexen Fällen häufiger die schriftliche Übermittlung zu wählen und diese, wenn möglich, durch anschauliche Schaubilder zu unterstützen.

Insgesamt scheint es wichtig festzuhalten, daß wir im Handeln und Verhalten im Alltag nicht unreflektiert von der Möglichkeit eines vollständigen Informationsaustausches ausgehen sollten. Besonders komplexe Interaktionsinhalte werden im allgemeinen nicht so aufgenommen, wie der Sender dies beabsichtigt und vermutet.

Ratschläge zur Interaktionsverbesserung: Trivial und zumeist nutzlos

Wenn man einen Fachmann um Rat fragt, so muß man häufig damit rechnen, daß man keine unmittelbar verwendbaren Antworten bekommt. Die Dinge sind oft kompliziert und voraussetzungsvoll, und anstelle der Entscheidung für eine der vom Frager vorgegebenen Alternativen scheint es dem Fachmann oft erforderlich, Begriffe zu reflektieren oder Implikationen zu diskutieren. Das ist auch bei Psychologen nicht anders. Wenn ein Hochschullehrer einen Psychologen fragt: „Wie kann ich die Hörer meiner Lehrveranstaltungen für meinen Unterrichtsstoff motivieren?", dann ist eine brauchbare Antwort nicht gut möglich, ohne daß man vorher die Implikationen zumindest des dritten, fünften und neunten Wortes der Frage ausführlich reflektiert und diskutiert.

Bei der Verbesserung des Informationsflusses in der Gruppe, der Verbesserung der Interaktionen liegen die Dinge anders, gewissermaßen umgekehrt: Hier läßt sich rasch eine Reihe von Regeln aufzählen, deren Beachtung in den meisten Fällen den Informationsaustausch in Gruppen wesentlich erleichtern kann. Nur werden solche Regeln von den meisten Menschen als so trostlos trivial erlebt, daß sie als hilfreiche Ratschläge nicht ernst genommen werden. Ich zähle sieben solcher Ratschläge auf, jeweils mit kurzen Kommentaren und folge damit im wesentlichen einer Darstellung von Schwäbisch & Siems (1974), die auch über diese Aufzählung hinaus heute noch sehr lesenswert ist.

1. *Sprich kürzer!* Kaum jemand kann und will Monologe aufnehmen, die er für zu lang hält. Ein Gespräch mit kurzen Redelängen ist für alle Beteiligten leichter aufnehmbar, daher nützlicher und auch angenehmer.

2. *Verlangsame das Interaktionstempo!* Es ist in Gesprächen vielfach üblich, spätestens dann mit dem Reden zu beginnen, wenn der Vorredner gerade aufgehört hat. Das bedeutet, daß man seine Antworten bereits dann formulieren muß, wenn der Vorredner seine Gedanken gerade erst darstellt. Verlangsamung der Interaktion bedeutet Zeit gewinnen für Denkpausen; man sollte Denkpausen nehmen, und man sollte sie gewähren. Bei besonders hitziger Diskussion hat sich die Einführung von Schweigeminuten bewährt, die allen Beteiligten gleichzeitig Denkpausen geben (von Hentig, 1973, 186).

3. *Handle mitverantwortlich!* In Gruppen mit Leiter wird zu leicht die Verantworung auf diesen abgewälzt; in Gruppen ohne einen Leiter kann sich jeder hinter dem anderen oder der „Gruppe" verstecken. Verantwortung tragen aber auch die Teilnehmer, die Erwartbares unterlassen, also keine Ideen beitragen, nicht auf Fehler aufmerksam machen, nicht das Führungsverhalten unterstützen.

4. *Äußere Deine Interessen!* Sei Dir bewußt, daß Du und Deine Partner verschiedene Menschen sind, die zum Teil gleiche und zum Teil unterschiedliche Interessen haben. Akzeptiere diese Verschiedenheit und mache weder Dir noch Deinen Partnern Vorwürfe, wenn sich Eure Interessen unterscheiden. Äußere frei Deine Interessen, aber erwarte nicht, daß Deine Partner sie stets so erfüllen, wie Du es Dir vorstellst.

143

Vertraue hingegen darauf, daß ihr gemeinsame Lösungen für Eure Konflikte finden werdet, die den Interessen der Beteiligten gerecht werden.

5. *„Ich" statt „Man" oder „Wir"!* Sprich nicht per „Man" oder „Wir", weil Du Dich hinter diesen Sätzen gut verstecken kannst und die Verantwortung nicht zu tragen brauchst für das, was Du sagst. Zeige Dich als Person und sprich per „Ich". Außerdem sprichst Du in „Man"- oder „Wir"-Sätzen für Deine Partner mit, und Du weißt gar nicht, ob die das wünschen.

6. *Sprich direkt!* Wenn Du jemandem aus der Gruppe etwas mitteilen willst, so sprich ihn direkt an, zeige ihm durch Blickkontakt, daß Du ihn meinst, sprich nicht über einen Dritten zu einem anderen und sprich nicht zur Gruppe, wenn Du eigentlich einen bestimmten Menschen meinst.

7. *Eigene Meinungen statt Fragen!* Wenn Du eine Frage hast, dann sage, warum Du sie stellst. Auch Fragen sind oft eine Methode, sich und die eigene Meinung nicht zu zeigen. Außerdem können Fragen oft inquisitorisch wirken und den anderen in die Enge treiben. Äußerst Du aber Deine eigene Meinung, so hat es der andere viel leichter, Dir zu widersprechen oder sich Deiner Meinung anzuschließen.

Es kostet nur wenige Minuten, diese sieben Regeln zu lesen. Den wesentlichen Inhalt kann man sich vermutlich in einer halben Stunde gut einprägen. Aber es ist ein langwieriger Prozeß von Monaten, zu lernen, sich nach diesen Regeln in all den Fällen zu richten, in denen man das selbst für erwünscht oder sachlich geboten hält. Die Veränderung von eingeschliffenen Verhaltensgewohnheiten durch Einsicht ist ein sehr mühseliges Geschäft und gelingt nur selten. Vor allem ist dazu die Gelegenheit zur systematischen Einübung erforderlich, und das geht im allgemeinen nicht ohne sachkundige Hilfe, am besten in eigens dazu eingerichteten Trainingsgruppen. Zur Gestaltung solcher Trainingsveranstaltungen vgl. vor allem Fittkau et al. (1974); Däumling et al. (1974); Sader et al. (1976); diese Arbeiten sind durchgehend eher programmatisch orientiert. Ergebnisse solcher Verfahrensweisen etwa bei Cooper & Mangham (1971); Gebert (1972) und vor allem in der materialreichen Monographie von Lieberman et al. (1973).

Argumente gegen eine vom Kontext isolierte Interaktionstechnologie

Wenn das Problem der Verbesserung von Informationstausch auf dieser pragmatisch-hemdsärmeligen Ebene abgehandelt wird, so ist das den meisten Psychologen eher unbehaglich. Das mag eine Vielzahl von Gründen haben, deren Berechtigung hier nicht im einzelnen diskutiert werden soll. Sicher gehört die Ambition vieler Psychologen zur Generierung szientifischer Phrasierungen auch dazu: Unverständlichkeit als wesentliche Voraussetzung dafür, für wissenschaftlich bedeutend gehalten zu werden. Ich will mich in diesem Zusammenhang darauf beschränken, zwei Argumentationsrichtungen anzudeuten.

1. *Interaktionstechnologie ist ein unzweckmäßiger Ansatzpunkt.* Die gegenwärtige Verfahrensweise beim Informationsaustausch in Gruppen ist (wie alles andere Geschehen in der Gesellschaft) aus Gründen, die man erforschen kann, so und nicht anders geworden. Sie ist zweifellos gesellschaftlich vermittelt. Es wird daher oft argumentiert, es bleibe ein bloßes Herumkurieren an Symptomen, wenn man die Technologie der Verfahrensweise isoliert verändern will, anstatt in der Gesellschaft allgemein und generell Bedingungen zu schaffen, die dem „herrschaftsfreien Dialog" (Habermas & Luhmann, 1971, 136 ff.) oder der „idealen Sprechsituation" günstiger sind. Bei einer solchen Argumentation wird allerdings leicht übersehen, daß auch jede Veränderung der Gesellschaft durch Schule, Medien und politisches Handeln des einzelnen in vielfältiger Weise auf besseren Informationsaustausch angewiesen ist, als er heute zumeist üblich ist. Das spräche eher für eine Gleichrangigkeit der Bemühungen, vielleicht auch für vorrangige Verminderung der wesentlichen Behinderungen im Informationsaustausch.

2. *Pragmatische Regeln sind als bloße Wahrscheinlichkeitsaussagen ohne Kontext unbrauchbar.* Die sieben Regeln gelten keineswegs für alle denkbaren Fälle von Informationsaustausch in Gruppen. Wir können uns leicht für jede dieser Regeln Situationen vorstellen, in denen es grundfalsch wäre, sich nach ihnen zu richten. Selbst der plausible Ratschlag „Sprich kürzer!" ist schon dann falsch, wenn ich in der Gruppe die Entwicklung von Gegenargumenten verhindern oder den Entscheidungsprozeß verschleppen will. Die Technik des Filibusterns hat ihren Sinn.

Filibustern ist (in der amerikanischen Parlamentssprache) eine Bezeichnung für die Verschleppungstaktik einer Minderheit durch langatmiges Reden. Damit soll die Abstimmung über mißliebige Mehrheitsanträge verhindert werden. Die Technik spielt vor allem bei Bürgerrechtsvorlagen zu Rassenfragen in den amerikanischen Südstaaten eine Rolle, daneben auch in den Redeschlachten der Weimarer Republik. Auch in der Zeit nach 1968 war diese Technik insbesondere bei linken politischen Gruppen üblich: zur Ausschaltung der Mehrheit, etwa der Werktätigen bei Parteiversammlungen oder der inhaltlich-fachlich interessierten Studenten bei Studentenvollversammlungen, gibt es kein besseres Mittel als langatmige und unverständliche Grundsatzdebatten. Die Beschränkung des Rederechts galt in dieser Zeit weitgehend als undemokratisch, Notmaßnahmen zur Beendigung waren dann etwa Regeln wie „nach 24 Uhr darf kein neuer Tagesordnungspunkt angefangen werden" oder endlose Vertagungen.

Auch die eigenen Interessen unbefangen und aufrichtig zu äußern, gilt in den meisten Interaktionen als Zeichen mangelnden Verhandlungsgeschicks. Wahrscheinlich gelten Interaktionsregeln wie diese im allgemeinen nur für Gruppen, in denen weitgehend grundsätzliche Übereinstimmung für alle Mitglieder angenommen werden darf. Für die Auseinandersetzung mit Gegnern, denen man selbst den guten Willen abspricht, im Interesse der Sache zu handeln, sind andere Regeln zweckmäßiger. Zumal wenn die Interaktionspartner einander wechselseitig unterstellen, gegen die Interessen des durchschnittlichen Staatsbürgers zu handeln, dann sollte man seine Ratschläge eher von Macchiavelli oder von Balthasar Gracians „Handorakel und Kunst der Weltklugheit" beziehen:

„Über sein Vorhaben in Ungewißheit lassen . . ." (3); „. . . die Daumenschrauben eines jeden finden . . ." (26); „Stichelreden kennen und anzuwenden verstehen . . ." (37); „. . . nie von sich reden . . ." (67); „. . . mit der fremden Angelegenheit auftreten um mit der seinigen abzuziehen . . ." (144); „. . . den vertraulichen Fuß im Umgang ablehnen . . ." (177); das alles sind Ratschläge von Balthasar Gracian (1653), zit. nach der Übersetzung Schopenhauers (Stuttgart, 1946), die mir für die feindselige Interaktion, bei der sich die Partner wechselseitig für eine Art Schädlinge halten, angemessener erscheinen.

Weil die Anzahl möglicher Kontextvariablen groß und kaum überschaubar ist, kann man sich generelle Regeln für die Anwendung oder Nichtanwendung dieser Regeln schlecht vorstellen. Erst recht ist eine wissenschaftlich verantwortbare Ableitung dieser Regeln für den konkreten Fall kaum denkbar. Daraus folgt, daß es sicher nicht gerechtfertigt ist, jemandem für den Informationsaustausch in Gruppen eine generelle Verhaltensänderung in Richtung auf Beachtung dieser Regeln nahezulegen oder aufzudrängen. Stattdessen erscheint mir hier das Paradigma einer Verhaltensrepertoire*erweiterung* angemessener als das einer Verhaltens*änderung*. Es ist sinnvoll, Verhaltensalternativen zu erlernen, einzuüben und praktisch zu erproben; jeder einzelne sollte im einzelnen Fall aber selbst entscheiden, ob er oder sie sich im konkreten Fall nach einer Regel richten will oder nicht.

146

Statt dessen: Meta-Ratschläge

Die Verbesserung von Informationsprozessen ist ein wesentliches Thema vieler Gruppen. Die Schwierigkeiten bei der Gruppenarbeit sind oft darauf zurückzuführen, daß der Austausch wesentlicher Informationen nicht funktioniert. Das gilt für die Kleinstgruppe der Ehe und Familie (Bach & Deutsch, 1972; Mandel et al., 1971), und es gilt für viele Arbeitsgruppen. Inhaltlich zentrierte Ratschläge zur Verbesserung des Informationsflusses mögen dabei in manchen Fällen anregend und nützlich sein (Hepke, 1975, 53 ff.; Cohn, 1975; Rogers, 1969), aber sie sind oft nicht realisierbar und nicht einmal übermittelbar, und in vielen Fällen sind sie von außen auch nicht sachgerecht zu ermitteln. Es gibt vielerlei Aufgaben, vielerlei Gruppen und vielerlei Situationen. Daher wäre es in vielen Fällen angemessener, nicht inhaltlich zentrierte Handlungsanweisungen zu suchen, sondern Hilfestellungen zu geben, mit denen eine Gruppe in die Lage versetzt wird, sich selbst zu helfen. Notwendig und hilfreich wären dazu Ratschläge zur Generierung von Ratschlägen, gewissermaßen Ratschläge zweiter Ordnung oder Meta-Ratschläge. Ich versuche zwei solcher Meta-Ratschläge zu formulieren, die Stichworte heißen Thematisierung und Eigenverantwortung.

1. Thematisierung

Wenn es in einer Gruppe Schwierigkeiten im Informationsaustausch gibt, dann kann es eine wesentliche Hilfe sein, den Sachverhalt in der Gruppe und mit den Mitgliedern gemeinsam zum Thema zu machen. Dieser Ratschlag geht davon aus, daß nur die Mitglieder der Gruppe selbst das Bedingungsgefüge ihrer konkreten Situation angemessen überschauen und die Nützlichkeit von Ratschlägen zur Verbesserung abschätzen können. Diese Thematisierungsregel gilt nicht für die Feuerwehr im Katastropheneinsatz und nicht für plötzlich auftretende Probleme bei Herzoperationen. Sie ist gedacht für längerfristig zusammenarbeitende oder zusammenlebende Gruppen. Voraussetzung ist, daß sich die Gruppe einen gewissen Zeitaufwand leisten kann und will. Überzeugende Beispiele für die Brauchbarkeit dieses Meta-Ratschlags befinden sich in der modernen Beratungspraxis des Psychotherapeuten, vor allem in der Ehetherapie. Lesenswerte Beispiele, auch über den dort besprochenen Bereich hinaus anregend und überzeugend, etwa bei Mandel et al. (1971), bei Bach & Deutsch (1972). Auch in der von Rogers entwickelten Gesprächspsychotherapie ist dies einer der zentralen Grundgedanken (vgl. etwa Bommert, 1982[3]), keine Lösungsvorschläge anzubieten, sondern als ersten Schritt die Thematisierung, die Verbalisierung, die gründliche Herausarbeitung der eigenen Sichtweise des Problems durch die Beteiligten anzuregen.

2. Eigenverantwortung

Wenn es den Gruppenmitgliedern gelungen ist, die wesentlichen Informationen über ihr Interaktionsverhalten auszutauschen und zu verarbeiten, dann sollten sie selbst aufgrund ihrer Kenntnisse, ihrer Möglichkeiten und ihrer Situations- und Kontextbeurteilungen entscheiden, ob und in welcher Weise sie Verfahrensweise und/oder Strukturen der Gruppe verändern wollen. Das ist dann einmal eine Sache der *subjektiven Verantwortung*; sie wird beim Einholen von Ratschlägen zu leicht auf den Beratenden delegiert, was für Gruppenprozeß und -entwicklung zumeist ein Nachteil ist. Andererseits ist es eine Frage der Kontextbeurteilung: Die Mitglieder der Gruppe selbst können vielfach die Angemessenheit oder Unangemessenheit von inhaltlichen Ratschlägen besser beurteilen als der außenstehende Ratgeber.

Das Zauberwort Feedback: Schiefe Modelle und zu hohe Ansprüche

Wenn eine Gruppe die Informationsprozesse der eigenen Gruppe zum Thema macht, dann handelt es sich gewissermaßen um Kommunikation über Kommunikation. Watzlawick, Beavin & Jackson (1969) haben dafür in Anlehnung an Hilberts Unterscheidung von Mathematik und Metamathematik die Bezeichnung Metakommunikation vorgeschlagen. Der Begriff hat sich in Psychologie und Kommunikationsforschung rasch eingebürgert, wird aber unterschiedlich weit definiert. Watzlawick et al. geben keine explizite Definition, meinen damit im allgemeinen recht unspezifisch jedes Reden über die Kommunikation. Als didaktischer Hinweis ist eine so weite Kommunikation sicher nützlich, forschungsstrategisch sind im allgemeinen engere Definitionen günstiger. Es ist daher zweckmäßig, im Zusammenhang mit empirischer Forschung und Operationalisierung nur die *intendierte und explizierte Kommunikation über Kommunikation als Metakommunikation zu bezeichnen*. Bislang wird der Begriff Metakommunikation hauptsächlich als unspezifische Sammelbezeichnung für jedes Reden über einen Sachverhalt benutzt; Denk- und Verlaufsmodelle sowie theoretische Aufarbeitungen fehlen noch weitgehend. Sucht man daher nach kleineren handlichen Analyseeinheiten, so bietet sich in erster Linie der Begriff der Rückmeldung oder des Feedback an. Man kann in erster Annäherung Feedback als den Teil des Redens über Kommunikation ansehen, der am Handeln und Verhalten einzelner Personen ansetzt und in Gegenwart dieser Personen geschieht. Feedback wäre dann eine Teil-

148

menge der Metakommunikation. Doch wird der Begriff auch vielfach weiter gefaßt und bezieht sich dann auch auf Handeln und Verhalten außerhalb der konkreten Interaktionssituation. Für Feedback-Prozesse innerhalb des Interaktionssystems einer Gruppe erscheint mir die (enge) Definition von Lehmenkühler & Roscher (1975) geeignet: „Feedback ist eine Information darüber, wie A das Verhalten einer anderen Person B wahrnimmt und/oder erlebt, und/oder eine Information darüber, welche Reaktionen dieses Verhalten bei A auslöst auf der Verhaltensebene und/oder auf der Gefühlsebene und/oder der Beziehungsebene" (1975, 120).

Es ist deutlich, daß solche Rückmeldungen eine ganz zentrale Rolle im Zusammenleben von Menschen haben. So ist Lernen ohne angemessene Rückmeldung über die Richtigkeit / die Beurteilung / die Bewertung von eigenem Handeln und Verhalten kaum möglich; jedenfalls verbessert angemessene Rückmeldung im allgemeinen das Lernergebnis. Wenn es jedoch um Rückmeldeprozesse in Gruppen geht, liegen die Dinge komplizierter, und es lohnt sich, sich den Sachverhalt etwas näher anzusehen (vgl. etwa Lehmenkühler, Roscher & Theis, 1976).

Ein System aus Feedback-Schleifen: Ein verlockendes Denkmodell

Wenn in einer Gruppe Metakommunikation über Informationsprozesse der Gruppe stattfindet, dann kann man wesentliche Teile der Interaktion als Feedback im Sinne unserer (engen) Definition klassifizieren:

... Ich fand es hilfreich für uns, daß Du ab und zu den Stand der Diskussion zusammengefaßt hast.

... Ich habe mich darüber geärgert, daß Du mir überhaupt nicht zugehört hast.

... Bei Deinen langen Monologen kann ich nicht gut zuhören.

... Du hast mich drei- oder viermal mitten im Satz unterbrochen.

Es ist verlockend und weitgehend üblich, sich solche Interaktionsverläufe als ein System von Feedback-Schleifen zu strukturieren: A hat ein Verhalten gezeigt; B gibt eine Rückmeldung darüber wie er oder sie das erlebt hat und/oder bewertet. A kann daraufhin das eigene Verhalten und die Wirkung auf andere besser einschätzen und gegebenenfalls verändern. Seine Reaktionen wirken dann wiederum als Feedback auf B. Das Modell ist besonders beliebt in der Kleingruppenforschung, zumal in der Literatur über gruppendynamische Trainingsveranstaltungen. So etwa Fritz (1974, 51):

Im Grunde ließe sich daher das Interaktionssystem jeder Gruppe als Feedback-System beschreiben: Aktionen und Reaktionen innerhalb der Gruppe (seien sie verbal oder averbal) erfolgen, weil das Verhalten anderer in spezifischer Weise wahrgenommen wurde.

In ähnlicher Weise ist für die meisten Autoren im Bereich angewandter Gruppendynamik Feedback ein zentraler Begriff. Dabei ist ein solcher Steuerungsprozeß von Verhalten durch Verhaltensbewertung nun nicht allein auf das Geschehen in Gruppen beschränkt: Man kann wesentliche Teile des Erziehungsprozesses und, weiter noch, wesentliche Teile des Sozialisationsgeschehens unter dem Blickwinkel von Feedback-Prozessen strukturieren.

Der Thermostat an der Ölheizung

Der Ausdruck Feedback stammt aus der Kybernetik und meint ganz allgemein die Rückmeldung des Geschehens zum Zweck der weiteren Beeinflussung des Verlaufs. Es ist teilweise üblich, die Begriffe *Feedback* und *Rückmeldung* gleichbedeutend zu verwenden und damit lediglich den Übermittlungsvorgang bzw. dessen Inhalt zu bezeichnen. In der Gruppenarbeit wird mit Feedback bzw. Feedback-Prozessen zunehmend häufiger der ganze Regelkreis im Falle einer Rückkoppelung gemeint. Feedback-Prozeß ist dann ein vollständiger Kreisprozeß, in dem zwei oder mehr Beteiligte gleichzeitig bzw. wechselseitig als Sender und Empfänger für Interaktionen dienen, die Verhalten bei der Interaktion steuern. Das immer wiederkehrende Demonstrationsbeispiel ist der Thermostat im Wohnzimmer, der über ein Thermometer die Raumtemperatur mißt und Impulse an den Brenner der Ölheizung weitergibt: Wenn die Raumtemperatur unter der Soll-Lage ist, wird die Heizung in Gang gesetzt, wenn die Ist-Lage und die Soll-Lage übereinstimmen, wird der Brenner abgeschaltet.

Es ist eine legitime Eigenschaft von Modellen, Vereinfachungen gegenüber der zumeist sehr komplexen Realität zu sein. Aber gerade in den populären Teilen der Psychologie sind wir in einem derartigen Ausmaß mit Trivialmodellen gestraft, daß es mir nützlich erscheint, die wesentlichen Unzulänglichkeiten des Thermostaten-Modells für Rückmelde- und Steuerungsprozesse in der Gruppe aufzulisten.

Sechs wesentliche Unzulänglichkeiten des Thermostaten-Modells

1. Da ist zunächst einmal die *Anzahl der Dimensionen*, in denen sich das Geschehen abspielt. Der Thermostat begnügt sich damit, Daten in einer Dimension (Raumtemperatur) aufzunehmen und eines von zwei

Signalen zu senden: Heizen oder Nicht-Heizen. In Gruppenprozessen ist es dagegen üblich und meist unvermeidlich, Nachrichten über zahlreiche Prozeßvariablen gleichzeitig auszutauschen.

— Ich fand das Klima frostig.
— Du hast mich nicht ausreden lassen.
— Ich kann dich gut leiden.
— Wir hätten den Begriff der Pseudo-Kontingenz stärker herausarbeiten sollen.

Und wenn dabei gleichzeitig zwölf Sender und Empfänger tätig werden können, dann läßt sich das alles wohl kaum für die Beteiligten kognitiv verarbeiten, selbst dann nicht, wenn Gruppenmitglieder nur geordnet nacheinander reden. Der Sachverhalt in der Gruppe ist also außerordentlich vielschichtiger.

2. Wenn bei einem komplexen Thermostatenmodell mehrere Leitungen notwendig sind, so werden sie im allgemeinen vorzüglich gegeneinander isoliert. Das ist bei Feedback-Prozessen in Gruppen nicht der Fall: Sie wirken nicht nur von Sender zu Adressat, sondern in nicht vorhersehbarer Weise auf andere Gruppenmitglieder. Sie können für diese irrelevant sein, sie können aber auch Schaden oder Nutzen stiften. Zu denken ist hier vor allem an Prozesse wie Einfühlung, stellvertretendes Lernen und Identifikation, die bereits bei einem relativ distanzierten Geschehen im Theater oder Film eine erhebliche Wirkung zeigen können und sicher für Gruppenprozesse eine zentrale Rolle spielen.

3. Bezugssystemprobleme bei Aussagen über Verhalten sind methodologisch kaum angehbar: Jedes in einer Aussage benutzte Eigenschaftswort impliziert ein Bezugssystem hinsichtlich dieser Eigenschaft, und für eine Verständigung wäre (von allen definitorischen Problemen einmal ganz abgesehen) eine zumindest leidliche Übereinstimmung bei Sender und Empfänger erforderlich. Diese ist selten gewährleistet, und das vermindert die Qualität von Feedback-Nachrichten für den Empfänger u.U. beträchtlich.

4. Der Sender eines Feedbacks sendet Botschaften, die durch sein eigenes Wahrnehmungs- und Denksystem bereits gefiltert sind. Er oder sie erlebt einen Sachverhalt in bestimmter Weise, und er oder sie kann nur in eigenen Denkkategorien verbalisieren.

5. Auch der Empfänger eines Feedback nimmt nicht die gesendete Botschaft wahr, sondern verändert diese durch Aufnahmefilter und Einordnung in das eigene kognitive System.

6. Und schließlich wird die Botschaft nicht wie beim Heizungsbrenner in Verhalten umgesetzt, sondern kann eine Vielzahl anderer Wirkungen haben; vor der Verhaltensveränderung, anstelle der Verhaltensveränderung und nach der Verhaltensveränderung. Eine Aussage dar-

über, wie jemand mein Verhalten erlebt hat oder bewertet, kann stabilisierend, labilisierend oder verändernd wirken auf

- meine Werthaltungen,
- mein Selbstbild,
- meine Meinung über den Sender der Botschaft,
- meine Meinung über den gegenwärtigen Gruppenprozeß.

Die direkte und unmittelbare Veränderung meines Verhaltens in Richtung auf das alte Feedback ist (glücklicherweise) nur eine der Möglichkeiten. Auch hier verdeckt die Analogie zum Einfachstmechanismus des Thermostaten-Modell den komplexen Sachverhalt eher, als daß sie zur Aufklärung beitrüge.

Vor allem aber sollten wir uns hüten, das vereinfachte Rückkoppelungsmodell mit vereinfachter Lerntheorie zu koppeln und Rückmeldungen mit positiven oder negativen Verstärkungen gleichzusetzen. Es ist in den letzten Jahren häufig darauf hingewiesen worden, daß der Quasi-Automatismus zwischen Verstärkung und Verhaltensänderung nur ein Artefakt reduzierter Laboratoriumsbedingungen ist. Im komplexeren Alltag sind hier kognitive Verarbeitungsprozesse zwischengeschaltet, die die Art der Folgen von Verstärkung maßgeblich mitbestimmen (vgl. Mischel, 1973; 1976; Rotter et al., 1972; besonders gründlich und ausführlich Bandura, 1986, vor allem Seite 67 ff.).

Vorschlag: Größere Analyseeinheiten und ein breiterer lerntheoretischer Ansatz

Die Versuchung ist groß, als Denkhilfe für die Strukturierung von Feedback-Prozessen den einzelnen Regelkreis zu wählen. Trotz aller Erkenntnisse der Gestalttheorie sind wir in der Psychologie immer noch dauernd bestrebt, psychisches Geschehen in einzelne Elemente zu zerlegen. Fast alle Verlaufsdiagramme arbeiten mit solchen Mikroeinheiten: ein Sender, ein Empfänger, zwei oder drei Interaktionen isoliert vom Kontext. Wenn wir die komplexere Alltagssituation von Rückmeldeprozessen in Gruppen nicht völlig ignorieren wollen, scheinen mir drei Anregungen für Analyse und praktisches Handeln notwendig:

1. Es gibt offensichtlich keine Alternative zu kybernetischen Modellen. Denn zweifellos wird das Interaktionsgeschehen zwar auch durch kognitive Strukturen der Beteiligten durch Werthaltungen, Einstellungen, Erwartungshaltungen gesteuert, aber es gibt auch die wechselseitige Beeinflussung im Sinne von Regelkreisen. Dabei wird man vermutlich die Akzente — und die Forschungsbemühungen der nächsten Jahre — verstärkt auf die kognitiven Strukturen und deren Auswirkungen richten müssen und nicht vorschnell davon ausgehen dürfen, daß Rückmeldungen im Normalfall unser Verhalten mehr oder weniger direkt steuern (hierzu insbesondere nachdrücklich Bandura, 1986).

2. Wir sollten dabei vorzugsweise in größeren Analyseeinheiten denken. Es ist methodisch schwierig und inhaltlich unergiebig, bei einer Diskussion von zwölf Teilnehmern einzelne Feedback-Schleifen herauszupräparieren. Man könnte „soziale Episoden" als kleinste Einheiten wählen (vgl. Piontkowski, 1976, Kap. 4), wahrscheinlich ist es jedoch zumeist nützlicher, Rückmeldeprozesse in noch größeren Einheiten zu betrachten: Doppelstunden, Wochenendkurse, Trainingsveranstaltungen, Lehrveranstaltungen über ein Semester hinweg. Bei einer solchen global-kybernetischen Betrachtungsweise würde dann nicht die einzelne Interaktion im Mittelpunkt stehen, sondern die generelle Richtung von Rückmeldungen. Nicht ob C um 7.55 Uhr gesagt hat, daß ihr die langen Monologe von F auf die Nerven gehen, sondern ob durchgängig das Problem der Interaktionslänge thematisiert worden ist und damit Rückmeldungen für die Gruppe in einer bestimmten Richtung gegeben worden sind, wäre zu fragen. Wenn dabei die einzelnen Interaktionsitems eine Rolle spielen, so in erster Linie in einem statistischen Denkansatz: Bei welcher Häufigkeit von Thematisierungen des Problems der Interaktionslänge haben wieviel Teilnehmer sich auf kürzere durchschnittliche Interaktionsitems umgestellt?

3. Konsequenterweise sollten wir auch nicht in erster Linie mit dem Denkmodell der isolierten positiven oder negativen Verstärkung an die Analyse von Gruppengeschehen und das praktische Handeln in Gruppen herangehen. Vielmehr erscheint es zweckmäßiger, solche lerntheoretischen Ansätze zu bevorzugen, die auf längere zeitliche Erstreckungen, komplexere Situationen und Einbeziehung kognitiver Vermittlungsprozesse hin angelegt sind. So schreibt etwa Bandura der Verstärkung für die Aneignung von Verhalten lediglich eine unterstützende Funktion zu und bezieht auch stellvertretende Verstärkungsprozesse sowie Selbstverstärkung ein. Nur bei einem solchen breiteren Ansatz lassen sich dann auch übergreifende Beziehungen einbringen, wie die positive emotionale Beziehung zwischen den Beteiligten als Voraussetzung für Lernprozesse und als Inhalt solcher Lernprozesse.

Status und Information: Die Lagebesprechungen im Führerhauptquartier

Unter den vielen Variablen, die den Informationsfluß in Gruppen beeinflussen können, ist der Status der Mitglieder besonders plausibel und dementsprechend häufig untersucht worden. In Denken und Begriffssprache des Psychologen ist dabei Status etwas, was durch die Phänomene der Beteiligten (und nicht von außen) definiert und operationalisiert werden muß: im Betrieb muß z.B. (erlebter) Status nicht mit der Stellung in der Betriebshierarchie übereinstimmen, bei einer militärischen Gruppe nicht an den Rangabzeichen der Mitglieder ablesbar sein. Cohen definiert in Anlehnung an Kelley (1951): Status kann als die einer gegebenen Position eigene Erwünschtheit und Befriedigung definiert werden; eine Statusposition ist hoch, wenn sie als wünschenswert und befriedigend für ihren Inhaber gilt (1958, 516). Bei einer solchen Sichtweise wird durchaus mit der Möglichkeit gerechnet, daß die Statuszuschreibung bezüglich einzelner Mitglieder uneinheitlich sein kann. Ich erlebe meinen Status in der Gruppe anders als einige der Mitglieder, vielleicht auch anders, als die Gesamtheit der Gruppenmitglieder. Der eine Teilnehmer im Seminar nimmt mich als still und schüchtern wahr, die ganze Gruppe im Seminar hat den Eindruck, ich bin nicht still, sondern mein Verhalten ist überlegt, ich äußere mich selten, aber wenn ich mich zu Wort melde, sind meine Äußerungen zu einem Sachverhalt so, daß sie den „Punkt treffen" und konstruktiv sind; ich selber sehe meinen Status in der Seminargruppe als unbedeutend.

Ich will aus der Vielzahl möglicher Zusammenhänge zwischen Status und Informationsprozeß drei Aspekte herausgreifen, die *Informationsmenge*, die *Beachtung versus Nichtbeachtung* und die *Veränderung* von Information in Abhängigkeit vom Status der Beteiligten.

Daß die Menge an Informationsabgabe positiv mit dem erlebten Status der Gruppenmitglieder korreliert, ist zumindest in Extremfällen deutlich zu zeigen. Der Statushohe darf mehr reden. So sind etwa stenographische Protokolle der sogenannten Lagebesprechungen in Hitlers Führerhauptquartier überliefert, bei denen überdeutlich wird, daß Hitler sich weitgehend auf Informationsabgabe beschränkt hat, wobei der Begriff der Information freilich sehr weit gefaßt werden muß. Ich habe die relativen Redemengen bei einer Besprechung (31. Juli 1944) ausgezählt, wobei leider die Anzahl der Anwesenden nicht angegeben ist. Nach Aussagen von Augenzeugen dürfte es sich im allgemeinen um acht bis zwölf Teilnehmer gehandelt haben. In Buchzeilen umgerechnet (Heiber, 1963, 242 − 271) sind dabei die Redeanteile etwa folgendermaßen verteilt:

Hitler	940 Zeilen
Jodl	49 Zeilen
Fegelein	27 Zeilen
von Below	22 Zeilen
	1 038 Zeilen

Das ist freilich ein extremes Beispiel. Auch in den Lagebesprechungen gibt es Passagen, in denen Hitler Informationen aufgenommen hat; allerdings wenige, in denen er die Meinungen anderer länger als einige Sätze lang angehört hätte. Auch ist Hitler in seinem Kommunikations-

154

verhalten sicher ein Extremfall. Die meisten unter denen, die ihn erlebt haben, fanden seine langen Monologe oft ermüdend, voll von Wiederholungen und in den inhaltlichen Auffassungen oft schief und verrannt. Doch wird die allgemeine Gesetzmäßigkeit von Status und Information auch an weniger spektakulären Beispielen immer wieder bestätigt. Die relativen Redezeiten der statushohen Mitglieder sind auch unter Laborbedingungen im allgemeinen besonders hoch (vgl. etwa Secord & Backman, 1964, 294 f.). Die relativ hohen Redelängen der Statushohen haben zwei wesentliche Konsequenzen für den Informationsaustausch.

1. Die Informationsinhalte der Statushohen werden besser in die Gruppe eingebracht und für die Gruppe nutzbar gemacht als die der Statusniederen. Das kann ein Vorteil für die Arbeit der Gruppe sein, in anderen Fällen die Arbeit beeinträchtigen, in wieder anderen Fällen eine gemeinsame Arbeit völlig ausschließen.

2. Die Statushohen erhalten dementsprechend weniger Information als die Statusniederen. Wenn Informationen dabei in einem weiten Sinne gefaßt sind und Fakten, Meinungen, Denkanstöße, Alternativlösungen usw. umfassen, dann ist deutlich, daß dieser Mechanismus unerwünscht und gefährlich sein kann. Er kann dazu führen, daß gerade der Statushohe (der nachher die Entscheidungen zu fällen hat) am wenigsten aus dem „Gedankenaustausch" der Mitarbeiterbesprechung oder der Konferenz (von lateinisch conferre: zusammentragen) profitiert.

Eine solche Informationsbeeinträchtigung kann eine explizite oder eine stillschweigende Norm sein. Ein Beispiel für weitgehend explizite Normen, wie sie in Diktaturen wohl häufig vorkommen, gibt Albert Speer in seinen Erinnerungen:

Am 24. Januar 1945 suchte Guderian Außenminister von Ribbentrop auf. Er erläuterte ihm die militärische Lage und erklärte dann bündig, daß der Krieg verloren sei. Ängstlich lehnte von Ribbentrop jede eigene Stellungnahme ab und versuchte, sich aus der Affäre zu ziehen, indem er sofort Hitler mit dem Ausdruck der Verwunderung darüber informierte, daß der Generalstabschef sich eine eigene Auffassung über die Kriegslage gebildet hatte. Erregt erklärte Hitler zwei Stunden später in der Lagebesprechung, daß er defätistische Äußerungen dieser Art in Zukunft in aller Schärfe ahnden werde. Jeder seiner Mitarbeiter habe nur das Recht, sich an ihn unmittelbar zu wenden: „Verallgemeinerungen und Schlußfolgerungen über die Gesamtlage verbitte ich mir auf das entschiedenste! Das bleibt meine Angelegenheit! Wer in Zukunft einem anderen gegenüber behauptet, daß der Krieg verloren ist, wird als Landesverräter behandelt, mit allen Folgen für ihn und für seine Familie. Ich werde ohne Rücksicht auf Rang und Ansehen durchgreifen." Niemand wagte ein Wort. Schweigend hatten wir zugehört, schweigend verließen wir den Raum. Von nun an erschien zur Lagebesprechung des öfteren ein zusätzlicher Gast. Er hielt sich ganz im Hintergrund, seine Gegenwart allein war überaus wirkungsvoll: es war der Chef der Gestapo, Ernst Kaltenbrunner (1969, 430 f.).

Der bei weitem häufigere Fall dürfte der der stillschweigenden impliziten Norm sein. Dabei muß man vermutlich gelegentlich auch mit dem Fall rechnen, daß diese impliziten Normen im Gegensatz zu dem stehen, was der Ranghöhere eigentlich will. Im übrigen ist es keine zwingende Gesetzmäßigkeit, daß der Statushöhere den Informationsfluß grundsätzlich nachteilig beeinflußt, wenn es wohl auch häufig genug vorkommen mag. Der Statushöhere kann im Prinzip seine Macht auch dazu benutzen, einen besseren oder gar optimalen Informationsaustausch zu erreichen oder gar zu erzwingen. Aber wir Menschen hören im Zweifelsfalle zumeist lieber uns selbst als andere Leute reden, und Macht in Redezeit umzusetzen ist ein häufiger Vorgang.

Man muß dabei berücksichtigen, daß ein solcher Prozeß nicht nur allein dem Statushöheren anzulasten ist. Die statusniederen Mitglieder der Gruppe verhalten sich meist komplementär dazu und sorgen für den nötigen Freiraum. Das kann soweit gehen, daß die Kommunikation bei großen Rangdifferenzen auch dann nicht funktioniert, wenn der Ranghöhere (leutselig oder ehrlich interessiert) Informationen aufzunehmen wünscht: der Bundeskanzler und der Mann aus dem Volke, der huldvolle Kaiser und der subalterne Beamte. Zumeist sind solche Kombinationen eher als Photo für die Presse und nicht als Gelegenheit für Informationsaustausch geeignet (und wohl auch so gedacht).

Wenn es in einer Gruppe auf Informationsaustausch ankommt und es dabei sinnvoll ist, möglichst viele Informationen von möglichst vielen Teilnehmern der Gruppe verfügbar zu machen, dann sollte man dies daher durch feste Regeln zu sichern versuchen.

Bei der Marine einiger Länder soll es z.B. früher üblich gewesen sein, daß bei schwerwiegenden Entscheidungen, die auf hoher See vom Offizierskorps alleine getroffen werden mußten, die Reihenfolge der Äußerungen vorher festgelegt war, und zwar dem jeweiligen Dienstrang entgegengesetzt. Der jüngste Offizier mußte sich zuerst äußern, der Kapitän zum Schluß. Das ist ein gutes Beispiel für den Fall, daß hier Maßnahmen möglich sind, wenn man sie nur will. Auch die Festlegung eines Diskussionsleiters, die nachdrückliche Einhaltung der Meldereihenfolge und dergleichen können eine Diskussion anreichern.

Beachtung versus Nichtbeachtung. Man kann anstelle der Informationsabgabe auch die Aufnahme der Information zum Thema machen. Nicht alle Informationen, die in der Gruppe verbalisiert werden, werden von den Mitgliedern der gemeinsamen Diskussion aufgenommen. Es läßt sich vielmehr zeigen, daß auch hier der Statushöhere entscheidende Vorteile hat.

So konnten etwa Keil & Piontkowski zeigen, daß in Universitätsseminarveranstaltungen Informationen bevorzugt dann aufgenommen werden, wenn sie vom Dozenten stammen. Auffallend an den studenteninternen Informationen ist die Ablehnung eines reinen Informationsaustausches. Beginnt ein Student Wissen zu produzieren, begegnet man ihm mit Ablehnung und Feindseligkeit (Keil & Piontkowski, zit. nach Piontkowski, 1973, 75).

Da den meisten von uns dieser Sachverhalt wohl aus dem Alltag geläufig sein dürfte, beschränke ich mich hier auf ein illustratives Demonstrationsbeispiel aus der Tierpsychologie. Es handelt sich um einen Bericht des japanischen Zoologen Masao Kawai (1967) über Rotgesichtsmakaken:

Eines Tages, im Herbst 1953, machte ein im wilden Trupp lebendes andertalbjähriges Affenweibchen, dem die japanischen Beobachter den Namen Imo gegeben hatten, eine reguläre Erfindung. Am Seeufer hatte es eine mit Sand verschmutzte Süßkartoffel gefunden und tauchte sie (zunächst wohl rein zufällig) ins Wasser. Der Sand ging ab. Die Äffin half noch etwas mit den Händen nach, wusch die Süßkartoffel also sauber und bemerkte danach, daß die gewaschene Frucht viel besser schmeckte als die dreckige Knolle. Damit leitete Imo . . . jene Affenkultur ein, durch die ihre kleine Insel Koshima berühmt werden sollte. Einen Monat später fing nämlich einer von Imos Spielgefährten ebenfalls an, die Süßkartoffel vor dem Essen zu waschen. Nach vier Monaten hatte sogar Imos Mutter von ihrer Tochter diese „hauswirtschaftliche" Tätigkeit erlernt! Allmählich verbreitete sich dieses Verhalten im freilebenden Trupp unter Müttern und Kindern, Geschwistern, Altersgenossen und Spielkameraden. 1957, also nach vier Jahren, hatten es sich bereits 15 Makaken zu eigen gemacht. Allerdings lernten es nur Kinder und Weibchen. Die Männchen waren offenbar viel zu stolz oder zu stur, Erfahrungen von Minderjährigen anzunehmen . . . So übertrug sich die neue Errungenschaft in der ersten Zeit nur von den Kindern auf die Mütter und von den jüngeren Geschwistern, also von Imos Spielgefährten, auf ältere. Erst später, als das Süßkartoffelwaschen schon ziemlich verbreitet war, brachten es die Mütter wiederum ihren inzwischen neugeborenen Kindern bei. Auf diese Weise beherrschten nach insgesamt zehn Jahren 42 der 49 Tiere starken Horde das einstmals von einem jungen Mädchen erfundene Waschen unsauberer Nahrung. Nur die alten Männchen verschlossen sich immer noch dem neuen, standhaft bis in den Tod (zit. nach Dröscher, 1968, 196 f.).

Die *Veränderung* von Information bei der Weitergabe ist zunächst einmal ein unvermeidlicher Transportschaden: Information von einiger Komplexität wird bei mündlicher Weitergabe im allgemeinen verändert. Aber es lassen sich zusätzliche Gesetzmäßigkeiten in Abhängigkeit vom Status der Beteiligten nachweisen. Dieser Sachverhalt läßt sich auch im Laboratoriumsexperiment leicht demonstrieren. Dabei scheinen Ausmaß und Richtung der Informationsveränderungen auch davon abzuhängen, ob der Statusniedere vom Statushöheren einen Vorteil oder gar eine Verbesserung seiner Situation erwarten darf. In diesem Falle wird er ihm in besonderem Maße „nach dem Munde reden", seine Information etwa auf das abstellen, was der Statushöhere gern hört.

Cohen hat diese Unterscheidung ebenfalls im Experiment simuliert. Er faßt seine Versuchsergebnisse folgendermaßen zusammen: Wenn der Rang in einer Hierarchie durch Macht oder Einfluß auf die Bedürfnisbefriedigung und durch allgemeinen Status definiert ist, fassen die Niederrangigen, die Aufstiegsmöglichkeiten haben, ihre Mitteilungen so ab, daß sie ihre Beziehungen zu den Höheren, die diesen Einfluß ausüben, mit Sicherheit verbessern und festigen. Die Niederrangigen ohne Aufstiegsmöglichkeiten haben weniger Bedürfnis nach freundlicher, aufstiegsfördernder und aufgabenbezogener Kommunikation mit der höheren Gruppe (1958, zit. nach Wiederabdruck 1969, 535).

Zahlreiche Belege für solche Informationsveränderungen und -verfälschungen in der Gruppe und durch die Normen der Gruppe lassen sich in den schon erwähnten Lagebesprechungen Hitlers (Heiber, 1963) nachweisen; sie sind wohl in besonderem Maße für politische Systeme symptomatisch, in denen freie Meinungsäußerung unterdrückt wird. Doch sollten wir uns die Dinge nicht zu einfach machen: Auch in Diktaturen wird im allgemeinen die Informationsveränderung nicht dadurch erzwungen, daß unmittelbar negative Sanktionen explizit für jeden Fall der Aufrichtigkeit angedroht werden. Zumeist genügen wohl auch Aufstiegs-und Beförderungsmöglichkeiten, ja selbst ein anerkennendes Kopfnicken des Mächtigeren, um den Statusniederen zu einer eilfertigen Informationsveränderung zu veranlassen. Es gehört auch außerhalb von Diktaturen häufig genug Mut, geistige Selbständigkeit und eine gewisse geistige Anstrengung dazu, sich wenigstens ernstlich zu bemühen, eine Anpassung der Nachricht an die Kognitionen und Erwartungen des Empfängers zu vermeiden.

6. Kapitel:
Konformität und Autonomie

Wenn bei der Bearbeitung von Gruppenproblemen von *Konformität*
die Rede ist, so ist damit im allgemeinen die Beeinflussung des Denkens und/oder Verhaltens von Gruppenmitgliedern in Richtung auf
Gruppenregeln oder Gruppen-Normen gemeint: Gruppenmitglieder
erleben oder unterstellen stillschweigend und oft unthematisch,

- daß die Gruppe etwas von ihnen erwartet
- daß ein bestimmtes Verhalten zulässig oder unzulässig ist
- daß von der Gruppe ein Druck auf Handeln, Verhalten, Unterlassen
  ausgeübt wird.

In den weitaus meisten Fällen steht das nicht irgendwo geschrieben,
sondern „ist einfach so". Es handelt sich um subjektive Phänomene, um
erlebte Gebote, Verbote oder Üblichkeiten. Als Ausgangspunkt oder
„Sender" wird manchmal explizit die Gruppe gesehen, vielfach sind solche erlebten Forderungen und Regeln aber einfach da. Zumeist wird
das statisch gedachte Endergebnis der Übereinstimmung oder Einheitlichkeit als *Konformität* bezeichnet; die erlebte Kraft als Druck auf die
Einhaltung wird gelegentlich Konformitätsdruck genannt, oft aber auch
ebenfalls als *Konformität* bezeichnet.

Konformität ist ein zentrales Thema der Sozialpsychologie und auch
der Gruppenforschung: Es kann keine Gruppe geben ohne die Einhaltung gewisser Normen und ohne einen gewissen Druck auf die Einhaltung dieser Normen. Daher wird der Begriff in der Gruppenforschung
zumeist wertneutral benutzt: Ein gewisses Maß von Konformitätsdruck
und Konformität in Gruppen ist notwendig und selbstverständlich. Es
muß oft Tagesordnungen geben und einen Druck auf ihre Einhaltung;
es muß Diskussionsregeln geben, und häufig sind in hohem Maße Ko-
ordinationsregeln für die Kooperation unerläßlich.

Im Alltagsdenken schwingt dagegen oft eine negative Bewertung mit,
wenn von Konformität und Druck auf die Einhaltung von Normen die
Rede ist: Konformitätsdruck wird oft als Beeinträchtigung der Freiheit
der Mitglieder gesehen, als etwas, was es eigentlich nicht geben sollte,
als unnötige Beeinträchtigung der Freiheit der Mitglieder.

Den Begriff der *Autonomie* kann man auf mittlerem Abstraktionsniveau als eine Art von Gegenbegriff zu Konformität sehen. Autonomie ist Standhalten oder Überwinden von Konformitätsdruck, Autonomie kann Abweichen oder Ausbrechen aus erlebten oder objektiven Normen sein.

Diese dichotome Benutzung dieser beiden Begriffe funktioniert freilich nur bei grober Betrachtungsweise oder mittlerem Abstraktionsniveau: In manchen Gruppen gehört ein gewisses Maß an Autonomie gewissermaßen zu den Normen höherer Ordnung; wenn (relative) Autonomie zu den Normen einer Gruppe gehört, dann kann gewissermaßen die Übertretung bestimmter Gruppennormen zu den Gruppennormen gehören. So läßt sich häufig zeigen, daß vor allem die schwächsten und gefährdetsten Mitglieder einer Gruppe besonders auf die Einhaltung der Normen dringen, von zentralen und starken Mitgliedern wird dagegen oft Normübertretung erwartet, zumindest aber geduldet.

Ich werde mich in diesem Kapitel zunächst mit Konformität und Konformitätsdruck auseinandersetzen und dabei von drei bedeutenden experimentellen Ansätzen zu diesem Thema ausgehen. Obgleich bei allen drei Experimenten Konformität und Konformitätsdruck das zentrale Thema ist, liegt mir bei Darstellung und Diskussion daran, deutlich zu machen: mein eigentliches Thema ist Relativierung und/oder Überwindung von Konformität, das Ausbrechen aus festen Gleisen, das Relativieren von Vorgegebenem, den Mut zum Eigenen oder zur Unterstützung von Handlungsweisen anderer, die wir als richtig erkannt haben. Das ist ein wichtiges gesellschaftliches Thema, wird aber in der Sozialpsychologie weitgehend vernachlässigt: Es ist in der Sozialpsychologie viel von Kontrolle und viel von Konformität die Rede, viel von Gehorsam. Und auf weiten Strecken wird die entgegengesetzte Haltung schlichtweg als *Ungehorsam* gekennzeichnet. Allein schon diese sprachliche Verfahrensweise zeigt, wie hier die Gewichte verteilt sind: Konformität und Gehorsam stehen im Mittelpunkt.

Konformitätsdruck: Salomon Asch und der Vergleich von Strichlängen

Dies ist eines der bedeutendsten Experimente der Sozialpsychologie überhaupt, und es lohnt auch heute noch, 40 Jahre später, sich damit gründlich auseinanderzusetzen. Die erste Veröffentlichung stammt aus dem Jahre 1951, eine ausführliche Darstellung und Diskussion findet sich in Aschs Lehrbuch der Sozialpsychologie (1952; 2. unveränderte

Auflage 1987); ich folge zunächst einer Darstellung, die Asch 1956 gegeben hat. Neuere weiterführende Diskussionen vor allem bei Moscovici (1985, 348 ff.) und R. Brown (1986, 36 ff.), zum neueren Stand vor allem van Avermaet (1988).

Das Ausgangs-Experiment

Aus der Sicht der beteiligten Versuchsteilnehmer sahen die Experimente etwa so aus: Die Versuchsteilnehmer kamen in einen Raum, in dem schon mehrere andere Personen, vorgeblich ebenfalls Versuchsteilnehmer, saßen und warteten. In der gemeinsamen Instruktion für alle Teilnehmer hieß es, daß ihnen auf einer Projektionswand vor ihnen jeweils vier Linien dargeboten würden, eine Standardlinie und drei unterschiedlich lange Vergleichslinien. Ihre Aufgabe im Versuch sei es, jeweils einzeln nacheinander zu sagen, welche der drei Vergleichslinien genau so lang sei wie die Standardlinie. Danach wurden die Linien projiziert und jeder Teilnehmer sagte laut in den Raum, welche der Linien er für gleich lang mit der Standardvorgabe hielt.

Unser Teilnehmer findet den Versuch wahrscheinlich ein bißchen merkwürdig, weil er ohne ersichtliche Notwendigkeit den Versuchsfehler enthält, daß die früheren Aussagen von Gruppenmitgliedern die späteren beeinflussen können. Aber der Versuch scheint zunächst sehr einfach: alle anderen Gruppenmitglieder entscheiden sich vier Durchgänge lang für die gleiche Linie, die unser Versuchsteilnehmer selbst für die richtige Antwort hält. Doch dann passiert etwas sehr Merkwürdiges: Obwohl es für unseren Teilnehmer ganz eindeutig ist, welches im fünften Durchgang die richtige Antwort ist, benennen alle Versuchsteilnehmer vor ihm und ein Teilnehmer nach ihm einheitlich eine offensichtlich falsche Vergleichslinie (er ist der vorletzte in der Reihe). Was er nicht weiß: er ist die einzige „echte" oder „naive" Versuchsperson, alle anderen sind vorinstruierte Vertraute des Versuchsleiters. Auch bei weiteren Durchgängen passiert es mehrfach, daß er mit seiner, in seinen Augen einwandfrei richtigen, Antwort allein steht. Thema des Versuches ist, (was die „naiven" Teilnehmer nicht wissen) wann und unter welchen Umständen Versuchsteilnehmer dem wahrgenommenen Konformitätsdruck erliegen und sich wider besseres Wissen der einheitlichen Mehrheit der Gruppe anpassen.

Dieser Effekt der Nachgiebigkeit von Versuchsteilnehmern gegenüber wahrgenommenen Gruppenwahrnehmungen wird zu Ehren des Erfinders dieser genialen Versuchsanordnung oft *Asch-Effekt* genannt; er ist experimentell gut gesichert und auch unter vielfachen Abwandlungen immer wieder reproduziert worden. Schon im Originalversuch von Asch hatte der Versuch beträchtliche Ausmaße: Etwa ein Drittel der

„kritischen" Aussagen waren Anpassungen an die Gruppenaussage. Aber immerhin: zwei Drittel der Aussagen waren trotz offensichtlichem Konformitätsdruck korrekt. Auch gab es bei den Teilnehmern, die sich anpaßten, beträchtliche Streuungen in der Häufigkeit: Die maximale Zahl möglicher Anpassungen lag bei 12, Werte von 0 bis 11 kamen vor, mit einem Mittelwert von etwa 4.

Bei solchen quantitativen Angaben, die häufig in den Lehrbüchern als Ergebnis des Asch-Experiments aufgezählt werden, muß man freilich berücksichtigen, daß diese von der jeweiligen Vorlage abhängig sind: Wenn sich die projizierten Striche stark unterscheiden, kommt es naheliegenderweise zu niedrigen Anpassungshäufigkeiten, bei Versuchen im schwellennahen Bereich werden sich Teilnehmer leichter einer einheitlichen Gruppenaussage anschließen.

Daß der Asch-Effekt ein Sich-Anschließen an die wahrgenommene einheitliche Gruppenaussage ist, konnte schon Asch selbst einwandfrei belegen: Wenn die Versuchsteilnehmer schriftlich antworten mußten, die Beeinflussung also wegfiel, gab es den Effekt nicht, sondern praktisch ausschließlich richtige Aussagen.

Variationen und Weiterführungen

Schon Asch selbst hat sich nicht mit dem hier geschilderten Grundversuch begnügt, sondern sich bemüht, durch systematische Variationen der Versuchsbedingungen weitere Aufschlüsse über das Phänomen des Konformitätsdrucks zu erhalten. Und es hat in den Jahrzehnten danach eine Fülle von weiteren Nachprüfungen und Abwandlungen gegeben. Ich beschränke mich darauf, einige wesentliche Linien nachzuzeichnen; ausführlichere Übersichten mit weiterführender Literatur vor allem bei Moscovici (1985), van Avermaet (1988), die frühen Arbeiten bis 1961 sind bei Graham (1962) zusammengestellt.

Für die begriffliche Einordnung ist es aber wichtig, die Begriffe Konformität und Konformitätsdruck nicht zu weit zu fassen und nicht jeden Druck auf Übereinstimmung mit Gruppenaussagen darunter zu subsummieren. Brown (1986) hat vorgeschlagen, hier zwischen *Nachahmung*, *Konformität* und *Gehorsam* zu unterscheiden. Nachahmung liegt dann vor, wenn jemand dem Beispiel anderer folgt, ohne sich innerlich zu distanzieren. Konformität ist ein Handeln im Sinne der phänomenalen Gruppenmeinung mit innerer Distanzierung. Gehorsam ist ein Handeln auf explizite Anordnung von erlebter Autorität.

Obgleich die Grenzen gelegentlich fließend sein mögen, ist eine solche Differenzierung doch sinnvoll: es sind verschiedene Prozesse.

162

Zunächst einmal ist die Versuchsanordnung Aschs sehr personalaufwendig: um die Daten *eines* Teilnehmers zu bekommen, sind einschließlich Versuchsleiter neun Personen beschäftigt. Ein Schüler von Asch, Richard Crutchfield, fand hier eine ökonomisch günstigere Lösung: Acht echte, naive Versuchsteilnehmer werden zum Experiment gebeten und in je eine schallisolierte Versuchskabine gesetzt. Sie erhalten anstelle der vorgeblichen Aussagen ihrer Kommilitonen vom Versuchsleiter fingierte Daten, so daß sich alle acht Teilnehmer gleichermaßen in einer Situation befinden, in der sie sich dem Konformitätsdruck ausgesetzt sehen. Mit dieser Crutchfield-Technik sind wesentlich größere Anzahlen von Versuchsteilnehmern erreichbar, auch Variationen sind mit viel geringerem Aufwand möglich.

Die bedeutendste Variation hat schon Asch selbst vorgeschlagen und empirisch geprüft: Wenn man die Anzahl der Gruppenmitglieder vermindert, so ändert das nichts am Asch-Effekt. Man kann die Gruppe von acht bis auf drei Teilnehmer reduzieren, und der Effekt bleibt etwa im gleichen Ausmaß. Aber andererseits, und auch diese Variation stammt schon von Asch: Wenn unter den sechs Vorgängern, die vor der naiven Versuchsperson ihre Aussagen machen, auch nur ein einziger ausbricht, ist der Effekt nahezu verschwunden. D.h. unser naiver Versuchsteilnehmer richtet sich nicht nach einer *Mehrheit* (auch das gibt es in unserer Gesellschaft zweifellos), sondern kommt nicht gegen eine als einheitlich erlebte Verhaltensnorm von Leuten an, die er als seine Bezugspersonen in dieser Situation erlebt.

Untersucht wurde auch der Zusammenhang der „Nachgiebigkeit" von Versuchsteilnehmern mit Persönlichkeitsvariablen (Crutchfield 1955), die Abhängigkeit von der Bewertung der Mitgliedschaft (hohe Bewertung der Mitgliedschaft führt zu stärkerem Nachgeben), die Abhängigkeit vom Status in der Gruppe (mittlerer Status führt zu höherem Nachgeben) und vieles andere mehr.

Ein zeitloser Effekt?

Die meisten Lehrbuchdarstellungen setzen stillschweigend voraus, daß der Asch-Effekt ein zeitloser Effekt ist, etwas, was gewissermaßen in unsere Handlungsschemata eingebaut ist und sich deshalb immer wieder ereignet. Das trifft sicher zu, und sehen wir einmal von der konkreten Realisation beim Vergleich von Strichlängen ab, so möchte ich doch davon ausgehen, daß alle Leser im eigenen Verhalten bereits Asch-Effekten begegnet sind. Gleichwohl ist es eine sinnvolle Fragestellung, ob das Originalexperiment heute unter den Originalbedingungen von Asch reproduzierbar ist. Hier gibt es neuere Arbeiten, die daran zweifeln lassen. So haben etwa zwei belgische Kollegen 1980 bei einer Nachprüfung an 396 Versuchsteilnehmern (Studenten der Ingenieurswissenschaften, Physik und Chemie) einen völligen Reinfall erlebt: Nur in einem von 396 Fällen (Perrin & Spencer, 1980) kam es zu einem Nachgeben in Richtung auf Übereinstimmung mit einheitlicher Gruppenaussage. In dieser Arbeit und in der nachfolgenden Diskussion (Doms & van Avermaet, 1981; Moscovici, 1985) wurde darauf hingewiesen, daß offensichtlich die Autorität von Hochschullehrern, die Versuche leiten, seit den 50er Jahren deutlich abgenommen hat. Zudem wird in den USA offensichtlich generell die Anpassung an die Gruppe höher bewertet als Eigenständigkeit. Andererseits ist deutlich, daß an der Existenz des Sachverhalts selbst offenbar nicht zu zweifeln ist: Es gibt Asch-Effekte, auch wenn sie zumeist nichts mit dem Linienvergleich unter reduzierten Versuchsbedingungen zu tun haben.

Wenn man eine große Anzahl von Experimenten zum Asch-Effekt unbefangen betrachtet, dann fällt zunächst auf, daß es sich im wesentlichen um quantitative Aussagen zum *Verhalten* auf vorgegebene Versuchsbedingungen handelt: Das Erleben der Situation und die subjektive Strukturierung durch die Teilnehmer interessiert zumeist weniger. Es gibt ab und zu Verhaltensbeobachtungen, und es gibt spontane Kommentare, aber wie die Teilnehmer die Situation strukturiert haben, wird im allgemeinen nicht behandelt. Vor allem Psychologiestudenten, auch jüngere Semester, müßten doch — und sei die Methodenausbildung noch so schlecht — gemerkt haben, daß die laute Nennung der eigenen Bewertung ein Versuchsfehler ersten Ranges ist und die Unabhängigkeit der Einzelaussagen ernstlich in Frage stellt. Aber dieser Sachverhalt wird bei Ergebnisbericht und Diskussion weitgehend ausgespart. Vielleicht sind Psychologiestudenten besonders höfliche Menschen, die ihre (senilen) Versuchsleiter nicht irritieren wollen? Bemerkenswert auch der deutliche Unterschied zwischen „wahrgenommener Mehrheit" und „wahrgenommener Einheitlichkeit". Wenn ich mich auf mein eigenes Erleben bei Asch-Effekten des Alltags beziehe, dann habe ich dafür eine Erklärung: Es gibt für mich einen kategorialen Unterschied zwischen Einheitlichkeit (alle denken so, es ist so) und Mehrheitlichkeit (es gibt zwei konträre Aussagen, zwischen denen ich mich entscheiden kann). Ich komme auf diesen Sachverhalt zurück, will aber zunächst noch zwei weitere Experimente zum Thema Konformität darstellen.

Gehorsam: Die Milgram-Experimente

Im Jahre 1963 erschien in einer der renommierten Fachzeitschriften der Sozialpsychologie, dem Journal of Abnormal and Social Psychology, ein schmaler Artikel von acht Druckseiten, betitelt: „Eine Verhaltensstudie über Gehorsam". Der Autor Dr. Stanley Milgram (1933 – 1984) war ein junger Assistant-Professor der Universität Yale. Dem ersten Bericht folgten innerhalb weniger Jahre weitere Arbeiten, so 1965 eine zusammenfassende Darstellung über insgesamt 17 Versuchsreihen, bis 1974 u.a. eine umfassende und gründliche Darstellung in Buchform. Diese Experimente, später allgemein als Milgram-Experimente bezeichnet, kamen innerhalb von wenigen Jahren zu einer weltweiten Wirkung, wie sie nie vorher oder nachher einem Autor zuteil wurde: Das Experiment ist Bestandteil der meisten Texte zur Sozialpsychologie, die zentralen Arbeiten sind in Dutzenden von Anthologien abgedruckt, das Buch in zahlreiche Sprachen übersetzt. 1978 stand Milgram auf Rangplatz 9 unter den 200 meistzitierten Wissenschaftlern in sozialpsychologischen Texten (Perlman & Lipsey, 1978), 1984 auf Rangplatz 7 (Perlman, 1984).

Es ging um Gehorsam: Versuchsteilnehmer wurden aufgefordert, im Rahmen von vorgeblichen Lernexperimenten bei Dritten Lernfehler mit elektrischen Schlägen zunehmender Stärke zu bestrafen. Zu der explosionsartigen Verbreitung und intensiven Diskussion dürfte sicher beigetragen haben, daß Milgram schon in den ersten Veröffentlichungen die Gesellschaftsrelevanz und den hohen Stellenwert seiner Arbeit überzeugend herausgestrichen hat: die Konzentrationslager in Deutschland, der Eichmann-Prozeß in Israel (der zu jener Zeit gerade verhandelt wurde) und die Grausamkeiten amerikanischer Soldaten im Vietnam-Krieg wurden als Vergleich herangezogen, und Milgram ließ keinen Zweifel daran, daß es hier um wichtige und zentrale Prozesse in unserer Gesellschaft und nicht um abseitige irrelevante Laborbefunde ginge. In der Tat gibt es in der experimentellen Sozialpsychologie nichts Vergleichbares, und es ist sehr zweckmäßig, Erörterungen über die Rolle von Gehorsam in Abhängigkeit von Konformitätsdruck an dieser Arbeit ansetzen zu lassen. Denn nach dem definitorischen Vorschlag von Brown (1986) handelt es sich hier eindeutig um Gehorsam und nicht bloß um Konformitätsdruck: Handeln auf explizite Anordnung von erlebter Autorität.

Das Ausgangsexperiment

Ich stelle zunächst den Verlauf eines Experiments der ersten Versuchsreihe dar, wie bei Asch aus der Sicht eines Teilnehmers.

165

Der Teilnehmer findet eine Anzeige in der Zeitung, daß 500 Männer gesucht werden, die für 4 $ eine Stunde lang an einem Experiment über Gedächtnisleistung teilnehmen wollen; Interessenten müssen zwischen 20 und 50 Jahre alt sein, Studenten und Oberschüler scheiden aus.

Der Teilnehmer akzeptiert, weil er gern 4 $ verdienen möchte oder aber einfach neugierig ist. Die Untersuchung findet in einem Forschungslabor der Yale-Universität statt, und der Teilnehmer betritt die imponierenden Gebäude der Yale-Universität vermutlich voller Hochachtung, gemischt mit etwas Scheu. Der Versuch selbst findet in dem „eleganten Laboratorium für Zwischenmenschliche Beziehungen" (Milgram 1974, zit. nach 1988, 33) statt. Unser Teilnehmer, vielleicht ein Maurer oder Busfahrer, wird von einem Versuchsleiter empfangen, der leidenschaftslos, ruhig und ein wenig streng wirkt und den grauen Kittel eines Technikers trägt. Ein weiterer Versuchsteilnehmer ist anwesend, und es wird ausgelost, wer in dem Experiment die Rolle des Schülers und wer die Rolle des Lehrers spielen soll. Das Los bestimmt ihn zum „Lehrer" (er weiß nicht, daß bei der Auslosung gemogelt wurde, und der andere Versuchsteilnehmer ein Gehilfe des Experimentators ist).

Anschließend wird der „Schüler" im Nebenraum in eine Art elektrischen Stuhl geschnallt, und es werden Elektroden an den Handgelenken befestigt. Vorher wird Elektrodensalbe aufgetragen, „um Blasen und Verbrennungen zu vermeiden". Dann wird dem „Lehrer" im Nachbarraum der Schockgenerator vorgeführt, ein imponierendes Gerät mit 30 Kippschaltern, Blaulichtern, elektrischen Summern und an den einzelnen Kippschaltern Schilder von „Leichter Schock" über „Mittlerer Schock" bis „Sehr schwerer Schock" und „Gefahr. Bedrohlicher Schock". Dazu waren Volt-Angaben in Stufen von 15 Volt bis 450 Volt angebracht, die letzten Schalter lagen jenseits von „Gefahr. Bedrohlicher Schock" und trugen gar keine sprachlichen Bezeichnungen mehr: bei 420, 435 und 450 Volt war nur XXX angegeben.

Der „Lehrer" bekam nun die Instruktion, eine „Lernaufgabe" zu leiten. Er hatte dem „Schüler" eine Reihe von Wortpaaren vorzulesen, anschließend den ersten Begriff eines Wortpaares mit vier anderen Begriffen vorzugeben. Die Aufgabe des Schülers war es, richtige Worte herauszufinden und durch Drücken eines Knopfes dem Lehrer zu übermitteln. Die Ziffer leuchtete dann im Antwortfeld des Schockgenerators auf. Wenn die Antwort richtig war, sollte der Lehrer zum nächsten Wortpaar übergehen. Bei falschen Antworten sollte er den Schüler dagegen mit einem Elektroschock bestrafen, und zwar sollte er von Fehler zu Fehler den Schock um 15 Volt steigern, also jeweils den nächsten Knopf der Reihe benutzen (unnötig zu sagen, daß der Schüler so viele Fehler machte, daß alle Schalthebel von 15 bis 450 Volt in Aktion treten mußten). Der Schüler zeigte ab 75 Volt deutliches Unbehagen, rief bei

120 Volt dem Versuchsleiter zu, daß die Schocks jetzt schmerzhaft würden, war bei 270 Volt bei qualvollem Brüllen angekommen, nach 330 Volt hörte man nichts mehr von ihm. (Unnötig zu sagen, daß es gar keine Schocks gab: der „Schüler" war ein Schauspieler, der diese akustischen Signale nach vorbereitetem Drehbuch bei vorgegebenen Voltzahlen gab.) Wenn der Lehrer über die Fortsetzung der „Lernaufgabe" unsicher war oder aufhören wollte und sich dazu an den Experimentator wandte, antwortete dieser mit vorgegebenen „anspornenden Bemerkungen"

— Bitte fahren Sie fort!
— Bitte machen Sie weiter!
— Das Experiment erfordert, daß Sie weitermachen!
— Sie müssen unbedingt weitermachen!
— Sie haben keine Wahl, Sie *müssen* weitermachen!

Das Experiment war beendet, wenn der Lehrer die höchste Voltzahl erreicht und mit dieser noch drei weitere Schocks ausgeteilt hatte (diese Versuchsteilnehmer werden als „gehorsam" kategorisiert), oder wenn der Lehrer zu einem früheren Zeitpunkt von sich aus das Experiment abbrach.

Im Grundexperiment haben von 40 Teilnehmern 26 die höchste Voltstufe erreicht, der früheste Abbruch lag bei 300 Volt. Für Milgram sind also 26 von 40 Teilnehmern „gehorsam" gewesen, für unser Alltagsdenken alle 40 Teilnehmer. Denn auch schon die Fortsetzung bis zur Zahl von 300 Volt gegen den Willen des Schülers ist eine beträchtliche Gehorsamsleistung gegenüber dem Experimentator. Milgram berichtet, daß die weitaus meisten Teilnehmer die Aufgabe nicht unbeteiligt und mit leichtem Herzen hinter sich gebracht haben: Starke innere Spannungen, Zittern und Unruhe, alle Anzeichen für ernsthaften Konflikt zwischen der Durchführung der Aufgabe und dem offensichtlichen Leiden des Schülers war die Regel. Milgram hat sich nach dem Versuch viel Mühe gegeben, nicht nur über den wahren Sachverhalt aufzuklären, sondern auch den „gehorsamen" Versuchsteilnehmern versichert, daß ihr Verhalten ganz normal gewesen sei und daß andere Teilnehmer die gleichen Konflikte oder Spannungsgefühle gezeigt hätten. Das Verhalten aller Teilnehmer wurde „taktvoll und mit Respekt behandelt" (Milgram, 1974, zit. nach 1988, 41).

Milgram selbst schreibt, daß er über das Ergebnis außerordentlich überrascht war; er hatte nicht damit gerechnet, daß sich unter diesen Bedingungen ein so hohes Maß an Gehorsam zeigen würde. Er hat sich dann bemüht, durch systematische Variationen von wichtigen Bestimmungsstücken herauszufinden, welche Bedingungen für dieses hohe Maß an Gehorsam entscheidend gewesen sind.

Siebzehn weitere Versuchsreihen

Ich halte es für wichtig, wenigstens einige Ergebnisse aus den weiterführenden Versuchsreihen Milgrams darzustellen. Dies um so mehr, als die Rezeption in der Fachliteratur sich vielfach einseitig nur auf das Grundexperiment bezieht und dadurch manchmal ein schiefes Bild des ganzen Problems entsteht. Dabei ist es aber in diesem Rahmen nicht möglich, eine Gesamtdarstellung der Forschungssubstanz zu vermitteln. Hinsichtlich der Ergebnisse von Milgram selbst sei auf seine Buchpublikation verwiesen (1974; 1988), weitere Befunde anderer Autoren vgl. die ausgezeichnete und reichhaltige Monographie von Miller (1986; eine kurze Forschungsübersicht findet sich auch bei Meeus & Raaijmakers, 1989; Günther, 1983; vor allem bei Miller, 1986, reichhaltig weiterführende Literatur).

1. Zunächst ganz allgemein: Wenn man sich die 17 Variationen ansieht, so fällt vor allem auf: in den meisten Versuchsreihen bleiben die Prozentsätze für „Gehorsam bis zum Ende" beträchtlich. Solange der Versuchsleiter mit seiner ganzen Autorität das Weitermachen erwartet, bleiben die meisten bis zum Schluß oder doch bis zu sehr hohen Schockgraden gehorsam: Es ist inhaltlich keine sehr große Änderung, wenn statt 26 von 40 „nur" 16 von 40 oder 20 von 40 bis zum Schluß Schocks austeilen. Wenn der Abbruch bei 150 oder 330 Volt erfolgt, nachdem die Schmerzen des „Schülers" lange Zeit ignoriert worden sind, kann man unter phänomenalen Gesichtspunkten noch von beträchtlichem und sehr unangemessenem Gehorsam sprechen. Das wesentliche Ergebnis der Milgram-Experimente ist also gegen Variationen der Versuchsanordnung sehr robust: es kann nicht auf die zufällige Konstellation beim Grundversuch zurückgeführt werden.

2. Der Gehorsam wird wesentlich reduziert, wenn die erlebte Autorität des Experimentators verringert wird, etwa wenn

— der Versuchsleiter nach der Instruktionsgebung abberufen wird und den Raum verläßt (Bitte machen Sie weiter!),
— zwei Versuchsleiter da sind, die sich über die Fortsetzung des Experiments uneinig sind,
— der Versuchsleiter jemand ist, dem man als Teilnehmer diese Rolle bloß übertragen hat,

dann sinkt die Gehorsamsrate kräftig. Klare, unbezweifelbare und in sich konsistente Autorität ist wesentliche Vorbedingung. Freilich: selbst unter solchen Bedingungen weigern sich etliche Teilnehmer ziemlich spät und einige gehen auch dann noch bis 450 Volt. Immerhin: deutliche Unterschiede sind unverkennbar.

3. Räumliche Nähe ist ein wichtiger Faktor: Wenn der Schüler im Nachbarraum und für den Lehrer unsichtbar ist (nur akustischer Kontakt),

sind die Gehorsamswerte am höchsten; ist der Schüler im gleichen Raum, ergeben sich geringere Werte; muß der Lehrer selbst die Hand des Schülers auf den Elektrokontakt drücken, sind die Gehorsamswerte noch niedriger. Freilich: selbst bei dieser extremsten Nähe liegt bei 40 Teilnehmern der früheste Abbruch bei 135 Volt, und 12 von 40 halten auch hier bis zum Ende durch.

4. Wenn der „Lehrer" einen Verbündeten im Raum hat, dann fällt der Widerstand gegen den Experimentator ganz offensichtlich viel leichter. Ähnliche Befunde werden von Meeus & Raaijmakers (1984, 214 – 216) berichtet.

5. Es spricht insgesamt gesehen wenig dafür, daß die Freude des „Lehrers" an Überlegenheit und Machtausübung oder gar sadistische Elemente beim „Lehrer" eine nennenswerte Rolle spielten: Wenn dem „Lehrer" die Schockhöhe freigestellt wurde, blieben fast alle im unteren Bereich. Immerhin: ein „Lehrer" erreichte auch hier 450 Volt. Außerdem zeigten Beobachtungen beim Versuch und anschließender ausführlicher Befragung, daß der Versuch von fast allen Teilnehmern als unangenehm und sehr belastend erlebt wurde.

6. Räumlichkeiten und Prestige-Ausstrahlung der Yale-Universität mögen eine zusätzliche Komponente sein, sind aber keineswegs ausschlaggebend. Wenn die Versuche in einem neutralen Bürohaus stattfinden und eine anonyme unbekannte Gesellschaft dafür verantwortlich zeichnet, reduziert das den Gehorsam, aber nicht sehr beträchtlich: die persönlich zugeschriebene Autorität war offenbar viel entscheidender.

Vier Hauptrichtungen der Diskussion

Die Veröffentlichung der Milgram-Experimente seit 1963 hat eine sehr vielgestaltige Diskussion entfacht, die an den unterschiedlichsten Teilaspekten angesetzt hat. Es gibt wohl kein anderes Experiment der Psychologie, welches in einem solchen Maße zu leidenschaftlichen Stellungnahmen und zu inhaltlichen und methodischen Reflexionen und Weiterführungen angeregt hat. Ich will versuchen, die wesentlichen Linien nachzuzeichnen und ordne dabei die Argumentationen und empirischen Ergebnisse in drei Teilbereiche, die die Ethik des Verfahrens, die Methodik und unterschiedliche Erklärungsansätze betreffen.

Täuschungsexperiment und Ethik

Die Versuche waren so angelegt, daß die Teilnehmer das Geschehen für „echt" halten mußten: Sie glaubten, daß es um echte und zunehmend schmerzhaftere Elektroschocks ginge, die sie selbst austeilten. Milgram hat in anschließenden Befragungen sicherstellen können, daß die Versuchsteilnehmer die Situation als ernsthafte Realität akzeptiert haben. Auch die Beobachtung der Teilnehmer während des Versuchs macht das deutlich: Fast alle Teilnehmer waren in einem echten, zumeist ernsthaften Konflikt, der sie betroffen machte, in Spannungen versetzte und vielfach sehr beeinträchtigte.

Schon bald nach der Veröffentlichung Milgrams entwickelte sich eine leidenschaftliche Diskussion darüber, ob solche Experimente mit arglosen Teilnehmern moralisch zulässig seien. Die Auffassungen darüber waren zunächst kontrovers. Gegner solcher Experimente wiesen darauf hin, daß es für die Teilnehmer einen „Verlust an Würde, an Selbstachtung und hinsichtlich des Glaubens an rationale Autoritäten" (so etwa Baumrind, 1964, 423) bedeuten könne, sich solchen Prozeduren zu unterziehen. Es gebe dabei die „Gefahr ernsthafter Nachwirkungen". Andere Autoren lobten Intention und Ergebnisse uneingeschränkt wie etwa der Soziologe Etzioni (zit. nach Milgram, 1974; 1988, 230):

„. . . Milgrams Experiment erscheint mir als eines der bestdurchgeführten in dieser Generation . . .".

Die Diskussion wurde auf die Dauer dadurch entemotionalisiert, daß Teilnehmer und prospektive Teilnehmer um ihr Urteil gebeten wurden. Ausführliche Belege etwa bei Meeus & Raaijmakers (1989) und Miller (1986, 88 ff.).

So haben etwa Ring, Wallston & Corey (1970) mit Versuchsteilnehmern das Milgram-Experiment durchgeführt und anschließend ausführlich die Bewertung als ethisch zulässig oder unzulässig thematisiert. Dabei hatte die Hälfte der Versuchsteilnehmer vor der Befragung eine ausführliche und sorgfältige Aufklärung über das Experiment erhalten, die andere Hälfte nicht. 4% der „aufgeklärten" Teilnehmer bedauerten anschließend auf Befragen, an diesem Experiment teilgenommen zu haben; bei der unaufgeklärten Teilnehmergruppe bedauerten 50% nachträglich ihre Teilnahme: Das spricht dafür, Experiment und nachträgliche gründliche Aufklärung und Aussprache mit allen Teilnehmern als Einheit zu sehen und nicht das Experiment isoliert zu bewerten. Milgram, der in allen Versuchsreihen hier sehr sorgfältig vorgegangen ist, berichtet aus unmittelbar anschließenden Befragungen und aus Befragungen ein Jahr später ähnliche Ergebnisse: 83% berichteten, sie seien „froh" oder „sehr froh" gewesen, an dem Experiment teilgenommen zu haben, nur 1,3% gaben negative Gefühle an (Milgram 1974, zit. nach 1988, 223 f.). Dabei unterschieden sich „gehorsame" und „nicht gehorsame" Teilnehmer in ihrer nachträglichen Stellungnahme nicht wesentlich. Und auch in freien Äußerungen wird deutlich, daß die weitaus meisten Teilnehmer von „wesentlichen, wichtigen, bedeutsamen Erfahrungen sprechen, die ihnen die Teilnahme vermittelt habe."

Die zweite Linie der Diskussion kann man unter dem weiten Begriff einer Methodenkritik zusammenfassen. Es entbrannte eine intensive und zum Teil ungewöhnlich leidenschaftliche Diskussion darüber, ob denn die Versuche Milgrams überhaupt in der Weise interpretiert werden dürfen, wie das der Autor selbst und zahlreiche Wissenschaftler, Politiker, Publizisten nach ihm getan haben: Hat Milgram unangemessenen Gehorsam in einer Weise untersucht, daß seine Befunde auch jenseits seiner Versuchsanordnung Gültigkeit beanspruchen dürfen? Daß die Diskussion zum Teil sehr leidenschaftlich und erregt geführt wurde, hat sicher mehrere Gründe. Zunächst einmal war der Artikel selbst für eine Fachzeitschrift ungewöhnlich. Es wurden keine Hypothesen expliziert, es wurde kein theoretisch-psychologischer Rahmen angegeben. Und schon in den ersten Sätzen wurde der Untersuchungsgegenstand Gehorsam mit Hitlers Gaskammern und dem deutschen Offizierskorps in Parallele gesetzt, was für einen echten Elfenbein-Methodiker als unangemessen reißerisch gilt. Nicht nur die Versuchsanordnung selbst, sondern bereits die Darstellung wurde vielfach wohl als Bruch von stillschweigenden Normen erlebt. Wahrscheinlich steckte, zumindest bei einigen Methodenkritikern, noch ein gehöriges Stück inhaltlicher Betroffenheit und Abwehr dahinter: Die Resultate Milgrams wurden als unerwartet, überraschend und wohl auch als bedrohlich für das eigene Selbstkonzept erlebt.

Es lohnt hier nicht, dieser vielschichtigen und umfangreichen Methodendiskussion im einzelnen nachzugehen, Miller (1986, 139 – 178) hat sie sorgfältig nachgezeichnet. Es lohnt vor allem deshalb nicht, weil die meisten Beteiligten von methodischen Prämissen ausgingen, die zwar weit verbreitet, aber wissenschaftstheoretisch ein bißchen veraltet und schief sind. Es wird nämlich meist gefragt, ob die „Laborbefunde" Milgrams unter sehr speziellen Bedingungen erhoben, auf Alltag oder gar beliebigen Alltag übertragbar sind, also Allgemeingültigkeit über die konkreten Bedingungen Milgrams hinaus besitzen. Zunächst wäre hier zu fragen, was denn in diesem Denkansatz der Generalisierbarkeit *Alltag* sein soll. Ist nicht ein wesentlicher Teil unseres Alltags gerade so strukturiert, daß wir in Organisationen in solche Gehorsamssituationen geraten, seien wir Polizeibeamte, Lehrer oder Angestellte in einem Betrieb? Zum anderen: Milgram behauptet nicht, daß das Gehorsams-Phänomen überall im Alltag in so gewaltigen Dimensionen auftritt, im Gegenteil, er zeigt in Versuchsvariationen auf, welche Bedingungen günstig und ungünstig sind.

Grundsätzlicher: Der Ertrag des Milgram-Experiments liegt *nicht* darin, daß wir jetzt ein für alle Male wissen, daß 26 von 40 oder 65% der Menschen diese extremen Gehorsamsreaktionen zeigen, nicht einmal darin, daß wir ein für alle Male wissen, welche Versuchsvariationen zu welchen Gehorsamsreaktionen führen. Der Ertrag liegt in der *Thematisierung* dieses gesellschaftsrelevanten Sachverhalts und in der Möglichkeit, durch systematische Variationen die Struktur dieses Sachverhaltes näher zu erforschen. Und wenn wir schon das Denkmodell der zu prüfenden Hypothesen beibehalten wollen, dann finden wir im einzelnen eine Fülle von Untersuchungswerten und Hypothesen, wie „räumliche Nähe zum Opfer vermindert die Gehorsamsbereitschaft bei angeordneter Schädigung dieses Opfers". Auf das gesamte Milgram-Experiment bezogen hat der Autor eine Existentialhypothese geprüft: Es gibt diesen Sachverhalt, und in überraschend großem Umfang. Ich denke, daß es nur wenige Leser dieses Buches gibt, die sich nicht an eigene Erfahrungen erinnern können, die dem Milgram-Experiment im Prinzip entsprechen.

Personalistische Erklärungen

Wenn wir im Alltagsdenken Verhalten von Menschen „erklären" wollen, so bewegt sich unser Denken zumeist im Eigenschaftsansatz: Jemand verhält sich in bestimmter Weise, weil er oder sie bestimmte Persönlichkeitseigenschaften besitzt oder nicht besitzt: jemand ist fleißig, leichtsinnig, sensibel, aufrichtig, oder auch nicht. In der sozialpsychologischen Attributionsforschung (Jones et al., 1972; Harvey et al., 1976; Meyer & Schmalt, 1984) wird dieser Sachverhalt der Zuschreibung von Ursachen zu eigenem oder fremdem Verhalten *Attribution* genannt. Eine der wesentlichen Grunderkenntnisse in diesem Bereich ist, daß wir bevorzugt bei *fremdem* Verhalten das Handeln nach Persönlichkeitseigenschaften unterstellen. Bei eigenem Verhalten tendieren wir dagegen dazu, Ursachen in situativen Merkmalen zu suchen. Dieses Ergebnis, häufig „fundamentaler Attributionsfehler" genannt, ist nachvollziehbar und plausibel: hinsichtlich der Gründe für eigenes Verhalten verfügen wir über mehr Information als bei fremdem Verhalten, und deshalb fällt es uns bei eigenem Verhalten leicht, situative Gründe zu benennen.

Bei dieser Sachlage ist es naheliegend, daß in der Alltagsrezeption und der publizistischen Weiterverarbeitung des Sachverhalts generalisierende personalistische Denkmuster zentral waren: das reichte dann von „So sind wir Menschen", der Entdeckung des „wahren" Kerns im Menschen bis zu der Bemühung, differenzierte Persönlichkeitszüge zu identifizieren, die für das Verhalten ausschlaggebend sein könnten. Dies um so mehr, als ja keineswegs alle Teilnehmer bis zum Schluß gehorsam blieben, sondern – in unterschiedlichen Versuchsvariationen – unterschiedliche und zum Teil beträchtliche Anzahlen den Gehorsam im Laufe des Experiments aufkündigten. Da liegt es – zumal für den Psychologen – doch nahe zu fragen, ob hier irgendwelche Persönlichkeitseigenschaften identifiziert werden können, die dieses Verhalten verursachen, erklären oder bescheidener gefragt mit diesem Verhalten korrelieren. Man könnte an Mut und Entschlossenheit, geistige Selbständigkeit, das Niveau der Identitätsentwicklung oder dergleichen denken. Meeus & Raaijmakers (1989) haben die verfügbare Forschungssubstanz zur Korrelation von Gehorsam (im Sinne Milgrams) mit Persönlichkeitsmerkmalen zusammengestellt: Es läßt sich kein nennenswerter Zusammenhang nachweisen; wenn sich signifikante Korrelationen ergeben, waren die Werte absolut gesehen so niedrig, daß sie für eventuelle Voraussagen unerheblich waren. Nicht einmal die F-Skala von Adorno et al. (1950, 1973), die Autoritätsgehorsam messen soll, korrelierte mit Gehorsam im Sinne der Milgram-Experimente (vgl. auch Moscovici, 1985, 370 ff.).

Solche Ergebnisse schließen freilich nicht aus, daß es derartige Zusammenhänge gibt. Nur scheinen sie vielgestaltiger und komplexer, wohl auch interindividuell verschieden zu sein, so daß sie sich beim Vergleich von Untersuchungsgruppen nicht aufweisen lassen.

Die Untersuchung von systematischen Variablen

Ein wesentlicher Teil der neueren Arbeiten zum Milgram-Experiment und zum Autoritätsgehorsam besteht aus experimentellen Befunden, oft Variationen des Milgram-Ansatzes, ab und zu auch völlig anderen Untersuchungen zum Thema. Daneben gibt es Neuinterpretationen und theoretische Reflexionen. Einen Überblick findet man vor allem bei Miller (1986) und Meeus & Raaijmakers (1989). Bevor ich im nächsten Abschnitt auf einzelne Themen eingehe, zwei allgemeine Aussagen voraus:

Das Phänomen des Gehorsams ist nicht auf die Milgram-Experimente beschränkt. So haben etwa Meeus und Raaijmakers in den Niederlanden Versuchspartner gebeten, einen vorgeblichen Stellungsbewerber während der Testdurchführung im Rahmen seiner Bewerbung unter zusätzlichen Streß zu setzen. Ihr zusätzlicher Streß sollte vorgeblich für die Streßforschung ausgewertet werden und der Versuchsleiter äußerte sich vorher explizit dazu, daß der Bewerber dadurch geschädigt werden könnte: Durch die stressenden Kommentare erreiche er eventuell ein so schlechtes Testergebnis, daß er nicht eingestellt werde. Die Autoren fanden unter dieser Bedingung 92% autoritätsgehorsame Teilnehmer; bei anderen Abwandlungen gab es ebenfalls hohe Einwilligungswerte.

Bei vielen dieser theoretischen Reflexionen steht ein Hauptmotiv offensichtlich im Vordergrund: Es geht auffallend vielen Autoren in erster Linie darum, plausibel und nachvollziehbar zu machen, wie es zu diesen enorm hohen und in dieser Höhe völlig unerwarteten Gehorsamswerten gekommen sein kann; Variablen zu identifizieren, die dazu beitragen, oder aber dies eher vermindern. Mein eigener Anspruch in diesem Kapitel geht jedoch weiter: Ich möchte nicht bei der Erklärung für Gehorsam stehen bleiben, sondern auch die Bedingungen für das Aufkündigen von institutionellen Gehorsamszwängen zum Thema machen. Hierfür sind die Milgram-Experimente nicht so arg ergiebig, aber in Anbetracht der gesellschaftspolitischen Bedeutung lohnt es, auch hier in den Krümeln zu suchen. Das dritte Experiment im übernächsten Abschnitt wird uns zu diesem Thema wesentlich weiterführen.

Die Rolle der systematischen Variablen

Spannungssysteme und Konflikt

Wenn man sich die Berichte von Milgram über typische Versuchsverläufe ansieht und ergänzend dazu die Berichte der Teilnehmer nach dem Versuch, dann war für Milgram offensichtlich der zentrale Sachverhalt der Spannungszustand der Teilnehmer während des Versuchs. Im typischen Fall hat der Teilnehmer nicht irgendwann schlichtweg sich geweigert, den Versuch fortzusetzen, sondern es gab langandauernde innere Kämpfe. Die Versuchsteilnehmer fühlten sich einerseits vom Experimentator in die Pflicht genommen, sie hatten zugesagt, sie hatten Geld genommen, Bedingungen akzeptiert. Sie fühlten sich andererseits dem „Schüler" verpflichtet, gewissermaßen einem Kollegen, da die Aufteilung in Schüler und Lehrer in den Augen der Teilnehmer ja zufällig erfolgt war. Aus diesem Konflikt gibt es keinen Ausweg, der beide Parteien zufriedenstellt, und das ist die zentrale Strukturierung in den Augen der Teilnehmer. Hinsichtlich der Aufgabe kommt hinzu, daß es sich um einen abgegrenzten, zeitlich limitierten Auftrag handelt, und wenn man aus dem Konflikt heraus will, muß man abbrechen, unvollendet lassen. Aus den Untersuchungen der Lewin-Schule ist hinreichend bekannt, wie schwer es sein kann, eine angefangene Aufgabe abzubrechen (vgl. Zeigarnik, 1927; Ovsiankina, 1928). Hier wäre es für alle Versuchsteilnehmer vermutlich eine große Hilfe gewesen, mit jemandem ein paar Sätze darüber reden zu können, sich die Situation und ihre Zwänge verdeutlichen und Abstand davon gewinnen zu können. Dies vor allem auch deshalb, weil der Versuch ja zu Anfang wesentlich harmloser ausgesehen hat und dann schrittweise eskalierte. Das führt auf den zweiten Punkt:

Foot-in-the-Door-Phänomen

Der Begriff stammt von Freedman & Frazer (1966) und meint den Sachverhalt, daß eine Person, die auf eine geringfügige Bitte hin positiv reagiert hat, anschließend auch positiv auf eine größere Anforderung reagieren wird. Bei Freedman & Frazer ging es darum, ein großes und häßliches Schild (Drive carefully!) im Vorgarten aufzustellen. 25% der Hausfrauen waren einverstanden. Wenn der Interviewer vorher einen ersten Kontakt mit den Hausfrauen machte, in dem er ein paar harmlose Interviewfragen stellte, dann erklärten sich anschließend 55% der Hausfrauen mit der Verschandelung ihres Vorgartens einverstanden. Es leuchtet ein, daß es sich hier um einen strukturell ähnlichen Sachverhalt handelt: sich verpflichtet fühlen in Folge vorherigen Einverständnisses mit einer als harmlos erlebten Aufgabe. Gilbert (1981) hat das in lesenswerter Weise am Beispiel des Milgram-Experiments näher ausgeführt.

Die Technik kommt auch in anderen Bereichen der Psychologie vor, so etwa bei der Therapie von Ängsten (Wolpe & Lazarus, 1968), ist aber in der Psychologie insgesamt eher selten. Das liegt vermutlich daran, daß längere Erstreckungen im Experiment ohnehin in der Psychologie selten sind. Die meisten Leser werden den Sachverhalt aber von Vertretern an der Haustür kennen.

Keine Zeit zum Nachdenken

Schon Milgram selbst weist bei der Darstellung seiner Versuche darauf hin, daß der Lehrer in dem Versuch sehr stark beschäftigt war: Er mußte die Wortpaare vorlesen, die Richtigkeit überprüfen, ggf. einen Schock geben, nachträglich die richtige Antwort übermitteln. Wenn der Lehrer den Versuch unterbrach, um mit dem Experimentator zu diskutieren, erwies sich dieser als eher ablehnend und beschränkte sich auf ausgesprochene Standardsätze wie „Das Experiment erfordert, daß Sie weitermachen!". Das ganze Unternehmen war also auf einen zügigen Ablauf hin angelegt, die Lehrer wurden mit der Aufgabe gleichsam überfallen, hatten keine Zeit sich in ihr angemessen zu orientieren oder in Ruhe darüber nachzudenken. Milgram selbst weist auf diesen Sachverhalt hin, auch bei Miller (1986) und Meeus & Raaijmakers (1989) wird die relative Eile der Durchführung thematisiert. Im übrigen hat aber diese entscheidende Versuchsbedingung in den nachfolgenden Diskussionen und in der öffentlichen Rezeption bei weitem nicht die Beachtung gefunden, die sie verdient. Diese auffällige Nichtbeachtung mag vermutlich damit zusammenhängen, daß diese Verfahrensweise der raschen störungsfreien Versuchsdurchführung in der experimentellen Psychologie weitgehend üblich ist. Vor allem bei der serienmäßigen Durchführung ist rasche Abwicklung weitgehend üblich. Die von Milgram selbst durchgeführten Versuchsvariationen gestatten keine Einschätzung, welche Rolle die vorgegebene Verlaufsgeschwindigkeit gespielt hat. Sicher ist es eine plausible Hypothese, daß Pausen zum Nachdenken die Gehorsamsbereitschaft herabgesetzt haben würden. Plausibilität und allgemeine Lebenserfahrung sprechen dafür, daß eigenverantwortliche Entscheidungen erleichtert werden, wenn man Zeit zum Nachdenken hat, „Abstand gewinnen" kann. Auch analoge Experimente aus anderen Gehorsams-Situationen legen dies nahe. So konnten etwa Rank & Jacobsen (1977) zeigen, daß es nur zu sehr niedrigen Gehorsamsraten kam, wenn die Versuchsteilnehmer (Krankenschwestern) Gelegenheit hatten, über eine telefonische Anordnung eines fremden Arztes vor der Ausführung mit Kollegen zu sprechen: nur 2 von 18 waren bereit, die „gefährliche Dosis" von 30 mg Valium zu geben (sie wurden vor Erreichen des Krankenzimmers aufgehalten). Leider fehlt in diesem Experiment eine parallele Gruppe, die keine Chance zur Rückfrage hatte. Aber es gibt eine Reihe von ähnlichen Experimenten, die leidlich vergleichbar sind. Hofling et al. (1966) veranlaßten in ähnlicher Weise Krankenschwestern, auf telefonische Anordnung eine auf der Packung als gefährlich gekennzeichnete Dosis Astroten zu verabreichen, und 21 von 22 Krankenschwestern gehorchten. Hier waren wiederum reduzierte Versuchsbedingungen vorgesehen, Rückfragen oder Gespräche unterbunden. Es spricht daher einiges dafür anzunehmen, daß der Milgram-Effekt nur bei spezifischen und ungewöhnlichen Interaktionsbedingungen so hohe Ausmaße erreicht.

Daß im übrigen eine Pause zum Nachdenken zu sachgerechterer Beurteilung einer Situation führen kann, konnte Bierbrauer (1974, zit. nach 1979) am Material des Milgram-Experiments zeigen: Wenn Versuchsteilnehmer ein Milgram-Experiment lediglich zu beobachten hatten, unterschied sich ihre Beurteilung nach dem Zeitpunkt, zu dem sie abgegeben wurde: Bei der Beurteilung sofort nach dem Experiment wurde der wahrgenommene Druck der Situation auf den Lehrer geringer eingeschätzt; wenn es eine ungestörte Pause zum Nachdenken gab, wurde anschließend der Situationsdruck höher und damit adäquater eingeschätzt. Es erscheint mir bei dieser Sachlage insgesamt plausibel, daß die Entwicklung von Eigenständigkeit Zeit und psychischen Raum benötigt, und ich denke, die meisten Leser kennen die Situation, sich durch Zeitdruck zu einer übereilten Entscheidung drängen zu lassen. Wir werden bei dem dritten großen Gehorsamsexperiment (MHRC-Experiment) sehen, daß die im Alltag sehr natürliche Bedingung der zwanglosen Interaktion mit anderen über einen Sachverhalt eine wesentliche Variable ist.

Übernehmen Sie die Verantwortung?

In den zahlreichen wörtlichen Protokollen der Diskussionen zwischen Lehrer und Experimentator kehrt ein Satz besonders häufig wieder: Der Lehrer bemerkt die Schmerzreaktionen des Schülers, es wird ihm bedenklich und er fragt den Experimentator: Übernehmen Sie die Verantwortung? Der Experimentator bejaht die Frage, und der Lehrer fährt fort, ansteigende Stromstöße zu geben: Er hat ja keine Verantwortung. Dieses Modell der Verantwortungsübertragung durch bloße verbale Vereinbarung ist in unserer Gesellschaft weit verbreitet und wird im Alltagsdenken selten in Frage gestellt. Zumindest in herausragenden Fällen ist die Unzulänglichkeit eines solchen Modells freilich deutlich.

Wenn der seinerzeitige preußische Ministerpräsident Göring als Chef der Polizei diese nach 1933 zu Übergriffen gegenüber Andersdenkenden aufforderte mit dem Satz „Die Verantwortung übernehme ich!", dann ist deutlich: ein solcher Satz ist keine Befreiung von Verantwortung für Tausende von Polizeibeamten und Polizeioffizieren (Irving, 1987, zit. nach 1989, 160). In ähnlicher Weise hat sich Hitler gegen Kriegsende Lagebeurteilungen seiner Generale verbeten: „Die Verantwortung für das großdeutsche Reich trage ich ganz allein".

Nehmen wir weniger spektakuläre Fälle, so fällt auf, daß das Denkmodell der verbalen Verantwortungsabgabe und -übernahme weitgehend akzeptiert wird, und ich denke, daß viele Fehlhandlungen und Grausamkeiten in Krieg und Frieden darauf zurückzuführen sind, daß man

— jemandem leicht einreden kann, er habe keine Verantwortung für sein Handeln
— jemand eine Verantwortung „übernimmt", ohne daß das für ihn irgendwelche Konsequenzen hat.

So schon Tucholsky: Lassen Sie Ihren Sohn Beamter werden, denn da trägt er die Verantwortung, aber da hat er keine. Ich weiß keine Lösung für dieses Problem. Wahrscheinlich müßte man zunächst einmal Verantwortung in einem moralischen Sinne und die juristische Verantwortung und drittens die Regreßpflicht voneinander trennen. Und es wäre sicher nützlich, wenn die öffentliche Aufklärung über Verantwortungszuschreibungen dahin führen würde, daß dieses zu einfache Modell hinterfragt würde (Überblick über Verantwortungszuschreibung in Gruppen vgl. Leary & Forsyth, 1987).

Beurteilung versus Erleben von Situationen

Ein letztes wichtiges Ergebnis der Milgram-Experimente ist noch nachzutragen: die ungemein große Diskrepanz zwischen den erwarteten und den tatsächlichen Gehorsamswerten. Als Milgram seine Experimente plante, rechnete er nicht damit, daß es in nennenswertem Umfang Teilnehmer geben könnte, die die Möglichkeit des Schockgenerators bis zum letzten Kipphebel benutzen würden. Diese Auffassung wurde durch Befragungen eindeutig unterstützt. In einer Befragung wurden 39 Psychologen, 31 Studenten und 40 Erwachsene der Mittelschicht danach befragt, wann sie selbst — nachdem man ihnen das Experiment genau geschildert hatte — den Gehorsam verweigern würden, d.h. bis zu welcher Schockstufe glaubten sie, daß sie im Experiment gehen würden. Keiner der Befragten gab an, bis zur letzten Schockstufe zu gehen, der Mittelwert lag bei allen drei Gruppen unterhalb der zehnten Schockstufe.

Miller (1986) ließ 14 Studenten einschätzen, wieviel von 100 prospektiven Versuchsteilnehmern wohl bis zur letzten Schockstufe gelangen würden. Im Mittelwert wurden 1,2 geschätzt, tatsächlich waren es im Basisexperiment (das den Studenten vorher ausführlich geschildert war) 65%. Man kann diese enorme Diskrepanz zwischen einer Bewertung von außen und dem tatsächlichen Handeln auf unterschiedlichen Ebenen diskutieren. Es ist naheliegend, zunächst einmal nach den Gründen zu fragen.

Zur Erklärung wird häufig eine Gesetzmäßigkeit herangezogen, die in der Attributionsforschung entdeckt und inzwischen vielfach bestätigt worden ist. Der Sachverhalt heißt seit Ross (1977) fundamentaler Attribuierungsfehler und meint den Tatbestand, daß der Handelnde dem eigenen Handeln bevorzugt situative Gründe zuschreibt, dem beobachteten fremden Handeln dagegen bevorzugt personale Ursachen: Wenn ich zu spät komme, dann liegt das daran, daß der Bus Verspätung hatte; wenn mein Kollege zu spät kommt, dann liegt das daran, daß er ein unpünktlicher Mensch ist. Wenn nun aber die Beobachter von Milgram-Experimenten bevorzugt an personale Zuschreibungen denken, dann liegt eine gründliche Fehleinschätzung nahe: Denn mit personalen, charakterologischen Zuschreibungen ist das Gehorsamsphänomen nicht hinreichend zu erklären. Diese Begründung für die hohen Diskrepanzen mag zutreffen, ist aber sicher nur die halbe Wahrheit. Viel entscheidender scheint mir zu sein, daß hier — und allgemein — der Unterschied zwischen Bericht über Situationen, Betrachtung einer Situation von außen und dem „In-der-Situation-sein" unterschätzt wird. Viele Psychologen hören das nicht gerne und sind stattdessen geneigt, die unterschiedliche phänomenale Nähe zu einem Sachverhalt zu unterschätzen oder stillschweigend zu unterschlagen. In zahllosen Untersuchungen haben die Teilnehmer die Aufgabe, hypothetische Situationen zu beurteilen, und der Unterschied zu realen Situationen wird oft nicht einmal angesprochen. Im Gegensatz dazu ist deutlich, und die Milgram-Experiment-Beurteilungen zeigen das mit jeder nur wünschenswerten Klarheit: Hypothetische Berichte und Rollenvorstellungsexperimente sind mit dem tatsächlichen Erleben in der Situation nicht gleichzusetzen; der Bericht über die Existenz von situativen Zwängen und das eigene Erleben können sich gründlich unterscheiden. Und wir sollten vorsichtiger damit umgehen, aus Papier-und-Bleistift-Untersuchungen über hypothetische Situationen zu weitreichende Konsequenzen für wirkliche Situationen zu ziehen.

Übrigens wird häufig bei Rollenvorstellungsexperimenten nur lakonisch mitgeteilt, daß die Versuchsteilnehmer über einen Sachverhalt ausführlich informiert worden seien, die Instruktion zum Rollenvorstellungsexperiment erhalten haben. Dabei bleibt völlig offen, mit welcher Intensität dies geschieht. Gerade mit Blick auf die Milgram-Experimente konnten Kaufmann & Kooman (1967) nachweisen, daß die Einschätzung der Gehorsamexperimente durch Versuchsteilnehmer, die den Sachverhalt lediglich berichtet bekommen hatten, von der Intensität und Qualität dieses Berichtes abhängig waren: Man kann theoretisch und farblos, man kann eindrucksvoll, farbenfreudig und sprachgewaltig über einen Sachverhalt berichten.

Gehorsam und Autonomie

Wenn ein Mensch nur gehorchen und nicht auch den Gehorsam verweigern kann, ist er ein Sklave.

Erich Fromm

Wenn man sich die Milgram-Experimente und die daran anknüpfende sehr vielgestaltige Diskussion näher ansieht, so fallen zwei Dinge auf:

Zum einen: Es ist von Gehorsam die Rede, von Bedingungen, unter denen viel oder wenig Gehorsam geleistet wird; aber das Gegenteil von Gehorsam ist nie oder doch nur ganz selten einmal Thema. Das geht so weit, daß es für diese merkwürdige Haltung des Nicht-Gehorsams nicht einmal einen eigenen Begriff gibt. Wenn uns aber das Phänomen des unangemessenen Autoritätsgehorsams so wichtig ist, dann sollten wir die entgegengesetzte Haltung nicht lediglich als einen Derivatzustand von Gehorsam bezeichnen. Mir *ist* dieser Sachverhalt wichtig, denn Milgram und andere Autoren haben deutlich genug und mit Recht darauf verwiesen, daß falscher, eilfertiger und vielfach auch noch vorauseilender Autoritätsgehorsam für viele Schäden und Fehlentwicklungen in unserer Gesellschaft verantwortlich ist. Ganz sicher würde die Entwicklung der Menschheit anders aussehen, wenn die Herrschenden nicht mit nahezu unbegrenztem unkritischem Autoritätsgehorsam rechnen könnten, und wir sollten jeden Schritt in diese Richtung nicht nur begrüßen, sondern auch nachhaltig fördern.

Die deutsche Sprache hat anscheinend keinen vernünftigen Gegenbegriff zum Gehorsam zu bieten. Eigenständigkeit, geistige Selbständigkeit, innere Freiheit, Autonomie sind schief und liegen zum Teil auf einer anderen Ebene. Ich war lange in Versuchung, hier eine Anleihe bei Hermann Hesse zu machen, der für gerade diesen Sachverhalt den Begriff „Eigensinn" vorschlägt (Hesse, 1972, zit. nach 1986). Zwar paßt das nicht ganz in unseren Sprachgebrauch, schon Hesse selbst weist darauf hin, daß es in unserer Gesellschaft eher ein Laster oder doch wenigstens eine Unart ist, dem „eigenen Sinn" zu folgen (1986, 79). Ich scheue aber doch die unvermeidlichen Mißverständnisse, die aus einer solchen begrifflichen Neuschöpfung folgen, und ich werde im folgenden beim Begriff der *Autonomie* bleiben.

Der Begriff der Autonomie stammt aus der griechischen Sprache und Gedankenwelt. Mit den Bestandteilen „autós" = selbst und „nómos" = Gesetz bezeichnet er das Recht, sich selbst Gesetze zu geben oder nach eigenen Gesetzen zu leben (vgl. etwa von Ungern-Sternberg, 1990, 9). Schon von früh an und auch noch etwa im heutigen Verwaltungsrecht meinen wir damit nicht völlige Selbständigkeit, schrankenlose Freiheit, sondern begrenzte Eigenständigkeit, etwa bei autonomen Körperschaften oder der Autonomie der Gemeinde im Verwaltungsrecht.

Eine zweite Vorbemerkung: Die Untersuchungen zum Autoritätsgehorsam betreffen fast ausschließlich – Meeus & Raaijmakers (1989) haben eindringlich darauf hingewiesen – die beobachtbare Gehorsams-*reaktion*. Das Erleben der Versuchsteilnehmer und ihre subjektiven Strukturierungen sind kaum je Gegenstand des Interesses. Spontane Berichte werden zwar erfaßt und sind vielfach sehr eindrucksvoll, aber sie sind nicht zentraler Forschungsgegenstand, sondern lediglich Demonstrationsmaterial. Ich will versuchen, über diesen Stand hinauszuführen.

Autoritätsgehorsam ist unerläßlich

Wenn man einmal gedanklich versucht, den Autoritätsgehorsam grundsätzlich in Frage zu stellen, dann wird schnell deutlich: Jede Gesellschaft ist auf ein hohes Maß von Autoritätsgehorsam angewiesen: Schule und Hochschule, aber auch Institutionen wie Krankenhäuser oder Fabriken, das Zusammenleben in Wohnungen oder der Straßenverkehr: ohne ein ziemlich hohes Maß an Autoritätsgehorsam wäre das Überleben des einzelnen, zumal in einer Großstadt, nicht möglich. Die Gesellschaft wird es überleben, wenn Einzelne in einzelnen Bereichen den Autoritätsgehorsam aufkündigen, aber generelle Lösungen sind nicht realisierbar. Schon allein wenn der Straßenverkehr zusammenbräche, wäre der größte Teil der Bevölkerung, zumindest in den Großstädten, zum Hungertod verurteilt. Die Haltung der Autonomie kann sich nur auf relativ wenige gleichwohl aber wichtige Fälle beschränken. Wenn mein eigenes normatives System mit den Anforderungen der Autorität in Konflikt geräte, dann *kann* dies ein Fall für Autonomie sein.

Autonomie als Verhaltensalternative

Grundsätzliche Autonomie soll also nicht das Normalverhalten des Staatsbürgers sein, sondern eine wohleingeübte Verhaltensalternative für bestimmte, vielleicht seltene, aber bedeutsame Fälle. Bedeutsam nicht nur für den Einzelnen, sondern auch als notwendiges Korrektiv in der Gesellschaft. Man kann dies als ein individualistisches Problem sehen: Was kann der einzelne tun, wo kann er das lernen? Sinnvoller ist es, es als ein gesamtgesellschaftliches Problem zu sehen: Was sollte in unserer Gesellschaft geschehen, damit jeder Staatsbürger diese Autonomie als mögliche Verhaltensalternative im eigenen Verhaltensrepertoire hat? Die Antwort kann nur heißen: Wir sollten die mangelnde Autonomie nicht dem einzelnen als persönliches Versagen vorwerfen, sondern wir sollten in Schule und Gesellschaft diesen Sachverhalt zum Thema machen und jeden einzelnen befähigen, auch in Gruppen, auch bei Konformitätsdruck nach eigener Verantwortung zu handeln.

Fünf Ansatzpunkte bei Milgram

Wenn ich mich auf die großen Linien beschränke, dann sehe ich fünf Ansatzpunkte bei Milgram: Die *Thematisierung* und Benennung des Sachverhalts ist dabei der wesentlichste Punkt. Wenn in unserer Gesellschaft der unangemessene Gehorsam bei klarer Erkenntnis der Unangemessenheit generell und sofort als Milgram-Phänomen identifiziert würde, dann wäre das eine Strukturierungshilfe, die die Ausübung von Autonomie beträchtlich erleichtern könnte. Das ist in der Psychologie ein häufiger Fall, daß allein das „Zum-Thema-Machen" nicht nur ein erster notweniger Schritt, sondern auch eine wesentliche Hilfe ist (Sader, 1980, 30 f.).

Die *Reduktion der erlebten Autorität* ist ein zweiter wichtiger Punkt. Autorität ist in der Situation nicht einfach vorhanden, sondern wir sind gewöhnt, nach bestimmten Regeln Autorität zuzuschreiben. Bei den Milgram-Experimenten wird in mehreren Versuchsreihen sehr deutlich, daß die Verminderung der Autorität den Gehorsam reduziert: Wenn der Experimentator den Raum verläßt, wenn zwei Versuchsleiter untereinander uneins sind, wenn der Versuchsleiter „ein gewöhnlicher Mensch" ist, immer dann fällt die Gehorsamsrate beträchtlich. Was der Teilnehmer hier tun kann, wird bei Milgram nicht behandelt. Immerhin: Wenn es mir gelingt, meine Autoritätszuschreibung — auf welche Weise auch immer — zu reduzieren, dann ist Durchsetzung von Autonomie zweifellos leichter (Dieser Gesichtspunkt wird im übernächsten Abschnitt im MHRC-Experiment eine wesentliche Rolle spielen.).

Zeit zum Nachdenken ist ebenfalls ein zentrales Thema. Zwar war in allen Versuchsreihen von Milgram in gleicher Weise die zügige Durchführung ein Bestandteil der Versuchsanordnung. Aber analoge Versuche bei anderen Gehorsamsleistungen zeigen: Wenn Versuchsteilnehmer Zeit zum Nachdenken haben, gar mit Kollegen über die Sache sprechen können, dann ist mit Autoritätsgehorsam nicht mehr viel los. Zwar ist es generell richtig, daß Entscheidungen fast immer Entscheidungen unter Zeitdruck sind. Aber es gibt graduelle Unterschiede, und selbst ein gewisses Maß von Gelassenheit und Gelegenheit zur Reflexion ist meist hilfreich.

Verantwortungszuschreibung ist ein weiteres Stichwort bei Milgram. Etliche Teilnehmer haben trotz aller Bedenken den Versuch dann fortgesetzt, wenn ihnen der Experimentator versicherte, daß er „die ganze Verantwortung" trage. Hier würde bereits ein wenig Reflexion über das Wesen von Verantwortung und die Möglichkeiten und Grenzen ihrer Übertragung durch Worte nützlich sein.

Nähe zum Opfer ist bei Milgram eine eindrucksvolle Variable. Je näher der Schädiger seinem Opfer ist, desto geringer der Autoritätsgehorsam. Wenn ich durch Handlungen und Autoritätsgehorsam jemandem Schaden zufüge, dann ist es sicher eine Hilfe zur Autonomie, wenn ich mir dies recht konkret vorstelle. Milgram berichtet von vielen Fällen, in denen optischer Kontakt zum Opfer bestand und die „Lehrer" deutlich bemüht waren, wegzusehen. Obgleich das Thema bei Milgram sehr zentral ist, steht es in meiner Aufzählung an letzter Stelle: Auch bei großer Nähe — Hand auf den Elektrokontakt drücken — bleiben erstaunlich viele „Lehrer" zu lange der Instruktion gehorsam. Vielleicht ist nicht der metrische Abstand das Entscheidende, sondern die willentlich hergestellte psychische Distanz (Salewski, 1990).

Erlebte Normen als kognitive Strukturen

Wenn man sich die Protokolle von Milgram-Experimenten ansieht, dann fällt auf, daß das Erleben der Versuchsteilnehmer kaum je zum Thema wird: Die Teilnehmer werden als nervös, verkrampft, erregt geschildert, sie stehen zwischen zwei Spannungssystemen, aber wie sie die einander ausschließenden Anforderungen erleben und kognitiv strukturieren, kommt nur gelegentlich zu Sprache. Erwartungen, normative Vorstellungen, unklare Vorstellungen von Verpflichtungen werden geäußert. Es scheint mir nützlich, hier einen Schritt weiter zu probieren und die Erwartungen als — zumeist implizite — Normen zu sehen: Die Teilnehmer wollen vergeblich zwei Normensysteme gleichzeitig einhalten: Die Verpflichtung gegenüber dem Experimentator, die sie eingegangen sind, und die Verpflichtungen, mit dem durch Zufall zum Schüler bestimmten Menschen fair umzugehen. Ich komme im nächsten Abschnitt auf diesen Sachverhalt zurück.

Das Handeln der Minderheit: Der Ansatz von Serge Moscovici

Bei den Experimenten von Salomon Asch und seinen Nachfolgern wird in der Regel eine Minderheit durch eine Mehrheit beeinflußt: die Minderheit ist lediglich *Objekt* dieses Einflusses. Auch in den Milgram-Experimenten sind die beeinflußten Teilnehmer lediglich Objekte des Geschehens; mit ihnen geschieht etwas, sie bleiben dabei willfährig oder sie rebellieren. Dieses generelle Denkmodell „die Mehrheit handelt und entscheidet, die Minderheit ist diesem Handeln unterworfen" ist uns so selbstverständlich, daß die entgegengesetzte Möglichkeit kaum je thematisiert wird. Immerhin gibt es aber einen großen theoretischen und empirisch gut belegten Gegenentwurf: die Untersuchung, wann und unter welchen Bedingungen die Minderheit sich durchsetzen kann. Wir verdanken diesen Ansatz dem französischen Sozialpsychologen Serge Moscovici, der, angeregt durch die Pariser Studentenrevolten, 1969 eine Theorie des sozialen Einflusses von Minderheiten vorgelegt hat.

Das klassische Experiment zu Beginn dieses Forschungsansatzes (Moscovici, Lage & Naffrechoux, 1969) sah so aus: Gruppen von je sechs Teilnehmern setzten sich aus je vier „naiven" und zwei konföderierten Teilnehmern, meist Studentinnen unterschiedlicher Fachrichtungen, zusammen. Vorgeblich handelte es sich um einen Versuch zur Farbwahrnehmung. Zunächst wurde ein Test zur Farbsehtüchtigkeit gegeben, einerseits um Teilnehmer mit Farbanomalien auszuschalten, andererseits um den Teilnehmern deutlich zu machen: auf Wahrnehmungsfehler sind die Abweichungen nicht zurückzuführen. Anschließend waren als Dia angebotene Farben auf ihre Helligkeit zu beurteilen und dabei zu benennen. Hierbei kehrten die Autoren die Verhältnisse von Aschs Experimenten um: Die beiden Konföderierten nannten alle dargebotenen blauen Farbtöne „grün". Ergebnis: über 128 Teilnehmer hinweg gab es ca. 8% „Grün"-Antworten, etwa 32% der Teilnehmer gaben irgendwann einmal oder auch öfter nach. Der entscheidende Punkt dabei: diesen deutlichen, wenn auch numerisch nicht überwältigenden Einfluß gab es nur, wenn die Konföderierten *konsistent* waren, also beständig bei ihrer Abweichung blieben. Bei inkonsistent wechselnden Aussagen verschwand der Effekt fast völlig. Dieses Ergebnis konnte bei zahlreichen Wiederholungen und Abwandlungen immer wieder bestätigt werden: Eine Minderheit übt Einfluß auf eine Mehrheit dann aus, wenn sie einen konsistenten Verhaltensstil zeigt.

Aus den ersten Experimenten hat sich hier ein breiter und vielgestaltiger Forschungsbereich entwickelt, mit zahlreichen inhaltlichen Themen und methodischen Variationen. Erster Überblick etwa bei Maass, West & Clark (1985), ausführliche Darstellung des Standes bei Moscovici (1976) und bei Moscovici, Mugny & Van Avermaet (1985). Neben seiner Theorie zum Minderheiteneinfluß hat Moscovici 1980 eine weitere Theorie vorgelegt, die über den im Verhalten beobachtbaren Sachverhalt hinausgeht und sich auf subjektive Phänomene bei der Einflußnahme einläßt: Die Theorie heißt Konversionstheorie und macht die Aussage, daß eine konsistente Minderheit bei der Mehrheit (bevorzugt? immer?) eine Konversion auslöst, eine echte Meinungsänderung. Die Übernahme der Mehrheitsmeinung, so behauptet die Theorie, sei da-

gegen ein Vorgang bloß äußerer Anpassung ohne echte Meinungsänderung. Diese zentrale Aussage kann mittlerweile als empirisch bestätigt
angesehen werden. Allerdings: wenn man einmal davon abgeht, lediglich die Fälle von Beharrung und Anpassung auszuzählen (wie dies bei
Asch und Milgram und auch bei den frühen Moscovici-Experimenten
der Fall war), wenn man subjektive Sichtweisen und berichtbare Prozesse einbezieht, dann wird das Bild vielschichtiger und komplexer. Es
wird dann deutlich, daß es eine Vielzahl von Variablen gibt, die den
„reinen" Laborfall überlagern, die Ergebnisse verstärken oder aufheben
können. Ich zähle sieben solcher Variablengruppen auf:

1. Zunächst einmal legen die Experimente nahe, von einfachen kausa-
len Verknüpfungen zwischen unabhängiger Variable (Verhalten der
Minorität) und abhängiger Variable abzugehen; in der Realität gibt es
raum-zeitlichen Kontext und Vorgeschichte.

2. Es wäre oft hilfreich, zwischen Verhaltensstil und Verhandlungsstil
zu unterscheiden; so kann das faktische Verhalten konsistent, der Verhandlungsstil aber z.B. sehr beweglich sein, in der Aufnahme oder im
Ignorieren von Argumenten der Gegenseite.

3. Vom Gesamtkontext und dem Gruppenklima her kann die Beurteilung von Abweichungen unterschiedlich sein: Wenn Originalität erwünscht, die Abweichung von der Mehrheit nicht bedrohlich ist, kann
„eigene Meinung", „persönlicher abweichender Standpunkt" geradezu
prämiiert oder herausgefordert, zumindest aber von der Gruppennorm
als tolerierbar erscheinen.

4. Im Experiment hat die Gruppe keine Vorgeschichte und besteht defi-
nitionsgemäß aus lauter gleichrangigen Mitgliedern. Unter vielen Alltagsbedingungen gibt es hier Differenzierungen, repräsentative und
eher randständige Mitglieder.

5. Auch entwickeln Gruppen rasch eine Hierarchie, und es ist nicht
gleichgültig, wer in der Hierarchie als Mehrheitsvertreter und Minder-
heitsvertreter sichtbar wird.

6. Zu unterscheiden wäre ferner, inwieweit die Mehrheits- und Minder-
heitsmeinung, privat, gruppenintern oder über die Gruppe hinaus, zu
vertreten ist.

7. Und schließlich sollte nicht außer Acht gelassen werden, daß es neben dem Bedürfnis nach Durchsetzung der eigenen Meinung in Gruppen auch das Bedürfnis der Unterordnung, nach Abhängigkeit, nach
Aufgabe der unsicheren eigenen Meinung zugunsten eines Anschlus-
ses an Mächtigere gibt.

Alles das spricht nicht dagegen, daß es den Einfluß konsistenter Minderheiten gibt. Aber es läßt die Frage offen, welche Rolle dieser Einfluß
unter weniger restriktiven Bedingungen spielt. In allen zusammenfas-

senden Darstellungen des Moscovici-Ansatzes wird denn auch einschränkend darauf hingewiesen, daß Moscovici trotz seiner historisch-soziologischen Orientierung noch keine Belege aus alltagsnahen Felduntersuchungen vorlegen kann. Die Frage, „Welches sind die entscheidenden Bedingungen dafür, daß Mehrheitsmeinungen durch Minderheiten in Frage gestellt werden können?", kann aber nicht durch Isolierung einzelner Variablen unter restriktiven Laboratoriumsbedingungen entschieden werden, sondern nur im Feldversuch, in dem zahlreiche der eben genannten Bedingungen realisiert werden können. Im nächsten Abschnitt werden wir ein Experiment kennenlernen, von dem Moscovici sicher begeistert wäre, wenn er es kennenlernen würde.

Auflehnung gegen ungerechte Autorität: Die MHRC-Experimente

Worum geht es?

Die bisher dargestellten experimentellen Ansätze handeln zwar von Prozessen, die in Gruppen geschehen, aber sie werden nicht in Gruppen untersucht. Beim Asch-Experiment sind zwar acht Leute anwesend, aber es gibt keine Interaktion zwischen ihnen. Und bei Milgram sind zwar drei Personen vorhanden, aber man muß Gruppendefinitionen schon sehr pressen, wenn man Experimentator, Lehrer und Schüler (zumeist im Nebenraum, oft nicht sichtbar für die beiden anderen) eine Gruppe nennen will. Zumindest: die Charakteristika, die typischerweise bei Entscheidungen in Gruppen eine Rolle spielen, fehlen hier und können so auch nicht Bestandteil der Gruppenbedingungen und schon gar nicht Untersuchungsgegenstand werden. Um so wichtiger ist es mir, eine der ganz wenigen Untersuchungen zu Gruppenentscheidungen vorzustellen, für die diese Einschränkungen nicht gelten. Es geht um eine Serie von Untersuchungen, die William Gamson, Bruce Fireman und Steven Rytina (1982) vorgelegt haben. Die wichtigsten Kennzeichen dieser Untersuchung sind:

— Untersucht werden Prozesse in Gruppen, die sich als reale interagierende Gruppen erleben.
— Die Mitglieder der Gruppe sollen zu einem Handeln veranlaßt werden, welches sie klar als Unrecht erkennen können.
— Untersucht werden Gruppenprozesse, die zu Widerstand gegen Autorität führen oder eben diesen Widerstand gegen Autorität nicht erfolgreich organisieren können.

Gruppenprozesse meint, daß tatsächliche Verläufe und nicht lediglich statistisch signifikante Unterschiede im Endresultat das Thema sind.

— Das wesentliche Ziel der Untersuchung ist die Identifikation derjenigen Prozesse, die für Gelingen oder Mißlingen des Widerstandes entscheidend sind, und im wesentlichen geht es dabei um sozialpsychologische Prozesse im engeren Sinn.

Um Sozialpsychologie der Gruppe in einem anspruchsvollen Sinn geht es auch insofern, als nicht Prozesse im Individuum das letzte Ziel der Untersuchung sind (die nur gerade mal zufällig in einer Gruppe sind), sondern die Entstehung oder Verhinderung kollektiver Prozesse im Mittelpunkt steht.

Qualitative Voruntersuchungen

Die Untersuchung ist geradezu ein Musterbeispiel für das, was in der neueren gestalttheoretisch orientierten Methodenlehre „phänomenologisch-experimentelle Methodenlehre" heißt (Rausch, 1979; Kebeck & Sader, 1984). Im ersten Kapitel werden drei Fälle von gelungenem Widerstand gegen Autorität ausführlich berichtet und kommentiert. Gamson, Fireman & Rytina (1982) beziehen sich hier auf sorgfältige und ausführliche Beschreibungen in der Fachliteratur und heben an diesen drei Einzelfällen mutig alles das hervor, was ihnen wichtig und bedeutungsvoll erscheint. Die Darstellung und Interpretation dient der Hypothesenfindung, die herausragenden Einzelereignisse werden das ganze Buch hindurch immer wieder als Demonstrationen für eigene theoretische Strukturierungen verwendet. Die Verfahrensweise ist ungewöhnlich; man kann natürlich fragen, ob es nicht auch entgegengesetzte Einzelfälle gegeben hat, die von den Autoren nicht herangezogen worden sind. Aber als Demonstration sind die Beispiele jedenfalls sehr instruktiv; und etliche dieser Hypothesen und Annahmen werden später in den 33 Versuchsreihen denn auch bestätigt.

Der erste dieser Vorfälle spielt im Jahre 1936, und zwar auf einem Fabrikgelände von General Motors. Eine Gruppe von Schweißern, die zur Spätschicht kommen, erfahren, daß zwei ihrer Kollegen entlassen worden sind, weil sie sich wegen einer Erhöhung der Geschwindigkeit des Fließbandes beklagt haben. Es kommt zu einer Arbeitsniederlegung und Konfrontation mit der Geschäftsleitung, bei der die Streikenden siegen: die beiden Kollegen werden bedingungslos wieder eingestellt. Die Autoren beziehen sich auf ausführliche Berichte von Kraus (1947) und Fine (1969). Dieser Streik, obgleich zunächst ein sehr begrenztes lokales Ereignis, hatte anscheinend weitreichende Folgen, so daß einer der Bezugsautoren Fine (1969) ihn „den bedeutungsvollsten amerikanischen Arbeitskonflikt des 20. Jahrhunderts" genannt hat (zit. nach Gamson, Fireman & Rytina (1982, 4).

Das zweite Ereignis spielt 1964, auf dem Universitätsgelände der Universität Berkeley. Acht Studenten waren am Vortag relegiert worden, weil sie sich auf dem Hochschulgelände trotz Verbotes politisch betätigt hatten. Bei einer erneuten Demonstration eskaliert der Gegensatz in wesentlich größere Dimensionen, es kommt zu Verhaftungen. Aber die Studenten umzingeln die Polizeifahrzeuge für 24 Stunden, und schließlich kommt es zu einer schriftlichen Vereinbarung zwischen dem Hochschulpräsidenten und einem studentischen Komitee. Auch hier schöpfen die Autoren aus sorgfältigen Dokumentationen (Heirich, 1971) und heben Aspekte hervor, die ihnen besonders wichtig sind.

Das dritte Ereignis besteht daraus, daß Anhänger einer moslemischen Sekte in eine Auseinandersetzung mit der Polizei geraten und es zu einem Solidarisierungseffekt von weiteren Sektenmitgliedern kommt (ausführliche Beschreibung bei Malcolm X, 1965).

Das Basis-Experiment

Die wesentliche empirische quantitative Substanz besteht aus 33 Versuchsreihen; ich stelle zunächst den Verlauf eines Versuchs der ersten Versuchsreihe dar, wie bei Gamson, Fireman & Rytina (1982, 42 − 53) aus der Sicht eines Teilnehmers:

Sie finden eine Anzeige in der Tageszeitung, in der eine Ihnen unbekannte Firma „Manufacturers Human Relations Consultants" (MHRC) für zwei Stunden Mitarbeit 10 Dollar anbietet. Sie rufen dort an und hören, daß es mögliche Mitarbeit in vier Projekten gibt, darunter Forschung, „bei der Sie zunächst über den wahren Zweck der Untersuchung falsch informiert und erst später darüber aufgeklärt werden" und „Forschungen mit Hilfe von Gruppendiskussionen über Normen und Maßstäbe in der Gesellschaft". Die beiden anderen Themen betreffen Marktforschungsuntersuchungen. Sie erklären sich zu den beiden genannten Themen bereit und bekommen einen Termin für eine Gruppendiskussion. Wenn sie zu dem verabredeten Termin kommen, stellen sie fest, daß das ganze in einem Hotel stattfindet, in dem die MHRC Räume angemietet und deutlich gekennzeichnet hat. Sie werden von einem Mitarbeiter in einem Diskussionsraum empfangen, Tische in U-Form für neun Teilnehmer, Mikrophone auf dem Tisch und drei Fernsehkameras auf die Plätze der Diskutanten gerichtet. (Was sie nicht wissen: die drei Kameras, die der Experimentator in den Diskussionsphasen an- und in den Gesprächspausen abschaltet, sind nur Dekoration: die ganze Sitzung samt Pausen wird von verborgenen Kameras aufgezeichnet.) Sie erhalten zunächst, wie könnte es anders sein, einen Fragebogen. Gefragt wird nach einer Fülle von Gegenständen, ihrer Meinung über Ölkonzerne, über Arbeitnehmerrechte, über die Rechtslage zwischen Bürgern und Autoritäten, Vertrauen gegenüber Gerichten und der Regierung ganz allgemein, über die Bereitschaft, in individuellen oder kollektiven Situationen Verantwortung zu übernehmen, ihre Einstellung gegenüber Personen, die „sexuelle Affären" haben und dergleichen mehr. Auch die üblichen biographischen Daten werden abgefragt.

Anschließend teilt der Koordinator der inzwischen vollständig erschienenen Gruppe mit, daß es sich um eine Gruppendiskussion handeln wird, die mit Video aufgezeichnet werden soll. Und zwar soll es darum gehen, gemeinsam zu diskutieren, „welche Normen und Maßstäbe es in unserer Gesellschaft gibt, welches Verhalten moralisch falsch ist". Ein Kunde der MHRC, eine größere Ölgesellschaft, liege im Rechtsstreit mit einem Mann, der eine Tankstelle dieser Gesellschaft gepachtet habe. Die Gesellschaft habe den Vertrag gekündigt, weil der Pächter, ein Mann von 39 Jahren, seit eineinhalb Jahren, obgleich unverheiratet, mit einer Frau von 24 Jahren im gleichen Appartement lebe. Die Ölgesellschaft halte das für unmoralisch und sie sei der Auffassung, jeder Repräsentant ihrer Firma müsse sich so verhalten, daß moralische Vorwürfe ausgeschlossen seien. Der Pächter seinerseits findet, daß sein Privatleben die Gesellschaft gar nichts angehe, und er vermutet in den Beschuldigungen einen vorgeschobenen Grund: er habe in einer lokalen Fernsehsendung die Preispolitik dieser Ölgesellschaft kritisiert und dies sei offenbar eine Antwort darauf.

Der Koordinator erläutert dann, daß das Gericht brauchbare Informationen darüber benötige, welche Normen und Maßstäbe in dieser Hinsicht in der Gesellschaft vertreten werden, und dafür habe sich eine Gruppendiskussion zu diesem Thema als nützlich erwiesen.

Anschließend zahlt er die Honorare aus und läßt sich eine Erklärung unterschreiben, die neben dem Empfang des Geldes das Einverständnis zur Videoaufzeichnung betrifft. Diese Einverständniserklärungen bleiben offen auf dem Tisch liegen. Der Koordinator bittet nun jeden, sich einzeln vor laufender Kamera kurz vorzustellen. Anschließend hat die Gruppe die Aufgabe, gemeinsam für 5 Minuten die Frage zu diskutieren: Würden Sie sich beeinträchtigt fühlen, wenn Sie hören würden, der Tankstellenpächter, bei dem Sie gewöhnlich tanken, führe einen Lebenswandel wie der Pächter in dem geschilderten Fall? Der Koordinator stellte das Videogerät an und verließ während der gesamten Diskussion den Raum. Nach 5 Minuten kam er zurück, stellte die Kameras ab und gab eine weitere Instruktion. Diesmal sollte die Diskussion um die Frage gehen, ob die Teilnehmer zögern würden, bei dieser Tankstelle zu tanken. „Um die Diskussion lebhafter zu gestalten", sollte dabei eine vorbestimmte Anzahl von einem Drittel der Teilnehmer die Gegenposition vertreten, also so argumentieren, als wenn sie durch den Lebenswandel des Pächters beeinträchtigt würden. Auch hier schaltete der Koordinator wieder die Geräte ein und verließ für die Dauer der Diskussion den Raum.

Anschließend gab es noch eine dritte Diskussionsphase. „Denken Sie, so jemand wie dieser Tankstellenpächter sei schädlich für die Gesellschaft?" Auch hier wurde (ein anderes) Drittel der Teilnehmer gebeten, argumentativ die Gegenposition zu vertreten. Danach sorgte der Koordinator dadurch für eine freie Gesprächspause, daß er Schwierigkeiten mit der Fernsehanlage angab. Er kündigte gleichzeitig an, daß abschließend alle Teilnehmer einzeln eine summarisch abschließende Stellungnahme abgeben sollten, wobei sie die Rolle von jemandem spielen sollten, der

— durch das Verhalten des Pächters sich beleidigt fühlen würde
— sagen sollte, was ihn daran störe
— warum er dort nicht mehr tanken werde
— warum er der Meinung sei, daß der Betreffende nicht mehr als Pächter vertretbar sei.

Nach dieser Ankündigung verläßt der Koordinator den Raum, angeblich um die Störungen an der Fernsehanlage zu beheben. Er läßt dadurch Freiraum für ungestörte Diskussionen der Mitglieder, in ihren Augen jenseits des Experiments und unbeobachtet durch Repräsentanten der MHRC. Dann kommt der Experimentator zurück, wiederholt noch einmal die Aufgabe und läßt die einzelnen ihre summarischen Aussagen geben.

Abschließend ist von jedem Teilnehmer eine notarielle Erklärung zu unterschreiben, daß der Teilnehmer mit der Verwendung der Bänder vor Gericht einverstanden ist. Auch hier entsteht noch einmal eine Bedenkpause, weil der Koordinator erst sein notarielles Siegel holen muß.

Wenn die Teilnehmer nach Beendigung den Raum verlassen, werden sie in einen Nachbarraum geführt und ausführlich über den Sinn des Experiments informiert. Außerdem müssen sie noch einen ausführlichen Fragebogen ausfüllen. Gefragt wird

— Was waren Ihre Absichten als Sie den Raum verließen? (gedacht ist an Aktionen gegen die MHRC)
— Was denken Sie, was die MHRC von der Gruppe wollte?
— Inwieweit waren Sie über verschiedene Aspekte des Versuchs verärgert?
— Haben Sie schon einmal an kollektiven Aktionen wie Demonstrationen teilgenommen?
— Wie denken Sie über die anderen Mitglieder der Gruppe und die Rolle, die diese im Versuch gespielt haben?

– Was glauben Sie, welche Aktionen bei solchen Experimenten passieren könnten?

32 weitere Versuchsreihen

Ähnlich wie Milgram fühlten sich Gamson, Fireman und Rytina durch die Ergebnisse der ersten Experimente dazu herausgefordert, weitere Versuchsreihen anzulegen. Aber im Gegensatz zu Milgram haben sie nicht pro Versuchsreihe eine neue Variation erprobt, sondern zunächst einmal gleichartige Reihen angelegt, um bessere quantitative Daten zu bekommen: insgesamt gibt es 18 Versuche, hier als Basisexperimente bezeichnet, die der eben geschilderten Versuchsanordnung entsprachen. In weiteren sechs Gruppen gab es einen konföderierten Teilnehmer, der die Rolle eines „Mobilisierungshelfers" spielte: in drei Gruppen als ein ruhiger, höflicher Mensch, der kaum hervortrat, nur eben ruhig und gelassen die Absichten des Koordinators hinterfragt. Da das in den meisten Gruppen durch andere Teilnehmer ohnehin geschah, würde ein außenstehender Beobachter – meinen die Autoren – den Mobilisierungsagenten in diesen drei Versuchen kaum herausfinden. In den anderen drei Gruppen war der Mobilisierungsagent wesentlich aktiver: Zwar forderte er den Koordinator nicht heraus, aber er unterstützte zusätzlich Aktivitäten anderer Mitglieder. Außerdem gab es neun Vorversuche, bei denen von Versuch zu Versuch Bedingungen variiert wurden, so daß sie nicht zusammenfassend ausgewertet werden können. Gleichwohl sind sie für qualitative Aussagen in einigen Punkten nützlich.

Ein erster Überblick

Insgesamt haben 260 Personen an den Experimenten teilgenommen, keine irgendwie repräsentative Stichprobe, sondern einfach Leute, die neugierig waren und/oder zehn Dollar verdienen wollten. 63% davon waren Berufstätige, 20% Studenten. Etwas mehr als ein Drittel hatten einen College-Abschluß.

Die MHRC-Experimente waren absichtlich so angelegt, daß Auflehnung nicht zu schwer war: Der Koordinator war freundlich und vermied jeglichen Druck, vor allem aber: Die Gruppe hatte zwischendurch immer wieder Zeit, sich (vermeintlich) unbeobachtet über das weitere Vorgehen zu beraten, Meinungen auszutauschen, Verabredungen zu treffen. Diese insgesamt „weiche" Vorgehensweise war beabsichtigt: Thema waren nicht Prozentsätze, sondern Gruppenprozesse, und von daher ist es naheliegend, den Versuch so zu organisieren, daß Auflehnungsprozesse in allen Stadien sichtbar gemacht werden können. Die Autoren verwenden für ihr subtiles, viele Einzelereignisse sorgfältig aufnehmendes Verfahren den Begriff der Micro-Mobilisation der Teilnehmer, die es zu untersuchen gilt.

Insofern besagt das Gesamtergebnis, daß nämlich in über drei Viertel der Gruppen Auflehnungsprozesse stattfanden, vor allem etwas über die Anlage der Versuche und weniger über die Gehorsamsbereitschaft von Menschen. Die Hauptergebnisse betreffen Genese und Charakteristik solcher Prozesse und es ist sinnvoll, bei der Darstellung zunächst der Chronologie des Gruppengeschehens zu folgen und dann einige wesentliche Punkte gesondert herauszuheben.

Sieben chronologische Teilschritte

Obgleich die einzelnen Gruppenprozesse sich in zahlreichen Dimensionen voneinander unterscheiden, hielten es die Autoren doch für sinnvoll, ganz allgemein sieben breite Kategorien von Handlungen und Verhaltensweisen zu unterscheiden. Jede dieser Phasen wäre einer gründlicheren Untersuchung wert. Ich begnüge mich damit, sie zu nennen, zu kommentieren und auf einige wenige der zahlreichen empirischen Befunde zu verweisen.

1. Alle Teilnehmer beginnen mit *Einverständnis*: Sie füllen Fragebogen aus und sind willig und interessiert mitzumachen.

2. Der Übergang auf *innere Ablehnung* ist wichtig, aber schlecht zu identifizieren, wie wir aus der Alltagserfahrung wissen. Manchmal ist das ein angebbarer Zeitpunkt, oft eine Phase des Hin und Her, des Sich-nicht-Eingestehens oder des schleichenden Übergangs.

3. Die Artikulation der Ablehnung durch *kontextbezogene Metakommunikation* ist zumeist der nächste Schritt. Das ist keine Aufkündigung der Mitarbeit, aber eine Vorstufe:

„Können wir das Band noch mal sehen, nachdem es von Ihnen zusammengestellt ist?"

4. *Offener Widerspruch* ist die nächste Phase. Ein Teilnehmer erklärt laut und deutlich und für alle vernehmlich, daß er die Verfahrensweise für falsch hält. Das reicht von

„Es scheint mir nicht richtig, daß Sie uns veranlassen wollen, nur für die eine Seite zu argumentieren."

bis hin zu

„Das, meine Damen und Herren, ist genau das, worum es bei Watergate ging!".

5. *Faktischer Widerstand* ist mehr als bloßer Widerspruch, nämlich die Aufkündigung der Kooperation. Das kann mehr oder weniger deutlich und auch demonstrativ geschehen, von der Ankündigung, sich nicht durch Antworten beteiligen zu wollen, bis zum Zerreißen der Einwilligungserklärung in lauter kleine Schnipsel, die dem Koordinator vor die Füße geworfen werden.

6. Der Übergang zum *Widerstandshandeln* ist wieder fließend; beim MHRC-Experiment reicht er aber in keinem Fall bis zur Beschädigung von Mikrophonen und Videogeräten. Die Konfiszierung der offen daliegenden Einwilligungserklärungen dagegen kam als Handeln durchaus vor.

7. *Vorbereitung weiterführender Handlung* ist gewissermaßen die weitestgehende Form der Rebellion. Teilnehmer stecken sich die Unterlagen betont sorgfältig ein, um sie als Dokumente zu benützen, sie nehmen sich vor, einen Anwalt aufzusuchen, die lokale Presse über das Verhalten der MHRC zu informieren. Teilnehmer verabreden ein späteres gemeinsames Treffen zur Bekämpfung der MHRC, tauschen Anschriften und Telefonnummern aus.

Eine solche zeitliche Aufteilung in sieben einzelne Schritte soll zunächst einmal darauf hinweisen, daß es eine unangemessene Vereinfachung ist, die Frage des Widerstandes gegen Autorität auf eine einfache Alternative zu reduzieren: Ein Teilnehmer kann zu jedem dieser Schritte kommen, dabei stehenbleiben oder weitergehen. Die Determinanten können je unterschiedlich sein, globale Aussagen über den gesamten Prozeß können die faktisch wirkenden Variablen eher zudecken und verwischen. Die Autoren sind dementsprechend sorgfältig dem gesamten Geschehen nachgegangen und haben die spezifischen Widerstände und möglichen Hilfen bei den einzelnen Phasen näher betrachtet. Ich beschränke mich im folgenden darauf, aus dieser Mischung von phänomenalen und statistischen Daten einige wichtige Aspekte hervorzuheben.

Sieben wichtige Teilaspekte

Voraussetzungen

Die nächstliegende Idee ist, nach den *Voraussetzungen* zu fragen, nach den Voraussetzungen für Auflehnung, nach den Voraussetzungen für Gehorsam gegenüber ungerechter Autorität. Es liegt ja nahe, daß Intelligenz oder politische Kenntnisse, geistige Selbständigkeit, Wortgewandtheit oder dergleichen hier wichtig sind. Wenn ich von allen Einzelheiten abstrahiere und mit der großen Linie beginne, dann muß mein erster Satz lauten: Die Voraussetzungen, die der einzelne mitbringt, sind weitgehend unerheblich. Ausnahme:

— Wenn nur ein oder gar kein Mitglied in der Gruppe war, welches nach eigenen Angaben (im Fragebogen vorher) schon bei anderen Veranstaltungen „sehr aktiv" gewesen ist,
— wenn Teilnehmer ohne College-Ausbildung die Mehrheit bilden,
— wenn niemand dabei war, der (nach eigenen Angaben) schon einmal bei einer Protestdemonstration aktiv gewesen ist,
— wenn kein Teilnehmer der Gruppe je an einem Streik beteiligt gewesen war,

dann sieht es um die Rebellion eher schlecht aus. Daß aber insgesamt in der Gruppe die Gesamtressourcen unerheblich waren, läßt sich anhand dieser Bedingungen leicht nachvollziehen: Die Nützlichkeit von Ressourcen steigt nicht mit dem Maß ihrer quanititativen Verfügbarkeit. Ein „Organisator" ist oft zu wenig, zwei sind gut und völlig ausreichend. Aber zehn „Organisatoren" in der Gruppe tragen nichts mehr zur Rebellion bei. Oder, noch plakativer: Ein Megaphon bei einer großen Straßendemonstration ist nützlich, hundert Megaphone tragen nichts mehr zum Erfolg bei: Ressourcen sind nützlich in Relation zum gesamten Kontext und nicht einfach linear aufaddierbar.

Gruppenklima

Das *Gruppenklima* wird durch das geistige Klima der Zeit, durch die organisatorischen Vorgaben der MHRC und durch etwas, was Teilnehmer mitbringen oder in der Situation produzieren, bestimmt. Es gibt zeitgeschichtlich Phasen, in denen Widerspruch und Auflehnung häufiger ist, wohl sogar durch gesellschaftliche Regeln nahegelegt und erwartet wird, und es gibt Phasen von Restauration oder Anpassung. Die Versuchsanordnung einschließlich Instruktionsgebung und Verhalten des Koordinators waren eher auf Gelassenheit und Freizügigkeit angelegt, es wurde kein Druck ausgeübt, es gab keine Bedrohung oder auch nur Überredung. Fragebogendaten zeigen große Gemeinsamkeit in der (negativen) Beurteilung großer Ölkonzerne, in den positiven Einstellungen gegenüber dem hypothetischen Tankstellenpächter, der unverheiratet mit einer Frau zusammenlebt. So stimmten etwa über 90% der Teilnehmer mit der Feststellung überein:

„Was der Angestellte in seiner Freizeit tut, geht den Arbeitgeber nichts an."

Man kann derartige Daten benutzen, um das generelle Klima in den 33 Gruppen zu beschreiben. Man kann aber auch den 10% Gegenstimmen nachgehen und sich ihre Verteilung in den Gruppen im einzelnen ansehen. Wenn man das tut, dann zeigt sich: von den zehn Gruppen, die nennenswert arbeitgeberfreundliche Mitglieder hatten, war nur eine erfolgreich in der Rebellion, von den 23 anderen Gruppen hingegen 15. Mit anderen Worten: Wenn es tatsächlich in der Psychologie mal ausnahmsweise um reale Gruppen mit freier Interaktion über einen Zeitraum von zwei Stunden hinweg geht, dann kommen wir nicht umhin, uns auf die faktischen strukturellen Bedingungen einzulassen, globale Zahlen führen hier eher in die Irre.

Loyalitätswandel

Teilnehmer, die aus Interesse oder wegen der zehn Dollar den Weg zur MHRC nicht gescheut haben, sich durch Ausfüllen eines Fragebogens engagiert haben und zu Beginn des Versuchs eine gewisse Loyalität zum Koordinator entwickelt haben, müssen als erste Vorbedingung zur Auflehnung diese Loyalität aufgeben. Sie müssen sich unabhängig machen, sie müssen sich distanzieren. Und sie müssen dann, im einfachsten Fall, neu Solidarität und Loyalität mit einem „Rebellen" eingehen oder gar, im schwierigeren Fall, sich im Alleingang von der Loyalität lösen und gegen diese handeln. Das ist ein schwieriges und vielschichtiges Problem. Sich aus einer Loyalität zu lösen und eine andere Loyalität einzugehen, ist ein mühseliges Geschäft, dessen Gelingen von mehreren Variablen gleichzeitig abhängt: Stellung zum Koordinator und zu Autoritätspersonen überhaupt, Zufälligkeiten der Person und deren Verhaltensweise, zu der Loyalität aufgebaut werden muß. Andererseits: Wenn von einer Gruppe gemeinsam Widerstand organisiert und getragen werden soll, dann hat der Initiator solchen Widerstandes Anspruch auf eine solche Loyalität, darüberhinaus, wenn möglich, auch auf aktives Engagement.

Gruppenstruktur

Häufig wird versucht, nach bestimmten Konsequenzen bestimmter Gruppenstrukturen zu suchen, und unter reduzierten Laborbedingungen klappt das auch oft (vgl. etwa Jones & Gerard, 1967, 674 ff.). Bei den MHRC-Experimenten hingegen können die Autoren zeigen, daß bei ihren lebhaft und frei interagierenden Gruppen einzelne Kennzeichen der Gruppenstruktur nicht eine feste Bedeutung haben, sondern allenfalls in Interaktion mit anderen Bedingungen wichtig werden können, sich aber dabei von Fall zu Fall positiv oder negativ auswirken können. So war die Gruppengröße (sechs bis zehn Teilnehmer) und die Geschlechtsverteilung ohne nennenswerten Einfluß auf das Rebellionsgeschehen. Das gilt freilich nur innerhalb gewisser Grenzen; und die Autoren weisen mit Recht darauf hin, daß für bestimmte Aktivitäten eine bestimmte Mindestanzahl von Teilnehmern erforderlich ist: Man kann nicht zu zweit ein Polizeiauto umzingeln. Auch die Qualität der Binnenstruktur kann sich in Interaktion mit anderen Bedingungen günstig oder ungünstig auswirken.

Sichtbar machen

Das *Sichtbar machen* (oder Hörbar machen) der eigenen Meinung ist ein wichtiger Punkt. Hierzu zwei Ergebnisse: Es scheint in Gruppen einen rechten Zeitpunkt für Auflehnung zu geben, zu frühe Auflehnung kann zum Scheitern verurteilt sein und andererseits zu späte ebenfalls. Insgesamt ist es für den Fortgang des Solidarisierungsprozesses unerläßlich, daß Gesinnungsgenossen der Rebellen nicht abwarten, sondern sich frühzeitig klar äußern. Das benötigt der „Rebell" als Verstärkung, und die Zögernden lesen daran die Mehrheitsverhältnisse ab.

Reifikationen aufdecken

Einer der Anspornsätze, mit denen im Milgram-Experiment Teilnehmer bei der Stange gehalten werden sollten, hieß: „Das Experiment erfordert, daß Sie weitermachen!".

Gamson, Fireman & Rytina (1982, 112) nennen diese Technik, den Urheber einer Forderung zu verschleiern, Reifikation (Verdinglichung). „Das Vaterland ruft" klingt natürlich besser als „Unser Diktator möchte ein Nachbarland überfallen und benötigt sechs bis acht Millionen gesunde Männer zwischen 18 und 45 Jahren, die dabei größtenteils umkommen werden". Wir sollten uns immer bemühen, derartige Reifikationen aufzudecken.

Anderes Bezugssystem schaffen

Bei jeder Versuchsanordnung wirken neben expliziten Setzungen auch eine Vielzahl von impliziten Normen und Bezugssystemen mit: es gibt unthematisierte Verhaltensnormen wie stillschweigende Konventionen, Höflichkeitsregeln und explizite Setzungen und Aufgabenstellungen. Beim MHRC-Experiment gab es zunächst einen harmlosen Verpflichtungsrahmen, der aber zunehmend schief, verdächtig und unfair wurde. Eine wichtige Voraussetzung der Rebellion ist es, diesen schleichenden Veränderungsprozeß dingfest zu machen und zu benennen.

Schlußfolgerungen: Was tun?

Die Bedeutung der MHRC-Experimente kann man auf zwei Ebenen diskutieren, *methodologisch*, als Lehrstück für empirische Vorgehensweise in der Kleingruppenforschung; *inhaltlich* machen die überzeugenden Befunde auf einen gesellschaftlichen Sachverhalt aufmerksam und zeigen Lösungswege auf.

Methodologisch sind mir folgende vier Aspekte besonders wichtig:

— Untersucht werden Prozesse in real existierenden und alltagsnah handelnden Gruppen. *Gruppen*prozesse sind das Thema, nicht Prozesse der Einzelnen, um die noch ein paar Leute herumstehen.

195

- Die Teilnehmer erleben das Handeln nicht als psychologisches Experiment, sondern als Alltag; sie handeln aus ihrer Sicht nicht in offensichtlich verkürzter „Versuchsrealität".
- Die Teilnehmer werden nicht durch eine Fülle unangemessener Einschränkungen domestiziert; sie dürfen miteinander reden und werden nicht darauf beschränkt, in vorgestellten Situationen auf Knöpfe zu drücken.
- Ziel sind nicht Prozentsätze, sondern Geschehensverläufe. Nicht das Endergebnis, sondern das Handeln selbst ist das Thema.

Insgesamt kann man die Vorgehensweise als instruktives Beispiel für das ansehen, was die Gestalttheoretiker eh und je als phänomenologisch-experimentelle Methodenanwendung gefordert haben (Rausch, 1979; Kebeck & Sader, 1984), die sorgfältige Phänomenanalyse ist hier gleichberechtigt mit den quantitativen Befunden, die Strukturierung des quantitativ orientierten Vorgehens erfolgt durch vorherige sorgfältige Analyse von Einzelfällen, die gründliche Erfassung und Auswertung auch der subjektiven Erlebnisse der Beteiligten während des Versuchs wird in die Auswertung einbezogen.

Ganz allgemein: Es gibt offensichtlich Forschungsarbeiten, die durchaus dem entsprechen, was die anspruchsvollen Kritiker von den Kleingruppenforschern fordern. Solche Projekte sind freilich aufwendig, und daher sind sie selten. In dieser Situation erscheinen mir zwei Vorschläge nützlich:

Wir sollten in unseren Lehrbüchern bei der Aufzählung von Experimenten nicht wie ein Bundesbahnfahrplan um Vollständigkeit bemüht sein, sondern Wesentliches stärker hervorheben und Belangloses streichen. Dann kämen die bedeutenderen Arbeiten besser zur Geltung.

Wir könnten außerdem versuchen, das implizite Normensystem für die Bewertung wissenschaftlicher Arbeiten in unserer Gesellschaft ein wenig zu ändern. Derzeit ist die *Anzahl* vorgelegter Arbeiten eine wichtige Meßgröße; stattdessen sollte man sich bemühen, Aufwand und Stellenwert von Arbeiten höher zu priorisieren. Vielleicht würde das wenigstens einige der Forscher ermuntern, sich an größeren und anspruchsvolleren Forschungsprojekten zu versuchen, dadurch könnte die Kurzatmigkeit in der Kleingruppenforschung vielleicht etwas reduziert werden.

Was die *inhaltlichen* Ergebnisse angeht, will ich — von der Vielzahl interessanter Einzelergebnisse einmal ganz abgesehen — das Hauptergebnis so formulieren:

Für den Widerstand gegen ungerechtfertigte Autorität in einer Gruppe ist es erforderlich, daß ein oder zwei Mitglieder „den Anfang machen". Auch unter den sehr gewährenden und freundlichen Umständen der MHRC-Experimente passierte das nur in etwa drei Viertel der Gruppen. Es ist offensichtlich schwieriger, als man dies von außen vermuten würde, selbst unter relativ günstigen Bedingungen in einer Gruppe als einzelner den vermeintlichen Konsens aufzukündigen. Das Hauptergebnis: Bevorzugt tun das solche Teilnehmer, die es gelernt haben, weil sie schon einmal in einer anderen Situation den Widerspruch probiert haben und damit erfolgreich waren. Wenn wir daher mit Gamson, Fireman & Rytina (1982) der Ansicht sind, daß der Mißbrauch von Autorität das primäre Thema des 20. Jahrhunderts ist, dann sollten wir auch die Konsequenzen ziehen: nicht nur die Einübung von Gehorsam, sondern auch die Einübung von Widerstand gegen ungerechtfertigte Autorität ist dann ein wichtiges und legitimes Lernziel in unserer Gesellschaft.

Normen, Bezugssysteme, Bezugsgruppen

Psychologen beschränken sich bei der Darstellung von Versuchsergebnissen oft, zu oft, auf *Verhalten*. Sie vernachlässigen demgegenüber die Kognitionen der Versuchsteilnehmer. Das gilt in unserem Kontext bereits für die zahllosen Experimente in der Asch-Nachfolge. Es gilt allerdings nicht für Asch selbst. Der war Gestaltpsychologe und hatte keine Scheu, die Phänomene seiner Versuchsteilnehmer zu erfragen und ernst zu nehmen. Bei den späteren Experimenten interessiert allerdings fast ausschließlich das quantitativ nachweisbare Verhalten. Das ist bei Milgram, zehn Jahre später, auch nicht anders: Thema ist der Anteil der Gehorsamen unter wechselnden Versuchsbedingungen; spontane Aussagen der „Lehrer" werden zur Verdeutlichung und Illustration benutzt, spielen aber keine systematische Rolle. Auch bei den Experimenten von Gamson, Fireman & Rytina (1982) ist zwar von den Bedingungen und Voraussetzungen für Auflehnung die Rede, aber die tatsächlichen Strukturierungen der Situation durch die Versuchsteilnehmer bleiben im Hintergrund. Eine solche Reduktion auf Verhalten führt leicht dazu, daß Forscher oder Betrachter den Freiraum subjektiver Konstruktionen des Feldes nach eigenem Gutdünken ausfüllen. So wird Auflehnung naheliegenderweise oft als Auflehnung gegen Personen konstruiert, Anpassung als Anpassung an Personen: Wieviel Personen sind notwendig, damit sich die Asch-Versuchsteilnehmer der Mehrheit anpassen, welches Verhalten des Experimentators führt zu Gehorsam oder Auflehnung? Sicher gibt es den Fall, daß ich zu Recht Anpassung und Gehorsam oder Ungehorsam und Auflehnung unmittelbar an der Person festmache, die die Forderungen vertritt: Kinder rebellieren gegen Eltern, Schüler gegen Lehrer, zeitweise auch Studenten gegen Hochschullehrer. Aber im typischen Fall und in den Befunden der drei letzten Abschnitte zumal, scheint mir ein anderer Denkansatz wesentlich nützlicher.

Die Versuchsteilnehmer berichten ab und zu, daß sie sich an implizite und als gültig angenommene Regeln oder Vorschriften gehalten haben, daß sie Forderungen erlebten, die von der Gesamtsituation ausgingen. In der Sozialpsychologie werden diese häufig unthematisch bleibenden und häufig als selbstverständlich angesehenen Vorschriften als *Normen* bezeichnet. Es erscheint mir nützlich, die Anpassung oder Auflehnung in solchen Situationen einmal explizit unter dem Denksystem von Normen anzugehen.

Normen

Wenn es um Konformität oder Nichtkonformität in Gruppen geht, dann ist es in vielen Fällen nützlich, als Gegenspieler oder Angriffspunkt nicht Personen, sondern Normen zu sehen. Und auch wenn es um Autonomie im Standhalten oder Durchsetzen von Veränderungen geht, kann der Denkansatz sinnvoll sein, Normen in Gruppen zu verändern und nicht die inhaltlichen Einstellungen und schon gar nicht Personen. Für eine solche Reflexion ist es zunächst einmal notwendig, einige begriffliche und empirische Informationen zu geben: Denn der Normbegriff im Alltag und die Alltagsvorstellungen von der Funktionsweise von gesellschaftlichen Normen sind zumeist einseitig und schief. Während der Begriff der Konformität und des Konformitätsdrucks frühzeitig und im wesentlichen im Anschluß an Salomon Asch (1952) begriffliche und empirische Beachtung fand, wurde der Normbegriff — zumeist als gesellschaftliche Norm — allgemeiner und eher in der soziologisch orientierten Literatur verwendet. Immerhin gab es auch hier eine empirische Forschungstradition, die vor allem durch Mustafer Sherifs Buch „Psychology of Social Norms" von 1936 befruchtet worden ist. Die umfassendste und materialreichste Darstellung von Normen und Konformität je für sich und in ihrem Zusammenhang stammt von Brandt & Köhler (1972, über 800 Literaturtitel, allerdings nur bis 1967; neuere Darstellungen, vor allem De Julio, Bentley & Cockayne, 1979; Moscovici, 1980; und Witte, 1989, vor allem 473 ff.).

Ich beschränke mich in diesem Zusammenhang darauf, einige wenige Erkenntnisse darzustellen und in ihrer Bedeutung für Konformität und Autonomie zu diskutieren.

1. Nur ein ziemlich kleiner Teil der Normen in Gesellschaft und Gruppen ist explizit und für alle sichtbar ausformuliert. Die bei weitem meisten Normen sind lediglich implizit und bleiben zumeist unthematisch, undiskutiert und werden als nicht bezweifelbare Selbstverständlichkei-

198

ten erlebt. Viele werden erst bei Übertretungen überhaupt sichtbar. Soweit sie benannt werden, können sie Regeln oder Vorschriften heißen, aber auch Bräuche, Zeremonien, Konventionen, Etikette, Mode. Oft haben sie überhaupt keine Namen und sind einfach „selbstverständlich" oder „immer so gewesen".

2. Die bei weitem meisten Normen sind lediglich phänomenale Sachverhalte, sie sind nirgendwo objektiviert oder schriftlich festgehalten. Das bedeutet auch, daß die (erlebten) Normen hinsichtlich eines Sachverhaltes in einer konkreten Situation bei den beteiligten Personen interindividuell und auch intraindividuell variieren können.

3. Normen können dauerhaft und massiv oder auch kaum greifbar und flüchtig sein. Manche Normen halten sich, obgleich objektiv sinnlos geworden, über die Jahrhunderte hinweg (Fisch nicht mit dem Messer essen, die Dame rechts gehen lassen, weil sie sonst über den Säbel des Herrn stolpert) andere sind kurzlebig und unwichtig. Spittler (1989) konnte am Beispiel der Tuaregnomaden in der großen Hungerkrise von 1984 zeigen, daß viele Normen auch unter extremsten Belastungsbedingungen erhalten bleiben.

4. Man kann ganz grob zwei Klassen von Normen unterscheiden, deskriptive und präskriptive. Die deskriptiven (auch statistische Normen genannt) beschreiben eine faktische Verhaltens- oder Denkweise: zum Beispiel: es ist üblich, daß meist ungefähr die Hälfte der Gruppenmitglieder zu spät kommt. Die präskriptive Norm beschreibt die gesetzte, erwartete, vereinbarte, sachlich sinnvolle Norm: Wir können nur gemeinsam arbeiten, wenn alle Teilnehmer pünktlich sind.

5. Das Geschehen in der Gruppe wird nicht durch eine einheitliche Norm, sondern zumeist durch eine Vielfalt von Normen gleichzeitig geregelt. Diese können

— miteinander vereinbar/unvereinbar sein
— für alle oder nur für einzelne gelten, unterschiedlichen Verbindlichkeitscharakter haben
— dauerhaft oder unstabil sein, gleich bleiben oder sich gesetzmäßig oder zufällig ändern
— direkt am Verhalten orientiert sein (vor dem Essen Hände waschen) oder abstrakteren Charakter haben wie die Norm der distributiven Gerechtigkeit, die in der Gruppe gewahrt werden soll.

6. Obgleich Normen gelegentlich auch die funktionale Arbeit behindern oder gar verhindern können, besteht im allgemeinen ein Bedürfnis nach der Schaffung und Bewahrung von Normen. Normen machen Verhalten in Grenzen vorhersehbar, geben Sicherheit und helfen dem einzelnen seine Identität zu finden und zu bewahren. Robinson Crusoe wußte, warum er einen Kalender führte, sich zum Abendessen umzog und jeden Abend in der Bibel las. Angesichts der vielfach negativen

Wertung von „Normen und Zwängen" wäre vor allem dieser Sachverhalt der Identitätswahrung durch die regelmäßige Wiederkehr des Gleichen sicher einer ausführlichen Behandlung wert.

7. Normen werden nicht immer befolgt. Das kann vom Status in der Gruppe abhängen; die Mitglieder mit mittlerem Status müssen die Normen unter den meisten Bedingungen besonders beachten, statushohe Mitglieder sind unter manchen Bedingungen besonders frei, oder aber zur besonders sorgfältigen Einhaltung aller Normen verpflichtet. Wenn es zu Situationen kommt, in denen der Einzelne nicht als normverpflichtet erkannt werden kann, pflegt die Einhaltung der Normen naheliegenderweise zu sinken. Dieses „Untertauchen in der Masse" haben Festinger, Pepitone & Newcomb (1952) Deindividuation genannt (neuere Sammelreferate bei Dipboye, 1977; Diener, 1980). So haben Jorgenson & Dukes (1976) in einem hübschen Versuch nachweisen können, welche Folgen diese Deindividuation auf Studenten haben kann: Sie konnten zeigen, daß der Prozentsatz derer, die in der Mensa ordnungswidrig ihr schmutziges Geschirr nach dem Essen auf dem Tisch stehen ließen, mit der Fülle in der Mensa korrelierte.

8. Da Normen zumeist undiskutiert und unthematisch bleiben, fehlt häufig jede rationale Auseinandersetzung über Höhe und Anspruch dieser Normen. Das scheint insgesamt dazu zu führen, daß Menschen sich zu hohe Normen setzen. Insbesondere in der Streßforschung und -therapie gibt es überzeugende Belege dafür, daß Streß zu wesentlichen Anteilen „selbstgemachter Streß" ist, also auf Setzungen von zu hohen Normen zurückzuführen ist (Überblick etwa bei Laux, 1983; Semmer, 1988 und dort zitierter Literatur). Besonders auffällig sind überhöhte Normen bei sozial Isolierten. Lauth & Viebahn (1987, 17) weisen darauf hin, daß soziale Isolierung manchmal mit besonders hohen sozialen Sollvorstellungen verbunden ist; sie zitieren Studien, aus denen hervorgeht,

„. . . das Sozialisolierte mit denselben Sozialbeziehungen, die von anderen als befriedigend angesehen wurden, unzufrieden waren".

Allein, einsam oder isoliert zu sein, ist danach nicht an der Anzahl verfügbarer Bezugspersonen gewissermaßen objektiv und numerisch festzumachen, sondern ist ein phänomenaler Sachverhalt, der ohne Bezug auf Normen und Erwartungen oft nicht verstehbar ist.

Auch in der Ehetherapie ist es eine häufige Feststellung, daß Beziehungen deshalb scheitern, weil ein oder auch beide Partner unrealistisch hohe Erwartungen gegenüber dem anderen haben. So zeigt etwa Wöller (1978) an Hand von Gruppendiskussionen, daß bei Studenten oft Beziehungswünsche deutlich wurden, die fast therapeutische Erwartungen an den Partner stellen und deshalb im allgemeinen zu Enttäuschungen führen müssen.

200

Wenn man Auflehnung oder Nichtauflehnung gegen Konformitätsdruck als eine Auseinandersetzung mit wahrgenommenen Normen in einer konkreten Situation konstruiert, dann ist eine Konsequenz sehr deutlich: Normen sind meist unscheinbar, unthematisch und „selbstverständlich", und der erste, der wichtigste und der oft bereits ausreichende Schritt muß sein, das Unthematische zum Thema zu machen, das „Selbstverständliche" zu hinterfragen.

Wenn etwa beim Asch-Experiment freie Kommunikation unter allen Beteiligten erlaubt wäre, fiele das ganze Phänomen in nichts zusammen. Wenn beim Milgram-Experiment der Experimentator auf Vorhaltungen des „Lehrers" stereotyp antwortet: „Das Experiment erfordert, daß Sie weitermachen!" und der „Lehrer" diesen Satz als eine sehr merkwürdige Nichtbeantwortung seiner Frage kennzeichnet, dann ist das Experiment zu Ende. Und wenn die Teilnehmer des MHRC-Experiments auch nur im informellen Seitengespräch das merkwürdige Design thematisieren, dann ist die Auflehnung vorprogrammiert, wenigstens unter den freien Bedingungen des MHRC-Experiments, in dem die freie und vermeintlich unbeobachtete Diskussion institutionell vorgesehen war, also nicht einmal gegen die Institution erkämpft werden mußte.

Normen als Bezugssysteme

Der Mechanismus der Wirkungen von Normen wird — zumindest im Alltagsdenken — oft so gesehen, daß da auf der einen Seite eine Vorschrift existiert „Nicht auf den Boden spucken!" auf der anderen Seite Menschen von dieser Vorschrift Kenntnis nehmen, sich danach richten oder die Norm verletzen. Und es wird zumeist angenommen, daß diese Normen dadurch in der Gesellschaft aufrechterhalten werden, daß die Befolgung positive, die Nichtbefolgung negative Sanktionen nach sich zieht. Dieses Denkmodell mag für manche expliziten Vorschriften sinnvoll sein; für den weiten Bereich oft völlig unscheinbarer und unsichtbarer Wirkungen von Normen ist ein breiteres Denkmodell sinnvoll. Ich will dabei einen Vorschlag aufnehmen, den M. Sherif (1936, 9) in seinem für dieses Thema grundlegenden Buch „Psychology of Social Norms" gemacht hat, ohne daß sich dieser freilich in der Sozialpsychologie durchgesetzt hätte: Ich will Normen unter dem aus der Gestaltpsychologie stammenden Begriff des Bezugssystems strukturieren.

Den Begriff des Bezugssystems und seine Einführung verdanken wir Max Wertheimer, der ihn in seiner Arbeit von 1911 und in späteren Arbeiten, vor allem von 1922 als einen wichtigen gestalttheoretischen Grundbegriff in die Diskussion eingebracht hat. Die systematische Behandlung hat K. Koffka in seinen „Principles of Gestalt Psychology"

(1935, 72 ff.) geleistet; Metzger (1941, 1954²) widmet ihm ein ganzes Kapitel seiner „Psychologie"; W. Witte faßt den Forschungsstand in einem Handbuchartikel (1966) zusammen; Schüle (1984) die seitherige Weiterentwicklung des Konzepts. Während Sherif die Begriffe Bezugssystem und Norm austauschbar als gleichbedeutend benutzt, möchte ich in Anlehnung an neuere Autoren Normen als eine bestimmte Art von Bezugssystemen sehen: und Bezugssystem ist dabei also der wesentlich weitere Begriff.

So weist schon Koffka (1935) darauf hin, daß wir zwar gewohnt sind, auf Dinge zu zentrieren, daß aber die Beziehungen zwischen Dingen genauso wichtig sind. Ja mehr noch: es gibt überhaupt keinen wichtigen Sachverhalt, isoliert für sich, sondern nur in einem Bezugssystem (1935, 25). Und: Wir können keinen sinnvollen Satz mit einem Adjektiv oder Adverb benutzen, ohne hinsichtlich dieses Sachverhalts bereits ein Bezugssystem mitzudenken: „das Buch ist teuer" oder „das deutsche Fernsehprogramm ist schlecht" setzen unvermeidlich Bezugssysteme voraus, an denen wir unsere Aussagen messen.

Da unser Thema hier nicht die gegenwärtige Bezugssystemforschung, sondern die Nützlichkeit des Denkansatzes für die Frage der Einhaltung oder Nichteinhaltung von Normen ist, beschränke ich mich auf einige wesentliche Grundlinien, obgleich das Thema in Fortführung von Gedankengängen Sherifs eine ausführlichere Behandlung verdient hätte.

1. Bezugssysteme — und so auch Normen — sind zumeist unscheinbar und unthematisch; der erste Schritt muß daher sein, das Bezugssystem thematisch und damit angehbar zu machen. Bei dem Satz „das deutsche Fernsehprogramm ist schlecht" wäre zunächst zu fragen, welches der Maßstab für diese Aussage ist. Ich kann mich dabei beispielsweise erstens auf Vergleichswerte beziehen, das Programm also mit dem niederländischen, dem englischen oder dem polnischen Fernsehen vergleichen und so zu meiner Aussage kommen. Ich kann zweitens eigene Vorstellungen davon haben, wie ein gutes Fernsehprogramm aussehen muß, und ich kann das reale Programm mit diesen meinen Vorstellungen und Utopien vergleichen. In beiden Fällen benötige ich Bezugssysteme für die Aussagen. Die Thematisierung solcher Normen ist also der erste und unerläßliche Schritt. Befunde legen nahe, daß in der Gruppenarbeit die vorherigen Erwartungen oft unrealistisch hoch sind (Bugen, 1978).

2. Man kann sich die meisten Bezugssysteme und Normen als Erstreckungen vorstellen, so etwa die Hilfsbereitschaft von weniger als normal über unauffällig/normal bis zu extremen Formen der Hilfsbereitschaft. Dann gibt es zumeist in der Mitte einen Null- oder Neutralbereich. Die meisten Aussagen hinsichtlich bestimmter Normen betreffen Realisationen außerhalb des Null- oder Neutralbereichs, im Falle von weder/noch bleibt allgemein die ganze Dimension unausgesprochen.

3. Im Prinzip verändert – und das ist der wichtigste Satz in unserem Zusammenhang – jeder Systemreiz zugleich das System. Wenn jemand Normeinhaltungen erlebt, dann festigt das das Bild von der Norm, wenn jemand Normverletzungen erlebt, dann schwächt das die Gültigkeit der Norm. Wenn auf dem Pausenhof einer Schule die Norm gilt „alle Abfälle in die Abfallbehälter", und jeder der Beteiligten beobachtet nur Normeinhaltungen, dann wird jedermann sein Butterbrotpapier brav in die Abfallbehälter werfen. Die Beobachtung von ständigen Normverletzungen schwächt hingegen die phänomenale Gültigkeit von Normen. Eines der Charakteristika des Milgram-Experiments lag ja gerade darin, daß die Norm der Versuchsdurchführung nach Vorschrift zunächst durch eine Reihe von relativ harmlosen Anwendungen verstärkt wurde. Und auch bei Asch gab es zunächst unproblematische Versuchsdurchgänge, die die Norm für die naiven Teilnehmer „ich stimme mit allen anderen überein" festigen mußte. Meine praktischen Konsequenzen aus diesem Sachverhalt würden heißen:

– Beachte, daß jede Normeinhaltung zur Normverfestigung führt.
– Greife frühzeitig ein, wenn eine Entwicklung in eine unerwünschte Richtung geht.

4. Wenn wir für jeden neuen Sachverhalt, dem wir begegnen, sofort über Normen verfügen müssen, dann ist die Genese von Normen ein wichtiges Thema. In der Tat erleben wir meist einen Druck auf die Schaffung von Normen, und auf die Bewertung einzelner Handlungen innerhalb von Normen. Es gibt zumeist ein starkes Bedürfnis nach Regelung von Sachverhalten, es gibt zumeist ebenso ein starkes Bedürfnis nach Bewertung. Bewertung von Leistung, von Verhalten, von eigenem Stellenwert in der Gruppe ist oft ein zentrales Thema, Offenlassen solcher Festlegungen fällt zumeist schwer.

5. Bezugssysteme und so auch Normen in Gruppen entstehen, grob gesprochen, auf vier Arten:

Erstens werden Normen und Bezugssysteme aus anderen, im günstigen Fall als analog erlebten, Situationen übertragen. Das gilt etwa für eine Vielzahl von Höflichkeits- und Verhaltensregeln, die nicht in jeder Situation neu geschaffen, allenfalls etwas adaptiert werden. Normen und Bezugssysteme entstehen zweitens durch relevante oder auch irrelevante Ereignisse im Gruppengeschehen selbst. Redebeteiligung und Sitzplatzwahl, Zuspätkommen oder Blickkontakt sind dabei besonders häufige Ausgangspunkte. Drittens entstehen Normen und Bezugssysteme über Wissensvermittlung und Medien im weitesten Sinn. Solche Informationen können richtig oder falsch sein, umfassend oder selektiv. Für die Schaffung von Bezugssystemen hinsichtlich bestimmter Sachverhalte sollten wir beachten, daß Medien nicht einfach ein zutreffendes Bild aller Sachverhalte liefern, sondern bestimmte Eigengesetzlichkeiten der Medien zu systematischen Verzerrungen führen, die dann zu schiefen Normen führen können. So haben Hawkins & Pingree (1982, zit. nach Bandura, 1986, 218) darauf hingewiesen, daß Menschen, die viel fernsehen, Kriminalität systematisch überschätzen. Und Stein-Hilbers (1977) konnte in einer inhaltsanalytischen Untersuchung nachweisen, daß uns die Massenmedien ein schiefes Bild der Struktur der Gewaltkriminalität liefern. Grob gesprochen: Im Fernsehen ist Mord meist ein hochintelligentes und feinorganisiertes Geschehen, während im Alltag vornehmlich Eheleute in Anwesenheit von Zeugen mit der Axt . . . Auch die schichtspezifische Zusammensetzung unterscheidet sich: Am Fernsehmord ist fast ausschließlich die Oberschicht beteiligt, am realen Mordgeschehen fast ausschließlich die Unterschicht. Diese systematische Fehlbildung von Normen und Bezugssystemen ist sicher kein Einzelfall, läßt sich an diesen Beispielen nur eben plakativ demonstrieren. Es ist wahrscheinlich, daß unsere Normen hinsichlich einer Unzahl weiterer Sachverhalte von der relativen Anzahl glücklicher Ehen bis zu den Folgen großer Totogewinne (Brown & McGill, 1989) nicht mit den tatsächlichen Sachverhalten übereinstimmen. Viertens schließlich übernehmen wir nicht einfach Normen und Bezugssysteme unterschiedslos von allen Leuten um uns herum, sondern bevorzugt von Bezugspersonen und Bezugsgruppen, die wir in Grenzen selbst wählen können oder die durch Familie, Beruf oder Freizeit für uns besonders relevant sind. Es lohnt sich, einen gesonderten Punkt daraus zu machen.

6. Das Konzept der *Bezugspersonen*, *Bezugsgruppen*, *Bezugskulturen* ist, was den Grundgedanken angeht, unmittelbar einleuchtend: Das können, aber müssen nicht Personen meiner unmittelbaren Umgebung sein, es kann auch Albert Schweitzer oder Goethe sein. Die meisten Autoren beziehen sich dabei auf die klassische Arbeit von Kelley (1952; ein Überblick findet sich bei Sherif & Sherif, 1969; ein Sammelband von Einzelarbeiten bei Hyman & Singer, 1968). Wenn die Bezugsgruppe die eigene Gruppe ist, in der jemand arbeitet und vertraut ist, dann läßt sich zeigen, daß die Bewertung relevanter Sachverhalte zwischen einzelnen und seiner Gruppe oft gute Zusammenhänge zeigt (neuestens etwa Felson & Reed, 1986 und dort zitierte Literatur). Schwieriger ist es, wenn jemand andere Bezugsgruppen für seine Normen wählt, was bei der vielfachen Gruppenzugehörigkeit jedes einzelnen die Zuordnungen sicher unübersichtlich macht. Wenn man dann noch berücksichtigt, daß der Einzelne in unterschiedlichen Inhaltsbereichen unterschiedliche Bezugssysteme oder -gruppen haben wird, dann reduziert das den Erklärungswert des Bezugsgruppenkonzepts doch beträchtlich. So wird es zwar sicher im Einzelfall oft eine aufschlußreiche Information sein, wo jemand seine eigene Bezugsgruppe sieht, aber die Benutzung dieses Konzepts zur Voraussage hält sich in engen Grenzen.

7. Kapitel:
Entscheidungsprozesse

Entscheidungen in Gruppen sind ein wichtiges Thema, nicht nur der Kleingruppenforschung, nicht nur der Sozialpsychologie, sondern auch der modernen Gesellschaft: Demokratische Entscheidungen sind vielfach Entscheidungen in Gruppen und durch Gruppen; die hohe Komplexität und Vielschichtigkeit vieler Sachverhalte erfordert für Entscheidungen die Beteiligung unterschiedlicher Spezialisten; ein großer Teil der Arbeitsprozesse erfordert für viele Menschen zeitweise oder dauernd die Tätigkeit in Arbeitsgruppen. Von der Qualität der Entscheidungen dieser Arbeitsgruppen kann viel abhängen, Erfolg, psychische Gesundheit und Wohlergehen der am Prozeß Beteiligten, Erfolg oder Mißerfolg der Organisation, für die die Entscheidungen getroffen werden, Gesundheit und/oder das Leben Einzelner, vielleicht sogar das Überleben der Menschheit.

In der frühen Kleingruppenforschung standen lange Zeit andere Themen im Vordergrund, Einstellung und Einstellungsänderung in Gruppen, Konformitätsdruck und Führung in Gruppen. Erst in den letzten Jahrzehnten hat das Thema der Entscheidungen in Gruppen höhere Beachtung gefunden (Guzzo, 1982, 2). Auch wenn der nutzbare Forschungsertrag auf diesem Gebiet sich noch in Grenzen hält und viele wichtige Fragen noch ununtersucht oder unentschieden sind, lohnt es sich doch, die verfügbare Forschungssubstanz zu sichten und auf mögliche Anwendungen hin zu prüfen.

Wenn man weite *Definitionen von Entscheidungen* wählt, dann läßt sich fast jedes Thema der Psychologie auch unter diesem Gesichtspunkt behandeln: Denken, Handeln, Verhalten ist zumeist auch Entscheiden und wir finden in der Literatur Problemlösen und Wahlhandlungen, das Umgehen mit Konflikten unterschiedlicher Dimension und das verantwortliche Handeln im gesellschaftlichen Kontext unter Entscheidungsprozesse eingeordnet. Thomae (1974) hat mit Recht auf diese „inflatorischen Tendenzen" der Entscheidungsforschung hingewiesen und engere Definitionen für die empirische wie auch begriffliche Arbeit gefordert.

In diesem Kapitel geht es im wesentlichen um *konkrete* Entscheidungsprozesse in Gruppen, die vor allem unter *gruppenrelevanten* Gesichtspunkten gesehen werden; es geht vor allem um *thematisierte* Entscheidungsprozesse, und zwar im wesentlichen bei *kurzer* und *mittlerer* Erstreckung. Unzureichend behandelt werden dabei die kognitiven Voraussetzungen und die kognitiven Prozesse ganz allgemein (vgl. etwa Huber, 1982; Mayer, 1983; Wessells, 1984; Neber, 1987; Slovic, Lichtenstein & Fischhoff, 1988). Nichtbehandelt werden auch die unthematischen Entscheidungsprozesse, die oft in Konflikten eine Rolle spielen: Dabei finden zwar Entscheidungsprozesse statt, aber die Beteiligten wollen oder können sie nicht zum Thema machen. (Die Thematisierung ist dann häufig der erste wesentliche Schritt einer Therapie.) Ausgeschlossen bleiben ferner Entscheidungsprozesse längerer zeitlicher Erstreckung, wie sie bei der Verhaltensmodifikation eine Rolle spielen (vgl. Kaminski, 1970; Blöschl, 1974; Bennis, Benne & Chin, 1975) oder wie sie in biographischen Ansätzen erforscht worden sind (Thomae, 1960; 1974). Auch das Spezialthema „Entscheidungen unter Unsicherheit", obgleich es überall hineinspielt, wird hier nicht zum eigenen Thema gemacht (vgl. Kahneman, Slovic & Tversky, 1982).

Vier falsche Prämissen

Forschungsergebnisse in der Psychologie bestehen gelegentlich nicht daraus, positive Wenn-Dann-Beziehungen als Handlungsanweisungen anzubieten, sondern zunächst einmal darin, als selbstverständlich angesehene Vorannahmen in Frage zu stellen. Vor jeder inhaltlichen Befassung mit Entscheidungsprozessen ist es daher nützlich, die wesentlichen unbemerkten Prämissen auszuformulieren, um sie während der Diskussion im Auge behalten zu können.

Falsche Prämisse 1: Alle Beteiligten wollen, daß es zur Entscheidung kommt

Dieser gemeinsame Wille aller Beteiligten wird im allgemeinen als selbstverständlich unterstellt, er kann aber durchaus fehlen, ohne daß dies zunächst offenkundig ist. Es ist legitim, Entscheidungen verhindern zu wollen und es ist dabei gelegentlich zweckmäßig, dies nicht nach außen sichtbar werden zu lassen. So habe ich in Selbsterfahrungs- und Psychodramagruppen noch nie eine Diskussion über die Modalitäten zur Durchführung eines Soziogrammes erlebt, bei der es nicht zu endlosen, oft stundenlangen Entscheidungsverzögerungen gekommen wäre: Einige Mitglieder wollen in der Regel die Durchführung des Soziogramms verhindern (etwa weil sie eine schlechte Beurteilung durch die Gruppe befürchten), sie trauen sich aber nicht, klare Positionen gegen die Durchführung zu beziehen. Es passiert häufig, daß Teilnehmer

- keine Verantwortung übernehmen wollen, weil sie zu wenig Bescheid wissen, wollen das aber nicht eingestehen
- die Entscheidung für irrelevant halten, sie sind inhaltlich nicht interessiert.

Mit dem Stichwort „Furcht vor der Verantwortung" hat sich vor allem E. Fromm (1975) auseinandergesetzt.

Bei langen und fruchtlosen Entscheidungsdiskussionen lohnt es daher oft zu prüfen, ob die Ziele der Beteiligten überhaupt auf einen erfolgreichen Abschluß des Entscheidungsprozesses gerichtet sind.

Falsche Prämisse 2: Die relevante Information ist unverzerrt verfügbar

Schon wenn man diese Vorannahme ausformuliert, ist deutlich, daß sie im praktischen Alltag zumeist nicht unterstellt werden darf. Zumal bei komplexeren Entscheidungen, im politischen Alltag, unter Zeitnot, ist die vollständige Auswertung und Einbeziehung der wesentlichen Informationen eher die Ausnahme (Dörner & Reither, 1978; Weinert, 1987). Gleichwohl wird bei der späteren Bewertung von Entscheidungen zu leicht davon ausgegangen, daß diese unter Berücksichtigung aller relevanten Fakten erfolgt sei. Und wenn auch nicht „alle" Informationen berücksichtigt worden sind, so erwartet der gutgläubige Staatsbürger von seinen Staatsmännern denn doch, daß sie wenigstens „alle wesentlichen Informationen" zur Kenntnis genommen und berücksichtigt haben. Fachleute schätzen dies wesentlich ungünstiger ein. So schreibt etwa Dörner (1989), dem wir eine große Menge an einschlägiger empirischer Forschung verdanken:

Wenn wir dieses Kapitel anschaulich zusammenfassen wollen, so können wir sagen, daß ein Akteur in einer komplexen Handlungssituation einem Schachspieler gleicht, der mit einem Schachspiel spielen muß, welches sehr viele (etwa einige Dutzend) Figuren aufweist, die mit Gummifäden aneinanderhängen, so daß es ihm unmöglich ist, nur *eine* Figur zu bewegen. Außerdem bewegen sich seine und des Gegners Figuren auch von allein, nach Regeln, die er nicht genau kennt oder über die er falsche Annahmen hat. Und obendrein befindet sich ein Teil der eigenen und der fremden Figuren im Nebel und ist nicht oder nur ungenau zu erkennen. (1989, 66).

In einer solchen Formulierung klingt das einigermaßen übertrieben. Es trifft aber im Kern wohl den Sachverhalt: Auch nachdenkliche und selbstkritische Staatsmänner haben sich, auf eigene Erfahrungen zurückblickend, nicht viel optimistischer geäußert, so beispielsweise Bismarck und Helmut Schmidt.

Falsche Prämisse 3: Der Einzel-Entscheidungsprozeß ist ein brauchbares verallgemeinerungsfähiges Modell

Bei der Untersuchung von Entscheidungsprozessen in Gruppen sieht es nicht anders aus als in anderen Teilen der Kleingruppenforschung: Soweit überhaupt Gruppen untersucht worden sind und nicht die Meinung Einzelner über Gruppen, geht es fast immer um sehr kleine Gruppen und kurzfristige Erledigung von einfachen, überschaubaren Aufgaben, bei denen zumeist nur eine richtige Lösung existiert und gefunden werden muß. Es gibt wenig Ansätze mit längerer zeitlicher Erstreckung und höheren Komplexitätsgraden (vgl. aber Dörner et al., 1983). Andererseits ist deutlich und bedarf keiner Begründung, daß im komplexen Alltag einer vielschichtigen politischen Entscheidung völlig andere Gesetze gelten können als bei kleinen Laborproblemen. Das bedeutet, daß wir unter praktischen Gesichtspunkten große Teile der vorliegenden Entscheidungsforschung ohne weiteres ignorieren dürfen: Sie tragen nichts oder doch fast nichts zum Entscheidungsverhalten im komplexen Alltag bei. Das wird heute ziemlich allgemein so gesehen (vgl. grundsätzlich dazu Thomae, 1974; 1975, vor allem 355 ff.; Slovic, Lichtenstein & Fischhoff, 1988; Hell, 1988).

Falsche Prämisse 4: Entscheidungen werden „gefällt"

Das sprachliche Bild vom Fällen von Entscheidungen legt zunächst einmal nahe, daß es einen angebbaren Augenblick gibt, in dem die Entscheidung „fällt" (wie eine Kaffeetasse, die auf den Boden fällt) oder daß die Entscheidung „gefällt" wird (wie ein Baum, der mit großem Lärm umstürzt). Sicher gibt es solche Entscheidungen, die zu einem angebbaren Zeitpunkt passieren. Häufig ist dabei aber vermutlich ein wenig Theaterdonner am Werk oder eine nachträgliche Gedächtnistäuschung im Sinne einer Prägnanztendenz.

Ein berühmt gewordenes Beispiel findet sich in Hitlers Programmschrift „Mein Kampf": Hitler lag zeitweilig durch Giftgas erblindet im Lazarett zu Pasewalk und erfuhr dort den Waffenstillstand. „Ich aber beschloß, Politiker zu werden." (Hitler, 1925, zit. nach 1942[10], 225)

Wenn man sich den Prozeß bei größeren Entscheidungen einmal näher ansieht, dann sollten andere Bilder näher liegen: Entscheidungen

— reifen langsam heran
— sind plötzlich da, als wenn sie schon immer dagewesen wären, sie haben sich eingeschlichen
— sind ein mühseliger Prozeß mit vorläufigen und endgültigen Entscheidungen, Gegenentscheidungen, Zurücknahmen, Veränderungen und erneuten Entscheidungen.

In den meisten Fällen ist es daher nützlich, sich nicht auf das Auszählen von Entscheidungen zu beschränken, sondern sich den Prozeß näher anzusehen.

Kleine und große Entscheidungen: Zwei Beispiele

Ein Entscheidungsvorgang kann — auch unabhängig von seiner zeitlichen Erstreckung — unterschiedliche inhaltliche Bedeutsamkeiten haben: Ich kann mich entscheiden, heute ein zweites Brötchen zum Frühstück zu essen, einen Volkshochschulkurs für die niederländische Sprache zu belegen oder meine Beamtenposition zugunsten einer Tätigkeit als freier Schriftsteller aufzugeben. Die Brötchenwahlprobleme lassen sich im Labor am leichtesten simulieren: sie herrschen in der Literatur vor. Um den Unterschied deutlich werden zu lassen, wähle ich zwei ziemlich entgegengesetzte Beispiele:

Die Begegnung von zwei LKW-Fahrern auf einer einspurigen Landstraße

Der Ansatz stammt von Deutsch & Krauss (1960); er war lange Zeit eines der beliebtesten Experimente zur Simulation von Entscheidungen in der Zweiergruppe. In der sogenannten deutschsprachigen Literatur heißt es zumeist das „trucking game" (vgl. auch Deutsch & Krauss, 1962; Irle, 1975, 424 ff.).

Zwei Versuchsteilnehmer werden aufgefordert, sich in die Rolle von zwei LKW-Fahrern hineinzuversetzen, die Waren transportieren sollen und deren Verdienst von der dafür benötigten Zeit abhängt. Die kürzeste und damit beste Verbindung zwischen Start und Ziel führt über eine

Straße, die so eng ist, daß zwei LKW sich nicht begegnen können. Diese Straße muß von beiden in entgegengesetzter Richtung benutzt werden. Es gibt daneben für beide Fahrer je eine Ausweichmöglichkeit, aber das ist ein Umweg von über 50% der Fahrzeit.

Jeder der Teilnehmer hat mehrere Wahlmöglichkeiten, die allerdings jeweils von der Wahl des Partners mit abhängen: Man kann zu kooperieren versuchen, man kann ohne Absprache den kürzesten Weg wählen, und man kann den Konflikt vermeiden, indem man einen Umweg fährt. Die technischen Details können dabei von Autor zu Autor sehr unterschiedlich gestaltet sein; im allgemeinen ist aber eine größere Zahl von Durchgängen vorgesehen, so daß sich unterschiedliche wechselseitige Abhängigkeiten der Entscheidungen ergeben und so etwas wie Strategien und Übereinkünfte möglich werden.

Es gibt in der Entscheidungsforschung eine Fülle solcher Aufgaben. Besondere Beachtung fand dabei eine Problemstellung, die als „prisoner dilemma" bekannt geworden ist: Zwei oder mehr Spieler spielen gegeneinander und müssen sich jeweils entscheiden, ob sie kooperativ oder nicht kooperativ miteinander umgehen wollen. Eine ihnen vorliegende Matrix gibt ihnen Anhaltspunkte darüber, welchen Gewinn oder welchen Verlust sie bei Kooperativität oder Nichtkooperativität haben werden. (Kurze übersichtliche Darstellungen des Forschungsstandes bis etwa 1968 bei Feger, 1972, 1611 ff.; Irle, 1975, 421 ff.). In neueren Sammelreferaten wird ziemlich einhellig festgestellt, daß der Ertrag solcher Simulationsstudien sich doch arg in Grenzen hält; die breite Forschungssubstanz mit immer neuen Variationen ist heute weitgehend in Vergessenheit geraten. Etliche Autoren wollten die Ergebnisse sogar für die Friedensforschung nutzbar machen; auch diese Übertragung wird heute sehr kritisch gesehen (Kroner, 1988).

Der Tonkin-Golf-Zwischenfall

Am 4. August 1964 wurden die amerikanischen Zerstörer „Maddox" und „Turner Joy" im Golf von Tonkin durch nordvietnamesische Marine-Einheiten angegriffen. Die beiden Schiffe befanden sich auf Erkundungsfahrten im Bereich der nordvietnamesischen Küste, und ihre Tätigkeit wurde von nordvietnamesischen Einheiten im Zusammenhang mit Kommando-Unternehmungen gesehen, bei denen südvietnamesische Patrouillenboote Küstenstellungen beschossen hatten. Dieser Zwischenfall wurde von den USA als einseitige, ungerechtfertigte Kampfhandlung interpretiert und löste eine Reihe von Entscheidungsprozessen in Führungsgremien der USA aus, die 213 Tage später zu einem historischen Wendepunkt des Vietnam-Krieges führten: Am 13. Februar 1965 entschied die amerikanische Regierung unter der Präsidentschaft von L.B. Johnson, das Staatsgebiet Nordvietnam systematisch durch die US-Luftwaffe bombardieren zu lassen.

Entscheidungsprozesse wie diese bleiben im allgemeinen der wissenschaftlichen Forschung entzogen, wenigstens zu Lebzeiten der Beteiligten. In diesem Falle liegen die Dinge günstiger: Die sensationelle Veröffentlichung der sogenannten Pentagon-Papiere durch die New York Times und die anschließende Veröffentlichung der sogenannten McNamara-Papiere durch die amerikanische Regierung geben uns wesentliche Unterlagen über diese Entscheidungsprozesse an die Hand (vgl. United-States-Vietnam-Relations 1945 bis 67, Sheehan (Herausgeber) 1971).

Zweifellos handelt es sich bei einem wesentlichen Teil des Entscheidungsgeschehens der 213 Tage um Gruppenprozesse: Eine begrenzte Zahl von Teilnehmern hat — im wesentlichen in Form von Konferenzen — Entscheidungen diskutiert und gefällt. Wenn man einem Psychologen den Vorschlag machen wollte, dieses Material zur Erforschung von Entscheidungsprozessen in Gruppen heranzuziehen, so hätte er gleichwohl wesentliche Einwände:

1. Das Geschehen ist zu komplex und zu unübersichtlich. Die Vielzahl von hintereinander verschachtelten Sachverhalten liegt jenseits der Möglichkeiten von Überschaubarkeit und Bearbeitbarkeit.

2. Trotz des immensen Gesamtumfangs fehlen wesentliche Daten: Es gibt keine Protokolle der entscheidenden Sitzungen, und der wesentliche Teil der informellen Informationskanäle wird im Material ignoriert.

3. Die Dokumente sind nicht einfach schlichte Deskriptionen von Sachverhalten, sondern sind von den Beteiligten erstellt, sind möglicherweise Rechtfertigungen und absichtlich in einer bestimmten Weise konstruierte Zweckdarstellungen. In der Tat läßt sich leicht zeigen, daß sowohl die autobiographischen Angaben etwa des Präsidenten der USA, als auch die Berichte, so etwa die des US-Botschafters Taylor in Saigon, absichtsvoll gestaltete Darstellungen sind, die über eine reine Deskription hinausgehen.

4. Auch wird es in solchen Texten Anspielungen geben, die ohne den Kontext nicht verständlich sind, auch die jeweilige konkrete Machtstruktur in den einzelnen Sitzungen ist häufig nicht nachvollziehbar. Es wird informelle Treffen gegeben haben, die das eigentliche und dokumentierte Treffen zu einer reinen „Theatersitzung" gemacht haben können (vgl. die Diskussion bei Stocker-Kreichgauer, 1982, 473 ff.).

Solche Einschränkungen der Qualität von Aussagen sind dem Historiker im Rahmen quellenkundlicher Methodenlehre vertraut; er hat gelernt, damit umzugehen. Er wird dementsprechend solche Berichte weder voreilig als „wahr" akzeptieren, noch als „unwahr" aus den Unterlagen entfernen, wie es dem Laien und vermutlich auch dem Psychologen naheliegen würde.

Insgesamt scheint es möglich und nützlich, trotz aller dieser Komplikationen anhand solcher Materialien einige Schritte in Richtung auf die Erforschung solcher komplexer Entscheidungsprozesse zu tun: Die Vorliebe des Psychologen für ordentliche und überschaubare Paradigmen führt leicht dazu, den Alltag ganz zu ignorieren und damit auch solche Dinge außerhalb seines Denkansatzes zu lassen, die im komplexen Alltag möglicherweise mit Händen zu greifen wären.

Da ich die Substanz von einem guten Dutzend dickleibiger Bände nicht gut in Kurzform wiedergeben kann, verzichte ich zunächst einmal gänzlich auf *inhaltliche* Aussagen und beschränke mich im übrigen darauf, einige mir wesentlich erscheinende Grundzüge hervorzuheben. Dabei folge ich auf weiten Strecken einer zusammenfassenden Darstellung von Schellhorn (1974).

1. Man kann zunächst einmal den zeitlichen Verlauf anhand der vorliegenden Dokumente grob strukturieren. Da jedes Dokument zeitlich bestimmt werden kann, einen oder mehrere Sender, einen oder mehrere Empfänger hat, läßt es sich auch in den Phasenablauf des Geschehens einordnen. Danach liegen für 213 Tage insgesamt 84 einordenbare Dokumente vor, die es gestatten, den Prozeß nach inhaltlichen Gesichtspunkten in Phasen zu unterteilen.

2. Innerhalb kleinerer Entscheidungseinheiten kann man dann versuchen, unter formalen Gesichtspunkten so etwas wie *Aktivitätensequenzen* herauszupräparieren, etwa nach der logischen Abfolge von Einzelschritten. Snyder (1954, zit. nach Schellhorn, 1974, 4) kam dabei zu folgender Einteilung:

a) Zielsetzung
b) Lagebeurteilung
c) Entwicklung von Handlungsalternativen
d) Entscheidung
e) Aktionen
f) Soll-Ist-Vergleich
g) Zielkorrektur (Feedback).

3. Bei solchen kleineren Analyse-Einheiten treten jedoch bereits Überlagerungserscheinungen der verschiedensten Art ein, die eine Interpretation behindern. So gibt es zeitliche Überlagerungen: Prozesse sind nicht säuberlich voneinander zu trennen. Es gibt personelle Überlagerungen: Die gleichen Teilnehmer arbeiten zur gleichen Zeit in verschiedenen Gruppierungen und erstellen unterschiedliche Dokumente. Vor allem der Dokumentationsfluß läßt sich daher nicht einwandfrei verfolgen.

4. Die Aktivitätensequenzen werden häufig durch äußere Anlässe unterbrochen oder wesentlich beeinflußt, wie etwa Präsidentschaftswah-

len in den USA, Regierungskrisen in Saigon, Besuch des sowjetischen Ministerpräsidenten in Hanoi. Durch äußere Ereignisse können sich dabei die Zielsetzungen oder die verfügbaren Mittel verändern.

5. Außerdem: Einzelne Prozesse sind gewissermaßen unvollständig im Sinne des formalen Rasters. So sind nicht selten die Zielsetzung, die Lagebeurteilung oder der Soll-Ist-Vergleich ausgespart.

6. Es gibt (im Modell nicht vorgesehene) Interdependenzen zwischen Zielen und Mitteln. Nicht nur beeinflußt die Zielsetzung die Mittel, sondern die erwünschten, verfügbaren, naheliegenden Mittel beeinflussen ihrerseits wiederum die Zielsetzung.

7. Trotz alledem: Das Material ist unter formalen Gesichtspunkten so vielfältig und reichhaltig, daß es Schellhorn gelingt, die stattliche Reihe von 26 plausiblen Hypothesen aufzustellen und zu prüfen. Auch wenn man dabei der Methodologie der Hypothesenprüfung im einzelnen möglicherweise nicht durchweg zu folgen vermag, so kann doch grundsätzlich kein Zweifel sein: Auch bei so komplexem Material sind Wahrscheinlichkeitsaussagen möglich, die es hinsichtlich ihrer Relevanz, ihrer Nützlichkeit für die Gesellschaft durchaus mit Laboratoriumsbefunden aufnehmen können.

8. Ganz besonders hervorhebenswert erscheint mir dabei der Sachverhalt der *Kontraktion*, daß nämlich bei dem Eintreten einer Krise in einer Entscheidungssituation die Gesamtzahl der für die Sammlung und Verteilung von Informationen benutzten Kommunikationskanäle reduziert wird (Hermann, 1963, zit. nach Schellhorn, 1974, 181).

9. Von Bedeutung über den konkreten historischen Fall hinaus scheint mir auch das Ergebnis einer Auszählung bei Schellhorn (1974, 183) zu sein, nach der 93% aller Handlungsvorschläge aus der Gruppe der Berater und nur 7% aus den institutionell vorgesehenen Beratungs- und Entscheidungsgremien auf der Ministerebene stammen. Die zusätzlichen Berater sind es also, die den Prozeß im wesentlichen tragen.

10. Ganz allgemein läßt sich auch an diesem Material überzeugend demonstrieren, daß Streß und Zeitdruck im allgemeinen verheerende Folgen für die Qualität eines Entscheidungsprozesses haben; auf die Dauer war die gesamte Diskussion auf die Frage des *Zeitpunktes* des Eingreifens eingeengt, andere Fragen blieben zunehmend unbeachtet.

Inzwischen gibt es eine Reihe weiterer Arbeiten, die sich dieser Methode der Dokumentenauswertung bedienen. Janis (1977; 1982 a; 1982 b) hat u.a. Chamberlains Beschwichtigungspolitik gegen Hitler 1938 und die Ereignisse, die zu Pearl Harbour 1941 geführt haben, des näheren analysiert. Raven (1974; vgl. auch Raven & Rubin, 1976, 423 ff.) hat die Chronologie der Watergate-Affäre aufgearbeitet. Ich komme in einem späteren Abschnitt unter „groupthink" auf einige Aspekte dieser Forschung zurück.

Streifzüge durch den Forschungsstand

Begriffliche Unterscheidungen

Es gibt eine große und kaum überschaubare Zahl von empirischen Einzelarbeiten, in denen es um Entscheidungsprozesse in Gruppen geht. Die bei weitem meisten dieser Arbeiten sind in extrem reduzierten Versuchsbedingungen gewonnen worden und gestatten keine Verallgemeinerung auf Alltagssituationen mit beliebigem Kontext. Ein wesentlicher Ertrag dieser Forschung liegt vielmehr darin, ein Begriffsinventar für die jeweilige konkrete Situation anzubieten und damit Strukturen und Prozesse erkennen zu lassen, die für die Entscheidungsfindung nützlich oder schädlich, förderlich oder hinderlich sein können. Statt die schwammige und viel zu breite Frage zu bearbeiten „Was ist für Entscheidungsprozesse in Gruppen ganz allgemein hilfreich oder nachteilig?" können solche begrifflichen Unterscheidungen oft dabei helfen, daß

— Prozesse durchsichtiger werden
— Hindernisse und Strukturmängel erkannt und beseitigt werden können
— günstigere Vorbedingungen gerade für diese konkrete Situation gefunden werden können.

Ausführliche Darstellungen eines umfassenden Begriffsapparats (vgl. etwa Dörner, 1979[2]) sind dafür hilfreich; ich begnüge mich hier mit einigen Hinweisen:

So ist es zumeist sinnvoll, zwischen Aufgaben und Problemen zu unterscheiden (Dörner, 1979[2]), wobei Aufgaben „geistige Anforderungen (sind), für deren Bewältigung Methoden bekannt sind" (Dörner, 1979[2], 10). Von Problemen dagegen spricht Dörner dann, wenn keine klar identifizierbaren Methoden vorhanden sind.

Solche Aufgaben und Probleme lassen sich nach etlichen Gesichtspunkten unterteilen. So schlug Hofstätter 1956 vor, die Typen des „Hebens und Tragens", des „Suchens" und des „Bestimmens" zu unterscheiden, und er hat (1956, 29 ff.) ausführlich dargestellt, daß für diese Aufgabentypen unterschiedliche Gesetze gelten.

Vielfach wird darauf aufmerksam gemacht, daß *untergliederbare* und *nicht aufteilbare* Aufgaben und Probleme völlig verschiedenen Arbeitsstrukturen folgen (vgl. Davis, Laughlin & Komorita, 1976). Entscheidungen können weiter ganz allgemein gesprochen durch Informationen verändert werden oder durch normativen Druck. In der Praxis würde es auch Mischformen geben, wenn z.B. mit Informationen gleichzeitig normativer Druck ausgeübt wird („Wie Sie eigentlich längst wissen sollten . . .“). Man kann die verschiedenen Arten von *Barrieren*, die eine Entscheidung verhindern können, auflisten und im Auge behalten (Dörner, 1979², 14 f.).

Entscheidungsprozesse in Gruppen können *sachzentriert* sein oder eine *Eigendynamik* entfalten, die im ungünstigen Fall stärker von gruppendynamischen Kräften als von der Sache selbst gespeist wird. Wenn Gruppen längere Zeit miteinander arbeiten, dann ist in der Regel die Wirkung von Intragruppenkräften, die wenig oder nichts mit der Sache zu tun haben, nicht zu vermeiden.

Das Ziel des Entscheidungsprozesses kann es sein, eine Lösung (lediglich) zu finden; das Ziel kann aber auch sein, die Lösung erst einmal in der Gruppe faktisch durchzusetzen.

Und schließlich darf die Bedeutung und Größe der Belohnung für einen erfolgreich abgeschlossenen Entscheidungsprozeß nicht übersehen werden, wobei es zweifellos nicht auf die absolute Größe, sondern auf die Relation zu den Alternativen ankommt. Besonders ungünstig für die Entscheidungsfindung ist es, wenn nach der Entscheidung keine Belohnung winkt, sondern etwas, was subjektiv eher als Bestrafung erlebt wird.

Diese Konstellation ist nach meinem Eindruck der Grund dafür, daß in unserem Fachbereich viele Studenten so sehr lange brauchen, bis sie sich für ein Thema einer Diplomarbeit „entschieden“ haben: Sie erleben anscheinend die unmittelbar an die Entscheidungsfindung anschließende Anfertigung einer Diplomarbeit nicht als hinreichende Belohnung.

Allgemeiner Überblick

Als Beginn der systematischen Erforschung des Entscheidungsverhaltens in der Psychologie wird im allgemeinen ein frühes Sammelreferat von Edwards (1954) angesehen. Er hat die seinerzeit verfügbare theoretische und empirische Literatur sorgfältig zusammengestellt (209 Titel) und bezieht sich dabei auch ausdrücklich und ausführlich auf die frühe ökonomische Literatur über Verbraucherentscheidungen. Dabei entwirft er kein günstiges Bild vom Forschungsstand. Er kritisiert die „armchair“-Methoden vor allem der Ökonomen, und er beanstandet die als selbstverständlich unterstellten Prämissen, daß die Entscheidenden vollständig informiert, unbegrenzt aufnahmefähig und völlig rational seien.

Von den fünfziger Jahren an gibt es vielfältige empirische und experimentelle Bemühungen, die großenteils Entscheidungen von Einzelnen und sehr viel weniger Entscheidungen in Gruppen betreffen. Oft werden beide Bereiche gemeinsam behandelt, insgesamt sind Prozesse in echten Gruppen, die nicht ad hoc zum Experiment zusammengestellt worden sind, eher selten. Einen kurzen neueren Überblick über Entscheidungen in Gruppen bieten Levine & Moreland (1990); Brandstätter, Davis & Stocker-Kreichgauer (1982); für den Bereich der Organisation ist insbesondere auf Guzzo (1982) zu verweisen.

Wenn ich zunächst einmal drei Teilbereiche ausgliedere, die besondere Beachtung gefunden haben und die im Anschluß an diesen Abschnitt gesondert dargestellt werden sollen, so läßt sich über die Entwicklung in den letzten Jahren ganz allgemein folgendes sagen:

1. Es lassen sich keine übergreifenden Gesetzmäßigkeiten ausmachen, die als zentraler Ertrag einer Erforschung von Entscheidungsprozessen in Gruppen gesehen werden können. Befunde sind oft gegenläufig, sie unterscheiden sich je nach Entscheidungsthema, -teilnehmer, -kontext.

2. Es ist auffällig, und es wird auch oft darauf hingewiesen, daß empirische Befunde häufig als Derivate von normativem Verhalten diskutiert werden. Das „eigentlich angemessene", logisch einwandfreie und alles berücksichtigende Entscheidungsverhalten wird gern als Norm, als Meßlatte genommen, und das faktische „mangelhafte" Verhalten daran gemessen. Das kann zu einer schiefen „ungerechten" Bewertung von Prozessen führen (vgl. die Diskussion bei Einhorn & Hogarth, 1981).

3. Da die Teilnehmer zumeist nur an *einem* Versuch beteiligt sind und als Individuen gar nicht in Erscheinung treten, bleibt im allgemeinen der Sachverhalt außer Betracht, daß die Teilnahme an *einem* Versuch die Voraussetzungen für weitere Versuche verändert. Die Teilnehmer sind offenbar lernfähig, wie Davis (1984) zeigen konnte.

4. Auch interindividuelle Unterschiede im Entscheidungsverhalten werden kaum zum Thema gemacht (vgl. aber Untersuchungen zum Führungsverhalten in Kap. 8).

5. Es gibt einige theoretische Entwürfe zum Entscheidungsverhalten in Gruppen; sie haben aber einstweilen eher vorläufigen Charakter und keine große Reichweite (Zusammenstellung bei Levine & Moreland, 1990, 618). Es ist gegenwärtig ökonomischer, die Entscheidungsprozesse als Denkprozesse zu strukturieren und kognitive Theorien heranzuziehen.

6. Äußere Faktoren wie etwa das Ausmaß an erlebter Unsicherheit (Kahneman, Slovic & Tversky, 1982) werden zumeist vernachlässigt.

Polarisierung

Im 1. Abschnitt des 1. Kapitels war schon einmal von Entscheidungen in Gruppen die Rede. Als Beispiel für empirische Forschung, für Forschungsmoden und für die Gefahren der Übergeneralisierung von ex-

perimentellen Befunden wurde das sogenannte Risiko-Schub-Phäno-
men dargestellt und diskutiert: Danach tendieren Mitglieder von Gruppen dazu, in Gruppenentscheidungen riskantere Entscheidungen zu
fällen als unter eigener Einzelverantwortung. Der Befund ist in zahllosen Experimenten immer wieder – und zumeist erfolgreich – repliziert
worden. 1969 haben dann Moscovici und Zavalloni darauf aufmerksam
gemacht, daß dies kein besonderes Phänomen nur bei risikoreichen
Entscheidungen ist. Sie konnten zeigen, daß dieses Verhalten lediglich
ein spezieller Fall einer sehr viel allgemeineren Verhaltensweise von
Gruppen bei Entscheidungsdiskussionen ist: Danach gibt es eine generelle gruppenprozeßorientierte Einstellungspolarisation. Entscheidungsdiskussionen führen dazu, daß vorhandene Neigungen in einer
Richtung prägnanter, deutlicher, schärfer akzentuiert werden.

Zur Erklärung dieses Phänomens hat es in den letzten Jahren eine Fülle
von empirischen und theoretischen Beiträgen gegeben. Burnstein &
Schul stellten 1983 die wesentlichen Erklärungsmodelle zusammen,
R. Brown widmet diesem Sachverhalt ein ganzes Lehrbuchkapitel
von 45 Seiten (1986), und Isenberg (1986) hat einen kritischen Überblick und eine Meta-Analyse der verfügbaren Forschungssubstanz vorgelegt.

Naheliegend und plausibel wäre es, den Sachverhalt mit *Verantwor-
tungsdiffusion* zu erklären: Wenn die Verantwortung für eine Entscheidung auf, sagen wir, ein Dutzend Gruppenmitglieder zu gleichen Teilen aufgespalten ist, dann ist die erlebte Beteiligung an der Verantwortung so gering, daß die Mitglieder riskantere Entscheidungen ohne weiteres befürworten. Das mag von Fall zu Fall eine Rolle spielen, die empirischen Befunde zeigen aber, daß dies keine hinreichende Erklärung
ist (Myers & Lamm, 1976; Brown, 1986).

Die Tendenz geht heute dahin, zwei Erklärungsmodelle zu favorisieren, die je für sich eine hinreichende Erklärung anbieten, in der Praxis
aber in unterschiedlichem Maße zusammenwirken und sich dabei ge-
genseitig noch verstärken.

Zum einen nimmt man einen Denkansatz der „überzeugenden Argumente" an, wonach in einer Entscheidungssituation die Beteiligten ja
nur einen Teil ihrer eigenen Argumente einbringen, aber auch die anderen Argumente hören und durch sie in der Richtung, in der sie ohnehin argumentieren, verstärkt werden. Das führt dazu, daß die Einstellung in dieser Richtung verstärkt wird, prägnanter, deutlicher und über-
zeugender wird. Man könnte gegen diese Theorie einwenden, daß die
Beteiligten doch auch die Argumente der Gegenseite hören und von
diesen ebenfalls beeinflußt werden müßten. Aber es scheint bei dieser
Theorie stillschweigend unterstellt zu werden, daß man bei solchen
Diskussionen ein bißchen selektiv aufnimmt und mehr auf Bestätigung
als auf Einwände achtet.

Der andere Ansatz arbeitet mit der Theorie des sozialen Vergleichs: Die meisten Beteiligten haben das Bedürfnis, ihre eigenen Werthaltungen zu verdeutlichen, und mit den in der Diskussion gelieferten Informationen gelingt ihnen denn auch eine prägnantere Selbstdarstellung.

Groupthink

Der Begriff des „groupthink" (die von Hofstätter, 1977, 190 vorgeschlagene Eindeutschung als „Gruppendenken" hat sich nicht durchgesetzt) wurde von Janis (1972) vorgeschlagen und meint eine bestimmte pathologische Entartung des Entscheidungsprozesses in Gruppen (vgl. vor allem Janis, 1972; 1982; Steiner, 1982; Stocker-Kreichgauer, 1982). Sie tritt vorzugsweise bei Entscheidungen unter Streß, bei ungeklärten Gruppenstrukturen und schlecht organisierten Entscheidungsregeln auf und äußert sich darin, daß es zu einem voreiligen Druck auf Entscheidungen, Aussparung wichtiger Alternativen und Ausblendung der Diskussion von Risiken kommt. Janis hat die Existenz solcher pathologischer Entartungen an etlichen großen Entscheidungsprozessen der letzten Jahrzehnte demonstriert, wobei weltgeschichtlich bedeutsame Entscheidungen von Präsidenten der Vereinigten Staaten im Mittelpunkt stehen (Schweinebucht-Phänomen, Pearl Harbour, Korea- und Vietnam-Krieg). Auch andere Autoren haben sich dieser Methode bedient, so etwa Raven (1974) (Chamberlains Beschwichtigungspolitik 1938, vgl. auch Raven & Rubin, 1977).

In die Kleingruppenforschung hat „groupthink" nur zögernd Aufnahme gefunden (vgl. etwa die kritische Darstellung bei Davis & Stasson, 1988, 262 ff.). Das Phänomen selbst ist plausibel und nachvollziehbar, die Interpretation der Akten sorgfältig und kritisch. Aber die Bedingungen für Eintreten oder Nichteintreten des Phänomens sind noch unklar und gehen über Plausibilitätsargumente kaum hinaus. Gleichwohl erscheint es mir in Anbetracht der hohen gesellschaftlichen Relevanz zulässig und erforderlich, die verfügbare theoretische und empirische Substanz zu sichten.

1. Anhand der verfügbaren Dokumente ist die Existenz dieses Phänomens völlig unbestreitbar. Sowohl beim Tonkin-Golf-Zwischenfall, als auch anhand der anderen analogen Auswertungen läßt sich deutlich zeigen, daß relevante Informationen aus Gründen, die mit dem Verfahren zusammenhängen, nicht oder nur unzureichend eingebracht und/ oder gewürdigt werden. Die Existential-Hypothese „dies gibt es, und zwar nicht nur ausnahmsweise, sondern als Regelverfahren" ist gut belegbar.

2. Janis hat als eigene Setzung — und nicht durch sein Material „beweisbar" — sieben normative Regeln aufgestellt, welche als Vorbedingun-

gen für einen positiv verlaufenden Entscheidungsprozeß gegeben sein sollten:

(1) die Gruppe erarbeitet einen weiten Bereich politischer Alternativen

(2) die Gruppe stellt den ganzen Bereich der Ziele in Rechnung, die erfüllt sein müssen und der Werte, die in die Wahl impliziert sind

(3) die Gruppe erwägt sorgfältig alle Ergebnisse hinsichtlich der Kosten oder Risiken, hinsichtlich negativer Konsequenzen, genauso wie hinsichtlich positiver Konsequenzen

(4) die Gruppe sucht intensiv nach neuer Information für die Bewertung *aller* strategischen Alternativen

(5) die Gruppe nimmt mit Sorgfalt jede neue Information zur Kenntnis, der die Mitglieder ausgesetzt sind, auch dann wenn die Information oder Beurteilung nicht den gegenwärtigen Kurs stützt

(6) die Gruppe überprüft die positiven und negativen Konsequenzen aller bekannten Alternativen, einschließlich solcher, die ursprünglich als inakzeptabel charakterisiert worden sind, bevor sie eine endgültige Wahl trifft

(7) die Gruppe macht sorgfältige Empfehlungen oder trifft Vorkehrungen, Verbesserungen für die Ausführung der gewählten Politik, mit besonderer Beachtung einer Planung für eventuelle Risiken. (Janis, 1982, 478)

Es scheint mir sinnvoll, solche Verfahrensregeln ernst zu nehmen, man muß ihnen nicht sklavisch folgen, aber man sollte bei erforderlichen Abweichungen dies begründen müssen.

3. Janis bietet weiter eine Liste von acht Symptomen von „groupthink" an. Auch hier ist schon allein die Thematisierung wichtig:

(1) die Illusion der Unverwundbarkeit, von allen oder den meisten der Mitglieder geteilt, die zu einem exzessiven Optimismus führt und die Aufnahme extremer Risiken gestattet

(2) gemeinsame Bestrebungen, Warnungen zu entwerten, die die Mitglieder dazu führen könnten, ihre Annahmen zu überdenken

(3) ein unhinterfragter Glaube an die höhere Moral der Gruppe, welcher die Mitglieder dazu führt, ethische oder moralische Konsequenzen zu vernachlässigen

(4) stereotypisierte Sicht von Rivalen und Feinden, die als zu schlimm angesehen werden, um ernsthaft mit ihnen zu verhandeln, oder als zu weich und stupid, um als ernste Gegner gelten zu können

(5) direkter Druck auf jedes Mitglied, welches starke Argumente gegen die Gruppenstereotypien, Illusionen oder Verpflichtungen ausspricht,

wobei deutlich wird, daß dies die Art von Widerspruch ist, die im Gegensatz zu dem steht, was von loyalen Mitgliedern erwartet wird

(6) Selbstzensur aller Abweichungen vom augenscheinlichen Gruppenkonsens, was die Neigung aller Mitglieder widerspiegelt, für sich selbst die Bedeutung von Zweifel und Gegenargumenten herunterzuspielen

(7) die gemeinsame Illusion der Einstimmigkeit hinsichtlich der Übereinstimmung mit der Mehrheitssicht, teilweise resultierend aus der Selbstzensur, vermehrt um die falsche Annahme, daß Schweigen Zustimmung meint

(8) das Erscheinen von selbsternannten „mind-guards", Mitgliedern, die die Gruppe vor entgegengesetzter Information schützen wollen (Janis, 1982, 480).

4. Janis kommt schließlich zu zehn präskriptiven Hypothesen, deren Beachtung „groupthink" reduzieren oder verhindern sollte (vgl. Janis, 1982, 486 ff.). Auch hier erschien es mir methodenkritisch unangemessen, die einwandfreie Ableitung solcher Hypothesen aus empirischen Befunden zu fordern.

5. „Groupthink" ist zweifellos kein einheitliches Phänomen, sondern ein unscharfer Beschreibungs-Oberbegriff für eine Reihe sehr heterogener Sachverhalte. Dementsprechend ist auch eine Theorie des „groupthink" nicht zu erwarten. Stattdessen lassen sich wichtige Variablen oder Variablenklassen identifizieren. McCauley (1989) hat gezeigt, daß der Einfluß der Gruppe auf das Individuum hier die verschiedenartigsten Namen haben kann, von klarer Akzeptanz über mehr oder weniger passive Willfährigkeit bis zu Internalisation der vorgegebenen Normen (vgl. auch Fodor & Smith, 1982).

6. Janis (1972; 1982; 1983) hat im wesentlichen historische Beispiele herangezogen, und er ist dabei — vor allem wohl wegen der Verfügbarkeit der Akten — in der hohen Politik gelandet. Fast durchweg sind Präsidenten der Vereinigten Staaten beteiligt, so daß man manchmal fast den Eindruck hat, Kennedy, Johnson und Nixon seien Bestandteile der Definition von „groupthink". Demgegenüber erschien es mir nützlich, gedankliche Querverbindungen zwischen Asch und Milgram einerseits und diesen Präsidenten-Phänomenen andererseits zu ziehen. Letztlich geht es in beiden Fällen um Gruppennormen und die Unfähigkeit oder die Autonomie, sie anzuzweifeln und erforderlichenfalls gegen sie zu handeln.

Entscheidungsprozesse im Rechtswesen als Thema der Sozialpsychologie

Es gibt viele gesellschaftliche Bereiche, in denen Gruppenentscheidungen zentraler Bestandteil der Arbeit sind, von Aufsichtsrats- und Vorstandssitzungen großer Konzerne bis zum Verein der Brieftaubenzüchter, von Lehrerkollegien bis zu Fachbereichsratssitzungen und Elternversammlungen. Teils sind dies Dunkelfelder der Forschung, werden es bleiben, teils sind die Sitzungen öffentlich und daher im Prinzip erforschbar, haben aber zumeist wenig Interesse bei Forschern gefunden. Was die bisher verfügbare Forschung angeht, so ragt ein Bereich deutlich heraus: die Entscheidungsfindung der Geschworenen bei Gericht. Hier gibt es in den USA einiges an „echten" Befunden, und es gibt eine Fülle von Untersuchungen, in denen die Verhandlungen zur Urteilsfindung simuliert wurden. Unter dem Stichwort „Mock jury research" ist eine Fülle von Teilfragen zum Entscheidungsprozeß bearbeitet worden. Der Stand bis 1965 wird bei Gerbasi, Zuckerman & Reis (1977) referiert, ein Sammelband von Kerr & Bray (1982) bietet in elf Kapiteln Sammelreferate über je einen Teilbereich; für unser Thema ist das achte Kapitel besonders zentral, wo es um die „Sozialpsychologie der Geschworenen-Beratung" geht. (Vgl. auch J.H. Davis (1980) und R. Brown (1986), der diesem Sachverhalt ein ganzes Kapitel seines Lehrbuchs gewidmet hat.)

In der frühen Psychologie hat das Gerichtsverfahren selbst wenig Interesse gefunden, aber es gab eine Reihe von Arbeiten zur Glaubwürdigkeit von Zeugenaussagen. Das Interesse für dieses Spezialthema ist vor allem darauf zurückzuführen, daß Psychologen in zunehmendem Maße mit der Beurteilung der Glaubwürdigkeit vor allem jugendlicher Zeugen befaßt worden sind. So ist der Band „Forensische Psychologie" des Handbuchs der Psychologie (Undeutsch, 1967) fast ausschließlich der Begutachtung durch psychologische Sachverständige gewidmet.

Das systematische Interesse an den sozialpsychologischen Prozessen von Beratungsverfahren im Rechtswesen beginnt 1950 mit dem berühmten „jury-project" der Universität Chicago (Broeder, 1958) mit einer Fülle von Untersuchungen zu einzelnen Fragestellungen (zusammenfassender Überblick Kerr & Bray, 1982), zum kleineren Teil Daten aus echten Verhandlungen, zumeist aber Ergebnisse aus Simulationen von Gerichtsberatungen, vielfach durch Studenten der Psychologie. Es handelt sich hier um eine Besonderheit des englischen und amerikanischen Strafrechts, in dem vor allem bei Kapitalverbrechen der Urteilsspruch nicht durch Richter, sondern durch „Geschworene" erfolgt. Diese sind während des gesamten Prozesses anwesend, sie ziehen sich anschließend ohne einen Richter zur Beratung zurück und müssen zu einer einstimmigen Aussage kommen, wenn es zu einer Verurteilung kommen soll. Das Verfahren ist prägend für die englische und amerikanische Rechtssprechung; die Erzielung gerechter Urteile ist ein hoher Wert auch in der englischen und amerikanischen Öffentlichkeit, und von daher finden Untersuchungen über die Verfahrensweise großes Interesse.

Für die Beurteilung des Aussagewertes von Simulationsstudien muß man sich die Verfahrensweise der Experimente einerseits, die Wahl und Handlungsweise „wirklicher Geschworener" andererseits ansehen. Wenn ich das tue, so sind zwei Erkenntnisse wesentlich: Die Simulationen sind teilweise von hohem, teilweise von niedrigem methodischem Niveau, vielfach werden sie auch nicht so präzise beschrieben, daß man ihre Qualität abschätzen kann: Es gibt Simulationen, die in Gerichtsgebäuden stattfinden und großen Aufwand für die Einstimmung der Beteiligten treiben; es gibt auch relativ eilige Papier-und-Bleistift-Versuche, bei denen offenbleiben muß, wieweit die Beteiligten die relevanten Informationen überhaupt ernstlich verarbeitet haben. Andererseits: Auch das Verhalten der „wirklichen" Geschworenen entspricht nicht einfach dem, was wir aus spannenden Filmen kennen: Auch hier muß man damit rechnen, daß Geschworene lustlos monatelang Sitzungen über sich ergehen lassen, von der Komplexität des Falles überwältigt oder aber schlichtweg wenig interessiert sind. Bei einem so breiten Spektrum auf beiden Seiten tut man gut, keine Repräsentativität von Mock Juries auf reale Juries anzunehmen, sondern die Befunde als das zu nehmen, was sie sind: Rollenspiele, in denen die Beteiligten größtenteils mit Ernst und Sorgfalt sich bemüht haben, in ihrem eigenen Verhalten das zu verwirklichen, was sie für diese Situation für angemessenes Verhalten gehalten haben. Daß in solchen Simulationen vielfach sehr ernstlich gerungen wird, läßt sich durch Nachbefragungen zeigen (Bridgeman & Marlowe, 1979). Ist es auch nicht genau das Verhalten, welches sie selbst zeigen würden, wenn sie Geschworene wären, so ist es diesem doch vermutlich in wesentlichen Dimensionen ähnlich. Und da die meisten Leute kein so arg großes Verhaltensrepertoire haben, ist es vermutlich auch dem ähnlich, was die Beteiligten in anderen Entscheidungssituationen zeigen würden. Und es ist vermutlich auch dem Verhalten sehr ähnlich, welches die meisten Leser dieses Buches in den meisten Entscheidungsgremien zeigen würden, in denen der durchschnittliche Staatsbürger zur Mitwirkung aufgefordert wird. Wenn Vergleiche möglich waren (Bray & Noble, 1978), ergaben sich durchweg große strukturelle Ähnlichkeiten.

Ich greife ein Dutzend Einzelbefunde heraus; wichtig sind dabei im allgemeinen nicht die absoluten Zahlen, sondern die Thematisierungen von Sachverhalten.

1. Die Beratung der Geschworenen beginnt damit, daß die Geschworenen aus ihrer Mitte einen Vorsitzenden wählen. Das ist für die Beratung

eine zentrale Figur; Auszählungen ergeben, daß der Vorsitzende in der Regel ein Viertel bis ein Drittel aller Redebeiträge aufbringt (Hawkins, 1960).

2. Gleichwohl wird die Wahl des Vorsitzenden meist rasch und beiläufig und problemlos abgewickelt und dauert im allgemeinen nicht länger als eine bis anderthalb Minuten (Hawkins, 1960; Simon, 1967).

3. Vorsitzende (die Daten stammen von 1950 bis 1960) sind im wesentlichen Männer. Bei Strodtbeck et al. (1957) erhielten bei insgesamt 49 Mock juries Frauen nur 20% der Chancen, die sie bei reiner Zufallsbestimmung erhalten haben würden. (Zur Rolle der Frau im Gerichtsbereich vgl. auch Nemeth, Endicott & Wachtler, 1976.)

4. Vorsitzender wird an einem Tisch mit zwölf Personen bevorzugt derjenige, der am Kopfende sitzt. Hawkins (1960) fand bei 69 Wahlen 34 mal, daß ein Teilnehmer an einer der beiden schmalen Seiten gewählt wurde, nach dem Zufall hätten es nur 12 sein dürfen.

5. Vorsitzender wird bevorzugt derjenige, der zuerst den Mund aufmacht (in einem Drittel der Fälle bei Strodtbeck et al., 1957); es wird auch fast durchweg derjenige gewählt, der als erster nominiert worden ist. Wenn Sie also in einem Gremium zu Beginn vorschlagen, man möge doch die Heizung abdrehen, es sei doch sehr warm hier, dann sind ihre Chancen, Vorsitzender des Gremiums zu werden, bereits gewaltig gestiegen. Sind Sie außerdem ein Mann, haben einen der beiden Plätze an einem der Kopfenden, dann sind Sie schon so gut wie gewählt. Um es nachzutragen, selbständige Geschäftsleute haben ebenfalls einen Bonus; wenn jemand einfließen lassen kann, er habe das schon einmal gemacht, ist er (oder sie?) ohnehin gewählt. Diese Diskrepanz zwischen der Bedeutung der Gesprächsleitung für den Verlauf und die Eile und Beiläufigkeit, die (peinliche?) Benennung einer Person bald hinter sich zu bringen, wäre einer näheren Untersuchung wert.

6. Die Redebeteiligung ist, wie bei den weitaus meisten Entscheidungsgremien, extrem ungleich. Es gibt einige Vielredner und zumeist etliche Schweiger. Bei Strodtbeck et al. (1957) haben in 82% aller Juries die drei redefreudigsten Mitglieder zusammen mindestens die Hälfte der Gesamtzeit für sich beanspruchen können.

7. In den USA und in England gab es zeitweise offenbar eine Diskussion darüber, ob es denn wirklich zwölf Geschworene sein müssen, ob nicht sechs vielleicht genügen. Kessler (1973) verglich die Redebeteiligung des einzelnen bei Gremien mit sechs versus zwölf Geschworenen. Bei der kleineren Gruppe gab es im Durchschnitt 4% Schweiger, beim großen Gremium hingegen 25%.

8. Im amerikanischen Recht kommt es nur dann zu einer Verurteilung, wenn die Geschworenen eine einstimmige Aussage machen. Experimente mit Mock juries zeigten: Wenn die Regel in der Weise geändert

wurde, daß zur Entscheidung bereits eine Mehrheit genügt, dann ist die Versuchung groß, den Entscheidungsprozeß dann abzubrechen, wenn offensichtlich eine Mehrheit erreicht ist. Das kann dazu führen, daß Minderheiten mit ihrer Argumentation nicht angemessen zur Geltung kommen.

9. Wenn die Diskussion inhaltlich analysiert wurde, wurde sie meist als sprunghaft und wenig organisiert gekennzeichnet oder als „aufgeregtes Hin und Her". Geschworene mit College-Ausbildung bemühten sich in höherem Maße um die Strukturierung des Diskussionsverlaufs (James, 1959).

10. Marston (1968) konnte zeigen, daß sich die Geschworenen mehr von der („wahrgenommenen") Aufrichtigkeit der Zeugen als von der Logik der Argumentation beeinflussen ließen.

11. Wenn man die Geschworenen zwischendurch mehrfach nach ihrer Entscheidung zum gegenwärtigen Zeitpunkt fragte, dann zeigte sich, daß 25% schon sehr früh endgültig entschieden und durch den Verlauf der Diskussion nicht mehr beeinflußbar waren.

12. Und wenn man im Anschluß an die Verhandlung die Beteiligten danach fragte, wer unter ihnen besonders zum erfolgreichen Abschluß beigetragen habe, dann wurden bevorzugt die Männer genannt, die Fragen gestellt hatten, und es wurden bevorzugt die Frauen genannt, die während der Beratung geschwiegen hatten (Strodtbeck & Mann, 1956).

Derartige Ergebnisse zeigen, daß die Methode der Mock juries eine Fülle von anregenden Befunden über Entscheidungen in Gruppen liefern kann. Die Tatsache, daß es sich dabei um Simulationen handelt, sollten wir im Auge behalten, uns aber davon nicht zu sehr beeindrucken lassen: Weite Teile der Kleingruppenforschung sind ebenfalls Simulationen, auch wenn es nicht immer deutlich gesagt wird. Zudem gibt es für einige der Befunde Vergleichsmöglichkeiten mit „echten" Geschworenenverhandlungen (Literatur bei Gerbasi et al., 1977, 342). Dabei zeigt sich — wie sollte es auch anders sein — , daß die Geschworenen sich weitgehend so verhalten, wie Menschen in Entscheidungsgruppen überhaupt, so daß, soweit Vergleiche möglich sind, sich im wesentlichen strukturell äquivalente Ergebnisse zeigen. Eine wesentliche Ausnahme: die realen Geschworenen zeigen mehr Milde gegenüber den Angeklagten.

Ich habe mich bei der Darstellung der Ergebnisse von Mock juries auf solche Ergebnisse beschränkt, die mit Entscheidungsprozessen in Gruppen zu tun haben. Ich habe die Fülle von Ergebnissen völlig außer Acht gelassen, die nur mittelbar mit dem Prozeß zu tun haben und wo vermutlich der Schwerpunkt der Mock-Jury-Forschung liegt: Die Abhängigkeit der Prozeßdaten von den jeweiligen Sozialisationsdaten der

Beteiligten: Hier gibt es eine Fülle von Ergebnissen, die von der Einstellungs- und Vorurteilsforschung noch wenig genutzt werden.

Zur Phänomenologie von Entscheidungsprozessen

Entscheidungsprozesse werden hauptsächlich unter reduzierten Bedingungen erforscht, der Kontext wird ausgeblendet. Auch wenn Entscheidungen in ihrem Kontext belassen werden, wird dennoch zumeist zu stark auf „die Entscheidung selbst" fokussiert. Und zudem wird der Begriff der Entscheidung selbst sehr stark auf den Augenblick bezogen, in dem die Entscheidung „fällt".

Wenn man sich dagegen einmal auf faktische Entscheidungsprozesse einläßt, in der Selbstbeobachtung oder der Schilderung durch andere, dann wird deutlich, daß die „Entscheidungsforschung" vorzugsweise nur einen kleinen Teil der Phänomene und Sachverhalte erfaßt.

Heckhausen, Gollwitzer & Weinert (1987) haben hier eine wesentliche Bereicherung der Szene dadurch angeboten, daß sie aus der Sicht der Allgemeinen, insbesondere der Willenspsychologie, an die Frage des Handelns und Entscheidungshandelns herangegangen sind. Das führt zunächst einmal zu einer wesentlich verfeinerten Begriffssprache: Es gibt da nicht „Entscheidungen", die „gefällt" werden, sondern eine Reihe gut unterscheidbarer Phasen: So unterscheidet Heckhausen (1987, 6) zwischen Wünschen, Wählen und Wollen und macht deutlich, daß es hier um deutlich unterscheidbare Zustände geht, die je eigenen Gesetzen folgen. Auf allen drei Ebenen kann man sich entscheiden, und alle drei Sachverhalte können auf die verschiedenartigste Weise ineinander verschränkt sein.

Oder, mit einem Beispiel von Kuhl (1987, 106 f.): Entscheidung kann auf eine Selektionsmotivation hinauslaufen oder auf eine Realisierungsmotivation; beides sind „Entscheidungen".

Ein drittes Beispiel, wiederum von Heckhausen (1987, 137): Es ist sinnvoll, zwischen Intentionsbildung und Handlungsinitiierung zu unterscheiden: Intentionsbildungen als Entscheidungen haben wir alle mehr als genug, die faktische Handlungsinitiierung ist dagegen eher selten. Die Papier-und-Bleistift-Entscheidungen der Psychologen bleiben zumeist im Bereich des Hypothetischen, des Wünschens des „Eigentlichen": Mit guten Vorsätzen ist der Weg zur Hölle gepflastert.

Den Unterschied zwischen *Wollen* und *Handeln* kann man in großem Maßstab am Beispiel der großen Differenz zwischen „für richtig halten", „eigentlich wollen" und faktischem Handeln im Bereich etwa der Ökologie verfolgen: Hier „wollen" heute die meisten Menschen etwas, was sie nicht tun.

Insgesamt wäre der Entscheidungsforschung zu wünschen, daß es nicht nur zu einer differenzierteren Begriffssprache käme, sondern auch zu einer stärkeren Hinwendung auf die Untersuchung faktischen, realen Handelns.

Sieben Reflexionsbereiche für die Verbesserung von Entscheidungsverhalten in Gruppen

Beim gegenwärtigen Stand unserer Erkenntnisse ist es unzweckmäßig, so etwas wie einen Gesamtentwurf „Psychologie der Entscheidungsprozesse" zu versuchen: das gäbe zu viel Systematik und zu wenig Information. Andererseits gibt es eine Vielzahl von einzelnen Einsichten, Gedanken und Forschungsbefunden, deren Kenntnis vor allem dazu dienen kann, das Laienparadigma für eigenes Handeln zu überdenken und im Einzelfall zum Experimentieren mit anderen Verfahrens- und Verhaltensweisen anzuregen.

Diejenigen meiner Leserinnen und Leser, die z.Zt. gerade Präsidenten der Vereinigten Staaten oder in vergleichbaren Entscheidungspositionen sind, werden die wesentliche Information aus der Schilderung des Tonkin-Bucht-Zwischenfalls und dem groupthink-Abschnitt entnehmen können.

Diejenigen meiner Leserinnen und Leser, die intensiv und ständig mit Entscheidungsprozessen in Gruppen befaßt sind, sollten sich gründlichere Kenntnisse erwerben, als ein Einführungsband zu bieten vermag: Da gibt es theoretische Modelle, die unter bestimmten Bedingungen nützlich sein können (Davis, 1982; Cook & Hammond, 1982; Kerr, 1982; Laughlin & Adamopoulos, 1982); und es gibt ausführlich dargestellte Entscheidungsverläufe als nachahmenswerte positive Beispiele, wie etwa bei Hoffman (1982). Reichlich weiterführende Literatur vor allem bei Brandstätter, Davis & Stocker-Kreichgauer (1982); Levine & Moreland (1990).

Für diejenigen meiner Leserinnen und Leser, die nicht zu den beiden genannten Gruppen gehören, habe ich in den folgenden sieben Reflexionen versucht, alles das zusammenzustellen, was mir theoretisch interessant, praktisch nützlich und überdies ohne Schwierigkeiten mitteilbar erschien.

226

Erster Reflexionsbereich: Die Rolle der Information im Entscheidungsprozeß

Auf den ersten Blick eine Trivialität: Für eine Entscheidung ist es notwendig, daß alle Gruppenmitglieder über alle relevanten Informationen verfügen. Wer würde hier nicht zustimmen? Bei näherem Zusehen stecken hier jedoch mehrere Probleme.

Zunächst einmal kann der moralische Anspruch, der hier durchklingt, zwei verschiedene Richtungen haben, gewissermaßen nach außen und nach innen. Für die Entscheidung ist es notwendig, daß allen Mitgliedern alle relevanten Informationen (von außen) geliefert werden. Die Informationen dürfen den Entscheidungsträgern nicht vorenthalten und sie dürfen nicht verfälscht werden. Diese Forderung spielt naheliegenderweise und zu Recht vor allem in Politik und Verwaltung eine Rolle. So etwa Steffen (1974, 32):

„Hier geht es um unverstellten Zugang zu den Informationen, ihre Auswertung und Verarbeitung. Ohne sie ist demokratisch-gesellschaftliche Mitbestimmung der Inhalte und der Kontrolle über ihre Verwirklichung eine Farce."

Man kann den moralischen Anspruch, daß alle Mitglieder über alle relevanten Informationen verfügen können müßten, aber auch gegen die Beteiligten selbst wenden. Diese sollten die Materie, um die es bei der Entscheidung gehen soll, kennen. Daß diese Voraussetzung bei vielen Entscheidungsprozessen nicht gegeben ist und der Sache nach nicht gegeben sein kann, kann als bekannt vorausgesetzt werden. Die notwendigen Konsequenzen werden dagegen selten gezogen: Entweder die Delegation hochkomplizierter Entscheidungen auf Spezialisten und Beschränkung von Gruppenentscheidungen auf Fragen, bezüglich derer die Kenntnis der erforderlichen Informationen vorausgesetzt werden kann. Oder, was im Prinzip zu bevorzugen wäre: daß jemand die wesentlichen Dimensionen verständlich herausarbeitet, soweit das möglich ist. Bislang heißt, vor allem im Bereich der kommunalen Entscheidungsprozesse, „Information zur Verfügung stellen" häufig nur, daß der Stadtdirektor die Ausschußmitglieder mit lässiger Arroganz auf eine Reihe von Leitz-Ordnern und Loseblatt-Sammlungen hinweist: es stehen Ihnen alle Informationen zur Verfügung.

Es wäre nützlich, hier einmal etwas konkreter zu fragen, was denn „Verfügbarkeit" der Information im Gruppenprozeß heißen soll: zumeist wird wohl ganz naiv angenommen, alles, was je in den Gruppenprozeß eingebracht worden sei, sei allen am Prozeß Beteiligten jederzeit gegenwärtig. Das ist sicher bei weitem nicht der Fall, und insofern ist es höchst sinnvoll, sich — in Analogie zur Gedächtnisforschung und deren begrifflichem Rüstzeug — mit dem Gedächtnis der Gruppe zu befassen, wie dies Hartwick, Sheppard & Davis (1982) getan haben.

Statt das Problem ausschließlich an der *Vollständigkeit* inhaltlicher Information aufzuhängen, wäre es vermutlich manchmal sinnvoller, die *Durchschaubarkeit* oder *Transparenz* hervorzuheben: Alle Entscheidungsprozesse sollen für alle Beteiligten (und vielleicht auch für alle anderen Leute?) durchschaubar, nachvollziehbar und damit überprüfbar sein. Wenn wir dabei Transparenz als subjektive Fähigkeit der Beteiligten definieren und nicht als objektiven, von außen beurteilbaren Sachverhalt, dann müssen wir uns freilich darüber klar sein: *Das Ausmaß von Information und das Ausmaß von Transparenz werden häufig gegenläufig korreliert sein.* Maximale Information führt zu minimaler Transparenz; optimale Transparenz setzt oft die Vernachlässigung relevanter Information voraus. Der Demagoge etwa ruiniert den Entscheidungsprozeß durch Reduktion auf wenige Alternativen: den Krieg erklären oder die Ehre der Nation verlieren; der Verwaltungsfachmann im demokratischen Gremium ruiniert den Entscheidungsprozeß durch zu viel Informationen: Wenn er eine Reihe von Paragraphen zitiert und die neuesten gegenläufigen Grundsatzentscheidungen erläutert hat, bittet ihn das Gremium resigniert, seinen eigenen Vorschlag zu benennen, der dann rasch akzeptiert wird. So ist beim Militär schon früh erkannt worden, daß zu viel Information die Führungsfähigkeit beeinträchtigt, der General als Armeeführer hat einen Generalstabschef, in dessen Behörde sich alle Informationen sammeln, bis zum Armeeführer selbst dringen nur die ganz großen Linien durch. In ähnlicher Weise wird in der Industrie häufig versucht zu erreichen, daß die obersten Entscheidungsträger „den Kopf frei haben" für die große Gesamtsicht.

Zoll et al. kommen in einer sorgfältigen und umfassenden Studie über kommunalpolitische Entscheidungsprozesse zur Schlußfolgerung einer Antinomie zwischen erfolgreicher Verwaltungsführung und demokratischen Erfordernissen, wobei sie so dicht an den empirischen Sachverhalten bleiben, daß sie nicht in Versuchung kommen, in der üblichen modischen Weise Schwarze Peter zu verteilen (1974, 133 ff.).

Zweifellos gibt es Situationen, in denen Informationen vorenthalten werden, zweifellos werden Entscheidungsgremien oft bewußt falsch und unvollständig informiert. Aber für viele Fälle ist das einfache Maximierungsmodell unzweckmäßig und nicht realisierbar: Die treuherzige Forderung nach mehr Information *und* mehr Transparenz genügt nicht; wir müssen oft zwischen Alternativen wählen.

Auch die Forderung nach Transparenz allein kann übrigens schon eine zweischneidige Sache sein: Demokratische Entscheidungsprozesse an der Basis schaffen zweifellos vielfach Transparenz für die Basis; sie führen aber zu hoher Komplexität und völliger Undurchschaubarkeit im größeren Rahmen. Auch hier fordern wir gern Dinge, die sich wechselseitig ausschließen: Jedes Schulkollegium, jeder Bürgermeister, jeder Amtsrichter soll möglichst frei in seiner (nur vor Ort sachgerecht treffbaren) Entscheidung sein; aber wehe, wenn dadurch innerhalb des Bundesgebiets Unterschiede und damit höhere Undurchschaubarkeit und Komplexität entstehen.

Zweiter Reflexionsbereich: Problem- und Problemlösungs-Struktur

Die meisten Entscheidungsprozesse in Gruppen können versuchsweise auch einmal so strukturiert werden, daß es sich dabei um Denkprozesse in Gruppen handelt: Mitglieder der Gruppe, jeder für sich, alle zusammen, oder nur einzelne der Beteiligten denken über eine Lösung einer Frage nach. Damit fokussieren wir auf einen Teilaspekt des Geschehens, wir blenden andere Teilaspekte aus. Das kann sehr hilfreich sein. So können wir in Anlehnung an Unterscheidungen der Denkpsychologie zwischen Zielanalyse, Situationsanalyse und Materialanalyse unterscheiden.

Bei der Zielanalyse kann sich herausstellen, daß für ein Problem eine Lösung gesucht wird, obgleich es keine Lösung gibt und geben kann; oder, und das ist wohl der häufigste Fall, daß mit unzureichenden Voraussetzungen, unzureichender Zeit und unzureichenden Mitteln versucht wird, eine Entscheidung zu finden. Der unrealistisch hohe Anspruch an die Entscheidungsmöglichkeit einer Gruppe ist vermutlich die größte Schwierigkeit überhaupt. Da wird unterstellt, eine Gruppe von Studenten, untereinander weitgehend unbekannt und mit vermutlich heterogenen Interessen, könne in einer Seminarsitzung den Themenbereich für das nächste Semester festlegen; oder der Hauptausschuß des Rates einer kleineren Stadt könne in wenigen Stunden den Etat — 150 Seiten eng getippten Text — einvernehmlich verabschieden.

Häufig muß man zudem wohl damit rechnen, daß Teilnehmer eines Entscheidungsprozesses unter dem gleichen Tagesordnungspunkt sehr unterschiedliche Ziele vor Augen haben:

— den Entscheidungsprozeß noch vor Beginn der Übertragung des Fußball-Länderspiels auf irgendeine Weise vom Tisch zu kriegen
— Fraktionszwang einhalten
— für die eigene Interessengruppe mehr herausholen, als ursprünglich vorgesehen war
— sich mit eigenen Redebeiträgen zur Geltung bringen
— um der Sache willen die bestmögliche Entscheidung zu suchen.

Bei der *Situationsanalyse* als Voraussetzung für den Entscheidungsprozeß wird zu leicht davon ausgegangen, daß die gegebene Situation von den Beteiligten ungefähr angemessen und etwa in gleicher Weise gesehen und zudem noch einigermaßen gleich eingeschätzt wird. Das ist vermutlich seltener der Fall, als die Beteiligten vermuten; vor allem in komplexeren Situationen ist es unwahrscheinlich, daß die Teilnehmer dies leisten können.

Für hochkomplexe Entscheidungen gibt es noch wenig empirische Befunde. Doch zeigen schon erste Ergebnisse, wie die Simulationsexperimente von Dörner et al. (1983), daß Menschen ohne eine einschlägige Schulung in Entscheidungszusammenarbeit nicht koordinieren können, eindimensional in Wirkungsketten und nicht in Wirkungsnetzen denken, Informationen nicht austauschen können und die Entscheidungsmacht vielfach bloß hin und her schieben. Die meisten Menschen sind von ihrer Ausbildung her nicht in der Lage, komplexe interdependente Situationen zu erfassen, zu speichern und angemessen damit umzugehen.

Ähnliches gilt für die *Materialanalyse*, also etwa die Kenntnis und die Beurteilung der verfügbaren Mittel und Möglichkeiten. Auch hier wird zumeist mehr vorausgesetzt und weniger sachgerecht informiert. So gilt es in unserer Gesellschaft anscheinend als unanständig, jemanden nach Kenntnissen zu fragen, von akademischen Prüfungen einmal abgesehen. Sonst wäre es schon einmal eine lohnende Forschungsfrage, empirisch zu erheben, wie viele der an einem Entscheidungsprozeß Beteiligten über die Vorkenntnisse verfügen, die einverständlich für die Beurteilung und Entscheidung vorausgesetzt werden müssen.

Es wäre für die meisten Entscheidungsprozesse nützlich, mit Hilfe von Meta-Kommunikation diese formaleren Voraussetzungen der Ziel-, Situations- und Materialanalyse vorab zu klären.

Insgesamt können hier aus der Sicht der Denkpsychologie wesentlich mehr Strategien und Hilfen eingesetzt werden, als bisher üblich ist. So ist es beispielsweise bereits sehr hilfreich, die üblichen Fehler und Mängel bei der Bewältigung von Denkaufgaben zu kennen und in Rechnung zu stellen:

— die eingeschränkte Benutzung gegebener Mittel durch Gewohnheitsbildung (haben wir immer so gemacht)
— die unzureichende Variabilisierung vermeintlicher Konstanten (Rausch, 1949): Ich sehe voreilig Sachverhalte als konstant an, die ich in Wirklichkeit verändern kann.
— die Einengung durch Vorhandensein oder Fehlen sprachlicher Möglichkeiten für die Beschreibung von Sachverhalten
— günstige oder ungünstige Strukturierung des Entscheidungsraums durch übergreifende Gestaltzusammenhänge (Wertheimer, 1945; 1957; Duncker, 1935).

Wenn man sich einmal Protokolle von Entscheidungsprozessen näher ansieht oder als Parteimitglied oder sachkundiger Bürger regelmäßig an Entscheidungssitzungen teilnimmt, dann ist zumindest aus der Sicht des Psychologen deutlich: das größte Defizit liegt in diesem Bereich: Diskussionen ohne klare Zielsetzung, Diskussionen mit unrealistisch überhöhten Ansprüchen halte ich insgesamt für die beiden entscheidenden Mängel der meisten Entscheidungsprozesse, zumal bei Entscheidungen im Verwaltungsbereich.

Dritter Reflexionsbereich: Nachteilige Auswirkungen des Bedürfnisses nach Reduktion kognitiver Dissonanz

Entscheidungssituationen werden von den Beteiligten oft als erhebliche psychische Belastungen erlebt:

— wir machen uns die Sache nicht leicht
— wir tragen schwer an der Verantwortung
— wir denken Tag und Nacht daran
— unser psychisches und physisches Gleichgewicht ist gestört
— die Harmonie der Gruppe leidet darunter, daß die Entscheidung immer noch aussteht.

Das ist uns aus dem Alltag geläufig, spielte bei Asch, Milgram, Gamson, Fireman & Rytina in Kapitel 6 eine Rolle und ist auch in allen Dokumentationen zentraler Entscheidungsprozesse (Thomae, 1974, 69 ff.) deutlich.

Es kann daher nützlich sein, an Entscheidungsprozesse einmal Begriffe heranzutragen, die Festinger (1957) in seiner Theorie der Kognitiven Dissonanz geprägt und in die Psychologie eingebracht hat (neuere Darstellungen etwa Frey, 1984[2]). Dabei sollen in diesem Zusammenhang nur wenige Grundgedanken Festingers aufgenommen werden.

Festinger arbeitet vor allem mit dem Begriff des *kognitiven Elements*, womit er in einer Art sehr weiter Sammelbezeichnung Wissenselemente über Erkenntnisse, aber auch Vermutungen, Meinungen, Überzeugungen, Glaubenssätze, Wertungen und Normen verstanden wissen will. Solche einzelnen Elemente können nun zueinander eine *irrelevante*, eine *konsonante* oder eine *dissonante* Beziehung haben: Im Falle der Irrelevanz haben sie nichts miteinander zu tun, eine konsonante Beziehung bedeutet, daß aus der Kognition X die Kognition Y folgt, und dissonante Beziehung meint, daß bei alleiniger Berücksichtigung dieser beiden Elemente das Gegenteil des einen aus dem anderen Element folgt. Dieser Denkansatz hat in der Einstellungsforschung mehr empirische Arbeiten angeregt als jeder andere; Irle weist aber zu Recht darauf hin, daß dabei eine Fülle definitorischer Schwierigkeiten auftreten, „so daß es bei einigen empirischen Forschungspublikationen völlig der Willkür überlassen blieb, ob eine Beziehung irrelevant, und sodann konsonant oder dissonant sein sollte" (1975, 312).

Festingers Theorie ist vor allem im Rahmen der Einstellungsforschung verwandt worden; hier bei der Reflexion über Entscheidungsprozesse in Gruppen soll es nicht um die Anwendung der Theorie, sondern um die Aufstellung einer These mit den Begriffen dieser Theorie gehen. Sie lautet:

Die von den Beteiligten an einem Entscheidungsprozeß erlebte kognitive Dissonanz wird leicht (und zu leicht) als Druck auf rasche Erledigung von Entscheidung erlebt; wir sollten aber auch das Aushalten von kognitiver Dissonanz, das gelassene Arbeiten und Denken trotz kognitiver Dissonanz und das Leben mit kognitiver Dissonanz zum Thema machen.

Das Erleben von kognitiver Dissonanz kann zweifellos eine wesentliche und nützliche Bewegungskraft für unser Denken und Handeln sein: Denkprozesse, Erfindungen und Veränderungen der Gesellschaft lassen sich weitgehend auch an dem Ausgangspunkt des Erlebens von kognitiver Dissonanz festmachen. Ohne diesen Mechanismus säßen wir möglicherweise noch auf den Bäumen.

In vielen Fällen und in konkreten Entscheidungssituationen ist aber auch unmittelbar deutlich, daß sich das Erleben kognitiver Dissonanzen nachteilig auswirken kann. Wir treffen voreilige und nicht genügend durchdachte Entscheidungen, weil wir das Problem aus der Welt schaffen wollen, das ständige Hin und Her nicht aushalten können, oder der schwelende Konflikt die weitere Zusammenarbeit unmöglich macht. So kann man wesentliche Aspekte des „groupthink"-Phänomens unter diesem Gesichtspunkt sehen.

Ganz allgemein erscheint es mir hier notwendig, zunächst einmal darauf zu verweisen, daß Konflikte weder eine Art von Betriebsunfall noch eine Art von Unkraut sind, welches beseitigt, erledigt, aus der Welt geschafft werden muß. Konflikte sind notwendige Durchgangsstadien jeder Veränderung. Wir können sie als hilfreiche Anregung verstehen, zum Teil können wir sie auch lösen; zum Teil werden wir ihre nachteiligen Folgen abzumildern versuchen; und in vielen Fällen müssen wir mit ihnen leben. Es erscheint mir nützlich, diesen Sachverhalt bei der Reflexion über Entscheidungsprozesse nicht aus dem Auge zu verlieren. Statt uns ganz auf die *Beseitigung* von Dissonanzen zu konzentrieren, wäre es auch ein wichtiges Lernziel, Konflikte aushalten zu lernen, Entscheidungen offen halten zu können, sich bewußt dafür zu entscheiden, zumindest zeitweise in und mit einem Spannungssystem zu leben.

Nützlich kann es in diesem Zusammenhang auch sein, solche belastenden Entscheidungssituationen in Begriffen der Streßforschung zu strukturieren (Überblick über den neueren Literaturstand bei Laux, 1983; Semmer, 1988). Ich will das hier nicht tun, stattdessen auf zwei wichtige und oft verheerend wirkende Strategien zur Dissonanzreduktion hinweisen.

232

Gehorchen und Anpassen statt Entscheiden

Man kann im Alltag kognitive Dissonanzen dadurch beseitigen, daß man anstelle eigener Entscheidungen sich an vorgegebene Muster hält und übliche Verfahrensweisen an bereits vorliegenden Präzedenzfällen, an Vorschriften, Gesetzen, Befehlen orientiert. Diese Strategie läßt sich etwa an dem Verhalten vieler Menschen von 1933 bis 1945 gut belegen. Deutsche Subaltern-Beamte vom Wachmann bis zum Generalfeldmarschall haben auf diese Weise eigene Entscheidungen vermieden. Vom stereotypen „Befehl ist Befehl" bis zur selbständigen Internalisierung von solchen Verhaltensweisen waren und sind hier viele Schattierungen möglich. Wer etwa die Autobiographie des Konzentrationslagerkommandanten Höß liest, dem springt diese Konflikt- und Entscheidungsvermeidungsstrategie ständig in die Augen. Er gestattete sich keine kognitiven Dissonanzen, sondern führte Befehle aus; und wenn ein Sachverhalt nicht durch direkte Befehle vorgegeben war, dann handelte er so, wie er sein Handeln am ehesten den Befehlen entsprechend strukturieren konnte.

Der wenig gebildete, vor allem im militärischen Bereich sozialisierte Höß „... erweist sich keineswegs als sadistischer Henkersknecht, sondern vielmehr als ein Mann, der Ordnung und Disziplin liebt, der in der Freizeit „innerlich" tierliebend und ein guter Familienvater ist, im Dienst aber als „anständiger" SS-Führer stets beflissen und bereit war, auch den unmenschlichsten Befehl zur Zufriedenheit seiner Vorgesetzten auszuführen" (Broszat im Vorwort zu Höß, 1963).

Die Suche nach der Geborgenheit: Einfache und eingängige Einheitstheorien bevorzugt

Eine andere Möglichkeit, den Schwierigkeiten unübersichtlicher Einzelentscheidungen mit all der damit verbundenen kognitiven Dissonanz auszuweichen, besteht im politischen Raum darin, daß man sich einer klaren, eindeutigen und leistungsfähigen Gesamttheorie anschließt und anvertraut. Entweder lassen sich die wesentlichen Einzelentscheidungen daraus logisch ableiten, was jede eigene Entscheidung entbehrlich macht, oder aber es gibt bereits jemanden, der diese Ableitungen geleistet hat und mir daher jedenfalls verbindlich sagen kann, wie ich mich verhalten soll. Ein solches Verhalten läßt sich — sehr vorläufig — mit der Suche nach Geborgenheit und Autorität umschreiben; es tritt in Notzeiten, bei besonderer Unübersichtlichkeit der Situation und in emotional bestimmten Krisensituationen besonders stark auf.

So hat etwa Adorno 1963 darauf hingewiesen, daß „die wohlbekannten Schwankungen der Millionen von Wählern vor 1933 zwischen der nationalsozialistischen und kommunistischen Partei" auch sozialpsychologisch kein Zufall gewesen seien, sondern mit dem Anlehnungsbedürfnis autoritätsgebundener Charaktere zu erklären seien: nur die NSDAP und die KPD verfügten über einfache und eingängige Programme mit eingebauter Heilserwartung.

Auch im normalen Alltag hat für viele Menschen der grundsätzliche Rekurs auf eine Ideologie oder Theorie häufig besonderen Reiz und hohe Anziehungskraft. Nicht umsonst haben durch die Jahrtausende einheitsstiftende Gesamttheorien große Erfolge gehabt: Einfachheit und Geschlossenheit sind nicht nur leichter aufnehmbar und einprägsamer, sondern sie werden von den meisten auch als die höherstehenden Formen empfunden. Schmidt (1975) hat eindringlich auf die Gefahren hingewiesen, die hier für alle diejenigen politischen Konzepte drohen, die nicht mit wenigen griffigen Formeln arbeiten und gleichzeitig feste Versprechungen für Heilserwartungen machen:

„. . . die Geringschätzung für ein politisches Handeln, das sich nicht in einem umfassenden Endkonzept, an einer einzigen gesellschaftlichen Gesamtzielsetzung orientiert", ist zweifellos eine wesentliche Gefahr für jedes pluralistische Konzept.

Für die Anziehungskraft und die Befriedigung der Sehnsucht nach Geborgenheit ist es dabei übrigens keineswegs erforderlich, daß das Denksystem besonders einfach *ist*. Im Gegenteil. Um besonders attraktiv zu sein, sollte es lediglich einfach *erscheinen*, dafür ist eine gewisse Komplexität und vor allem ein hohes Maß an Dunkelheit und Verschwommenheit eher günstig. Denn im allgemeinen muß ein solches Konzept ja für unterschiedliche und gegenläufige Interessentengruppen gleichzeitig attraktiv und eingängig sein, und das ist ohne ein gewisses Maß an vielfältiger Interpretierbarkeit schlecht möglich. Das gilt für die Bibel und den Marxismus gleichermaßen, und interessanterweise viel weniger für das Parteiprogramm der NSDAP (Rosenberg, 1922), dieses wurde auf die Dauer einfach ignoriert.

Jedes politische System, das seinen Bürgern Freiheiten der Mitbestimmung einräumt und die Entscheidungsprozesse an eine Vielzahl von Gremien delegiert, führt notwendigerweise zu einem unübersichtlichen Pluralismus. Ein solches System ist daher darauf angewiesen, daß zumindest ein wesentlicher Teil der Staatsbürger nicht zu hohe Ansprüche an Einfachheit, Überschaubarkeit, Folgerichtigkeit und Einheitlichkeit der Entscheidungsprozesse stellt: Denn unterschiedliche Entscheidungsgremien mit wechselnder personeller Besetzung, wechselnden politischen Mehrheiten und wechselnden Interessenschwerpunkten führen nicht zu einem großen einheitlichen Reformentwurf, sondern günstigenfalls zu einer schrittweise erfolgenden Veränderung derart, „daß jedem einzelnen Schritt ein dafür ausreichender Konsensus vorausgeht" (Schmidt, 1975, VIII). Dafür ist in unserer Gesellschaft sicher auch das Erlernen und Einüben einer besseren Technologie der Entscheidungsfindung und -durchsetzung erforderlich; es ist aber auch erforderlich, das Durchsetzbare, das Wünschbare und die Utopie zu unterscheiden und zu lernen, im pluralistischen Durcheinander mit Augenmaß und Gelassenheit Prioritäten zu setzen, bestimmte Entscheidungen durchsetzen zu helfen und auf andere warten zu können.

Vierter Reflexionsbereich: Gruppenkohärenz und Entscheidungsprozeß

Hohe Gruppenkohärenz im Sinne eines starken Zusammenhalts der Gruppe wird in Literatur und Alltag zumeist positiv bewertet: ein *gutes*, ein *angenehmes*, ein *positives* Klima der Gruppe. Es war jedoch schon im 3. Kapitel davon die Rede, daß hohe Kohärenz für das einzelne Mitglied auch ein Nachteil sein kann: Die Entwicklung von Eigenverantwortlichkeit und geistiger Selbständigkeit kann in der Geborgenheit der Gruppe zu kurz kommen.

Für Entscheidungsprozesse in Gruppen leuchtet es unmittelbar ein, daß ein gewisses Maß an Kohärenz unerläßlich ist, vor allem wenn es sich um wesentliche Entscheidungen handelt, die gemeinsam getragen werden sollen. Es ist auch unmittelbar plausibel, daß je nach Thema, zur Verfügung stehender Zeit, Gruppengröße, Komplexität der Entscheidung, Druck von außen und Konsequenzen der Entscheidung, ein unterschiedliches Maß von Gruppenkohärenz optimal sein mag. Wir werden keine einfachen linearen Zusammenhänge erwarten, und schon gar nicht solche, die ohne Rücksicht auf den Kontext immer gelten.

Es ist ein lahmer Ausweg aus diesem Dilemma, einfach mittlere oder gar schlichtweg angemessene Grade von Kohärenz für optimal zu halten. Auch die auf diesem Gebiet sehr reichlichen empirischen Befunde gestatten nicht, generelle Ratschläge zu formulieren (vgl. die Literaturangaben zum 3. Kapitel; vor allem die Sammelreferate von Collins & Raven, 1968; Kelley & Thibaut, 1968).

Ein erster nützlicher Ratschlag dagegen kann sein, im konkreten Fall in der Entscheidungssituation diesen Sachverhalt zu thematisieren und bewußt zu machen. Wer Gesetzmäßigkeiten in Gruppen erkennt, kann leichter mit ihnen umgehen, sie in Rechnung stellen und notwendigenfalls bewußt gegen sie handeln. Für eine solche Meta-Kommunikation und eigene Reflexion mag es nützlich sein, einige Aussagen darüber zusammenzustellen, wann hohe und niedrige Kohärenz für Entscheidungsprozesse günstig und ungünstig sein kann. Ratschläge für eigenes Handeln können sich dabei für die konkrete Entscheidungssituation allenfalls im Zusammenhang mit zutreffender gemeinsamer Beurteilung der Situation ergeben.

Niedrige Gruppenkohärenz kann den *Vorteil* haben, daß die Mitglieder nicht zu stark in den Gruppenprozeß einbezogen sind. Sie erliegen nicht oder weniger dem Konformitätsdruck, sie internalisieren nicht voreilig die impliziten Normen der Gruppe und sie sind der Gruppenloyalität weniger verpflichtet. Sie haben in höherem Maße die Möglichkeit, sich eine unabhängige Meinung zu bilden und diese in der Gruppe zu vertreten. Solche Meinungen können für die Gruppe wertvoller sein als Aussagen, die bereits stark von der Gruppe und ihrem Normensystem beeinflußt sind.

Niedrige Gruppenkohärenz kann den *Nachteil* haben, daß die Mitglieder ihre wesentlichen Energien nicht auf den Entscheidungsprozeß verwenden können, sondern für die Sicherung, den Ausbau des eigenen Status in der Gruppe aufwenden müssen. Man muß auch damit rechnen, daß der Entscheidungsprozeß selbst unter solchen Bedingungen nur als Kampfplatz für Gruppenprozesse benutzt wird, was der Sache im allgemeinen wenig dienlich ist.

Hohe Gruppenkohärenz kann den *Vorteil* haben, daß in der Gruppe ein Klima von Vertrauen und wechselseitiger Wertschätzung besteht; das ist eine günstige Vorbedingung dafür, auch neuartige Ideen zu produzieren, freimütig Einwände, Bedenken und Gegenargumente zu formulieren; zumal kreative Vorschläge bedürfen eines zumindest leidlich freien Klimas. Die Mitglieder können einander besser zuhören, haben Verständnis für die Argumentation des anderen und arbeiten gern in der Gruppe.

Hohe Gruppenkohärenz kann für Entscheidungsprozesse den Nachteil haben, daß Konformitätsdruck und Loyalitätsgefühle die Breite der Argumentation beeinträchtigen: Frühere Gruppenentscheidungen können dann schwieriger in Frage gestellt werden, die Einmütigkeit wird oft aus emotionalen Gründen überschätzt, es entwickeln sich gemeinsame Tabubereiche und ein Klima des unrealistischen Optimismus.

Man muß sich bei solchen Aufzählungen freilich davor hüten, derartige Zusammenhänge voreilig kausal zu interpretieren: Die tatsächlich ablaufenden Mechanismen können sehr unterschiedlicher Art sein. Es kann sich um bewußte und intendierte Zurückhaltung von Argumenten handeln, etwa aus Angst vor Zurückweisung oder aus Besorgnis, das Klima der Gruppenarbeit zu beeinträchtigen. Vielfach läßt sich der Vorgang aber eher als eine Übernahme der Normen oder der vermeintlichen Normen der Gruppe beschreiben; Ereignisse der gemeinsamen Vorgeschichte oder in Gedanken vorweggenommene Auswirkungen auf die gemeinsame Zukunft können eine Rolle spielen, wobei man nicht nur an Beförderungschancen der beteiligten Beamten oder wirtschaftlichen Ruin von freiberuflichen Politikern denken muß: wir reagieren in Gruppen zumeist sehr subtil, und für ein freundliches Lächeln vom Chef nehmen wir auch die ungerechtfertigte Verwüstung von weitab liegenden Provinzen in Kauf.

Fünfter Reflexionsbereich: Der Außenseiter: Störung oder notwendiges Korrektiv?

Wenn über Entscheidungsprozesse in Gruppen experimentiert wird, dann handelt es sich fast durchweg um ad hoc gebildete Gruppen ohne Vorgeschichte und Zukunft; strukturelle Gegebenheiten spielen dabei keine wesentliche Rolle. Andererseits: Wenn in der Alltagsrealität ein Aufsichtsrat, eine Schulklasse oder eine Fußballmannschaft Entscheidungen fällen, dann hat die Gruppe zumeist Geschichte, Struktur und Zukunft, und wir wissen mittlerweile, daß dies eine wesentliche Rolle für den Verlauf des Entscheidungsprozesses spielen kann. Nun habe ich bereits im 2. Kapitel zu zeigen versucht, daß die Struktur der Gruppe nicht etwas ist, was durch Methoden irgendwelcher Art in seiner Gesamtheit leidlich erfaßbar wäre: Wir können nur Kategorien an vielschichtige Prozesse herantragen und hinsichtlich dieser Kategorien quantitative Auszählungen machen, soweit wir uns nicht auf globale Eindrücke beschränken wollen.

In ähnlicher Weise ist es auch für den Zusammenhang zwischen Gruppenstruktur und Entscheidungsprozeß zweckmäßig, sich auf jeweils einen einzelnen Aspekt zu beschränken. Ich wähle dabei den rollentheoretischen Denkansatz (Sader, 1969). Dabei scheinen mir die Führer-Rolle und die Außenseiter-Rolle besonders wesentlich, über sie liegt auch das vergleichsweise größte Material vor. Da die Führer-Rolle für das letzte Kapitel zentral ist, will ich hier nur die Außenseiter-Rolle betrachten.

Der Begriff des Außenseiters wird unterschiedlich definiert. In der Soziologie ist damit zumeist jemand gemeint, der relevante Regeln der Gesellschaft verletzt und deshalb eine Außenseiter-Position in bezug auf die Gesellschaft hat (vgl. H. Becker, 1973). In der Kleingruppenforschung wird jedes Mitglied einer Gruppe als Außenseiter bezeichnet, wenn es gewisse definierbare Charakteristika der Randständigkeit *innerhalb der Gruppe* aufweist.

Der Außenseiter wird in unserer Gesellschaft zwiespältig beurteilt. Soweit man mit ihm zu tun hat, sich mit ihm auseinanderzusetzen hat, wird er eher negativ gesehen, er ist unnötig oder stört. Mit etwas mehr Abstand, in einer Biographie, und vor allem, wenn er schon tot ist, wird die Beurteilung zumeist positiver: Eigenwilligkeit, geistige Selbständigkeit und Abhebung von der Meinung der vielen, all zu vielen, klingen da mit.

Prose (1974) hat eine große Anzahl von empirischen Befunden zusammengestellt, bei denen — zumeist durch Extremgruppenvergleich — zwischen Star und Außenseiter in der Gruppe unterschieden wurde. Als Stars werden dabei solche Gruppenmitglieder bezeichnet, die relativ viel soziometrische Wahlstimmen erhalten, als Außenseiter hinge-

gen solche Mitglieder, die keine oder relativ wenig Wahlen und Ableh-
nungen auf sich ziehen. Ich zitiere die wesentlichen Befunde, wobei ich
die zahlreichen bibliographischen Angaben der Originalarbeit hier der
Übersichtlichkeit halber weglasse.

Stars sind im allgemeinen besser an ihre Gruppen und relevante andere
(Bezugspersonen) angepaßt als Außenseiter.

Außenseiter neigen zu größeren emotionalen Störungen. Sie werden
im Vergleich zu Stars als stärker ängstlich, gehemmt und sich regressi-
ver verhaltend beschrieben.

Stars scheinen leichter zugänglich zu sein als Außenseiter und verfügen
über Verhaltensweisen, die von den jeweiligen Partnern als belohnend
empfunden werden können: sie zeigen stärker emotional positive Tendenzen, gehen auf ihre Partner mehr ein und unterstützen sie, sie sind
freier und gelöster im Kontakt.

Außenseiter neigen zu Egozentrizität und unkontrollierbarem Verhalten.

Außenseiter neigen zu extremeren Formen der Dominanz gegenüber
Gleichgestellten und zu größerer Abhängigkeit gegenüber Autoritäten.

Sie haben trotz ihres Dominanzanspruchs geringere Einflußmöglich-
keiten auf ihre Gruppe als Stars.

Außenseiter neigen in stärkerem Maße zu Aggression.

Stars haben stärkeres (jedoch nicht extremes) Selbstvertrauen. Sie
schätzen im Vergleich zu Außenseitern andere Individuen großzügiger
ein und sind sensitiver gegenüber dem Verhalten und den Emotionen
anderer.

Stars erzielen bessere Werte in Intelligenztests als Außenseiter. Geringere Schulleistungen und Sitzenbleiben sind häufig mit der Außensei-
terstellung in der Schule verknüpft (Prose, 1974, 31 f.).

Prose weist in diesem Zusammenhang auch auf Mängel des Forschungsstandes hin. Daß „die Ergebnisse der Untersuchungen weitgehend nebeneinanderstehen" und „ein theoretisch fundierter einheitlicher Interpretationshintergrund fehlt" (S. 32), ist bedauerlich, aber
nicht anders zu erwarten, wenn man Forschungsergebnisse der letzten
Jahrzehnte zusammenträgt, die an einigen Dutzend über die ganze
Welt verstreuten Forschungsstätten gewonnen worden sind. Daß es
sich bei den Teilnehmern solcher Versuche weitgehend um Kinder, Jugendliche und Studenten gehandelt hat, ist in der Kleingruppenforschung ebenfalls (bedauerlicherweise) üblich. Besonders wichtig ist jedoch der Hinweis von Prose, daß bei den weitaus meisten dieser Untersuchungen an Außenseitern nie zwischen *Abgelehnten* und *Unbeachteten* unterschieden wird. In eigenen Versuchen an Freiwilligen der Bun-

deswehr kann Prose dann auch an einer Vielzahl von Verfahren nachweisen, daß die Gruppe der Abgelehnten und die Gruppe der Unbeachteten sich in wesentlichen Dimensionen signifikant unterscheiden. Dabei kommen die Abgelehnten besser weg als die Unbeachteten: Die Abgelehnten zeigen mehr Interesse an Gruppen, mehr Zugänglichkeit für Gruppenideen. Die Abgelehnten zeigen größere Interessenbreite und mehr Selbstzufriedenheit und eine stärkere Realisierung sowohl aufgabenbezogener als auch sozio-emotionaler Gruppen (1974, 35 ff.).

Während insgesamt im Alltagsdenken wie auch in der einschlägigen Literatur der Außenseiter schlechthin negativer beurteilt wird, zeigt Prose hier, daß wesentliche Teile dieses negativen Bildes sich eigentlich in erster Linie auf den unbeachteten, von der Gruppe „links liegengelassenen" Außenseiter beziehen.

In welchem Maße die Gruppenmitglieder dabei Person-Eigenschaften anderer Mitglieder beurteilen oder aber bestimmten Personen nach bestimmten Gesetzmäßigkeiten oder zufälligen Ereignissen Eigenschaften zuschreiben, muß hier offen bleiben. Man darf aber wohl davon ausgehen, daß es Wechselwirkungen zwischen dem erlebten Verhalten in der Gruppe und solchen Zuschreibungsprozessen gibt (vgl. etwa Kelley, 1973).

Für die Rolle des Außenseiters in Entscheidungsprozessen sind solche Ergebnisse ambivalent. Auf der einen Seite ist deutlich, daß er aus der Sicht der Gruppe eher als Nachteil empfunden wird. Er ist unnötiger Ballast, er stört, er beeinträchtigt das Gruppenklima, er behindert Entscheidungsprozesse. Das, und wie sehr er den Entscheidungsprozeß behindert, läßt sich am deutlichsten in solchen Versuchen zeigen, in denen vorher instruierte Gehilfen des Versuchsleiters die Rolle des Außenseiters übernahmen und sich nach vorher definierten Regeln verhielten. So konnte etwa Schachter (1951) bei der Auszählung von Interaktionen zeigen, daß der „Deviate" überdurchschnittlich oft in die Interaktion einbezogen wird, solange man sich noch eine Änderung seiner Meinung erhoffen kann. Erst wenn dies als aussichtslos erkannt wird, bleibt er unbeachtet.

Es ist naheliegend, daß die Mitglieder einer Gruppe – und vor allem in einem Entscheidungsprozeß – versuchen, die Störungen des Prozesses durch einen Außenseiter zu beseitigen. Dazu können sie versuchen, ihn von der Mehrheitsmeinung zu überzeugen; wenn das nicht möglich oder zu schwierig ist, werden sie ihn einfach ignorieren. Wenn das nicht funktioniert oder auch noch zu belastend für die Gruppe ist, werden sie ihn aus der Gruppe zu entfernen versuchen.

Gelegentlich mag eine solche Verfahrensweise nützlich sein; es gibt uneinsichtige Menschen, es gibt Andersdenkende und es gibt auch professionelle Querulanten. In vielen anderen Fällen wird es aber nützlich, wichtig oder sogar entscheidend sein, daß es Außenseiter in der Gruppe gibt und daß sie aktiv am Entscheidungsprozeß beteiligt sind, so hart das die übrigen Gruppenmitglieder auch ankommt. Es kann Entscheidungssituationen geben, in denen die Rolle des Außenseiters die wichtigste Rolle in der Gruppe überhaupt ist:

— als mögliches Korrektiv für zu frühe Einheitlichkeit der Meinungsbildung
— als Quelle für unbequeme Wahrheiten und Fragen, die in der Gruppe sonst leicht unterdrückt werden könnten
— als Lieferant neuer Ideen für Lösungsversuche, die aus dem gewohnten Lösungsschema ausbrechen
— als Produzent von Unruhe und Unsicherheit, der Gruppenprozesse in Bewegung hält und die Gruppe vor Erstarrung schützt.

Die funktionale Situation und die persönlichen Motive des Außenseiters können dabei durchaus unterschiedlich sein. Er kann weniger als die anderen in die Gruppe integriert sein und deshalb wertvolle Außenkontakte haben, die vor Gruppenblindheit bewahren; er kann geistig besonders unabhängig und deshalb in hohem Maße fähig sein, gegen Gruppendruck zu denken und vielleicht sogar zu handeln; er kann so etwas wie „sozialen Schwachsinn" haben und daher Phänomene wie Gruppendruck überhaupt nicht bemerken; er kann einzelnen Gruppenmitgliedern feindlich oder rivalisierend gegenüberstehen und deshalb ununterbrochen nach Möglichkeiten suchen, entgegengesetzte Meinungen zu vertreten; er kann einfach das Bedürfnis haben, immer und überall eine Sonderrolle zu spielen und Aufmerksamkeit auf sich zu ziehen.

Wir sollten uns bei Entscheidungsprozessen häufiger überlegen, ob und wann wir derartige Unbequemlichkeiten in Kauf nehmen oder gar absichtlich in den Prozeß einbauen wollen. Es ist sicher oft zeitraubend und vor allem psychisch belastend, das gute Gruppenklima in Entscheidungsgruppen in dieser Weise zu ruinieren. Aber es gibt zweifellos Fälle, in denen diese Verfahrensweise Voraussetzung ist für einen sachgerechten Entscheidungsprozeß: Die Weltgeschichte sähe anders aus, wenn in allen wichtigen Entscheidungsgremien abweichende Meinungen wenigstens ernsthaft zur Debatte gestanden hätten. Das läßt sich an vielen gut dokumentierten Beispielen belegen. Die meisten Gremien sind ziemlich homogen zusammengesetzt; die explizite und gründliche Diskussion von Außenseiterpositionen ist schon aus institutionellen Gründen, aber auch aus Zeitdruck selten. Dem Historiker fallen sicher zahllose instruktive Beispiele dafür ein, mir selbst ist dieser Sachverhalt in der Literatur über die Vorgeschichte des 2. Weltkrieges (Hillgruber, 1967) besonders deutlich geworden.

Sechster Reflexionsbereich: Die Gruppengrenze. Notwendig und gefährlich

Jede Gruppe muß sich in gewissem Maße nach außen abgrenzen. Das ist ein Gebot der Arbeitsfähigkeit, aber auch zumeist ein psychisches Bedürfnis der Beteiligten. Für die Arbeitsfähigkeit ist ein fester Teilnehmerkreis vielfach erwünscht, manchmal Vorbedingung. Schon eine Unterrichtsgruppe ist gegen häufigen Wechsel von Teilnehmern empfindlich; eine Arbeitsgruppe kann durch Fehlen und Zuspätkommen lahmgelegt werden. Auch die *Begrenzung des Informationsflusses* ist häufig erwünscht und manchmal Vorbedingung für die Arbeitsfähigkeit und Entscheidungsfähigkeit. Es gibt Geheimhaltungsvorschriften, und es gibt ein gewisses Maß von Vertraulichkeit von Beratungen, ohne die manche Entscheidungsprozesse nicht möglich sind. Vielfach wird aber nicht nur die *Ausfuhr* von Nachrichten über die Gruppengrenze hinaus beschränkt, sondern auch die *Einfuhr*. Das kann dazu dienen, den Zusammenhalt ganz allgemein zu stärken, Ablenkung zu vermeiden und die Information und Interaktion innerhalb der Gruppe aufzuwerten.

So sehen die meisten Klosterregeln vor, daß den Mönchen nur ein eingeschränkter Kontakt mit der Außenwelt gestattet wird, auch der Briefwechsel mit nahen Angehörigen ist zumeist unerwünscht. Ähnliche Regeln lassen sich fast überall da nachweisen, wo es auf die Stärkung des Zusammenhaltes nach innen ankommt.

Die Beschränkung der Informationseinfuhr kann aber auch das Ziel haben, den Entscheidungsprozeß in bestimmte Richtungen zu beeinflussen. In Diktaturen wird sogar, wenn auch zumeist mit geringem Erfolg, eine Beschränkung der Informationseinfuhr für die gesamte Bevölkerung versucht. Aber obgleich unter Hitler beispielsweise das Abhören von „Feindsendern" (und das waren alle Sender außer dem reichseinheitlichen Programm) mit der Todesstrafe belegt werden konnte, ist es seinerzeit nicht gelungen, diese Informationsquelle wesentlich einzuschränken. (Vgl. etwa die geheimen Lageberichte des Sicherheitsdienstes der SS 1939 bis 1944, Boberach, 1968.)

Es ist sicher nicht zu vermeiden, daß Gruppengrenzen gleichzeitig Informationsbarrieren sind. Aber wir sollten diesen Sachverhalt in Rechnung stellen und nötigenfalls für Maßnahmen sorgen, um Fehlentscheidungen auf Grund systematischer Informationsmängel zu verhindern. Aus den erhaltenen Lagebesprechungsprotokollen im Führerhauptquartier (Heiber, 1963) läßt sich hier eine Fülle von Beispielen zusammenstellen; auch von Augenzeugen wird berichtet, daß Hitlers Entscheidungen in späten Phasen des Krieges auf völlig unzureichender und hochgradig selektierter Information basierten:

241

„Hitler und seine militärischen Mitarbeiter glaubten, von ihren Lagekarten aus führen zu können. Sie kannten weder den russischen Winter und seine Straßenverhältnisse noch die Strapazen der Soldaten, die ohne Quartiere, unzulänglich ausgerüstet, übermüdet, erschöpft und halb erfroren in Erdlöchern leben mußten und deren Widerstandskraft längst gebrochen war. In der Lagebesprechung wurden diese Verbände von Hitler als vollwertig betrachtet, eingesetzt und beurteilt. Divisionen, die abgekämpft und ohne Waffen und Munition waren, schob er auf der Karte hin und her, wobei er oft Zeiten ansetzte, die gänzlich unrealistisch waren." (Speer, 1969, 317).

Siebenter Reflexionsbereich: Verfahrenstransparenz

Die Transparenz, Durchsichtigkeit, Überschaubarkeit von Entscheidungsprozessen gilt vordergründig als etwas Positives: positiv für die Beteiligten, die es bei überschaubaren Verfahrensweisen und Inhalten leichter haben, Entscheidungen zu finden; positiv für Zuschauer und Öffentlichkeit im weitesten Sinne, die nur bei überschaubaren, verstehbaren und nachvollziehbaren Denk- und Entscheidungsprozessen ein gewisses Maß an Kontrolle ausüben können.

Der gewiegte Taktiker des Industriekonzerns, der routinierte Abgeordnete hat dafür freilich nur ein müdes Lächeln: Die absichtliche Erzeugung von Kompliziertheit und Undurchsichtigkeit, die Generierung mißperzipierbarer Phraseologien, absichtliche Täuschung und eine Vielzahl von Verfahrenstricks zur Erzeugung von Intransparenz gehören zum Handwerkszeug des cleveren Unterhändlers.

Ich will mich hier jedoch weiterhin auf den Teil von Entscheidungsprozessen beschränken, bei dem alle Beteiligten einander und die Spielregeln soweit achten, daß sie im Interesse der Sache an Transparenz interessiert sind.

Unter dieser Voraussetzung läßt sich die allgemeine These wagen, daß optimale Transparenz des gesamten Entscheidungsverfahrens sich unter den meisten Bedingungen positiv für die Qualität dieses Prozesses auswirken wird: Die kritischen, konstruktiven und kreativen Kräfte *aller* Beteiligten können sich nur dann auswirken, wenn alle Beteiligten den Stand des Verfahrens jederzeit vor Augen haben.

Eine wichtige Voraussetzung dafür ist es, *verborgene Implikationen zu thematisieren*. Die Durchschaubarkeit von Entscheidungsprozessen kann dadurch erhöht werden, daß die Beteiligten vorher oder zwischendurch überprüfen, ob sie von den gleichen Implikationen ausgehen, oder ob sich wenigstens ein wenig mehr Einigkeit darüber erzielen läßt. Solche Implikationen können *inhaltlich* sein und Vorkenntnisse, Definitionen und Sachfragen im weitesten Sinne betreffen. Es gibt aber auch eine Vielzahl von *verfahrenstechnischen* Implikationen: So gehen die Teilnehmer etwa von der häufig unzutreffenden Meinung aus, jeder Teilnehmer habe bereits eine gesicherte Auffassung hinsichtlich des in Rede stehenden Sachverhalts und es komme nur noch darauf an, diesen zu verbalisieren und dann Mehrheiten festzustellen. Viele Teilnehmer mögen sich im Gegensatz dazu die Meinungen dazu erst im Laufe des Prozesses bilden. Auch die häufig anzutreffende Implikation, jeder sei daran interessiert, daß es zu einer Entscheidung komme, kann gelegentlich mit Erfolg zum Thema gemacht werden. Schließlich kann auch die Unterstellung, jeder sei doch imstande, seine eigene Auffassung kurz, klar und zutreffend darzustellen, für einen Teil der Mitglieder einer Entscheidungsgruppe unzutreffend sein.

Die Speicherkapazität der Beteiligten berücksichtigen

Bei Entscheidungsprozessen in Gruppen kann man häufig erleben, daß eine Reihe von Vorschlägen gemacht wird, ohne daß sich jemand der Anwesenden überhaupt die Mühe macht, sich diese aufzuschreiben. Auch der Diskussionsleiter visualisiert den Stand der Überlegungen viel zu selten. Bei alledem, was uns über das Kurzzeitgedächtnis des Menschen bekannt ist, muß es als unwahrscheinlich gelten, daß den Beteiligten alle alternativen Lösungsvorschläge ständig präsent sind. Und es darf wohl als ausgeschlossen unterstellt werden, daß sie bei komplexen Sachverhalten noch zusätzlich die wechselseitigen Voraussetzungen und Abhängigkeiten speichern können. Es ist wohl zumeist ein Vorteil, alle Beteiligten zu einer Visualisierung des Problemstandes je für sich anzuregen; es kann günstig sein, zusätzlich oder stattdessen die relevanten Daten für alle gemeinsam optisch darzubieten. Starke Teilnehmer ziehen es gern vor, nur für sich allein einen Überblick zu bekommen; sie können dann leichter Alternativen verschwinden lassen oder den Prozeß auf andere Weise zu ihrem eigenen Gunsten beeinflussen.

Die sehr plausible Möglichkeit der Unterstützung des Entscheidungsprozesses durch optische Veranschaulichung sollte uns allerdings nicht vorschnell zu generellen Ratschlägen hinreißen, wie man sie häufig hört: Optische Veranschaulichung sei immer nützlich, der gute Lehrer habe immer ein Stück Kreide in der Hand. Man muß damit rechnen, daß das optische Bild im Zweifelsfall stärker ist als das gesprochene Wort und daß zudem die Möglichkeit der optischen Darstellung begrenzt ist. Visualisierung legt leicht im Sinne der (zufälligen) Veranschaulichung fest (vgl. Sader, 1957; Witte, 1974).

Die Zustimmungsmodi sind oft unklar

Eine wesentliche Schwierigkeit vieler Entscheidungsprozesse liegt darin, daß infolge mangelhafter Metakommunikation unterschiedliche Auffassungen darüber bestehen, was bei einem Vorschlag als *Zustim-*

mung interpretiert werden kann. Im charakteristischen Fall sind Akteure und passive Mitglieder hier verschiedener Meinung und glauben wechselseitig, diese Auffassung werde auch vom anderen geteilt: Die Akteure pflegen zu glauben, Schweigen bedeute *Ablehnung*, die passiven Mitglieder hingegen, Schweigen bedeutet *Zustimmung* oder, was vielfach für identisch angesehen wird, *keine Ablehnung*. Wer einen Vorschlag macht und keinerlei Echo hört, fühlt sich im allgemeinen abgelehnt; wer einen Vorschlag hört und sagt nichts dazu, der vermutet zumeist, er habe keine Stellungnahme abgegeben, vielleicht aber auch, er habe Einverständnis signalisiert.

Dieser Sachverhalt läßt sich am einfachsten mit einem Axiom von Watzlawick et al. (1969) strukturieren: man kann nicht nicht kommunizieren. Es würde viele Entscheidungsprozesse verbessern und vor allem beschleunigen, wenn Einverständnis darüber hergestellt werden könnte, was Zustimmung, was Ablehnung und was Enthaltung ist. Wenn dieser Sachverhalt in der Metakommunikation thematisiert wird, kann es gelegentlich auch von Nutzen sein, die Verabredung zu treffen, daß jeder Aussage eine Meta-Aussage über den Stellenwert dieser Aussage voranzustellen ist. Besonders bei komplexen und vielschichtigen Prozessen kann es die Strukturierung des Verfahrens erleichtern und die Transparenz verbessern, wenn vor einer inhaltlichen Aussage verabredungsgemäß „neuer Vorschlag", „positive Stellungnahme zu Vorschlag 7" oder „Einwände, die die Vorschläge 1 bis 3 gemeinsam betreffen" gesagt werden müßte. Eine solche Verabredung könnte übrigens auch die Teilnehmer selbst zu einer disziplinierteren Diskussionsbeteiligung veranlassen.

Entscheidungsprozeß und Demokratie

Wenn von Entscheidungsprozessen in Gruppen die Rede ist, dann spielen der Demokratiebegriff oder Elemente demokratietheoretischen Denkens oft eine Rolle; es erscheint mir nützlich, diesen vielfältigen, aber zumeist impliziten Zusammenhängen etwas nachzugehen.

1. In der psychologischen und sozialpsychologischen Fachliteratur zum Entscheidungsprozeß kommt Demokratie als explizite Begründung für die Notwendigkeit besserer Entscheidungsprozesse selten vor. Die Notwendigkeit besserer Entscheidung wird entweder als bekannt unterstellt oder ziemlich unspezifisch gesellschaftlich begründet (einige der wenigen Ausnahmen: Cartwright & Zander, 1968). Explizite Anknüpfungen an demokratietheoretische Überlegungen im engeren Sinne fehlen durchweg.

2. Im politischen Tagesschrifttum und auch in Grundsatzdiskussionen der politischen Praktiker wird häufig darauf hingewiesen, daß bessere

und effektivere Entscheidungsprozesse notwendig und für Demokratie schlechthin konstitutiv sind. Doch überwiegt auch hier der unspezifische Ruf nach mehr und besserer Demokratie, im allgemeinen auf dem Niveau eines moralischen Appells: „Leute, reißt euch am Riemen, seid demokratisch!" Selbst bei solchen politischen Zielrichtungen, die vom Programm her völlig auf Gruppenentscheidungen an der Basis angewiesen sind, wird die Frage der notwendigen Lernprozesse und ihrer psychologischen und organisatorischen Vorbedingungen zumeist völlig ausgeklammert.

3. Schließlich gibt es noch die demokratietheoretische Literatur im engeren Sinne. Hier wird die Praxis der Realisation zumeist ausgeklammert. Auffallender ist jedoch, daß hier hinsichtlich des Stellenwertes und der Realisierungschancen von demokratischen Entscheidungsprozessen wesentlich mehr Zurückhaltung herrscht. Das demokratietheoretische Laienmodell „je mehr, um so besser" wird von der politologischen Literatur nicht getragen und vor allem auf Grund der historischen Erfahrung Europas in den letzten Jahrhunderten zunehmend kritisch beurteilt. Ehe wir daher für die folgenden psychologischen Erörterungen zum Entscheidungsprozeß als Zielvorstellung voreilig und implizit das Demokratie-Maximierungs-Modell unterstellen, erscheint es doch besser, einige zentrale Punkte dieser Diskussion hier einzubringen.

Das englische und das französische Modell

Demokratie-Theorie ist nichts in sich Einheitliches, man muß zumindest zwei große Strömungen unterscheiden, die allerdings wieder sehr unterschiedlich benannt werden: Auf der einen Seite das *englische Modell*, zum Teil auch liberaldemokratische oder pragmatische Verfahrensweise genannt; auf der anderen Seite das *französische Modell* auch totaldemokratische oder klassische Verfahrensweise genannt. Ich werde im folgenden die Begriffe englisches und französisches Modell verwenden, da alle anderen Bezeichnungsweisen im deutschen Sprachraum zu viel falsche Assoziationen hervorrufen. Dabei handelt es sich um Konstruktbegriffe und nicht um Beschreibungen der gegenwärtig in diesen Ländern realisierten Regierungsform.

Hinsichtlich der reichhaltigen Literatur sei vor allem auf Schumpeter verwiesen, der in einem 1942 in den USA erschienenen Werk „Capitalism, Socialism and Democracy", welches in der Bundesrepublik mit viel Verspätung rezipiert worden ist (1975), eine Grundsatzdiskussion führt, auf die sich viele spätere Autoren bezogen haben. Kurze und übersichtliche Einführungen liefern vor allem Greiffenhagen (1975), Fraenkel (1970) (in Greiffenhagen, 1973); eine ausführliche und kritische Darstellung des englischen Modells findet sich bei Fetscher (1968). Aus der Sicht der Pädagogik ist vor allem auf von Hentig (1973; 1975) zu verweisen, die neueste kritische Darstellung findet sich bei Fraenkel (1991).

Im *englischen* System hat der von der Regierungspartei gestellte Ministerpräsident eine demokratisch legitimierte Regierungsgewalt, mit der er gewissermaßen die Nachfolge der königlichen Machtausübung angetreten hat. Er ist der Führer und nicht der Funktionär seiner Partei, und parlamentarische Diskussionen dienen dementsprechend nicht dazu, einen imaginären Volkswillen auszumachen, der dann in Gesetze verwandelt und in Realität umgesetzt werden kann; parlamentarische Diskussion ist vielmehr die öffentliche Gegenüberstellung der von Regierung und Opposition vertretenen Auffassung mit dem Ziel, „dem Volk Gelegenheit zur nachträglichen Bildung eines Volkswillens zu geben" (vgl. Fraenkel, 1970, 102). Die Regierung hat in diesem System eine starke, auf Zeit delegierte Macht, die sie öffentlich zu rechtfertigen hat. Aber es ist nicht ihre Aufgabe, sich durch das Parlament von Entscheidung zu Entscheidung lenken zu lassen.

In der *französischen* oder klassischen Demokratietheorie, die aus der Französischen Revolution stammt, liegt die eigentliche Regierungsgewalt beim Parlament, den gewählten Vertretern des Volkes. Sie entscheiden, nur ihrem Gewissen verantwortlich, ob sie Gesetze und Maßnahmen der Regierung unterstützen, ablehnen oder sachgerecht korrigieren wollen. Der Regierungschef ist nur eine Art Vollzugsorgan des durch das Parlament ermittelten und geäußerten Volkswillens. Nach diesem System, naheliegenderweise auch radikaldemokratisch oder totaldemokratisch genannt, sollte eigentlich immer das geschehen, was die Mehrheit des Volkes im Augenblick wünscht. Demokratie ist Herrschaft des Volkes. Lediglich die zu hohe Anzahl von Staatsbürgern verhindert, daß man sie ständig nach ihrer Auffassung fragt und sich danach richtet. Folgerichtig sind im französischen System Volksabstimmungen über relevante Sachverhalte vorgesehen; dem englischen System sind sie dagegen fremd und bleiben auf seltene Ausnahmesituationen beschränkt. Das englische System hat jahrhundertelang gut funktioniert; es ist aber wenig theoretisch darüber gearbeitet worden. Über das französische System ist viel geschrieben worden, es ist oft und glänzend theoretisch begründet worden. Aber es hat schlecht funktioniert, und es scheint in der Tat für die Führung komplexer Industriestaaten ungeeignet.

So ist es vor allem unrealistisch, eine Art durchgängigen Gemeinwillens anzunehmen, der den Abgeordneten als Richtschnur dienen könne; legitime Interessenvertretungen von Teilgruppen der Gesellschaft sind im Modell schlecht unterzubringen, der Sachverstand von Abgeordneten wird überfordert, wenn sie zu einer Vielzahl von Problemen Stellung zu nehmen haben; ein Plenum kann weder Lösungen für politische Probleme konzipieren, noch sie in ein geordnetes Langzeitprogramm strukturieren. Schumpeter hat diesen Sachverhalt schon 1942 (4. Auflage 1975, Kap. 21 – 23) ausführlich und überzeugend abgehandelt.

In der Bundesrepublik haben die Väter des Grundgesetzes sich denn auch zu Recht in erster Linie an dem englischen Modell orientiert, es dann allerdings nicht ganz konsequent realisiert. In der politischen Laienideologie der Bundesrepublik dagegen spielt bis heute fast ausschließlich das französische Modell eine Rolle. Dabei muß man den Begriff der Laienideologie bei der Charakterisierung der politischen Diskussion in der Bundesrepublik ziemlich weit fassen: Auch der größte Teil des politischen Tagesschrifttums geht unreflektiert davon aus, den politischen Alltag und das Ausmaß der Realisierung am französischen Modell zu messen. Hierher gehört z.B. nach Fraenkel (1973) das ständig wiederholte „Bedauern, daß die Parlamentsreden zum Fenster hinaus gehalten werden, anstatt darauf abzuzielen, fraktionsmäßig ungebundene Parlamentarier zu überzeugen, umzustimmen und gegebenenfalls zu veranlassen, die Regierung zu stürzen ... Das kritikbedürftigste Moment des Bonner Parlamentarismus scheint mir die landläufige Kritik zu sein, die an ihm geübt wird. Sie ist reaktionär und schizophren. Sie sehnt sich heimlich nach einer starken Regierung und bekennt sich öffentlich zu der Herrschaft eines allmächtigen Parlaments. Sie beschimpft den Abgeordneten, wenn es zu einer Regierungskrise kommt, und verhöhnt ihn, wenn er getreulich die Fraktionsparole befolgt. Sie verkennt die notwendigerweise repräsentative Natur eines jeden funktionierenden Parlamentarismus und verfälscht seinen Charakter, indem sie ihn plebiszitär zu interpretieren versucht" (Fraenkel, 1973, 101).

Daß die Arbeit des Politikers in Bund, Ländern und Kommunen an dem Ausmaß gemessen wird, in dem sie sich totaldemokratischen Utopien annähert, deren Realisation den Zusammenbruch jeder staatlichen Leitungstätigkeit zur Folge hätte, ist schon schlimm genug. Es führt zu Staatsverdrossenheit und zu einer Fülle von Mißverständnissen und Schwierigkeiten für alle Beteiligten.

Hier liegen Versäumnisse der Politiker und der Politikwissenschaftler vor, die es bislang nicht geschafft haben, etwas komplexere Modelle der Öffentlichkeit zu vermitteln; selbst in den Schulbüchern herrscht die totaldemokratische Version von „Politik in der Schweizer Landgemeinde" vor.

Freilich: Jede Übermittlung komplexerer Sachverhalte leidet unter dem Nachteil, daß die totaldemokratische Version so eingängig und leicht verständlich ist, daß für komplexe Alternativen wenig Raum bleibt: Demokratie ist Herrschaft des Volkes, Herrschaft des Volkes ist gut. Und mehr Demokratie ist mehr Herrschaft des Volkes.

Diese Implikationen haben aber noch andere Nachteile. Wenn man sich einmal ganz allgemein fragt, welche Konsequenzen sich aus dem gegenwärtigen Stand unserer theoretischen und praktischen Kenntnisse des politischen Entscheidungsprozesses für das Erlernen und Verbessern von Entscheidungsprozessen in Gruppen ergeben, so liegt mir daran, drei Problemkreise wenigstens kurz zu kennzeichnen: das Problem der Überpartizipation, den Umgang mit zu hoher Komplexität und das Problem der Einübung demokratischer Verhaltensweisen.

Überpartizipation: Entscheiden versus Delegieren

Im klassischen oder totaldemokratischen Demokratieverständnis ist es die zentrale Aufgabe, Entscheidungsprozesse einzuüben: denn Partizipation des einzelnen heißt Teilhabe an Entscheidungen, möglichst viel Teilhabe an möglichst allen Entscheidungen. Auch für den Verfechter des englischen Modells einer repräsentativen Demokratie ist es wichtig, daß der einzelne an Entscheidungsprozessen teilnehmen kann und dies auch tut. Ganz zweifellos ist die stärkere Teilnahme von mehr einzelnen an mehr Prozessen der Entscheidungsbildung ein wesentlicher Fortschritt für die Demokratisierung und für die Qualität solcher Entscheidungen. Aber eine ständig weitergetriebene Verstärkung dieses Prozesses kann zu irgendeinem Zeitpunkt dann umschlagen in Entscheidungsunfähigkeit und Unbeweglichkeit.

Die Prüfungsordnung des Fachbereichs Psychologie einer Universität muß zu ihrer Genehmigung vom Lehrausschuß, der Fachbereichskonferenz, dem Fakultätsrat, dem Senat und dem Ministerium verabschiedet werden; in den meisten Instanzen sind zusätzlich informelle Ausschüsse eingeschaltet. Wenn man nun annimmt, daß in diesen Gremien legitimerweise unterschiedliche Interessen und gegensätzliche Mehrheiten vertreten sind, dann ist das Ergebnis vorauszusehen: Ein Ping-Pong-Spiel über Jahre hinweg. Die vermeintliche Erhöhung des Demokratiegrades durch die Beteiligung weiterer Gremien wird den Entscheidungsprozeß erschweren, unter Umständen unmöglich machen.

Solche möglicherweise nachteiligen Konsequenzen eines zu hohen Partizipationsgrades sind anscheinend erst in den allerletzten Jahren deutlich geworden; noch vor 20 Jahren wurde der demokratische Prozeß in der Bundesrepublik eher durch mangelnde Beteiligung beeinträchtigt. Dahrendorf (1975, 104) hat für diesen Sachverhalt der Unbeweglichkeit einer gesellschaftlichen Einrichtung durch zu intensive Partizipation den Begriff der *Überpartizipation* geprägt, Greiffenhagen (1975, 32) hat darauf hingewiesen, daß schon bei Robespierre totale Demokratie in totalitäre Herrschaft umgeschlagen ist.

Nachteilige Konsequenzen solcher Überpartizipation können auf mehreren Ebenen liegen:

1. Die Sache selbst bleibt stecken, die gesellschaftlichen Mechanismen werden lahmgelegt oder die Funktionsweise beeinträchtigt.

248

2. In der Praxis bedeutet die totale Teilnahme aller an allen Entscheidungen, daß nur diejenigen, die die Zeit finden können dafür, grenzenlos zu diskutieren, nur diejenigen, die sich zu diesem Zweck organisieren, tatsächlich noch einen Einfluß haben auf die politischen Entscheidungen. Das ist eine andere Form der Unbeweglichkeit und eine andere Form der Beseitigung gerade dieser staatsbürgerlichen Teilnahmerechte, um die es bei der Entwicklung der Demokratie in modernen Gesellschaften geht (Dahrendorf, 1975, 103 hat diesen Sachverhalt ausführlich diskutiert).

3. Schließlich wird die Beeinträchtigung oder Verhinderung von Entscheidungsprozessen in gesellschaftlichen Gremien durch vermeintliche Vermehrung und Intensivierung demokratischer Verfahrensweisen nicht ohne Rückwirkungen auf das Verhältnis des einzelnen zu eben diesen demokratischen Verfahrensweisen bleiben. Als Psychologe möchte ich vermuten, daß manche dieser Entscheidungsprozesse bis tief in die Nacht, in denen in wechselnder Besetzung die gleichen Sachfragen zerredet werden, eher die Funktion einer Aversionstherapie gegen Demokratie haben, als daß sie das Vertrauen in demokratische Verfahrensweisen erhöhen. Hier liegen zweifellos Gefahren: Ineffektivität, Langatmigkeit und inhaltliche Mängel des Verfahrens werden der Demokratie zur Last gelegt, das kann alte Ressentiments hochspülen und neue produzieren.

Vermutlich ist hier durch die Verbesserung von Entscheidungsprozessen noch etwas zu gewinnen. Auf die Dauer wird aber kein Weg an der Notwendigkeit vorbeiführen, Entscheidungsprozesse in ihrer Anzahl und in ihrem Ausmaß durch stärkere Delegation von Entscheidungen zu reduzieren.

Entscheidungsprozesse delegieren heißt heute weitgehend, sie an andere zur Erledigung abschieben. Wir werden uns jedoch vermutlich in den nächsten Jahrzehnten, wenn wir die demokratische Substanz retten wollen, in stärkerem Maße mit Delegationsverfahren und Delegationskontrolle auseinandersetzen müssen; und die Verbesserung von demokratischen Entscheidungsprozessen wird es notwendig machen, nicht nur die plenaren Entscheidungsdiskussionen im engeren Sinne zum Thema zu machen, sondern auch zu versuchen, wirksamere Delegationsmechanismen zu erlernen und praktisch einzuüben.

Demokratischer Entscheidungsprozeß kann und darf danach nicht heißen, daß im Prinzip immer alle an allen Entscheidungen beteiligt sein sollten, sondern daß wirksame und effektive Verfahrensweisen entwickelt und verwendet werden, mit deren Hilfe alle wesentlichen Argumente und die Situation aller beteiligten Gruppen repräsentiert werden und eine wirksame Kontrolle für die Realisation besteht.

Komplexität nicht ignorieren

Entscheidungsprozesse werden – in der Psychologie wie in der Politologie – gern an einfachen, überschaubaren Sachverhalten demonstriert: Ein Problem ist zu entscheiden, es gibt zwei oder drei Alternativen, für jede der Alternativen gibt es Gründe und Gegengründe. Entscheidungen finden heißt Gründe und Gegengründe sachgerecht abwägen. Wer dies lernen will, der sollte am besten eine logische Propädeutik durcharbeiten; wenn alle Partner eines solchen Prozesses sich auf dieser Basis bewegen, gibt es keine Schwierigkeiten.

Nun soll nicht bestritten werden, daß viele Entscheidungsprozesse schneller und besser vonstatten gingen, wenn gewisse Grundregeln der formalen Logik bei allen Beteiligten vorausgesetzt werden könnten. Allerdings würde diese Forderung einen wesentlichen Teil der Bevölkerung von der Teilnahme an Entscheidungsprozessen ausschließen: Ich glaube nicht, daß mehr als ein Prozent der Bevölkerung der Bundesrepublik den wesentlichen Gedankengängen und Forderungen etwa von Kamlah & Lorenzen (1967) zu folgen vermöchte.

Vor allem scheint es mir aber ein unzureichendes und schiefes Denkmodell zu sein, Entscheidungsprozesse auf Denkprozesse bei vorgegebenen Alternativen zu reduzieren. Häufige und charakteristische Kennzeichen von praktischen Entscheidungsprozessen im gesellschaftlichen und politischen Alltag scheinen mir vielmehr zu sein:

– Es ist nicht eine Entscheidungssituation gegeben, sondern eine komplexe und weitgehend undurchschaubare Situation, in der vermutlich eine noch unbekannte Anzahl von Entscheidungen auf unterschiedlichen Ebenen zu fällen ist.
– Es sind Entscheidungen zu fällen, die auf schwer durchschaubare Weise miteinander zusammenhängen und einander wechselseitig fordern, voraussetzen, zur Konsequenz haben oder ausschließen.
– Es ist nur ein Teil der wesentlichen Fakten bekannt, deren Kenntnis für die sachgerechte Entscheidungsfindung erforderlich wäre.
– Die Entscheidungssituation ist in einen Kontext eingebettet, der für die Beteiligten nicht oder kaum durchschaubar ist. Die intendierten Auswirkungen und die unbeabsichtigten, aber möglicherweise nicht vermeidbaren Nebenwirkungen sind nicht in dem erforderlichen Maße abzuschätzen.
– Die Entscheidungen stehen unter Zeitdruck, sie müssen schneller gefällt werden, als es der Sache nach sinnvoll ist.

Auch für solche komplexen Prozesse ist logisches Denken zweifellos nicht entbehrlich. Aber hinzukommen müssen: Strategien höherer Ordnung, die Fähigkeit, ein mittleres Chaos in geordnete Entscheidungssituationen zunächst einmal umzusetzen, Augenmaß für das

Durchsetzbare, für die Trennung des Wesentlichen vom Unwesentlichen, Mut zur selbstverantworteten Entscheidung, die Fähigkeit, ein Suboptimum zu finden und durchzusetzen, eigene Gedankengänge angemessen verbalisieren zu können, die Gedanken anderer dabei aufnehmen und integrieren können. Bei der psychologischen Reflexion über Entscheidungsprozesse und bei deren Einübung sollte daher auch diese Vielzahl anderer Gesichtspunkte jenseits des unmittelbaren Denkprozesses, des Abwägens zwischen vorgegebenen Alternativen mitbedacht werden. Hier berührt sich die Frage der Entscheidungsprozesse mit den Teilbereichen Organisationspsychologie und vor allem mit Fragestellungen der Planungswissenschaft. Dabei fällt auf, daß in Organisationspsychologie und Planungswissenschaft selbst die Möglichkeiten sehr zurückhaltend beurteilt werden können, in welchem Ausmaß sich langfristige Entscheidungsprozesse durch Planung optimieren lassen. Weder die Theoretiker (eine ausgezeichnete Übersicht bei Naschold & Väth, 1973) noch die Praktiker (etwa Ehmke, 1973, aus der Sicht des Bundeskanzleramtes) sind der Auffassung, daß die wesentlichen Entscheidungsprozesse in eine Gesamtplanung integriert und von dieser auch nur mitgesteuert werden können. Wenn daher Dahrendorf sarkastisch formulierte:

„Die Mischung von mittelfristigem Trübsinn und kurzfristiger Gedankenlosigkeit, die dem Denken und den Taten einiger unserer führenden Staatsmänner zugrunde liegt, ist kein Zufall" (in: „Die Zeit" am 27.12.1974),

so ist dies offensichtlich nicht als eine Kennzeichnung von Personen, sondern als eine Beschreibung eines Zustandes angesichts der hohen Komplexität industrialisierter Gesellschaften zu sehen.

Da an der hohen Komplexität und Vernetztheit politischer Entscheidungen wenig zu ändern ist, wird es wohl wesentlich darauf ankommen, uns den „Gotteskomplex" (Richter, 1979) gegenüber unseren Politikern abzugewöhnen, die Vorstellung, sie könnten Beliebiges verwirklichen, wenn sie nur wollten.

Einüben und Beispielwirkungen beachten

Es herrscht in unserer Gesellschaft Einverständnis darüber, daß demokratische Entscheidungsprozesse im Prinzip notwendig sind, und es herrscht weitgehend Einverständnis darüber, daß es zum demokratischen Entscheidungsprozeß keine ernstzunehmende Alternative gibt.

Es herrscht jedoch kein Einverständnis darüber, welche Prozesse in unserer Gesellschaft demokratisch organisiert werden sollen und welche gesellschaftlichen Einrichtungen auf der Basis demokratischer Prozesse strukturiert werden sollen. Das kann hier freilich nicht inhaltlich abge-

251

handelt werden, ist wohl auch nur zum Teil eine Frage rationaler Begründungen. Zum Teil geht es um Veränderungen von Machtverteilungen, zum Teil um ein Abwägen, wann es uns mehr auf rasches Funktionieren und wann um ein Einbeziehen von Interessen sonst unterprivilegierter Gruppen gehen könnte.

Von den Verfechtern der radikaldemokratischen Theorie kommt dabei vielfach die Begründung, die Einübung von Demokratie in unserer Gesellschaft sei nur dann möglich, wenn im Prinzip durchgängig demokratisch verfahren würde: solange es Bereiche autoritärer Entscheidungen in unserer Gesellschaft gebe, habe die Demokratie wenig Chancen.

Ich halte das für eine falsche Schlußfolgerung aus einer naiven Laien-Lerntheorie: Um Volleyballspielen zu lernen, ist es nicht erforderlich, daß alle Menschen, die mir begegnen, ununterbrochen Volleyball spielen. Auch das Zusehen bei Fußballspielen schadet wahrscheinlich nicht. Hingegen scheinen mir für das Erlernen des Volleyballspiels vier Voraussetzungen unerläßlich: Hinreichende Kenntnisse über Verfahrensweisen und Regelsystem, überzeugende und instruktive Vorbilder, Freude an Spiel und Gesamtsituation und ausreichende Gelegenheit zu kontrollierter Einübung.

Kenntnisse über Verfahrensweisen und Regelsysteme heißt bei demokratischen Prozessen nicht nur Kenntnis der Geschäftsordnung und der Zusammensetzung der Bundesversammlung. Vielmehr wäre auch die faktische Realisation unter den Bedingungen unseres Staatsgefüges einzubeziehen, auch psychologisch-methodologische Reflexionen sollten dabei eine Rolle spielen.

Überzeugende und instruktive Vorbilder gibt es wenig. Der Deutsche Bundestag hat sich nur in seltenen Höhepunkten zu einer Verfahrensweise gesteigert, die hier als Beispiel dienen könnte. In den Alltagsdebatten wird vielmehr häufig deutlich, daß die Politiker sich wechselseitig nicht unterstellen, redlich und nach bestem Gewissen für das Wohl der Bundesrepublik zu arbeiten.

Zundel (1975) hat aus fünf Stunden Debatte über innere Sicherheit einige Zwischenrufe zusammengestellt:
Dummkopf! Bei Ihnen rieselt der Kalk! – Sie haben doch einen Sonnenstich! – Aufhören! – Treten Sie ab, und zwar sofort! – Mensch, verschwinden Sie! – Das ist Gossensprache! – Ihnen schlottern ja jetzt schon die Knie! – Unverschämtheit! – Mein Gott, ist das primitiv! – Albernes Schmierentheater! – Heuchelei! – Pharisäer! – Schweinehund! – Das sagt Deutschlands Oberhetzer! – Pfui Deibel! – Dieser niederträchtige Kerl! – Verleumder! – Kommunist! – Bolschewist! – Niedertracht! – Abtreten! – Raus! – Verschwinden Sie da endlich!

Es wäre der Verbreitung demokratischer Verfahrensweisen dienlich, wenn wir uns alle stärker der positiven und negativen Wirkung von Beispielen bewußt wären. Ungünstig ist sicher auch das häufige Manipulie-

252

ren mit Geschäftsordnungstricks, mit denen der Mehrheit, erkennbar und für jedermann deutlich, die Meinung einer cleveren Minderheit aufgenötigt wird. Ungünstig ist vermutlich auch die Ausweitung demokratischer Verfahrensweisen in Bereiche, in denen sie der Sache nach nicht funktionieren können und in denen statt dessen nur pseudodemokratische Heuchelei getrieben wird. Schädlich ist auch die Abqualifizierung der demokratischen Verfahrensweise aus Bequemlichkeit. Ein Beispiel:

Liebe Eltern, wir müssen heute den Klassenpflegschaftsvorsitzenden und einen Stellvertreter wählen. Das ist so vorgeschrieben, und ich muß darüber ein Protokoll machen. Da müßten sich dann zwei Eltern zur Verfügung stellen. Zu tun ist weiter nichts, Frau Schulz, die das voriges Jahr gemacht hat, kann sicher bestätigen, daß das weiter keine Arbeit ist. Meldet sich da jemand, wenn das nicht der Fall ist, möchte ich Frau Schulz fragen, ob sie das vielleicht wieder machen will; wenn keiner dagegen ist, dann hätten wir das ja wohl auch, es ist ja nur wegen der Vorschriften . . .

Die innere Überzeugung davon, daß demokratische Verfahrensweisen notwendig sind, daß es sich lohnt, sich daran zu beteiligen, daß es befriedigend sein kann, an sachgerechten Entscheidungen mitzuwirken, hält sich insgesamt in unserer Gesellschaft wohl noch in Grenzen. Im kommunalen Bereich scheint die Motivation, an zusätzlichen Abenden eine Legitimation zum Biertrinken zu haben, möglicherweise einstweilen noch stärker zu sein als das Interesse an kommunaler Betätigung. Insgesamt überwiegen wohl die Stimmen verdrossener Pflichterfüllung. So schreibt etwa von Hentig:

„Man arbeitet länger und muß doch immer früher entscheiden, als man eigentlich entscheiden kann; man setzt sich ständig Vorwürfen aus und bekommt selten Dank; man trägt allgemeine Verantwortung und gibt die eigenen Interessen und die eigene Schaffenskraft daran; man erliegt der Gruppendynamik, den Eitelkeiten und Minderwertigkeitskomplexen von Leuten, die weniger Ideen und (darum?) mehr Zeit haben." (1973, 161)

Ich habe keine eigene Meinung dazu, ob und in welchen Zeiträumen sich diese eher negative Beurteilung eigener Mitwirkung an demokratischen Entscheidungsprozessen ändern kann. Eine unerläßliche Voraussetzung für jede positive Beurteilung ist freilich, daß solche Prozesse rascher und präziser abgewickelt werden und daß der Kleinkram in höherem Maße delegiert wird.

Auch an ausreichender Gelegenheit zu kontrollierter Einübung fehlt es in unserer Gesellschaft. Die bloß kognitive Kenntnis der Verfahrensweise genügt weder beim Volleyballspielen, noch beim Entscheidungsprozeß. Auch das bloße Herumwursteln in der Schülerselbstverwaltung oder im örtlichen Vereinsleben ist kein Ersatz für die systematische und kontrollierte Einübung mit anschließender Meta-Reflexion und erneuten, verbesserten Versuchen. Es sollte üblicher werden, die handwerklich saubere und sachgerechte Behandlung von Entscheidungsprozessen auf allen vorkommenden Komplexitätsgraden vorzuführen, zu thematisieren und einzuüben (vgl. dazu die engagierten Beiträge von Mulder, 1960 und 1972).

8. Kapitel:
Führungsverhalten

Die geistige Auseinandersetzung mit großen Führergestalten ist seit den ersten Anfängen schriftlicher Überlieferungen immer eines der großen Themen gewesen: Geschichtsschreibung war durch die Jahrtausende hindurch fast ausschließlich an dem Verhalten einzelner, an den Taten von Heerführern, Kaisern und Königen orientiert. Und auch jenseits der expliziten Geschichtsschreibung standen für Dichter und Schriftsteller die Taten herausragender Einzelner oft im Mittelpunkt der Darstellung.

Dagegen beginnt die — gewissermaßen personunabhängige — systematische Befassung mit Führungsverhalten nach wenigen Vorläufern erst in unserem Jahrhundert; sie ist inzwischen aber eines der großen Themen nicht nur der Geschichtsschreibung und -forschung geworden, sondern hat auch in Soziologie und in Psychologie zunehmendes Interesse gefunden. Vor allem im Rahmen der Sozial- und der Organisationspsychologie liegt hier inzwischen eine breite und vielfältige Forschungssubstanz vor. Groß angelegte Überblicke finden sich etwa bei Stogdill (1974), Bass (1985). Ich will versuchen, einige der wesentlichen Linien nachzuzeichnen, wobei ich bemüht bin, den Schwerpunkt auf Führungsverhalten *in Gruppen* zu legen. Das gelingt freilich nicht durchweg; in der Literatur wird Führung „an sich" und Führung in konkret vorhandenen Gruppen nicht immer getrennt.

Zunächst einige Vorbemerkungen zu Behandlung und Begrenzung des Themas ganz allgemein:

In Alltagsdiskussionen über psychologische Probleme der *Führung von Gruppen* besteht leicht die Gefahr, einen zu engen Denkansatz zu wählen. Das kann dazu führen, Befunde falsch zu bewerten, und es kann dazu führen, wichtige Teilfragen gar nicht erst zum Thema zu machen. Drei wesentliche und unzweckmäßige Einengungen sind besonders häufig:

1. Im üblichen Denkansatz hat man eine Gruppe vor Augen, und in der Gruppe gibt es eine Person, die führen soll, führen will, nicht führen kann und dergleichen. Und dieser Führungsperson gegenüber gibt es

dann die Gruppenmitglieder, auf die dieses Führerverhalten einwirkt. Diese Konstellation gibt es sicher, aber im reinen Fall wird sie vermutlich selten auftreten. Deshalb ist diese voreilige *begriffliche Fokussierung auf eine Person* in der neueren Forschung weitgehend aufgegeben worden. Stattdessen wird angenommen, daß in einer Gruppe ein oder meist mehrere Teilnehmer *Führungsverhalten* zeigen, und dies ist das Thema der Forschung.

2. Gleichzeitig hat sich die Einsicht durchgesetzt, daß Erfolg und Nichterfolg von Führungsverhalten nicht nur von der Qualität eben dieses Verhaltens abhängt, sondern auch wesentlich davon, wie sich die Geführten, die Nichtaktiven und auch gerade die gänzlich passiven Mitglieder verhalten. Das Verhalten der „Nichtführer" ist ein wesentlicher Teil der neueren Führungsforschung.

3. Schließlich ist auch der Fall wichtig, daß eine Gruppe explizit führerlos sein und arbeiten will. Die Möglichkeiten und Grenzen solcher Arbeit nehmen in Öffentlichkeit und Forschung zunehmend einen größeren Raum ein, teils aus ideologischen Gründen der Ablehnung von Führungsverhalten, teils aus praktischen Gründen und wegen der Vorteile, die eine solche Verfahrensweise haben kann.

Die Laientheorie der Führung: Das Eigenschaftsparadigma

In seiner großen Bismarck-Biographie hat Reiners (1957) anläßlich einer kurzen Charakterisierung von König Friedrich Wilhelm IV versucht, allgemeine Aussagen über notwendige Eigenschaften des Staatsmannes zu machen. Er schreibt:

Die notwendigen Eigenschaften des Staatsmannes — Augenmaß für das Mögliche, Findigkeit bei der Durchsetzung seiner Ziele, Selbstbeherrschung nach außen bei stärkster Leidenschaft im Innern, Sachlichkeit in der Beurteilung der Lage — alle diese Eigenschaften fehlten dem unglücklichen Monarchen völlig (1957, 92).

Obgleich eine solche Aufzählung auf den ersten Blick ganz plausibel aussieht, möchte der skeptische Psychologe doch fragen wollen: Woher weiß Reiners, daß dies die notwendigen Eigenschaften des Staatsmannes sind? Ist die Aufzählung vollständig? Und wenn einem Staatsmann eine dieser Eigenschaften fehlt, ist er dann keiner? Oder kann er durch andere Eigenschaften kompensieren? Jeder auch nur kursorische Vergleich verschiedener Staatsmänner zeigt, daß recht unterschiedliche

256

Konstellationen von Persönlichkeitseigenschaften, Fähigkeiten, situativem Kontext, Anforderung und nicht zuletzt historischen Zufällen dazu führen können, daß uns jemand als bedeutender Staatsmann überliefert wird: Marc Aurel (Birley, 1968), Alexander der Große (Droysen o.J.), Bismarck (Reiners, 1957) oder Hitler (Bullock, 1964; Fest, 1974) haben wenig gemeinsame Persönlichkeitseigenschaften. Ein reiner Eigenschaftsansatz trägt also offenbar nicht weit.

Auch in der Psychologie ging man zunächst von einem Eigenschaftsansatz aus: Gesucht wurden diejenigen Eigenschaften, in denen sich Führer und Nichtführer unterscheiden. Dabei ging es zunächst im wesentlichen um kurzzeitige Laborexperimente, später auch um höchst lebensnahe und praktische Fragestellungen: Es wandten sich nämlich Auftraggeber an die Psychologie (im wesentlichen Industrie und Militär), die daran interessiert waren, mit möglichst einfachen Testverfahren zu ermitteln, ob und in welchem Ausmaß ein Bewerber Führungsqualitäten besitzt. Diese Untersuchungen wurden vor allem auch durch die beiden Weltkriege vorangetrieben. Die empirische Brauchbarkeit von solchen Testverfahren wurde in mehreren großen Sammelarbeiten (Stogdill, 1948; Mann, 1959) kritisch überprüft. Dabei ergaben sich zwar zumeist positive Zusammenhänge zwischen Persönlichkeitseigenschaften (die im wesentlichen durch Tests gemessen wurden) und dem Führungsverhalten, welches allerdings in vielen Studien nur unzureichend als Außenkriterium verfügbar war. Die Korrelationen waren jedoch insgesamt so niedrig, daß die Verfahrensweise fast einhellig als praktisch unbrauchbar gewertet wurde. Wer als Psychologe nach Stogdill und Mann noch Führungsauslese auf der Basis von psychologischen Tests betrieb, setzte sich dem Hohngelächter der Kollegen aus.

Inzwischen hat sich allerdings gezeigt, daß die Situation nicht ganz so ungünstig ist. Lord, deVader & Alliger haben 1986 eine gründliche Meta-Analyse derjenigen Befunde durchgeführt, die dem Sammelreferat von Mann (1959) zugrundegelegen haben. Sie kommen zu dem Schluß, daß die Gesamtheit der Befunde nicht ganz so ungünstig ist, wie dies von Mann selbst unterstellt worden ist. Mann berichtet weitgehend über Befunde, bei denen es keine externen Beobachter gab, die Außenkriterien fragwürdig und die rechnerische Weiterverarbeitung der Daten unzureichend war. Während Mann (1959) global eine durchschnittliche positive Korrelation von .15 annimmt, schätzen Lord, deVader & Alliger (1986) die „wahre" Korrelation in den von Mann berichteten Befunden auf durchschnittlich .25.

Was bedeuten solche Befunde für das Konzept von Führereigenschaften?

1. Zunächst einmal: Die Ergebnisse sagen nicht, daß es dergleichen Eigenschaften nicht *gibt*, sondern nur, daß es methodologisch unergiebig und unökonomisch ist, mit diesem Paradigma zu arbeiten. Natürlich

gibt es durchaus beschreibbare Einzelfälle, in denen ein Führer aus einer Gruppe von Mitgliedern mit prinzipiell gleichen Chancen durch angebbare und explizierbare Eigenschaften herausragt, wie diese J. Fest für Hitler herausgearbeitet hat (1973, bes. 22 ff., 143, 370). Aber das sind nicht Führungseigenschaften *an sich*, sondern Eigenschaften und Fähigkeiten in einer bestimmten Situation. Wie wenig dies generalisierbar ist, zeigt beispielsweise schon Hitlers Verhalten im 1. Weltkrieg. Der ehemalige Adjutant des Regiments List, in dem Hitler vier Jahre als Meldegänger im Fronteinsatz stand, hat im Nürnberger Prozeß versichert,

„. . . es sei gelegentlich erwogen worden, Hitler zum Unteroffizier zu befördern, doch habe man am Ende davon Abstand genommen, weil wir keine entsprechenden Führereigenschaften an ihm entdecken konnten" (Fest, 1973, 104).

2. Man kann eine Reihe von Gründen dafür aufzählen, daß dieses Denkmodell von Führereigenschaften unergiebig ist und nicht recht weiterführt. Ich folge dabei einer Aufzählung von Irle, (1970, 522 f.; vgl. auch Weinert, 1987, 348):

a) Es kann sein, daß die verwendeten Meßinstrumente zur Identifizierung der Eigenschaften wenig zuverlässig und/oder gültig sind.

b) Vielleicht sind die untersuchten Eigenschaften irrelevant für die Differenzierung, und es gibt andere relevantere Eigenschaften.

c) Es wurde nur der Einfluß isolierter einzelner Eigenschaften untersucht: Vielleicht sind die Interaktionen bestimmter Eigenschaften das Entscheidende.

d) Vermutlich wurde die abhängige Variable dieser Experimente „Führen: Nichtführen" nicht zuverlässig und/oder gültig gemessen.

e) Es wurde in Untersuchungen vor allem zwischen „Führungspositionen" und „Nicht-Führungspositionen" unterschieden, nicht z.B. zwischen hohen und niedrigen Führungseffekten.

f) Eigenschaften verteilen sich nicht gleichmäßig über soziale Schichten: unterschiedliche Führereigenschaften in verschiedenen Gruppen demonstrieren u.U. nur allgemeine Eigenschaftsdifferenzen zwischen diesen Gruppen.

g) In unterschiedlichen Aufgaben- und Rollenstrukturen mögen jeweils andere Eigenschaften zur Unterscheidung zwischen Führern und Untergebenen relevant sein.

h) Führung und Nicht-Führung wurde dabei zumeist als ein „Alles-oder-Nichts" Sachverhalt angesehen: Es kann zweckmäßiger sein, mit einer Variable des „Mehr-oder-Weniger" zu arbeiten.

3. Auch wenn die globale Suche nach *den* Führereigenschaften erfolglos bleiben wird, können die Dinge im konkreten Fall günstiger aussehen: Wenn die Anforderungen konkret genannt werden können und eine breite Einbeziehung relevanter Verhaltensstichproben möglich ist, werden Voraussagen deutlich besser. Das läßt sich an der anwachsenden Zahl von mehrtägigen Ausleseveranstaltungen zeigen, die in Industrie und Verwaltung zunehmend mehr an Boden gewinnen. Hier wird in sog. Assessment Centers eine Vielfalt von Testdaten, Verhaltensstichproben und fachlichen Leistungsproben erhoben, deren Voraussagewert insgesamt wesentlich höher liegt als Testverfahren allein oder Bewerbergespräch (Neuberger, 1990, 73 ff.). Zwar weist Schuler (1989, 242) wohl zu Recht darauf hin, daß wir noch weit davon entfernt seien zu verstehen, was in einem solchen Assessment Center vor sich geht, aber die empirischen Befunde scheinen hinreichend günstig zu sein, um den hohen Aufwand zu rechtfertigen. Daß die Einbeziehung weiterer Daten (hier: der Motivation) die Identifikation von Führern erleichtert, läßt sich ebenfalls belegen (Sorrentino & Field, 1986).

Das Kontingenz-Modell der Führungs-Effizienz

Während das Eigenschaftsmodell des Führungverhaltens das Alltagsdenken fast uneingeschränkt geprägt hat, haben die Psychologen eine ganze Anzahl anderer Führungstheorien entworfen und empirisch erprobt; ich gebe in einem späteren Abschnitt einen kurzen Überblick. Im Gegensatz zu anderen Teilgebieten der Psychologie, in denen verschiedene Theorien im Prinzip gleichrangig nebeneinanderstehen, gab es hier früh einen eindeutigen Sieger: das von Fred Fiedler (1966) vorgelegte Kontingenz-Modell der Führungseffizienz hat bei weitem mehr Beachtung gefunden, als jeder andere theoretische Vorschlag vorher oder hinterher. Ich will daher die Möglichkeiten und Grenzen von theoretischen Strukturierungen in diesem Bereich anhand dieses Modells darstellen. Sie betrifft nur einen ausgewählten Bereich des Führungsverhaltens, aber keine der vorliegenden Führungstheorien befaßt sich global mit der Vielfalt möglicher Variablen und Konstellationen, keine Theorie deckt alles ab, was breit und unscharf Führungsverhalten genannt werden kann.

Fiedler hat aus der Vielzahl möglicher Variablen drei Dimensionen ausgewählt:

259

1. die Beziehungen zwischen dem Führer und den Geführten (Gruppenklima),
2. die Struktur der Aufgabe,
3. die Positionsmacht des Führers in der Organisation.

Alle anderen Variablen werden ignoriert: die Fähigkeiten, Intelligenz und Vorerfahrungen von Führern und Geführten, die Motivation der Beteiligten und alles andere, was in der konkreten Situation für die Effizienz von Bedeutung sein könnte. Obgleich es in diesen gewählten Dimensionen viele unterschiedliche Ausprägungen geben kann, reduziert Fiedler diese auf je zwei: gute und mäßige Beziehungen, strukturierte und nichtstrukturierte Aufgabe, viel und wenig Positionsmacht.

Das Gruppenklima wird operational definiert einerseits durch soziometrische Wahlen, andererseits durch Einschätzungen seitens des Gruppenleiters auf einer Gruppenklima-Skala. Der *Strukturiertheitsgrad* der Aufgabe wird anhand von vier Skalen nach Shaw (1962) unter den Gesichtspunkten von Zielklarheit, Entscheidungsüberprüfbarkeit, Lösungsspezifität und Zielerreichungsvielfalt gemessen (zit. nach Sarges, 1975, 243). Die *Positionsmacht* wird anhand einer einfachen Checkliste über das Ausmaß der Befugnisse ermittelt. In Fiedlers Ansatz kann es demnach insgesamt acht verschiedene Konstellationen je nach dem Zueinander dieser drei Dimensionen geben:

Abbildung 4

Oktant	Beziehungen	Aufgabe	Macht
I	gut	strukturiert	viel
II	gut	strukturiert	wenig
III	gut	nichtstrukturiert	viel
IV	gut	nichtstrukturiert	wenig
V	mäßig	strukturiert	viel
VI	mäßig	strukturiert	wenig
VII	mäßig	nichtstrukturiert	viel
VIII	mäßig	nichtstrukturiert	wenig

Die acht Oktanten in Fiedlers Kontingenz-Theorie. Sie kommen durch systematische Permutation von zwei Ausprägungsgraden von drei Variablen zustande.

Unter den vielen Möglichkeiten, so etwas wie Führungsstil operational zu definieren, wählte Fiedler eine aparte Art der Einschätzung durch den Führer aus: Dieser sollte sich denjenigen Menschen vergegenwärtigen, mit dem er am schlechtesten zusammenarbeiten könne, und diesen vorgestellten Menschen dann mit Hilfe einer quantitativ abstufbaren Eigenschaftsliste (semantisches Differential) einschätzen. Der resultierende Gesamtpunktwert ist zweifellos kein Indikator für ausgeübten Führungsstil, sondern erfaßt eher so etwas wie eine persönlichkeitsspezifische Leitlinie des Führers beim Verfolgen seiner Ziele. Nach der englischen Bezeichnung „least preferred co-worker" hat Fiedler das Maß als LPC-Score bezeichnet. Ein niedriger LPC-Score entspricht einer ungünstigen Beurteilung des am wenigsten bevorzugten Mitarbeiters und wird als Aufgabenorientierung interpretiert. Ein hoher Score spricht für positive Einschätzung und wird als Personenorientierung oder Beziehungsorientierung interpretiert. Man sollte freilich anhand der Ausgangsitems die Basis dieser Interpretation nicht aus dem Auge verlieren. Die Grundidee des theoretischen Ansatzes besteht nun darin, für die acht Konstellationen die Korrelationen zwischen LPC und Effizienz der Gruppe zu ermitteln. Der fruchtlose Versuch, eine generelle Beziehung zwischen Führerverhalten und Gruppeneffizienz zu finden, wird damit aufgegeben zugunsten eines wesentlich differenzierteren Denkansatzes: Das gleiche Führungsverhalten kann bei unterschiedlichen Konstellationen zu unterschiedlichen Leistungen der Gruppe führen. Fiedler und seine Mitarbeiter haben an insgesamt über 1000 Gruppen diese Zusammenhänge erforscht, wobei eine breite Skala von Gruppentypen und Aufgaben herangezogen werden konnte: Basketballteams und Arbeitsgruppen von Landvermessern, Flugzeug- und Panzerwagenbesatzungen, studentische Arbeitsgruppen, Teilnehmer an industriellen Fortbildungskursen usw. Das wesentliche Ergebnis wird im allgemeinen in Form einer graphischen Darstellung wiedergegeben (vgl. Abbildung 5).

Abbildung 5: Schematische Darstellung des Hauptergebnisses von Fiedlers Experimenten (nach Fiedler & Chemers, 1974)

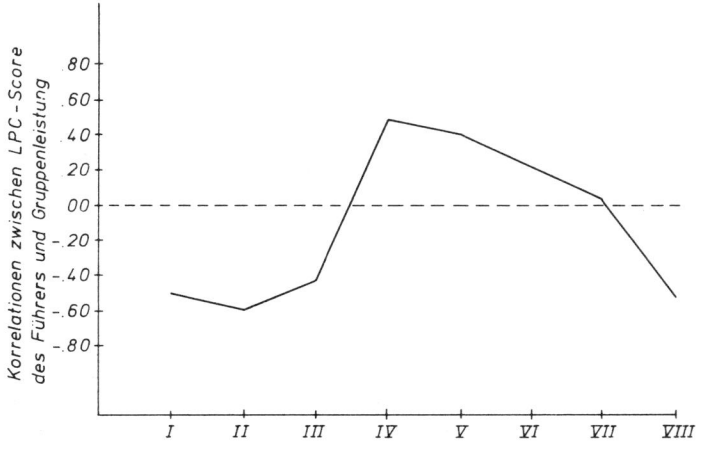

Diese Ergebnisse lassen sich nur unbeholfen in Sätzen formulieren. Ich versuche es deshalb auch nur für die erste Spalte (Fiedler und nach ihm die meisten Autoren sprechen von Oktanten): Wenn das Gruppenklima gut, die Aufgabe strukturiert und die Positionsmacht groß ist, dann ist die Korrelation zwischen LPC-Score und Leistungshöhe negativ: Je stärker die Aufgabenorientierung, desto besser die Ergebnisse: Je höher die Mitarbeiterorientierung, desto schlechter die Leistungshöhe. Der Leser ist gebeten, die analogen Sätze für die nächsten Oktanten selbst der Graphik zu entnehmen. Gesetzt den Fall, diese Ergebnisse ließen sich uneingeschränkt auf Führungssituationen generalisieren, so ließen sich folgende Konsequenzen ziehen:

1. Weder der mitarbeiterorientierte noch der aufgabenorientierte Führungsstil sind grundsätzlich und immer angebracht; vielmehr gibt es angebbare Bedingungen, wann wir mit welchem Führungsstil arbeiten müßten, wenn es uns auf hohe Effektivität ankommt.

2. Es scheint nicht *eine* der drei Variablen für sich allein ausschlaggebend zu sein; sondern wir haben einen typischen Fall von Interaktion von Variablen vor uns. Aussagen der Struktur: „... bei großer Positionsmacht des Führers sollte er immer ...", oder „... bei unstrukturierten Aufgaben ist es zweckmäßig ..." werden von den Befunden nicht gedeckt.

3. Es wäre zweckmäßig, Mitarbeiter sowohl in „mitarbeiterorientiertem" als auch in „aufgabenorientiertem" Führungsstil zu schulen und dabei in allen relevanten Führungssituationen Meßgrößen für Gruppenklima, Aufgabenstrukturiertheit und Positionsmacht des Führers zu erheben und danach das Leiterverhalten festzulegen.

4. Da es bei diesen Meßgrößen im Grunde nur um je zwei Alternativen geht, dürfte sich die umständliche Messung häufig erübrigen. In einem Philosophie-Seminar, das von einem sympathischen jüngeren Privatdozenten ohne Prüfungsberechtigung gehalten wird (gutes Klima, wenig strukturierte Aufgabe, geringe Positionsmacht) empfiehlt sich danach ein studentenorientiertes Verhalten; falls der Lehrstuhlinhaber das gleiche Seminar persönlich anbietet, so sollte er dagegen einen aufgabenorientierten Führungsstil versuchen.

5. Es gibt inzwischen nicht nur eine Fülle von Einzeluntersuchungen zu Fiedlers Kontingenz-Theorie, sondern auch außerordentlich sorgfältige Meta-Analysen. Strube & Garcia (1981) haben insgesamt 145 Untersuchungen überprüft, in denen das Modell validiert werden sollte; Peters, Hartke & Pohlmann (1985) haben mit einer etwas engeren Fragestellung und einer anderen Verfahrensweise (Schmidt-und-Hunter-Meta-Analyse, 1981) sich auf die Effektgrößen konzentriert.

Ganz allgemein — und in Übereinstimmung mit anderen Sammelreferaten (Chemers, 1987; Hollander, 1985, 497 — 501) — kann man insgesamt von einer guten Bewährung der Theorie sprechen. Freilich mit Ausnahmen. Es gibt immer wieder einzelne Untersuchungen, in denen die vorausgesagten Zusammenhänge nicht eintrafen. Dafür können die Besonderheiten einer Aufgabe oder einer gruppendynamischen Gesamtkonstellation verantwortlich sein. Auch die Erwartung eines bestimmten Führungsstils kann eine wichtige Einflußgröße sein: So kann etwa eine von den Teilnehmern nicht erwartete Veränderung des Führungsstils (vgl. auch den übernächsten Abschnitt) eine Auswirkung haben, die vom Fiedler-Modell nicht vorausgesagt werden kann (vgl. hierzu auch Jago & Ragan, 1986).

Ganz sicher ist Fiedlers Theorie nicht soweit ausgearbeitet und empirisch validiert, daß man sie wie einen Bundesbahnfahrplan zu Rate ziehen und zum Maßstab unreflektierten Handelns machen kann. Eine pragmatische Konsequenz kann aber sein, daß wir nicht länger nach dem „richtigen", „besten", „effektivsten" Führungsstil suchen, sondern uns bemühen, unser Verhalten den Bedürfnissen der Gruppe und der jeweiligen Situation anzupassen.

„Wer also seine Führungsfertigkeit verbessern will, sollte sich mehr für die Merkmale der Gesamtsituation interessieren". (Morin, 1974, 47)

Fünf Stichworte zur Erforschung von Führungsverhalten

Der gegenwärtige Forschungsstand zum Führungsverhalten ist so vielschichtig, materialreich und unübersichtlich, daß ein Gesamtüberblick jenseits meiner Kräfte liegt. Daher will ich in diesem Abschnitt lediglich versuchen, auf ein paar wesentliche Teilaspekte aufmerksam zu machen und weiterführende Literatur für einen gründlicheren Einstieg anzubieten. In den fünf weiteren Abschnitten dieses Kapitels greife ich je einen inhaltlichen Teilbereich heraus, der mir für eine etwas ausführlichere Darstellung besonders geeignet und wichtig erscheint.

Führungsverhalten, ein unzweckmäßiger Oberbegriff für eine Vielzahl oft gegensätzlicher Verhaltensweisen

Krech, Crutchfield & Ballachey (1962, 428 − 432) haben 14 Führungsfunktionen aufgelistet; bei allen diesen Tätigkeiten oder Zuschreibungen von Tätigkeiten ist im Alltagsdenken von Führung die Rede (ich übernehme die Übersetzung von Sbandi, 1973, 120 f.).

Ein Führer kann gesehen werden als . . .

- derjenige, der die Entscheidungen der Gruppe *ausführt*
- Plänemacher
- derjenige, der die Politik der Gruppe bestimmt (Art und Weise, wie die Gruppe im Hinblick auf das Ziel vorwärtskommt)
- Experte
- der Vertreter der Gruppe nach außen
- derjenige, der die internen Beziehungen der Gruppenmitglieder kontrolliert
- derjenige, der Lohn und Strafe zuteilt
- Schiedsrichter und Vermittler
- Vorbild
- Gruppensymbol
- Stellvertreter individueller Verantwortung
- Theoretiker der Gruppe; bestimmt die Ideologie der Gruppe
- Vaterfigur
- Sündenbock.

Solche Aufzählungen, die sich vielfach in der Literatur wiederfinden (vgl. Weinert, 1987², 341 ff.), sind durchweg ziemlich unsystematisch und von daher logisch nicht sehr befriedigend. Die Verhaltensweisen liegen auf unterschiedlichen Ebenen, teils sind es keine Verhaltensweisen, sondern Zuschreibungen durch andere. Solche Aufzählungen sind zudem meist unvollständig, bei Krech, Crutchfield & Ballachey (1962) beispielsweise fehlen gerade die Verhaltensweisen und Funktionen, die den sogenannten demokratischen Führungsstil im Sinne von Lewin prägen: sich auf erste Anreize und Anfangsstrukturierungen zu beschränken, um der Gruppe eigenständige Arbeit zu ermöglichen; sich darauf beschränken, Hindernisse aus dem Weg zu räumen, damit die Gruppe eigene Kräfte entfalten kann.

Bei der systematischen faktorenanalytischen Untersuchung von kleineren Handlungseinheiten des Führungsverhaltens konnten drei faktorielle Dimensionen des Führungsverhaltens identifiziert werden. Bastine (1972, 1662) faßt die Ergebnisse folgendermaßen zusammen:

Faktor I wird als „individual prominence" bezeichnet. Er beinhaltet Verhaltensweisen, die die Individualität eines Gruppenmitglieds herausstellen. Im einzelnen zählen hierzu Merkmale wie das Einflußnehmen auf andere Personen, aggressives Verhalten, Ergreifen der Initiative usw. Mit diesem Faktor wird der weitaus größte Teil der Varianz aufgeklärt. Faktor II, „group goal facilitation", erfaßt die Verhaltensweisen eines Individuums, die der Gruppe das Erreichen ihres Zieles erleichtern. Tüchtigkeit (efficiency), Einsicht und Kooperation werden als Merkmale mit hohen Ladungen auf diesem Faktor genannt. Auf Faktor III, „group sociability", laden die Variablen Soziabilität, Streben nach Gruppenakzeptierung, Kooperation und Anpassungsfähigkeit, was nach den Autoren ein Bemühen um herzliche und sozial befriedigende Beziehungen zu anderen Gruppenmitgliedern ausdrückt.

264

Bales & Slater (1945, zit. nach 1955) fanden bei der Analyse von Interaktionsverhalten häufig zwei unterschiedliche Führungsfiguren in der Gruppe, einen sozio-emotionalen Führer und einen aufgabenbezogenen Führer. Diese Zweiteilung fand sich so häufig, daß sie als Gesetzmäßigkeit angesehen wurde und einen eigenen Namen bekam (Divergenztheorem). Von da aus war dann der Weg zu allerlei Analogien nicht weit, die über den Rahmen der Gruppe hinausgingen: Kompaniechef und Hauptfeldwebel (Mutter der Kompanie); Bundeskanzler als aufgabenbezogener Führer vs. Bundespräsident fürs Emotionale. Diese und andere Aufteilungen von Führungsfunktionen sind in Gruppen sicher häufig, die deutliche Ausprägung aber keineswegs die Regel, wie wir alle in den zahlreichen Gruppen, denen wir angehören, bequem konstatieren können.

Andere nützliche Aufteilungen betreffen die zeitliche Erstreckung und den Bereichsumfang: Führungsverhalten in der Mikro- oder der Makro-Dimension, oder die globalen Dimensionen von Imitation und Konsideration (Chemers, 1987, 253 und dort zitierte Literatur).

Ganz allgemein gilt, daß vernünftige empirische Zusammenhänge nur dann zu erwarten sind, wenn statt „Führungsverhalten" die konkreten identifizierbaren Verhaltensweisen erhoben werden (Hollander, 1985[3]).

Führung ist Männersache

Als ich im Herbst 1989 in einem großen Industriekonzern Vortragsveranstaltungen für Manager angeboten habe, hatte ich ein merkwürdiges Erlebnis: Zum ersten Mal in 35 Jahren Hochschulunterricht habe ich ein Auditorium als „Meine Herren..." angeredet: Führung ist Männersache, Frauen kommen in den Führungsetagen der Industrie ausgesprochen selten vor. Das kann man eindrucksvoll statistisch belegen: Obgleich Frauen 40% der Berufstätigen in der Bundesrepublik stellen, gibt es nicht mehr als 2 bis 4% in Spitzenpositionen. Nur 5% der Kongreßmitglieder in den USA sind Frauen, nur 2% der Senatsmitglieder. Dabei gibt es freilich Subkulturen, in denen es noch ungünstiger aussieht und Frauen überhaupt nicht vorkommen; es gibt aber auch Bereiche, vor allem in den Sozialwissenschaften und im kommunalen und sozialen Bereich, wo sie höhere Prozentsätze erreicht haben.

Im Fachbereich Psychologie der Westfälischen Wilhelms-Universität Münster sind 5 der 15 planmäßigen Professorenstellen mit Frauen besetzt. Allerdings: Die letzten 12 Habilitationen betrafen ausschließlich Männer.

Empirische und theoretische Forschung liegt in diesem Bereich inzwischen in großem Umfang und thematischer Breite vor; ich beschränke mich darauf, in diesem Zusammenhang ein halbes Dutzend Einzelarbeiten kurz zu charakterisieren. Ich bemühe mich in der Auswahl und Zusammenstellung nicht nur möglichst verschiedenartige Gesichtspunkte deutlich zu machen, sondern auch zu zeigen, daß in einem solchen vorurteilsbeladenen und ichnahen Bereich empirische Forschung durchaus informative, unerwartete und weiterführende Erkenntnisse liefern kann.

Es gibt festgefügte Geschlechtsrollen-Stereotypen, und diese entsprechen auch weitgehend dem Selbstkonzept. (Rosenkranz et al., 1968)

Es gibt eine Vielzahl von Untersuchungen über Geschlechtsrollenstereotypen; zumeist wird mit Fragebogen gearbeitet: Den Versuchsteilnehmern wird eine große Zahl von Persönlichkeitseigenschaften vorgegeben, und bei der Untersuchung von Rosenkranz et al. bekamen sie folgende Instruktion:

Stellen Sie sich vor, Sie treffen eine Person zum ersten Mal, und das einzige, was sie vorher wissen ist, daß es sich um einen männlichen Erwachsenen handelt. (Rosenkranz et al., 1968, 288)

Das Ergebnis solcher Versuche ist deutlich und immer wieder gut zu reproduzieren: Männer sind eher aggressiv, geistig unabhängig, dominant, logisch und sie denken, daß Männer den Frauen überlegen sind. In dieser Studie ragen Männer durch 26 solcher Eigenschaften hervor, Frauen sind eher gesprächig, taktvoll, höflich, an der eigenen Erscheinung interessiert und können zärtliche Gefühle besser ausdrücken. Bei ihnen sind nur zwölf Eigenschaften hervorhebenswert, sie sind wahrscheinlich nicht so differenziert wie wir Männer.

Man sollte allerdings bei der Bewertung solcher Befunde vorsichtig sein: Wenn man nach Stereotypen fragt und durch Instruktion und das ganze Setting alle diejenigen niederbügelt, die jenseits von Stereotypen antworten wollen, dann darf man sich nicht wundern, daß man die gewünschten Stereotypen erhält. Wahrscheinlich sind die meisten Leute in ihren eigenen Kognitionen differenzierter, als es in solchen Versuchen den Anschein hat.

Rosenkranz et al. haben in dieser Untersuchung Männer und Frauen nach „typischem Mann" und „typischer Frau" gefragt, außerdem alle Teilnehmer sich selbst nach dieser Methode einschätzen lassen. Ergebnis: Hohe Korrelationen überall: die Beurteilung des typischen Mannes durch Männer und Frauen war fast identisch, ebenso die Beurteilung der typischen Frau durch Männer und Frauen. Auch die Eigenbeurteilungen lagen dicht beim jeweiligen Gruppenstereotyp.

Manager sind Männer (Ellen Schein, 1973, 75)

Frau Schein hat (1973) 300 mittlere Manager gebeten, „Frauen im allgemeinen", „Männer im allgemeinen" und „Manager" hinsichtlich 92 Beschreibungsbegriffen einzuschätzen. Generelles Ergebnis: Die Stereotype für Männer und Manager waren einander sehr ähnlich, die Stereotype für Frauen standen dazu in klarem Gegensatz: Männer und Manager, das ist ungefähr dasselbe.

Daraufhin hat Frau Schein (1975) den Versuch wiederholt und diesmal 167 weibliche Manager gebeten, „Frauen im allgemeinen", „Männer im allgemeinen" und „Manager" einzuschätzen: Auch hier das gleiche Ergebnis: Männer und Manager sind auch für diese Befragten ungefähr dasselbe, Frauen weichen in der bekannten Richtung davon ab. Ein schwacher Trost: diese Übereinstimmung zwischen Männer- und Managerstereotyp war bei den Frauen mit begrenzter Managementerfahrung am stärksten: Zumindest einige der Frauen haben offenbar im Laufe ihrer Berufspraxis Ansätze zu einem eigenen Autostereotyp gefunden.

Mann, Frau, Manager, Geschäftsfrau (Kruse und Wintermantel, 1986)
Ähnliche Ergebnisse fanden Kruse und Wintermantel auch noch 1986 an einer deutschen Stichprobe (Studenten). Mann, Führung und Manager waren in den Bedeutungszuschreibungen sehr ähnlich, auch die „Geschäftsfrau" war in den Kognitionen der weiblichen Versuchsteilnehmer der Gruppe Mann, Manager, Führung zugeordnet.

Besser Kinderärztin als Chirurgin (Feldman-Summers und Kiesler, 1974)
Die Autorinnen haben 8o männlichen und 80 weiblichen Studenten eine Kurzbeschreibung der Biographie eines erfolgreichen Arztes beziehungsweise einer erfolgreichen Ärztin vorgelegt. Systematisch variiert wurde in diesen Beschreibungen die Spezialisierung: In der Hälfte war von Kinderarzt bzw. Kinderärztin, in der anderen von Chirurg bzw. von Chirurgin die Rede. Systematisch variiert wurden auch die Chancen der Eröffnung einer eigenen Praxis: die Hälfte konnte in die Praxis des Vaters einsteigen, der sich bereits zurückgezogen hatte. Die Aufgabe der Versuchsteilnehmer war, nach der Lektüre des Textes Gründe für den Erfolg zu benennen und relativ zu gewichten: die Fähigkeit als Arzt, die Motivation, die Schwierigkeiten der Zielerreichung und die Rolle, die das Glück dabei gespielt hat. Hinsichtlich des Kinderarztes unterschieden sich männliche und weibliche Stichproben nicht in ihren Attributionen, wohl aber beim Chirurgen: Die Frauen selbst erwarteten selbst beim Kinderarzt geringeren Erfolg der Ärztinnen gegenüber den Ärzten. Den Frauen wurde insgesamt eine höhere Motivation als Grund für den Berufserfolg attribuiert: sie müssen sich offenbar mehr anstrengen, um den gleichen Berufserfolg zu erreichen.

Sind dominante Frauen weniger dominant als nichtdominante Männer? (Megargee, 1969)
Megargee überprüfte ca. 600 Studenten mit einem Test zur Einschätzung dominanten Verhaltens (Gough-Inventory) und bildete vier Gruppen von je 20 Teilnehmern: hochdominante Männer, niedrigdo-

minante Männer, hochdominante Frauen, niedrigdominante Frauen. Dann ließ er jeweils zwei Teilnehmer (in vollständiger Permutation aller Möglichkeiten der Zusammenstellung) eine Aufgabe gemeinsam lösen, bei der es eine klare Rollenverteilung gab. Einer oder eine mußte leiten, einer oder eine dieser Führung folgen. Bei reinen Männer- und Frauengruppen klappte es einigermaßen erwartungsgerecht: 15 von 20 der dominanten Männer übernahmen die Führerrolle, bei der reinen Frauengruppe 14 von 20. Dominante Männer gegenüber nichtdominanten Frauen hatte die geringsten Schwierigkeiten: 18 von 20 verteilten die Rollen erwartungsgemäß. Immerhin: selbst hier zwei Gegenfälle. Der kritische Fall war die Gruppe mit dominanten Frauen und nichtdominanten Männern: hier siegten die Rollenstereotypen, 16 von 20 Männern rissen die Führung an sich.

Psychologie-Professoren sind auch nicht besser (Fidell, 1970)

Fidell hat an 228 amerikanischen Colleges und Universitäten, die eine Psychologieausbildung anbieten, je 10 Kurzbeschreibungen eines Lebenslaufs von wissenschaftlichen Psychologen geschickt und darum gebeten, daß diese „Personen" (es handelte sich um fiktive Daten) hinsichtlich der Hochschullaufbahn beurteilt werden sollten. Erbeten wurde eine Rangfolge nach Qualifikation und eine Angabe darüber, welchem akademischen Rang die Bewerber zuzuordnen seien. Bei einer Rücklaufquote von immerhin 68% zeigte sich auch hier, daß die Leistungen von Männern besser bewertet werden: Fidell hatte die zehn Beschreibungen zur Hälfte mit Frauen- zur Hälfte mit Männervornamen versehen: James Ross wurde parallelisiert mit Janet Ross. Er konnte nachweisen, daß ein Frauen-Vorname auf der Kurzbiographie die Einschätzung der Qualifikation zumeist nachteilig beeinflußte. Für den Posten eines „full professor" kamen danach Frauen gar nicht in Frage, allerdings auch nur wenige der Männer. Und beim „associate professor" wurden ebenfalls „männliche" Kandidaten bevorzugt. Die Unterschiede sind numerisch nicht sehr beträchtlich, auch keineswegs durchgängig. Aber sie sind zweifellos hoch genug, um für Frauen in der Hochschullaufbahn eine zusätzliche Barriere zu bilden.

Es gibt zahlreiche ähnliche Arbeiten (vgl. etwa den Sammelbericht von Terborg, 1977) und für neuere Befunde Kruse & Wintermantel (1986) und dort angegebene Literaturberichte. Unter dem Gesichtspunkt des Rollendilemmas für Frauen vgl. besonders Darley (1976). Neuberger (1990, 41 f.) hat in diesem Zusammenhang darauf hingewiesen, daß neben dem Vater auch der Held und der Heilsbringer in fast allen Kulturen männlich strukturiert sind. Es spricht alles dafür, daß sich diese tief verankerten archetypischen Bilder nicht leicht ändern lassen. Ein schwacher Lichtblick am fernen Horizont: In manchen Studien zeigt sich, daß wenigstens in manchen Subgruppen in der jüngeren Generation diese Frauendiskriminierung nachläßt (Rice, Instone & Adams, 1984).

Viele theoretische Ansätze.

Das Laienparadigma über Führung wird weitgehend beherrscht vom Eigenschaftsmodell, in der Lehrbuchliteratur ist Fiedlers Kontingenz-Modell zentral. Daneben gibt es eine Vielzahl von theoretischen Ansätzen, die für praktische Belange noch wenig strukturierende Kraft gezeigt haben.

Ich beginne mit den Führungstheorien im engeren Sinn (Überblick etwa bei Frey & Müller, 1985; Weinert, 1987[2]; Gebert & von Rosenstiel, 1989[2]; Neuberger, 1990). Die beiden bedeutendsten Ansätze sind der Michigan- und der Ohio-Ansatz: Der Michigan-Ansatz (Katz & Kahn, 1951; Katz, McCoby & Morse, 1950; Likert, 1961) der Organisationspsychologie stellt in Rechnung, daß eine Organisation aus einer Reihe von einander überlappenden Untereinheiten besteht, so daß Führungsverhalten auch wesentlich Verhalten an der Schnittstelle unterschiedlicher Anforderungen und Erwartungen ist. Der Ohio-Ansatz (ausführliche Literaturangaben bei Weinert, 1987, 78, 352 ff.) nimmt dagegen zwei voneinander unabhängige Führungsfaktoren an, Imitation und Konsideration und jeweils dazugehörige Führungsstile. Frey & Müller (1985, 172) geben eine kurze Darstellung des Weg-Ziel-Ansatzes der Führung von Evans (1974) und House (1971); Cooper (1975) hat eine Reihe von Theorieansätzen der Führung dargestellt, die der Gruppendynamik im engeren Sinne nahestehen. Fiedler hat 1986 einen neuen Ansatz vorgelegt, den er Kognitive Ressourcen-Theorie nennt.

Auf der anderen Seite gibt es Versuche, bestehende psychologische Theorien dazu zu benutzen, Aspekte des Führungsverhaltens zu strukturieren, so etwa die Schema- oder Kategorisierungstheorie der Führung (Neuberger, 1990, 66) oder die Attributionstheorien der Führung (Chemers, 1987, 263; Neuberger, 1990, 201). Graumann hat 1986 einen überzeugenden Versuch gemacht, Kurt Lewins Feldtheorie als Führungstheorie zu strukturieren. Die meisten Überblicksreferate vermitteln jedoch gegenwärtig noch den Eindruck, daß alle diese Theorienansätze ziemlich eng und von begrenzter Brauchbarkeit sind.

Analogien aus dem Tierreich: Führungsverhalten bei Webervögeln und Wölfen

In der Verhaltensforschung ist Führungsverhalten durch Tiere für Tiere kein sonderlich bedeutendes Thema; in den Standardwerken kommt es kaum je als Stichwort vor (Crook, 1986, 11). Und wenn man Führungsverhalten beobachtet, muß man auch noch vorsichtig sein vor Fehlinterpretationen; u.U. ist das Nachfolgeverhalten das Entscheidende. So berichtet de Groot (1980) über Schwärme von Webervögeln, bei denen einige wenige, die einen guten Futterplatz kennen, den übrigen Schwarm zu diesem Futterplatz leiten. Wenn man diesen Sachverhalt experimentell nachstellt – einige Vögel kennen einen guten Futterplatz, andere hingegen nicht, sind aber hungrig –, dann fliegen die Kenntnisreichen einfach schnurstracks zum Futterplatz, die Kenntnislosen reagieren auf dieses zielgerichtete Verhalten. Analoge Phänomene sind zweifellos im menschlichen Alltag zu beobachten: Führung durch eigenes entschlossenes und zielgerichtetes Handeln. Auf der anderen Seite gibt es bei Tieren auch zielgerichtetes Handeln und Führen im engeren und anspruchsvollen Sinn: Crook (1985, 20) berichtet von Wölfen und Hyänen, bei denen die führenden Rudeltiere anspruchsvolle organisatorische Leitertätigkeiten bei der Jagd und beim Abtransport von Beute vollbringen. Auch hier ist das Divergenztheorem zu beobachten: der männliche Senior des Rudels übernimmt aufgabenorientiert die gefahrvollen Aufgaben und führt den Kampf gegen die Feinde; die große Mutter hält die Gruppe zusammen und kümmert sich besonders um die gefährdeten Jungtiere. Auch wenn dabei für den Außenstehenden höchst anspruchsvolle Einzelleistungen imponieren, ist das Verhalten doch im wesentlichen durch Instinkt und allenfalls Lebenserfahrung abgesichert.

Wenn man dagegen unsere nächsten Verwandten, nämlich Gruppen von Schimpansen, unter Freiheitsbedingungen im Urwald über Jahre hinweg intensiv beobachtet, wie dies Jane Goodall in Tansania getan hat (Goodall, 1991), dann kann man eine Fülle von Führungsverhalten beobachten, an Reichhaltigkeit und psychischer Differenziertheit mit menschlichen Gruppen durchaus vergleichbar.

Führungsverhalten als Prozeß

Wenn man mit Bronfenbrenner Mikro-, Meso- und Makro-Erstreckungen von Verhalten unterscheidet (Bronfenbrenner, 1981, 38 ff.), dann spielt sich Führung im Experiment meist auf einer mittleren (= Meso-) Ebene ab: Das einzelne konkrete Verhalten interessiert wenig, und die längerfristigen Wirkungen von Führungsverhalten kommen ebenfalls wenig vor, am ehesten noch in der Organisationspsychologie. Die sorgfältige Untersuchung der einzelnen Schritte von Führungsverhalten in der Gruppe finden wir am ehesten unter dem Stichwort der Interaktionsanalyse (Bales, 1950), in den letzten Jahren zum Symlog-Verfahren erweitert (Polley, Hare & Stone, 1988). Längere Verlaufsdarstellungen der Entwicklung, Wandlung von Führungsrollen in Gruppen sind mir nicht bekannt, wären trotz aller methodischen Schwierigkeiten aber hilfreich: langfristiges Führungsverhalten folgt sicher anderen Gesetzen als kurzfristiges. So ist etwa ein „Präsent-Sein" und „Abwarten-

Können" oft eine wichtige hilfreiche Führungsstruktur, kommt aber im kurzzeitigen experimentellen Ansatz kaum je vor: So ist es in den meisten Aufzählungen von Führungsverhalten üblich, sich auf *Handlungen* zu beschränken und das Unterlassen von Handlungen dabei nicht zum Thema zu machen. Auch indirektes Führungsverhalten bleibt oft unbeachtet. So weist etwa Metzger (1986, 226) darauf hin,

> „... daß Änderungen, die man durch die Herabsetzung hemmender Kräfte zustandebringt, nachhaltiger sind als solche, die man durch die Verstärkung treibender Kräfte herbeizuführen versucht."

Der autokratische und der demokratische Führungsstil

Wenn ich gefragt würde, welches einzelne Experiment die stärksten Wirkungen in der Sozialpsychologie insgesamt hinterlassen hat, so würde ich keinen Augenblick zögern und ein Experiment nennen, welches ein deutscher Privatdozent 1938 gemeinsam mit zwei jungen amerikanischen Wissenschaftlern an der Universität von Iowa durchgeführt hat. Der Originalbericht (Lewin, Lippitt & White, 1939) ist heute schlecht zugänglich, zitiert wird meist aus zwei Zusammenfassungen der beiden jüngeren Ko-Autoren (Lippitt & White, 1947; White & Lippitt, 1953); die ausführliche Buchveröffentlichung (White & Lippitt, 1960) ist ebenfalls nur noch schwer erhältlich. Die Darstellung von White und Lippitt liegt auch in deutscher Sprache vor (1969).

Zwanzig Schulkinder verändern die experimentelle Sozialpsychologie

Der Aufbau des Experiments ist schnell berichtet: Vier Gruppen von je fünf Schulkindern im Alter von zehn Jahren trafen sich 21 Wochen lang, um unter der Leitung eines Erwachsenen Basteleien anzufertigen, im wesentlichen wohl Papiermasken. Alle sieben Wochen wechselte der Leiter und der Führungsstil. Alle vier Leiter waren sorgfältig geschult, die jeweilige Gruppe je nach Phase nach Plan in einem autokratischen, einem demokratischen oder einem laissez-faire-Stil zu leiten. Alle Leiter benutzten mehrere Stile, um die Personvariable einigermaßen auszuschalten. Die einzelnen Führungsstile sollten dabei folgende Kennzeichen erhalten:

271

Autokratisch: Anweisungen geben, unterbrechende Befehle, nicht konstruktive Kritik, Lob und Tadel.

Demokratisch: aktive Bereitschaft, lenkende Vorschläge in dem Augenblick zu geben, in dem sie erforderlich und willkommen sind, Anregungen zur Selbständigkeit geben, keine explizite Führerrolle beanspruchen (Die Autoren weisen darauf hin, daß „demokratisch" hier eine Kurzbezeichnung für einen Führungsstil ist und nicht als ein Verhalten angesehen werden kann, welches schlüssig aus bestehenden Demokratietheorien abgeleitet werden kann.).

Der *laissez-faire-Stil* bestand im wesentlichen daraus, auf Befragen Auskünfte zu erteilen, die Gruppe aber im übrigen weitgehend sich selbst zu überlassen.

Das gesamte Gruppengeschehen wurde in jeder Gruppe durch vier zusätzliche Beobachter sorgfältig registriert; alle Kinder wurden in der Zeit des Phasenwechsels durch einen Außenstehenden ausführlich interviewt, in allen Gruppen waren zusätzliche Ereignisse eingeplant: der Leiter wird unerwartet abgerufen und überläßt die Gruppe sich selbst; der Leiter kommt zu spät; in Abwesenheit des Leiters kommt ein Außenstehender („Elektriker"), der die Arbeit einzelner und dann die der ganzen Gruppe kritisiert.

Das Hauptergebnis: Klarer Sieg des demokratischen Führungsstils

Die Ergebnisse dieser Experimente, auf die ganz wesentlichen Linien reduziert, lassen sich etwa so zusammenfassen:

a) Beim autokratischen Stil gab es bei weitem mehr Aggressionen der Kinder untereinander, mehr Abhängigkeit und submissives Verhalten, wenig freie Interaktion.

b) Beim demokratischen Stil war das Klima besser, die Interaktion freier, das Wort „ich" wurde seltener gebraucht, Interaktionen waren stärker gruppenorientiert und freundlicher.

c) Laissez-faire und demokratisch unterscheiden sich in den Auswirkungen: bei laissez-faire arbeiteten die Kinder weniger und weniger gut. Im Interview wurde von den Kindern der demokratische Stil besser beurteilt.

d) Die Arbeitsleistung war unter autokratischen Bedingungen etwas höher; die Motivation aber niedriger: In Abwesenheit des Leiters sank die Arbeitstätigkeit bei der autokratischen Gruppe beträchtlich; wenn der Leiter zu spät kam, fing niemand an zu arbeiten. Bei der demokratischen Gruppe hatte die Abwesenheit des Leiters keinen Einfluß auf die Tätigkeit.

e) Sündenbockverhalten (Lenkung der Gruppenaggression auf einen unschuldigen Teilnehmer) kam in der autokratischen Gruppe oft, in der demokratischen Gruppe fast gar nicht vor.

f) Wir sind in der Psychologie gewohnt, bei Experimenten wie diesen nach Verhaltensunterschieden zu suchen, die dem jeweils gezeigten Führungsstil zuzuschreiben sind. Lewin hat das in seinen Arbeiten nie so eng gesehen, ihm war vielmehr nach der methodischen Regel „von oben nach unten" auch und gerade der unbefangene Blick auf die Gesamtsituation wichtig. Besonders eindrucksvoll fand er dabei den Zeitraum des Führungsstil-Wechsels. Er schreibt:

„... denke ich, daß die Beweise sehr deutlich dafür sprechen, daß die Verhaltensunterschiede in der autokratischen und demokratischen Situation nicht auf Unterschiede in den Individuen zurückzuführen sind. Wenige Erfahrungen haben mich so beeindruckt wie der Ausdruck in den kindlichen Gesichtern am ersten Tage unter einem autokratischen Führer. Die Gruppe, die zuvor freundlich, offen, kooperativ und voller Leben gewesen war, wurde in einer knappen halben Stunde eine sehr apathisch wirkende Versammlung ohne Initiative. Der Wechsel von Autokratie zu Demokratie schien etwas mehr Zeit in Anspruch zu nehmen, als derjenige von Demokratie zu Autokratie. Die Autokratie wird dem Individuum aufgezwungen, die Demokratie muß er lernen!" (zit. nach Marrow, 1977, 144)

g) Insgesamt verließen vier Jungen die Gruppe: alle in der autokratischen Phase.

Vier Diskussionsebenen

Wenn man über Nachwirkung und Rolle des Lewin-Experiments reflektieren will, dann ist es nützlich, mehrere Diskussionsebenen voneinander zu trennen.

Die Bedeutung im politischen Kontext

Kurt Lewin war Dozent an der Universität Berlin, als Hitler an die Macht kam. Er war Jude und es war abzusehen, daß er seine Stellung nicht mehr lange behalten würde. Deshalb bemühte er sich um eine Stelle an einer Universität in den USA, und da er sich bereits durch zahlreiche bedeutende Arbeiten und Vorträge im In- und Ausland einen Namen gemacht hatte, gelang dies sehr rasch. In den USA wurde er mit völlig anderen Bedingungen konfrontiert: Er war in Preußen aufgewachsen (und sozialisiert), war Offizier im Ersten Weltkrieg und seine Englisch-Kenntnisse waren schwach. Es war schwer und gleichzeitig eine Herausforderung für ihn, im fremden Land eine wissenschaftliche Existenz und eine Heimat zu finden. Wenn man vor diesem Hintergrund seine Auseinandersetzung mit demokratischem und autokratischem Führungsstil sieht, dann ist deutlich: Das war nicht einfach irgend ein Thema für ihn, sondern das war ein Stück Auseinandersetzung mit Hitlers Diktatur, aber auch mit der eigenen autoritären Erziehung und mit den Strukturen, die er in den Vereinigten Staaten vorfand.

Zweitens muß man sehen, daß die Arbeit 1939 veröffentlicht wurde, zur gleichen Zeit, als der Zweite Weltkrieg zwischen Hitler und den westlichen Demokratien seine Schatten vorauswarf und anfing: Die USA, von Anfang an geistig auf der Seite Englands und Frankreichs, dann ab 1941 ebenfalls im Krieg mit Hitlers Deutschland, sahen den Krieg auch als Auseinandersetzung zwischen den westlichen Demokratien und der Diktatur.

Und drittens spielt für die Rezeption in Deutschland eine Rolle, daß uns das Experiment in der ersten Nachkriegszeit zugänglich wurde: Die weitaus meisten Deutschen hatten eine mehr oder weniger nichtdemokratische oder antidemokratische Sozialisation hinter sich und befanden sich in der eigenen Auseinandersetzung mit politischen Grundproblemen, wie sie existentiell kaum hautnäher vorstellbar sind. Es gab, zumindest in der ersten Nachkriegszeit in Deutschland, kein anderes Experiment, welches eine solche Beachtung gefunden hätte. Das reichte bis zu den Diskussionen von 1968, die ebenfalls stark von diesem Thema und seiner Umsetzung in Erziehung und Unterricht geprägt worden sind.

Eine Wende im Methodenverständnis

Auch für das Selbstverständnis der experimentierenden Psychologen hat diese Arbeit eine besondere Bedeutung, und in der Geschichte der Sozialpsychologie wird immer wieder darauf hingewiesen, daß dieses Experiment mit einigen wenigen anderen (am häufigsten werden das Ferienlagerexperiment von Sherif 1969 und Aschs Experiment zum Gruppendruck genannt) zu einer Wende in der experimentellen Sozialpsychologie geführt habe. Das wichtigste Stichwort hierzu heißt: Fokussierung auf die Gesamtsituation an Stelle der Reduktion aller Variablen bis auf eine im Labor. Die Kinder im Lewin-Experiment wußten nicht, daß es sich um ein Experiment handelte; sie erlebten die Situation als Alltag und verhielten sich so, wie es ihnen in dieser Gesamtkonstellation angemessen erschien. Lewin und seine Mitarbeiter haben sich mit ihrem Methodenverständnis sicher nicht allgemein durchgesetzt. Auch heute noch finden sich zahllose Experimente in unseren Fachzeitschriften, in denen eine mißverstandene Physik oder Chemie der zwanziger Jahre als Modell herhalten muß. Aber: Angeregt von Lewin und vorgeführt von seinen zahlreichen Schülern, war dieses Experiment von 1939 doch ein Durchbruch zu neueren Verfahrensweisen.

Gleichzeitig war es eine Abwendung von der ausschließlichen Beschränkung auf Eigenschaften des Individuums zugunsten der Gesamtkonstellation. Hinsichtlich dieser Wende sind ihm in der Persönlichkeitspsychologie über Lippenbekenntnisse hinaus einstweilen noch wenige gefolgt.

Anregungsfunktion für die Anwendung

Lewin und seinen Mitarbeitern ist es mit diesem Experiment gelungen, eine einfache und nachvollziehbare Grundsituation zu schaffen, die jeder Leser als Analogie zu eigenem Erleben wiedererkennen kann. Im Gegensatz zu den meisten neueren Experimenten, in denen der Leser eine Stunde oder noch länger benötigt, um den Aufbau überhaupt erst einmal zu verstehen, ist dieses Experiment klar und eingängig, die Ergebnisse sind einprägsam und übersichtlich. Das hat alles sicher dazu beigetragen, den Befunden weite Verbreitung zu sichern, vielfältige Analogien anzuregen und weiterzudenken. Das gilt insbesondere für die Entwicklungspsychologie und für die Umsetzung in dem Bereich von Erziehung und Unterricht im weitesten Sinne.

Thematisierung als wesentliches Ergebnis

Jede der vier Gruppen umfaßte zunächst fünf Kinder; da insgesamt vier Kinder während der Experimente ausgerissen sind, waren die Gruppen, zumindest am Ende noch kleiner. Lewin und seine Mitarbeiter haben sich zwar bemüht, Kinder einigermaßen gleichmäßig den einzelnen Gruppen zuzuteilen, so daß die Ängstlichen, Aggressiven, Gutmütigen sich hoffentlich leidlich über die Gruppen verteilt haben, aber wir müssen bei dieser Gruppengröße und -anzahl natürlich damit rechnen, daß Zufälligkeiten und die Dynamik der einzelnen Gruppe hier nicht ohne Einfluß geblieben sind.

Es hat wohl in der Psychologie selten den Fall gegeben, daß so weitreichende Schlüsse auf so verschwindend geringen Stichproben basieren. Das Experiment kann aber auch als früher Beleg für einen möglichen Wandel im Erkenntnisziel der psychologischen Forschung gesehen werden: Nicht universale Gesetze sollen behauptet und bewiesen werden, daß nämlich die Schulkinder in den USA (oder in Iowa, oder in dieser Schule?) bestimmte Reaktionen auf bestimmte Anforderungen zeigen. Sondern ein Sachverhalt soll zum Thema gemacht werden, auf einen Sachverhalt soll aufmerksam gemacht werden. Und wenn ich wissen will, ob dieser Sachverhalt 1990 in Hintertupfingen auch zutrifft, dann kann ich diese Frage nicht durch mutige Generalisierung der Ausgangsbefunde lösen, sondern nur durch eigene empirische Prüfung.

Anmerkungen zum Forschungsstand

a) Zunächst einmal fällt auf, daß es *wenig Nachuntersuchungen* des Phänomens gibt; auch sonst sehr materialreiche Sammelreferate nennen nur vereinzelt echte Replikationen. Das ist freilich kein Spezifikum dieser Versuche; Nachuntersuchungen sind in der Psychologie insgesamt selten, Psychologen haben mehr Interesse daran, etwas Neues zu bieten. Doch wäre es gerade bei solchen Experimenten, die stark in die gesamtgesellschaftliche Situation verwoben sind, von Interesse, etwaige Änderungen zu erfahren. (So ist etwa das Asch-Experiment, vgl. Kapitel 6., durchaus zeitabhängig).

Wenn man sich neuere Untersuchungen zum Führungsstil ganz allgemein ansieht, dann ist die *grundsätzliche* Überlegenheit des demokratischen Führungsstils längst widerlegt, allein schon durch zahlreiche Experimente Fiedlers und seiner Schüler und Nachfolger: Es gibt zweifellos zahlreiche Bedingungskonstellationen, in denen straffe Führung nicht nur ökonomischer, sondern auch für alle Beteiligten hilfreicher ist (vgl. etwa Fiedler, 1986, 111). Das gilt nicht nur für die Feuerwehr am Einsatzort, sondern bei starkem Wissensgefälle, hoher Komplexität, voraussetzungsvollen Entscheidungssituationen. Die Studenten des ersten Studiensemesters, die über ihre Lehrgegenstände abstimmen wollen oder sollen, sind hier ein instruktives Beispiel aus den sechziger Jahren.

b) Auch über die phänomenale Sicht der Beteiligten wissen wir wenig (Weinert, 1987, 354). Dabei wären aber Phänomenberichte sehr erwünscht, weil unter äußerlich gleichem Verhalten sehr verschiedene psychische Sachverhalte verborgen sein können. Wie die unterschiedlichen Führungsstile Arbeitsverhalten und Einstellungen verändern, ist noch wenig zum Thema gemacht worden. Als Persönlichkeitspsychologe könnte man vermuten, daß hier die Veränderung des Selbstkonzepts eine wichtige Zwischenvariable ist: Mein Selbstkonzept wird positiv beeinflußt, wenn ich ernst genommen und in Entscheidungsprozesse einbezogen werde; mein Selbstkonzept leidet, wenn ich nur Anordnungen ausführen muß und als eigenständig denkender Mensch nicht gefragt bin. Man könnte auch den Zusammenhang zwischen Information, Leistung und Wohlbefinden thematisieren: Im demokratischen Prozeß wird mehr sachgerechte Information aller Beteiligten verarbeitet, das kommt unmittelbar der Leistung und dem Wohlbefinden zugute.

c) Wahrscheinlich wäre es in vielen Situationen auch hilfreich, über eine präzisere und differenziertere Begriffssprache zu verfügen: „Demokratisch" kann vielerlei heißen:

— unverbindliche Konsultation, vgl. etwa die beratende Stimme der Studenten in vielen Satzungen

- die provisorische und jederzeit rückholbare Delegation von Entscheidungen
- die endgültige Delegation von Entscheidungen
- die Rechtfertigungsnotwendigkeit aller Beteiligten und Herstellung des Einvernehmens über die endgültige Entscheidung
- die klare demokratische Abstimmungsregel, bei der jeder der Beteiligten eine (gleichwertige) Stimme hat.

Daß das bloße laissez-faire des Leitenden unter den meisten Bedingungen allenfalls zu arg verlangsamten Entscheidungen, oft aber ins Chaos mündet, ist dem Praktiker deutlich. Aber jahrelang wurden „demokratisch" und „laissez-faire" weder in der theoretischen Diskussion noch in der Praxis sorgfältig auseinandergehalten. Andererseits: es ist sicher zu eng, lediglich den Abstimmungsprozeß als demokratische Verfahrensweise anzusprechen, schon gar nicht, wenn er an die Stelle ausführlicher Auseinandersetzung in der Sache tritt.

d) Der Zusammenhang zwischen „nichtautoritär", „antiautoritär", „nichtdirektiv" und „demokratisch" ist vielfältig und wird sehr unterschiedlich konstruiert. Für ganz schlichte Gemüter ist das alles dasselbe und ist unter allen Bedingungen gut: je demokratischer desto besser. Bei näherer Betrachtung erscheint es unerläßlich, hier stärker zu differenzieren. Das ist inzwischen aus der Sicht der Therapie, und zwar in erster Linie an der Person und dem Werk von Rogers, geleistet worden (vgl. etwa „Rogers und die Pädagogik", 1987). Auch in der Erziehungswissenschaft (Flitner, 1982; Sass, 1972; Blankertz, 1982; Benner, 1987) ist dieser geistige Unfall der Gleichsetzung von „Alles-Laufen-Lassen" und „bedingungslos akzeptieren" mit demokratischer Erziehung inzwischen einigermaßen ausgestanden.

e) Besonders schwierig ist die Situation in der konkreten Gruppenarbeit wie auch ganz allgemein in der Erziehung dann, wenn „demokratischer Führungsstil" zu einem unverrückbaren Glaubenssatz wird und dieser Glaubenssatz gleichzeitig nur äußerlich andressiert ist: Viele Erzieher in allen Bereichen sind eher autoritär sozialisiert und bemühen sich verstandesmäßig so zu handeln, als seien sie von einem demokratischen Führungsstil überzeugt. Dabei ist dann die Forderung nach „Echtheit" oder „Authentizität" einerseits und demokratischem Führungsstil andererseits nicht zu vereinigen. Mit diesem Rollenkonflikt werden auch heute noch viele Lehrer völlig allein gelassen.

f) Manchmal wird der demokratische Führungsstil auch mit dem Argument befürwortet, daß bei dieser Verfahrensweise die Bedürfnisse der Geführten am besten befriedigt würden. Das ist insofern nicht ganz überzeugend, als auch der autoritäre Führungsstil Bedürfnisse der Beteiligten erfüllen kann, nur eben andere. Dieser Sachverhalt ist mir so wichtig, daß ich ihn in einem gesonderten Abschnitt gründlich behandeln will.

Oft vernachlässigt: Ein Blick auf die Geführten

*„Der junge Alexander eroberte
Indien. Er allein? Cäsar schlug die
Gallier. Hatte er nicht wenigstens
einen Koch bei sich? Philip von
Spanien weinte, als seine Flotte
untergegangen war. Weinte sonst
niemand?"*

Bert Brecht

Wenn es um Führung geht, dann kann man zweifellos die beiden Parteien der *Führer* und der *Geführten* unterscheiden. Dabei ist es naheliegend, daß das Verhalten derjenigen, die führen, zumeist das größere menschliche und auch wissenschaftliche Interesse gefunden hat. Das Interesse für die Rolle der Geführten war dabei nicht nur quantitativ geringer, sondern zumeist auch durch einengende Denkansätze begrenzt und spezifisch strukturiert. Für einen Bericht erscheint es mir daher praktisch, den Stand der Reflexion, der Theorien und der Empirie nach fünf Denkansätzen gesondert darzustellen.

1. Denkansatz: Der historische Bericht

Für die Zeit vor dem Beginn einer systematischen Befassung mit Führungsverhalten sind wir weitgehend auf historisch-deskriptive Berichte angewiesen, und dabei geht es fast ausschließlich um Berichte über das Verhalten der Führenden und nicht der Geführten. Allerdings gibt es daneben auch eine nicht zu vernachlässigende Memoirenliteratur von und über Personen, die gewissermaßen im mittleren Management tätig waren und deshalb sowohl Führer als auch Geführte gewesen sind. Und es gibt auch in Ansätzen systematische Reflexionen über Führungsverhalten, etwa testamentarische Aussagen von Herrschern, die ihren Nachfolgern ihre Grundprinzipien des Führungsverhaltens übermitteln wollten. Systematische Aufarbeitungen solcher Literatur sind mir nicht bekannt, sind auch wohl wegen des außerordentlich unterschiedlichen Kontextes schwer zu bearbeiten. Die unterste Schicht der Geführten war durch die Jahrhunderte hindurch zumeist des Schreibens nicht mächtig, und im deutschen Sprachraum verfügen wir nur über ganz wenige einschlägige Berichte, wie etwa Ulrich Bräker „Lebensgeschichte des armen Mannes in Tockenburg" von 1789.

2. Denkansatz: Die Massenpsychologie

Die erste systematische Befassung mit dem Anspruch der Wissenschaftlichkeit verdanken wir vier Forschern um die Jahrhundertwende:

LeBon (1841 – 1931), Tarde (1834 – 1904), Sighele (1868 – 1913) und Ortega y Gasset (1883 – 1953). Hier wird als typische Situation der Mensch nicht in irgendwie strukturierten Sozialverbänden gesehen, sondern als isoliert in der „Masse". Der typische Mensch in dieser Masse ist blind, dumm, begierig, des Denkens nicht fähig, kann nur in Bildern und nicht in Begriffen denken. Sein wesentliches Bedürfnis ist es, von großen Führern unterdrückt und geistig vergewaltigt zu werden.

Unter den Autoren, die sich mit Problemen der Massenpsychologie auseinandergesetzt haben, hatte ganz zweifellos Gustave LeBon den größten Einfluß. Sein Hauptwerk, die „Psychologie der Massen" (1982, in der 15. Auflage seit 1895 erschienen), hat die öffentliche Diskussion über Massenphänomene jahrzehntelang geprägt. Vor allem für das Selbstbild des Intellektuellen war LeBons Konstruktion unmittelbar einleuchtend und zudem sehr entlastend: Die weitaus meisten Menschen gehören danach zur Masse, die alle negativen Kennzeichen hat; auch Gruppen von Akademikern, ja selbst Hochschullehrer sind Masse, nur man selbst gehört (natürlich) nicht dazu. Im deutschsprachigen Raum hat sich vor allem Hofstätter ausführlich mit LeBon auseinandergesetzt (1956, zit. nach 1986) und auch dargelegt, warum dieser Ansatz ein so ungewöhnliches Echo gefunden hat. Einer der Gründe liegt auch darin, daß LeBon Teile dieses Denkansatzes bereits als Alltagsweisheit vorfand: Senatores omnes boni viri, senatus romana mala bestia, heißt es schon im alten Rom (alle Senatoren sind tüchtige Menschen, der Senat als Ganzes ist ein wildes Tier). Oder, ebenso häufig zitiert: Jeder, sieht man ihn einzeln, ist leidlich klug und verständig, sind die in corpore, gleich wird Euch ein Dummkopf daraus (Schiller).

LeBons Argumentation war insgesamt unscharf und sehr allgemein, man kann in seinem Buch nicht recht feststellen, ob er diese Gesetzmäßigkeiten als Allsatz oder als Wahrscheinlichkeitsaussage gemeint hat; schon die Frage selbst hätte er vermutlich als nicht beantwortungswürdig klassifiziert.

3. Denkansatz: Experimentelle Sozialpsychologie

Während der massenpsychologische Ansatz noch bis in die fünfziger Jahre in der Lehrbuchliteratur diskutiert wurde, entwickelte sich von den dreißiger Jahren an eine experimentelle Sozialpsychologie, die sich ebenfalls die Auswirkung von Führungsphänomenen zum Thema machte. Dabei wurde zunächst – wie bei Lewin, Lippitt & White (1939) – der Führungsstil oder das Leiterverhalten als unabhängige Variable, das Verhalten der Zielpersonen als abhängige Variable konstruiert: Der Leiter leitet, die Teilnehmer reagieren darauf. Im Gegensatz zu LeBon, der zwischen Gruppen und anderen „Menschen im Plural" nicht unterschied, ging es dabei fast ausschließlich um Gruppen, oft um sehr kleine Gruppen. Erst auf die Dauer wurde diese Einseitigkeit aufgeweicht. Es wurde gefragt, ob nicht auch umgekehrt die Gruppenmitglieder einen Einfluß auf das Leiterverhalten ausüben.

Dieser Sachverhalt ist den meisten Lehrern aus der Schulpraxis geläufig. Es gibt Klassen, in denen man gern unterrichtet, sich akzeptiert fühlt, mit Spaß dabei ist, Freude an guter Vorbereitung hat; und es gibt Klassen, die lähmen jegliche Energie und man ist froh, wenn man es überstanden hat.

So gibt es eine Reihe von Untersuchungen darüber, ob ein bestimmter Leiterstil bei ähnlich strukturierten Teilnehmern besonders erfolgreich ist und/oder positiv bewertet wird (Haythorn et al., 1956). Es leuchtet unmittelbar ein, daß Teilnehmer, die nach hohen Dogmatismuswerten (anhand der F-Skala von Adorno et al.) ausgelesen worden sind, bei anderem Unterrichtsstil ihr Optimum erreichen als solche Teilnehmer, die durchweg besonders niedrige Dogmatismuswerte haben (Weed, Mitchell & Moffit, 1976). Die Autoren haben eine Reihe weiterer ähnlicher Befunde aufgelistet, auch bei Stogdill (1974, 327 ff.) findet sich einschlägiges Belegmaterial. In Ansätzen der letzten Jahre ist dieser „reziproke Determinismus" weiter an empirischen Befunden aufgezeigt worden, Sims & Manz (1984) haben 13 solcher Studien zusammengestellt und diskutiert.

Ganz allgemein kann man das Selbstverständnis der überwiegenden Mehrheit der Sozialpsychologen wohl so interpretieren, daß alle wesentlichen Sachverhalte, die mit Führung und Geführtwerden zu tun haben, auf die Dauer in angemessener Weise erforscht werden können, so daß Rückgriffe auf die frühe Massenpsychologie etwa von LeBon entbehrlich sind. In der Tat erscheint der Name LeBon in neueren Darstellungen des Faches entweder gar nicht oder allenfalls mit ein oder zwei historischen Anmerkungen. Von der bedeutendsten Ausnahme zu diesem Sachverhalt ist im nächsten Abschnitt die Rede.

4. Denkansatz: Zurück zu Freud und LeBon? Moscovicis „Zeitalter der Massen" von 1986

Moscovici vertritt die Auffassung, daß die Grundideen von LeBon keineswegs überholt oder abgetan seien: Sie sind vielmehr der zentrale Ausgangspunkt seiner Argumentation in 500 Seiten seiner kämpferischen Schrift. Dabei stellt er LeBons Thesen nicht etwa in Gegensatz zur neueren experimentellen Sozialpsychologie. Diese kommt vielmehr in seinem ganzen Buch überhaupt nicht vor. Und obwohl es *nicht* von Führung in Gruppen handelt — auch der Begriff der Gruppe spielt bei ihm keine Rolle — betrifft seine Streitschrift das Thema meines Buches: Denn da er Führungsphänomene ganz allgemein behandelt, wird er ja wohl die Führungsphänomene in Gruppen nicht ausschließen. Ich will daher versuchen, die wesentlichen Linien seiner Argumentation nachzuzeichnen.

Zunächst: wenn Moscovici von Führungsverhalten spricht, dann meint er nicht das Verhalten von fünf Psychologiestudenten eines Einführungskurses, die in Ableistung ihrer Lehrveranstaltungsverpflichtungen gemeinsam eine Bastelaufgabe bearbeiten, bei der es ungleiche Beteiligungsausmaße gibt.

Wenn Moscovici von Führungsverhalten spricht, dann meint er Hitler, Fidel Castro, De Gaulle, Lenin, Napoleon, Stalin und den Papst.

Und wenn er von gesicherten Befunden spricht, dann meint er nicht das 5%-Niveau, sondern Übereinstimmungen in historischen Berichten und Aussagen von Zeitzeugen.

Moscovici geht davon aus, daß massenpsychologische Phänomene in unserem Verhalten eine zentrale Rolle spielen, in hohem Maße handlungsleitend sind:

„Die Massenpsychologie hält zumindest einen Schlüssel zur Macht der Führer in unserer Epoche in Händen. Und Pläne für die Demokratie zu schmieden bleibt so lange leichtfertig, so lange man nicht zu erfahren sucht, wie und warum diese Macht sie einschränkt oder aus den Angeln hebt. Das ist die Absicht, die mit diesem Buch verfolgt wird . . ." (1986, 10).

Und Politik, so heißt es bei ihm später, „. . . ist die rationale Form der Ausbeutung der irrationalen Tiefenschicht der Menschen." (1986, 54).

Zunächst müßten wir uns darüber verständigen, was denn nach Moscovici eine Masse ist. Er gibt eine Definition auf S. 13:

„Eine Masse ist ein transitorisches Ensemble von gleichrangigen, anonymen und ähnlichen Individuen, innerhalb dessen die Ideen und Emotionen eines jeden dazu neigen, sich spontan auszudrücken."

Das ist freilich eher eine Leerformel, an die der Verfasser sich in seiner weiteren Argumentation nicht hält: Gleichrangigkeit, Anonymität und Ähnlichkeit mögen häufige Kennzeichen sein, aber sie sind keineswegs Vorbedingung. Wahrscheinlich ist es in der heutigen Kommunikationssituation zweckmäßiger, nicht verdinglicht von Massen, sondern von Massenphänomenen zu sprechen, die wir dann in unserer Gesellschaft in der Tat an allen Ecken und Enden entdecken können.

Ich will stattdessen zur Verdeutlichung (in Anlehnung an Moscovici, 1986, 120 f.) die sechs wesentlichen Kennzeichen von Massenphänomenen kurz aufzählen:

a) Eine Masse erlebt sich subjektiv in Hinsicht auf Zugehörigkeit zu einem Personenkreis und/oder als geleitet durch eine übergreifende Idee oder zentriert auf eine Leitfigur als eine *Einheit*, und diese Einheitlichkeit ist ihr sehr wichtig.

b) Das Handeln im Hinblick auf diese Idee ist im wesentlichen unbewußt, zumeist irrational, zumeist emotional getönt.

c) Die Massen sind konservativ, ihre Ideen knüpfen an gute und natürlich frühere Zeiten und Zustände an: an die Natur, an die Germanen, an gute preußische Traditionen oder andere Größen der früheren Geschichte, an das wahre und unverfälschte Christentum oder den eisernen Kanzler Bismarck.

d) Die Unterwerfung unter diese Leitidee, die Verehrung der Leitfigur hat in erster Linie positive Valenzen. Moscovici spricht von der „unwiderstehlichen Süße im Gehorsam" (55 f.), von der „Leichtgläubigkeit" und der „quasi-verliebten Willfährigkeit". Von da ist es nicht weit zu der Idee, daß die Masse lauter weibliche Eigenschaften hat und eigentlich eine Frau ist. Und sie liebt dann auch ganz folgerichtig die „starken Männer".

e) Die Grundidee muß einfach sein. Moscovici zitiert in diesem Zusammenhang den Historiker Jakob Burckhardt:

„Die Zukunft gehört den Massen und den Menschen, die ihnen die Dinge einfach erklären können" (1986, 66).

f) Die Idee muß nicht nur einfach sein, sondern auch allegorisch, lebhaft und bildhaft dargeboten werden. Etwaige Gegenpositionen werden um der Geschlossenheit des Bildes willen im allgemeinen ignoriert und, wenn das nicht geht, lächerlich gemacht und als verachtenswert dargestellt. Diskussionswürdige Alternativen zu solchen Phänomenen gibt es nicht.

Für die Einwirkung auf die Massen sind noch zwei weitere Mechanismen wichtig. Zunächst die *Wiederholung*: ständige informationsarme Wiederholung der zentralen Botschaft reduziert den Anteil des Denkens und führt leichter zur Handlung als eine noch so gut gestaltete „einerseits-andererseits"-Darstellung. So zitiert Moscovici Napoleon mit dem Satz, es gäbe nur eine Form effektiven Denkens, nämlich die Wiederholung (1986, 189) und er zitiert Freud:

„Das Kind kann sich an Wiederholungen nicht genug tun und wird unerbittlich auf der Identität des Eindrucks bestehen" (1986, 323).

Der andere notwendige Mechanismus für Massenphänomene ist die „großartige Inszenierung". Prunk, Massenaufgebot, feierliche Musik und großes Zeremoniell geben auch den plattesten Informationen etwas Unirdisch-Entrücktes, Geheimnisvolles, Bedeutendes. Das haben die Herrscher seit eh und je gewußt und überzeugend realisiert. Die großen Plätze in Städten von Altertum, Mittelalter und Neuzeit gaben hierzu die geeignete Kulisse und waren für die Indoktrinierung unerläßlich. Moscovici weist darauf hin, daß z.B. Mussolini ein guter Kenner des Buches von LeBon gewesen ist:

Er hat die glanzvollen Paraden, die Versammlungen auf den monumentalen Plätzen angeordnet und die rhythmische Antwort einer gewaltigen Zuhörerschaft gefordert. Seither sind diese Kunstgriffe zum Grundbestandteil der Kunst der Machtergreifung und der Machterhaltung geworden (1986, 119).

Nach Moscovici entsteht dieses zentrale und mächtige Bedürfnis nach Zugehörigkeit und Unterwerfung unter einen mächtigen Führer in der frühen Kindheit und wird durch elementare Kräfte aus den tiefen Schichten des Menschen gespeist. Wir suchen Schutz, Geborgenheit, Sinnverständnis und Welterklärung in dieser unüberschaubaren und gefährlichen Welt; und die Unterwerfung unter einen großen Vater ist dabei ein in unserem Leben bereits vorgeprägtes Modell. Im allgemeinen sind uns dabei, so betont Moscovici in enger Anlehnung an Freud, unsere Beweggründe und Motive nicht oder nur eingeschränkt bewußt; wir rechtfertigen unsere Handlungsweise dementsprechend durch allerlei kognitives Gerede.

5. Denkansatz: Jenseits von Moscovici

Wenn man Moscovicis Ansatz — der freilich in meiner Kurzfassung nicht angemessen wiedergegeben sein kann — mit der Darstellung der Führungsforschung in einem der neueren Bücher der Sozialpsychologie vergleicht, dann gibt es da wenig Berührungspunkte: Es ist von unterschiedlichen Sachverhalten die Rede. Da beide Sachverhalte wichtig sind, will ich versuchen, Querverbindungen zu ziehen.

a) Wenn ich die Beschreibungen von Massenphänomenen bei Moscovici lese, dann ist mir deutlich, daß es diese Sachverhalte gibt, daß ich sie kenne, selbst erlebt habe als Beobachter und als Beteiligter.

b) Es ist weiter deutlich, daß es diese Massenphänomene nicht nur gegenüber Staatsoberhäuptern gibt, sondern auch in kleinerem gesellschaftlichem Raum: im Vereinsleben, in Schule und Hochschule, im Wirtschaftsleben. Für den Psychologen besonders eindrücklich sind solche Phänomene der Suche nach unbedingter Geborgenheit im Therapiebereich, wo nicht selten Therapeuten bemüht sind, solche Phänomene irrationaler und unbedingter Abhängigkeit nicht nur nicht zu bearbeiten, sondern explizit zu erzeugen. Wie sagte neulich eine Studentin zu mir:

„Wenn ich in den Therapieraum reinkomme, dann guckt der mich an, und dann sieht er mit einem Blick, was heute mit mir los ist. Und dann sagt er einen Satz, und der stimmt."

c) Zweifellos ist auch die theoretische Strukturierung dieses Sachverhaltes und die Rückführung auf frühkindliche Modelle richtig und sinnvoll: Wir Menschen haben für den Umgang mit anderen Menschen und mit Ereignissen nicht viele alternative Strukturierungsmöglichkeiten, und da ist das Bild der Suche nach Geborgenheit beim mächtigen Vater — oder der mächtigen Mutter — einigermaßen naheliegend und plausibel.

d) Und die argumentative Entfaltung und gründliche Reflexion durch Moscovici kann dazu beitragen, diesen Mechanismus zum Thema zu machen, ihn im konkreten Fall zu erkennen und besser damit umgehen zu lernen. Dabei können wir allerdings noch gewinnen, wenn wir Moscovicis Ansatz nicht einfach im luftleeren Raum rumstehen lassen, als wenn er gar nichts mit anderen Bereichen der Psychologie zu tun hätte. Es erscheint mir nützlich, einige Punkte zu markieren, wo es weitergehen könnte.

1. Moscovici beschränkt seine Theorie unnötigerweise auf die Beziehung zwischen Staatsoberhäuptern und der zugehörigen Bevölkerung. Strukturell ähnliche Dinge passieren aber auch im kleineren Rahmen und sind hier zudem bei weitem besser überblickbar und erforschbar.

2. Moscovici beschränkt — und das ist mein gewichtigster Einwand gegen ihn — seine phänomenorientierte Sichtweise auf die Blickrichtung vom Einzelnen auf die Masse: Er als Einzelner steht einer Vielheit gegenüber und er schließt messerscharf: Das ist eine Masse, keiner hat mehr seinen Verstand, alle sind gierig, weibisch, verehrungssüchtig. Wenn sich Moscovici aber mit den Phänomenen des einzelnen Mitglieds der Vielheit befassen würde, dann würde er rasch feststellen, daß eine Grundthese von LeBon unscharf und schief ist: Statt zu sagen: In der Masse verliert der einzelne die Möglichkeit, sich angemessen seines Verstandes zu bedienen, müßte es präziser heißen:

In manchen Vielheiten verlieren unter manchen Bedingungen manche Teilnehmer die Möglichkeit, sich angemessen ihres Verstandes zu bedienen.

Erst bei einer solchen Umformulierung würden die entscheidenden Fragen sichtbar, die es zu untersuchen gilt: Wann und unter welchen Bedingungen passiert das wem?

3. Bei einer solchen Umformulierung wird dann deutlich, daß auch die Formulierungen des Sachverhaltes selbst viel zu verschwommen sind. LeBon von 1875 konnte es sich noch leisten, vom „Verlieren des Verstandes" zu reden. Wir haben heute differenziertere Aussagemöglichkeiten für den Sachverhalt, daß jemand in einer Vielheit von Menschen

- seine Meinung nicht sagt
- seine Meinung an andere Aussagen anpaßt
- die wahrgenommene Gruppenmeinung in Richtung auf Polarisierung beeinflußt.

4. Bei einer solchen Umformulierung liegt es nahe, Querverbindungen zu Salomon Asch, zu Milgram und zu den MHRC-Experimenten (Kapitel 6) zu ziehen. Gleichzeitig verlieren Massenphänomene dabei viel von ihrer irrationalen Absonderlichkeit, die sie bei Moscovici und LeBon haben. Manchmal könnte man das Wort Masse dann einfach durch das Wort „Mensch" ersetzen, wie bei einer von Moscovici (1986, 228) zitierten Aussage des Soziologen Robert Michels:

Die Massen besitzen einen tiefen Drang zu persönlicher Verehrung.

5. Auch der etwas altertümliche Begriff der Suggestibilität (Moscovici, 1986, 307) könnte zugunsten differenzierterer Beschreibungen des tatsächlichen Ereignisses und der Verhaltensweise entbehrlich werden. Und die merkwürdige Tendenz der Massenwahrnehmung, gegenüber dem vorgegebenen Sachverhalt zu vereinfachen, ist ein Dauerbrenner der Gestalttheorie und ihrer zahlreichen Folgetheorien von der Kognitiven Dissonanz bis zur Attribution: Das alles läßt sich nun wirklich in allgemeinpsychologische Theoriesysteme zwanglos einordnen.

6. Moscovici hat — genauso wie LeBon — die Massenphänomene nur aus der Sicht dessen untersucht, der einer Masse gegenübersteht. Ich halte es für möglich und für sehr nützlich, einmal den umgekehrten Weg zu gehen und die Phänomene des Ergriffenwerdens von einer Masse aus der Sicht von jemandem zu sehen, der sich in dieser Masse befindet. Schon wenn man diesen Denkansatz formuliert, wird deutlich, daß nicht alle diejenigen, die von außen als eine Masse zu agieren scheinen, von solchen Massenphänomenen ergriffen worden sind.

So handelte es sich beispielsweise bei den Bücherverbrennungen in Berlin 1933 ganz sicher um Massenphänomene, die als solche organisiert und auf viele Beteiligte auch wohl so gewirkt haben. Aus der Autobiographie von Erich Kästner wissen wir, daß er bei der Verbrennung seiner eigenen Bücher mit in der „Masse" stand und daß er sich und das Verhalten der Menschen um ihn herum sorgfältig beobachtete.

Die führerlose Gruppe: Chaos oder Chance?

Wenn von Führungsverhalten in Gruppen die Rede ist, dann sind seit eh und je Eigenschaften und Verhalten der Führenden das zentrale Thema gewesen; die Geführten kamen wesentlich weniger vor. Die nicht zu leugnende Tatsache aber, daß Gruppen völlig ohne Führungspersonen existieren und erfolgreich sein können, kommt in der Literatur über Führungsverhalten so gut wie gar nicht vor.

Da gibt es zunächst die Möglichkeit der kollektiven Führung durch gleichberechtigte oder nahezu gleichberechtigte Mitglieder und zumeist einen Sprecher, Vorsitzenden oder irgendwie legitimierten Sitzungsleiter und/oder Vertreter des Gremiums nach außen. Da hier im allgemeinen die Leiter nur nominell gleichberechtigt sind, faktisch fast durchweg Sonderrechte genießen, läßt sich dieser Fall im wesentlichen im konventionellen Führungsmodell abhandeln.

Viel wichtiger, und Thema dieses Abschnitts, ist der Fall, daß eine Gruppe versucht, völlig ohne institutionalisierte und an konstante Personen gebundene Führung auszukommen.

Führungsverhalten unerwünscht

Es gibt viele und überzeugende Gründe dafür, daß Führungsverhalten von den Betroffenen negativ bewertet wird. Es kann

— objektiv unzweckmäßig und falsch sein und daher unnötige Schäden und Nachteile verursachen
— objektiv richtig und zweckmäßig, aber nicht dem Betroffenen in seiner Notwendigkeit vermittelbar sein. Das ist unter den komplexen und vernetzten Bedingungen moderner Gesellschaften sicher ein häufiger Fall.

Insofern ist es naheliegend, daß es für die Betroffenen immer wieder starke Beweggründe gegeben hat,

— durch Auflehnung und Revolution Führung zu beseitigen oder durch bessere zu ersetzen
— durch evolutionäre Maßnahmen Führungsverhalten zu verändern, um es zu verbessern
— zu versuchen, Führungsverhalten so weit als möglich zu reduzieren oder ganz abzuschaffen.

Die radikalste Lösung in diesem Zusammenhang war die theoretische Konzeption der *Anarchie* oder des Anarchismus, einer politischen Richtung gegen Ende des 19. und zu Beginn des 20. Jahrhunderts. Der Anarchismus (Hauptvertreter Bakunin, 1814 bis 1876) propagierte die Beseitigung jeglicher Herrschaft von Menschen über andere Menschen und die unbeschränkte Selbständigkeit aller Menschen in rechtlicher, gesellschaftlicher und wirtschaftlicher Hinsicht. Nur kleinere Gruppen haben versucht, dieses Programm durch gewaltlose Überzeugung anderer Menschen durchzusetzen; die meisten Gruppierungen, vor allem in Frankreich, Spanien und Italien versuchten dies vor allem mit Attentaten, Sabotage und anderen Gewaltakten. Die positive und konkrete Ausgestaltung dieses rein koordinativen Nebeneinanders (Krankenhäuser? Schulen? Verkehrsmittel?) blieb dabei weitgehend im Nebel.

Während der Anarchismus insgesamt keine politisch bedeutende Rolle gespielt hat, gab es andere Formen der Ablehnung von Führungsverhalten, die nicht so radikal waren, aber dennoch einen ungleich stärkeren Einfluß auf die deutsche Geschichte ausgeübt haben: das gebrochene Verhältnis der deutschen linken Bewegungen zu Machtausübung und Führung. Das ist ein Sachverhalt, der in der Selbstdarstellung der

Parteien heute eher heruntergespielt oder ganz unterschlagen wird und dem man daher nur bei der Durchsicht des zeitgenössischen Schrifttums begegnen kann (vgl. Groh, 1973; 1986). Die Übernahme von Leitungsfunktionen war innerhalb der linken Parteien verdächtig: die Erhebung sollte spontan von den Arbeitermassen selbst kommen. Und jemanden mit Macht- und Führungsgewalt zu beauftragen, wurde als gefährlich angesehen, weil der Betreffende dann nicht mehr „einer aus dem Volk" war, „verbürgerlichte" oder die ursprünglichen Ziele aus dem Auge verlor.

Nun sind solche Befürchtungen ja keineswegs aus der Luft gegriffen, vielmehr von jedermann beobachtbare Sachverhalte und vielfältig belegbar, in Parteien, Gewerkschaften und anderen Organisationen. Aber die Konsequenz dieser durchgehenden Führungsschwäche war eben doch, daß Hitler mit der Ausschaltung der demokratischen Parteien 1933 keine Schwierigkeiten hatte.

Dieses unklare Verhältnis zu Macht und Machtausübung ist übrigens auch heute noch verbreitet, zwar nicht mehr bei den Sozialdemokraten, wohl aber bei den Grünen. Hier hat man jahrelang aus Vorsicht, daß sie die Macht mißbrauchen könnten, den Repräsentanten so wenig Macht gegeben, daß sie ihre Aufgabe nicht oder nur eingeschränkt erfüllen konnten. Der Rückhalt bei den Geführten und die klare und spürbare Akzeptanz durch die Geführten sind aber unter den meisten Bedingungen unerläßliche Voraussetzungen für überzeugende Führungsfähigkeit: Sie muß zeitlich befristet sein, aber sie darf nicht fehlen oder gar durch ununterbrochene mißtrauische Kritik ersetzt werden.

Führerlos aus Prinzip: Die Selbsthilfegruppen

Es gibt mittlerweile eine Vielzahl von Gruppen, die ohne expliziten Leiter arbeiten (vgl. etwa die Übersicht bei Desmond & Seligman, 1977); aber wenn ich unter den Gesichtspunkten der Langfristigkeit und der Dokumentation mich auf einen prototypischen Bereich beschränken will, dann fällt mir die Wahl leicht: die Verfahrensweise der Selbsthilfegruppen ist praktisch vielseitig erprobt, und es liegen gut dokumentierte Erfahrungsberichte vor (Moeller, 1981 und dort zit. Literatur; Lieberman & Bond, 1978; Asam & Heck, 1983; Acba, 1986; Geelen, 1987). Gleichzeitig handelt es sich um ein sehr breites Konzept, es läßt viele analoge Übertragungsmöglichkeiten zu. Es ist hinsichtlich der Führungslosigkeit entschiedener und klarer als etwa die sogenannten Balint-Gruppen, in denen es ebenfalls ein gewisses Maß von Führungslosigkeit gibt. (Neuere Darstellungen etwa Nedelmann & Ferstl, 1989.)

Zunächst sollte man zwischen Selbsthilfegruppen und Selbsthilfeorganisationen unterscheiden, im folgenden ist nur von der konkreten einzelnen Selbsthilfe*gruppe* die Rede. Moeller (1981, 23) gibt folgende Kurzbeschreibung:

Zu einer solchen Gruppe finden sich sechs bis zwölf Personen zusammen. Sie lernen im regelmäßigen Gespräch, ohne die Mitwirkung eines Gruppenleiters oder Therapeuten mit ihrer inneren und äußeren Situation angemessen umzugehen, und sie versuchen, ihre persönlichen Ziele gemeinsam zu erreichen. Sie treffen sich über mehrere Jahre hinweg einmal in der Woche zu einer Sitzung von etwa zwei Stunden in einem möglichst neutralen Raum.

Die wichtigsten Merkmale dieser Gesprächsgruppe sind:

- alle Gruppenmitglieder sind gleichgestellt
- jeder bestimmt über sich selbst
- die Gruppe entscheidet selbstverantwortlich
- jeder geht um seiner selbst willen in die Gruppe
- was in der Gruppe besprochen wird, soll in der Gruppe bleiben und nicht nach außen dringen (Gruppenschweigepflicht)
- die Teilnahme an der Gruppe ist kostenlos.

Wesentliche Voraussetzungen: Regelbefolgung, Anstrengung, Geduld

Es ist ein naheliegender Gedanke, daß eine Gruppe ohne einen Führer, der alles festlegt und damit Freiräume einengt, in besonderem Maße frei von Regeln und Einengungen sein solle: keine Pünktlichkeit, keine Anwesenheitsverpflichtung, kein fester Schluß der Veranstaltung, sondern „Ende offen". Alle bisherigen Erfahrungen aus einem halben Jahrhundert Selbsthilfegruppen zeigen, daß dieser Wunschtraum unbegrenzter Freiräume auch in Selbsthilfegruppen nicht zu verwirklichen ist. Im Gegenteil: Wenn Selbsthilfegruppen für die Beteiligten hilfreich sein sollen, ist eine sehr sorgfältige Regelbeachtung unerläßlich. Das fängt schon bei der Regelmäßigkeit der Teilnahme an: Da in solchen kleinen und intensiven Gruppen jeder durch sein Dasein allein schon das Gruppenklima mitprägt, ist unterschiedliche Zusammensetzung von Sitzung zu Sitzung eine wichtige Störung, die die Entwicklung von vertrauensvoller Zusammenarbeit beeinträchtigt oder verhindert. Gleichzeitig wird von allen Mitgliedern erwartet, daß sie „bei der Sache" sind, Aufmerksamkeit für das Gruppengeschehen haben und bereit sind, ihren Teil zum Gelingen beizutragen. Übereinstimmend wird auch berichtet, daß viel Geduld erforderlich ist: Selbsthilfegruppen sollten auf mehrere Jahre hin angelegt sein, und oft sind zu Anfang lange unergiebige Durststrecken zu überwinden. Ein Außenstehender hält viele Regeln möglicherweise für unnötig und übertrieben: Warum sollte die Gruppe nicht reihum bei den Mitgliedern tagen? Warum sollte sie nicht mit einem gemeinsamen Essen beginnen oder enden? Was schadet es, wenn Tee und Gebäck gereicht werden? Die Praxis zeigt immer wieder — und die Gruppenmitglieder spüren es bei zunehmender Sensibilisierung für Gruppenprozesse immer deutlicher — , daß eine fruchtbare Gemeinsamkeit eigenen und sehr empfindlichen Gesetzen folgt.

Die Fokussierung auf Gänsebraten, Apfelrotkohl und Glühwein läßt zu wenig Energie für die eigentliche Thematik übrig, selbst die Unterbrechung durch „Soll ich rasch noch etwas Tee aufbrühen?" kann die Teilnehmer oder jedenfalls einzelne Teilnehmer aus dem Konzept bringen.

Gelegentliche Experten statt ständigem Leiter?

Selbsthilfegruppen können nicht immer alle auftauchenden Fragen und Probleme mit Bordmitteln erfolgreich bewältigen, Hilfe von außen kann nützlich sein. So kann es innerhalb der Gruppe Krisen geben, die die gemeinsame Weiterarbeit erschweren oder unmöglich erscheinen lassen. Hier wäre die Hilfe von jemandem erwünscht, der sich mit gruppendynamischen Problemen auskennt. Es kann aber auch der Fall eintreten, daß zusätzliche Fachkenntnisse für die Weiterarbeit erwünscht sind; in diesem Fall liegt es nahe, jemanden einzuladen, der solche Fachkenntnisse einbringen kann. In beiden Fällen ist es sinnvoll, den Experten auf die Vermittlung von Expertenwissen zu beschränken, ihm keine Verantwortung für die Gruppe zu übertragen und ihn nicht unversehens in eine Leiterrolle geraten zu lassen. Selbsthilfegruppen suchen sich gerne einen Feuerwehrmann (Feuerwehrfrau?) für eventuelle Krisensituationen, sie machen aber zumeist wenig oder gar keinen Gebrauch davon. Es beruhigt zu wissen, daß wir in Notfällen auf jemanden zurückgreifen können. Auch von den Experten selbst wird erwartet, daß sie sich auf die reine Expertentätigkeit beschränken.

Krise, Chaos, Selbstmord. Ein wesentlicher Teil der Selbsthilfegruppen arbeitet in Bereichen, die früher ausschließlich der durch Therapeuten geleiteten Gruppentherapie vorbehalten waren. Von da aus liegt es nahe, daß es eine arge Beeinträchtigung von Selbstkonzept und Berufsrollenvorstellung eines Therapeuten sein kann zu hören, ohne seine wertvolle Mithilfe ginge es auch, vielleicht genau so gut, vielleicht sogar besser und jedenfalls viel billiger. Damit mag es u. a. zusammenhängen, daß das Konzept der Selbsthilfegruppen großen Anfeindungen ausgesetzt gewesen ist: Muß man nicht befürchten, daß mehrere Hilfsbedürftige in einer Gruppe, statt füreinander Therapeutenfunktionen zu übernehmen, sich wechselseitig nur stärker in Krisen hineinsteigern? Können Gruppenmitglieder, die selbst hilfsbedürftig sind, anderen eine Hilfe sein?

Moeller (1981) kann in Auswertung der vorhandenen Literatur und aufgrund eigener Erfahrung diese Befürchtungen weitgehend zerstreuen: Die Erfahrungen der Beteiligten sind insgesamt positiv, die Nachteile halten sich in engen Grenzen, hinsichtlich der Therapieerfolge sind Sslbsthilfegruppen jedenfalls nicht schlechter als professionelle Gruppen. Genaue Daten bei Moeller (1981, 287 ff.), neuere Übersicht bei Geelen (1987).

Selbstorganisation und Autonomie

Selbsthilfegruppen haben inzwischen eine beträchtliche Verbreitung gefunden. Moeller (1981) berichtet über 40 Gruppen allein im Raum von Gießen; er nimmt an, daß man in den USA mit einer halben Million Selbsthilfegruppen rechnen kann, was insgesamt ungefähr 5 bis 10 Millionen Mitglieder bedeuten würde. Man wird der Bedeutung einer solchen Bewegung nicht gerecht, wenn man sie ausschließlich oder auch nur in erster Linie unter dem Gesichtspunkt der Therapeutenersparnis sieht. Entscheidender vielmehr ist hier der Durchbruch eines Bedürfnisses nach Selbstorganisation und Autonomie in einer Gesellschaft, in der Abhängigkeiten und Sachzwänge ständig den Freiraum des einzelnen beeinträchtigen.

Wir tendieren im Alltagsdenken vorzugsweise dazu, das autonome Individuum im Gegensatz zu sehen zu Bindungskräften der Gesellschaft: Autonomsein heißt dann, sich weitgehend von solchen Bindungen frei zu halten. Der große Erfolg der Selbsthilfegruppen zeigt eine andere Möglichkeit auf: Autonomsein heißt dann, sich Art und Ausmaß seiner Bindungen und Verpflichtungen selbst zu suchen und diese gemeinsam mit anderen frei zu gestalten. Man kann das kaum besser ausdrücken als mit dem Wahlspruch der frühen Selbsthilfegruppen, den Anonymen Alkoholikern der dreißiger Jahre in den Vereinigten Staaten:

You alone can do it, but you can't do it alone.

Literatur

ACBA, N.: Selbsthilfe in Gruppen – Ein Leitfaden für Interessierte. Eschborn 1986.

ADORNO, T.W.: Studien zum autoritären Charakter. dt. Ausg. Frankfurt 1973, 1950.

ADORNO, T.W.: Was bedeutet: Aufarbeitung der Vergangenheit? In ADOR-NO, T.W.: Eingriffe. Neun kritische Modelle (S. 125-146). Frankfurt 1963.

AENGENENDT, J.: Die Aussage von Kindern in Sittlichkeitsprozessen. Bonn 1955.

ALLPORT, G.W.: Personality: A Psychological Interpretation. New York 1937.

ALLPORT, G.W. & POSTMAN, L.J.: The Basic Psychology of Rumor. In MACCOBY, E.E., NEWCOMB, Th.M., HARTLEY, E. (Hg.): Readings in Social Psychology (S.54-65). New York 1958[3].

ARGYLE, M.: Social Interaction. New York 1969.

ARGYLE, M.: Five Kinds of Small Social Group. In BLUMBERG, H.H. et al. Small Groups and Social Interaction. (S. 240-263). Chichester 1983.

ARONSON, E.: Some Antecedents of Interpersonal Attraction. In Nebraska Symposium (S. 143-170) 1969.

ASAM, W.H. & HECK, M. (Hg.): Soziale Selbsthilfegruppen in der Bundesrepublik Deutschland – Aktuelle Forschungsergebnisse und Situationsdiagnosen. München 1983.

ASCH, S.E.: Studies of Independence and Conformity. I. A Minority of One against an Unanimous Majority. Psychol. Monographs, 70, 1956.

ASCH, S.E.: Effects of Group Pressure upon the Modification and Distortion of Judgements. In GUETZKOW, H. (Hg.): Group, Leadership and Men. Pittsburgh 1951.

ASCH, S.E.: Social Psychology. New York 1952.

ASCH, S.E.: Social Psychology. New York 1987.

BACH, G. & DEUTSCH, R. M.: Pairing. Partnerschaft in der intimsten und zugleich offensten Beziehung zweier Menschen. Düsseldorf 1972.

BACKMAN, C.W.: Epilogue: A new Paradigm. In GINSBURG, G.P. (Hg.): Emerging strategies in Social Psychological Research (S. 289-303). New York 1979.

BAEYER-KATTE, W. von, CLAESSENS, D., FEGER, H. & NEIDHARDT, F.: Gruppenprozesse. Opladen 1982.

BAHRDT, H.P.: Gruppenseligkeit und Gruppenideologie. Merkur, 34, 1980, 122-136.

BALES, R.F.: Interaction Process Analysis: A Method for the Study of Small Groups. Reading, Mass. 1950.

BALES, R.F. & BORGOTTA, E.F.: A Study of Group Size: Size of Group as a factor in the Interaction Profile. In HARE, A.P., BORGOTTA, E.F. & BALES, R.F.: Small Groups (S.495-512). New York 1965[2].

BALES, R.F. & SLATER, P.E.: Role Differentiation in Small Decision making Groups. In PARSONS, T. & BALES, R.F. (Hg.): Family, Socialization, and the Interaction Process (S. 259-306). Glencoe 1955.

BALZER, W., KÜCHENHOFF, B. & RAUCH, H.: Gruppenverläufe bei stationären analytischen Psychotherapiegruppen – mit einem Vergleich psychosomatischer und psychoneurotischer Patienten. Gruppenpsychother. Gruppendynamik, 20, 1984/85, 273-296.

BANDURA, A.: Social Foundations of Thought and Action. A Social Cognitive Theory. New Jersey 1986.

BARTLETT, F.C.: Remembering. Cambridge 1932.

BASS, B.M.: Leadership and Performance beyond Expectations. New York 1985.

BASTINE, R.: Gruppenführung. In GRAUMANN, C.F. (Hg.): Sozialpsychologie. Handbuch der Psychologie, Bd. 7/2 (S. 1654-1709). Göttingen 1972.

BAUMRIND, D.: Some Thoughts on Ethics of Research: After Reading Milgram's „Behavioral Study of Obedience". American Psychologist, 19, 1964, 421-423.

BECKER, H.: Außenseiter. Zur Soziologie abweichenden Verhaltens. Frankfurt 1973.

BENKE, A., HINK, U. & RÖHRIG, H.: Unveröffentlichter Praktikumsbericht. Mainz 1965.

BENNE, K.D. & SHEATS, P.: Functional Roles of Group Members. Journal of Social Issues, 4, 1948, 41-49.

BENNER, D.: Allgemeine Pädagogik. Weinheim 1987.

BENNIS, W.G., BENNE, K.D. & CHIN, R. (Hg.): Änderung des Sozialverhaltens. dt. Ausg. Stuttgart 1975.

BERKOWITZ, L.: Social Norms, Feelings, and other Factors Affecting Helping and Altruism. In BERKOWITZ, L. (Hg.): Advances in Experimental Social Psychology, 6, 1972, 63-106.

BERSCHEID, E.: Interpersonal Attraction. The Handbook of Social Psychology, 2, 1985, 413-484.

BERSCHEID, E., SNYDER, M. & OMOTO, A.M.: Issues in Studying Close Relationships Conceptualizing and Measuring Closeness. Review of Personality and Social Psychology, 10, 1989, 63-91.

BERSCHEID, E. & WALSTER, E.H.: Interpersonal Attraction. Reading, Mass. 1969.

BIDDLE, B.J. & THOMAS, E.J. (Hg.): Role Theory. Concepts and Research. New York 1966.

BIERBRAUER, G.: Why Did He Do It? Attribution of Obedience and the Phenomenon of Dispositional Bias. European Journal of Social Psychology, 9, 1979, 67-84.

BIERBRAUER, G. & GOTTWALD, W.: Psychologie und Recht. Brückenschlag zwischen Fakten und Fiktion. In SCHULTZ-GAMBARD, I. (Hg.): Angewandte Sozialpsychologie (S. 91-110). München/Weinheim 1987.

BIRLEY, A.: Marc Aurel. Kaiser und Philosoph. München 1968.

BISCHOF, N.: Das Rätsel Ödipus. Die biologischen Wurzeln des Urkonfliktes von Intimität und Autonomie. München/Zürich 1985.

BLANKERTZ, H.: Die Geschichte der Pädagogik. Wetzlar 1982.

BLÖSCHL, L.: Grundlagen und Methoden der Verhaltenstherapie. Bern/Stuttgart 1974[4].

BOBERACH, H. (Hg.): Meldungen aus dem Reich. Auswahl aus den geheimen Lageberichten des Sicherheitsdienstes der SS 1939-1944. München 1968.

BOMMERT, H.: Grundlagen der Gesprächspsychotherapie. Stuttgart/Berlin/Köln/Mainz 1982[3].

BOSSARD, J.H.S.: Residental Propinquity as a Factor in Mate Selection. American Journal of Sociology, 38, 1932, 219-224.

BRANDSTÄTTER, H., DAVIS, J.H. & STOCKER-KREICHGAUER, G. (Hg.): Group Decision Making. London 1982.

BRANDT, U. & KÖHLER, B.: Norm und Konformität. In GRAUMANN, C.F. (Hg.): Handbuch der Psychologie, Bd. 7,2 (S. 1710-1789). Göttingen 1972.

BRAY, R.M. & NOBLE, A.M.: Authoritarianism and Decisions of Mock Juries: Evidence of Jury Bias and Group Polarization. Journal of Personality and Social Psychology, 36, 1978, 1424-1430.

BRIDGEMAN, D.L. & MARLOWE, D.: Jury Decision Making: An Empirical Study Based on Actual Felony Trials. Journal of Applied Psychology, 64, 1979, 91-98.

BROEDER, D.: The University of Chicago Jury Project. Nebrasca Law Review, 38, 1958, 744-761.

BRONFENBRENNER, U.: Erziehungssysteme: Kinder in den USA und der Sowjetunion. München 1973.

BRONFENBRENNER, U.: Die Ökologie der menschlichen Entwicklung. Stuttgart 1981.

BROWN, J.D. & McGILL, K.L.: The Cost of Good Fortune: When Positive Life Events Produce Negative Health Consequences. Journal of Personality and Social Psychology, 57, 1989, 1103-1110.

BROWN, R.: Social Psychology. New York 1965, 1986[2].

BRÜCKNER, P.: Das Abseits als sicherer Ort. Kindheit und Jugend zwischen 1933 und 1945. Berlin 1980.

BRÜDERL, L. (Hg.): Theorien und Methoden der Bewältigungsforschung. Weinheim/München 1988.

BÜHLER, K. A.: Ausdruckstheorie. Jena 1968.

BUGEN, L.A.: Expectation Profiles — Members Expect More Than They Get While Leaders Give More Than They Expect. Small Group Behavior, 9, 1978, 115-123.

BULLOCK, A.: Hitler. Eine Studie über Tyrannei. Düsseldorf 1964, 1967[2].

BURNSTEIN, E. & SCHUL, Y.: Group Polarization. In BLUMBERG, H.H. et al. (Hg.): Small Groups and Social Interaction (S. 57-64). Chichester 1983.

BYRNE, D.: Attitudes and Attraction. In BERKOWITZ, L. (Hg.): Advances in Experimental Social Psychology, 4, 1969, S. 35-89.

BYRNE, D.: The Attraction Paradigm. New York 1971.

BYRNE, D. & GRIFFITT, W.: Interpersonal Attraction. Annual Review, 24, 1973, 317-336.

CARTWRIGHT, D.: Lewinian Theory As a Contemporary Systematic Framework. In KOCH, S. (Hg.): Psychology. A Study of a Science, Bd. 2 (S. 7-91), New York 1959.

CARTWRIGHT, D.: Determinants of Scientific Progress: The Case of Research on the Risky Shift. American Psychologist, 28, 1973, 222-231.

CARTWRIGHT, D.: Contemporary Social Psychology in Historical Perspective. Social Psychology Quarterly, 42, 1979, 82-93.

CARTWRIGHT, D. & ZANDER, A.: Power and Influence in Groups: Introduction. In CARTWRIGHT, D. & ZANDER, A. (Hg.): Group Dynamics (S. 215-235). New York 1968.

CATTELL, R.B.: New Concepts for Measuring Leadership in Terms of Group Syntality. Human Relat., 4, 1951, 161-184.

CHEMERS, M.M.: Leadership Processes — Intrapersonal, Interpersonal, and Societal Influences. Review of Personality and Social Psychology, 8, 1987, 252-277.

CLARK, M.S. & REIS, H.T.: Interpersonal Processes in Close Relationships. Annual Review Psychology, 39, 1988, 609-672.

CLARK, M.S. & WADDELL, B.A.: Effects of Moods on Thought about Helping, Attraction, and Information Acquisition. Social Psychology Quarterly, 46(1), 1983, 31-35.

CLORE, G.L. & BYRNE, D.: A Reinforcement Affect Model of Attraction. In HUSTON, T.L. (Hg.): Foundations of Interpersonal Attraction. New York 1974.

COHEN, A.R.: Nach oben gerichtete Kommunikation in experimentell geschaffenen Hierarchien. In IRLE, M.: Texte aus der experimentellen Sozialpsychologie (S. 515-538). Neuwied 1958, 1969.

COHN, R.C.: Von der Psychoanalyse zur themenzentrierten Interaktion. Stuttgart 1975.

COLLINS, B.E. & RAVEN, B.H.: Group Structure: Attraction, Coalitions, Communication, and Power. In LINDZEY, G. & ARONSON, E. (Hg.): The Handbook of Social Psychology, 4: Group Psychology and Phenomena of Interaction (S. 102-204). Reading, Mass. 1968.

COOK, R.L. & HAMMOND, K.R.: Interpersonal Learning and Interpersonal Conflict Reduction in Decision-Making Groups. In GUZZO, R.A. (Hg.): Improving Group Decision Making in Organizations (S. 13-44). New York 1982.

COOPER, C.L.: Theories of Group Processes. London 1975.

COOPER, C.L. & MANGHAM, I.L.: T-Groups. A Survey of Research. London 1971.

CRENSHAW, M.: The Causes of Terrorism. Comparative Politics, 13, 1981, 379-399.

CROOK, J.H.: The Evolution of Leadership: A Preliminary Skirmish. In GRAUMANN, C.F. & MOSCOVICI, S. (Hg.): Changing Conceptions of Leadership (S. 11-31). New York/Heidelberg/Berlin 1986.

CROTT, H.: Soziale Interaktion und Gruppenprozesse. Stuttgart 1979.

CRUTCHFIELD, R.S.: Conformity and Character. American Psychologist, 10, 1955, 191-198.

DÄUMLING, A.M. et al.: Angewandte Gruppendynamik. Stuttgart 1974.

DAHRENDORF, R.: Zukunft der Freiheit. In PODEWILS, C. Graf (Hg.): Tendenzwende. Zur geistigen Situation in der Bundesrepublik. Stuttgart 1975.

DARLEY, S.A.: Big-Time Careers for the Little Woman: A Dual-Role Dilemma. Journal of Social Issues, 32(5), 1976, 85-98.

DAVIS, J.H.: Group Decision and Procedural Justice. In FISHBEIN, M. (Hg.): Process in Social Psychology. Hillsdale/New Jersey 1980.

DAVIS, J.H.: Social Interaction as a Combinatorial Process in Group Decision. In BRANDSTÄTTER, H., DAVIS, J.H. & STOCKER-KREICHGAUER, G. (Hg.): Group Decision Making (S. 27-58). New York 1982.

DAVIS, J.H.: Order in the Courtroom. In MULLER, D.J., BLACKMAN, D.E. & CHAPMAN, A.J.: Psychology and Law: Topics from an International Conference (S. 251-265). New York 1984.

DAVIS, J.H., LAUGHLIN, P.R. & KOMORITA, S.S.: The Social Psychology of Small Groups: Cooperative and Mixed-Motive Interaction. Annual Review, 27, 1976, 501-541.

DAVIS, J.H. & STASSON, M.F.: Small Group Performance: Past and Present Research Trends. Advances in Group Processes, 5, 1988, 245-277.

DeJULIO, S., BENTLEY, J. & COCKAYNE, Th.: Pregroup Norm Setting — Effects on Encounter Group Interaction. Small Group Behavior, 10(3), 1979, 368-388.

DESMOND, R.E. & SELIGMAN, M.: A Review of Research on Leaderless Groups. Small Group Behavior, 8(1), 1977, 3-14.

DEUTSCH, M.: A Theory of Co-Operation and Competition. Human Relat., 2, 1949a, 129-152.

DEUTSCH, M.: The Effects of Cooperation and Competition upon Group Process. In CARTWRIGHT, D. & ZANDER, A. (Hg.): Group Dynamics (S. 461-482). New York 1949b, 1953, 1968³.

DEUTSCH, M. & SOLOMON, L.: Reactions to Evaluations by Others as Influenced by Self-Evaluation. Sociometry, 22, 1959, 93-121.

DEUTSCH, M. & KRAUSS, R.M.: The Effect of Threat on Interpersonal Bargaining. Journal of Abnormal and Social Psychology, 61, 1960, 181-189.

DEUTSCH, M. & KRAUSS, R.M.: Studies of Interpersonal Bargaining. Journal of Conflict Resol., 6, 1962, 52-76.

DEUTSCH, M. & KRAUSS, R.M.: Theories in Social Psychology. New York 1965.

DIENER, E.: Deindividuation: The Absence of Self-Awareness and Self-Regulation in Group Members. In PAULUS, D. (Hg.): Psychology of Group Influence (S. 209-242). Hillsdale/N.J. 1980.

DIEHL, M. & STROEBE, W.: Productivity Loss in Brainstorming Groups: Toward the Solution of a Riddle. Journal of Personality and Social Psychology, 53(3), 1987, 497-509.

DIPBOYE, R.L.: Alternative Approaches to Deindividuation. Psychological Bulletin, 84(6), 1977, 1057-1075.

DÖRNER, D.: Problemlösen als Informationsverarbeitung. Stuttgart 1976. 1979².

DÖRNER. D.: Die Logik des Mißlingens. Hamburg 1989.

DÖRNER, D. et al. (Hg.): Vom Umgang mit Unbestimmtheit und Komplexität. Bern/Stuttgart/Wien 1983.

DÖRNER, D. & REITHER, F.: Über das Problemlösen in sehr komplexen Realitätsbereichen. Zeitschrift für experimentelle und angewandte Psychologie, Bd. XXV(4), 1978, 527-551.

DOISE, W.: Levels of Explanation in Social Psychology. Cambridge 1986.

DOLLASE, R.: Soziometrische Techniken. Weinheim 1976².

DOLLASE, R.: Soziometrie als Interventions- und Meßinstrument. Gruppendynamik, 6, 1975, 82-92.

DOMS, M. & Van AVERMAET, E.: The Conformity Effect: A Timeless Phenomenon? A Reply to Perrin & Spencer. Bulletin of the British Psychological Society, 34, 1981, 383-385.

DOOB, A.N. & GROSS, A.E.: Status of Frustrator as an Inhibitor of Hornhonking Responses. Journal of Social Psychology, 76, 1968, 213-218.

DRISKELL, J.E., HOGAN, R. & SALAS, E.: Personality and Group Performance. Group Processes and Intergroup Relations. Review of Personality and Social Psychology, 9, 1987, 91-112.

DRÖSCHER, V.: Die freundliche Bestie. Neueste Forschung über das Tierverhalten. Oldenburg 1968.

DROYSEN, J.G.: Alexander der Große. München o.J.

DUCK, S.: Friends, for Life. The Psychology of Close Relationships. Brighton 1983.

DUCK, S. (Hg.): Personal Relationships. Theory, Research and Interventions. Chichester 1989.

DUCK, S. & POND, K.: Friends, Romans, Countrymen, Lend Me Your Retrospections. Rhetoric and Reality in Personal Relationships. Review of Personality and Social Psychology, 10, 1989, 17-38.

DUNCKER, K.: Zur Psychologie des produktiven Denkens. Berlin 1935.

EDWARDS, W.: The Theory of Decision Making. Psychological Bulletin, 51, 1954, 380-417.

EHMKE, H.: Planung im Regierungsbereich – Aufgaben und Widerstände. In NASCHOLD, F. & VÄTH, W. (Hg.): Politische Planungssysteme (S. 311-334). Köln 1973.

EINHORN, H.J. & HOGARTH, R.M.: Behavioral Decision Theory: Process of Judgment and Choice. Annual Review of Psychology, 32, 1981, 53-88.

EISMAN, B.: Some Operational Measures of Cohesiveness and their Correlations. Human Relat., 12, 1959, 183-189.

ELLSWORTH, P.C. & CARLSMITH, J.M.: Effects of Eye-Contact and Verbal Content on Affective Response to a Dyadic Interaction. Journal of Personality and Social Psychology, 10, 1968, 15-20.

ENGELKAMP, J.: Das menschliche Gedächtnis. Das Erinnern von Sprache, Bildern und Handlungen. Göttingen 1990.

EVANS, M.G.: Effects of Supervisory Behavior: Extensions of Path-Goal Theory of Motivation. Journal of Applied Psychology, 59, 1974, 172-178.

FEGER, H.: Gruppensolidarität und Konflikt. In GRAUMANN, C.F.: Sozialpsychologie: Handbuch der Psychologie, Bd. 7/2 (S. 1594-1653). Göttingen 1972.

FEIFEL, H.: Psychology and Death. American Psychologist, 45, 1990, 537-543.

FEINGOLD, A.: Matching for Attractiveness in Romantic Partners and Same-Sex Friends: A Meta-Analysis and Theoretical Critique. Psychological Bulletin, 104(2), 1988, 226-235.

FELDMAN-SUMMERS, S. & KIESLER, S.B.: Those Who Are Number Two Try Harder: The Effect of Sex on Attributions of Causality. Journal of Personality and Social Psychology, 30(6), 1974, 846-855.

FELSON, R.B. & REED, M.D.: Reference Groups and Self-Appraisals of Academic Ability and Performance. Social Psychology Quarterly, 49(2), 1986, 103-109.

FEST, J.: Hitler. Eine Biographie. Frankfurt 1973.

FESTINGER, L.: Informal Social Communication. Psychological Review, 57, 1950, 271-282.

FESTINGER, L.: A Theory of Cognitive Dissonance. Stanford 1957.

FESTINGER, L., PEPITONE, A. & NEWCOMB, T.: Some Consequences of De-Individuation in a Group. Journal of Abnormal and Social Psychology, 47, 1952, 382-389.

FETSCHER, I.: Politikwissenschaft. Frankfurt 1968.

FIDELL, L.S.: Empirical Verification of Sex Discrimination in Hiring Practices in Psychology. American Psychologist, 25, 1970, 1094-1098.

FIEDLER, F.E.: The Contingency Model: A Theory of Leadership Effectiveness. In SECORD, P. & BACKMAN, C.W.: Problems in Social Psychology (S. 278-289). New York 1966.

FIEDLER, F.E. & CHEMERS, M.M.: Leadership and effective management. Glenview 1974.

FIEDLER, F.E.: The Contribution of Cognitive Resources and Behavior to Leadership Performance. In GRAUMANN, C.F. & MOSCOVICI, S. (Hg.): Changing Conceptions of Leadership (S. 101-114). New York/Heidelberg 1986.

FINE, S.: Sit-Down. Ann Arbor/Michigan 1969

FITTKAU, B. et al.: Kommunikations- und Verhaltenstraining für Erziehung, Unterricht und Ausbildung. Pullach b. München 1974.

FLITNER, A.: Konrad, sprach die Frau Mama... Über Erziehung und Nicht-Erziehung. Berlin 1982.

FODOR, E.M. & SMITH, T.: The Power Motive as an Influence on Group Decision Making. Journal of Personality and Social Psychology, 42, 1982, 178-185.

FRAENKEL, E.: Strukturdefekte der Demokratie und deren Überwindung. Bonn 1970.

FRAENKEL, E.: Deutschland und die westlichen Demokratien. Frankfurt a. M. 1991.

FREEDMAN, J.L. & FRAZER, S.C.: Compliance Without Pressure: The Foot-in-the-Door Technique. Journal of Personality and Social Psychology, 4(2), 1966, 195-202.

FRENCH, J.R.P. & RAVEN, B.H.: The Bases of Social Power. In CARTWRIGHT, D. & ZANDER, A. (Hg.): Group Dynamics (S. 259-269). New York 1968.

FREUD, S.: Bruchstücke einer Hysterie-Analyse. Krankengeschichte der „Dora". Frankfurt a. M. 1981.

FREUD, A.: Das Ich und die Abwehrmechanismen. Frankfurt a. M. 1984.

FREY, D.: Die Theorie der kognitiven Dissonanz. In FREY, D. & IRLE, M. (Hg.): Theorien der Sozialpsychologie, Bd. I Kognitive Theorien (S. 243-292). Bern 1984².

FREY, D. & MÜLLER, G.F.: Führungstheorien. In FREY, D. & IRLE, M. (Hg.): Theorien der Sozialpsychologie, Bd. II Gruppen- und Lerntheorien (S. 159-184). Bern 1985. ✗

FRITZ, I.: Emanzipatorische Gruppendynamik. Erkenntnistheoretische und methodologische Überlegungen. München 1974.

FROMM, E.: Die Kunst des Liebens. Frankfurt a. M. 1980.

FROMM, E.: Die Furcht vor der Freiheit. Frankfurt a. M. 1975.

GAMSON, W.A., FIREMAN, B. & RYTINA, S.: Encounters with Unjust Authority. Chicago/Illinois 1982.

GEBERT, D.: Gruppendynamik in der betrieblichen Führungsschulung. Berlin 1972.

GEBERT, D. & ROSENSTIEL, L. von: Organisationspsychologie. Stuttgart/Berlin/Köln 1989².

GEELEN, K.: Zelf hulp onder de loep. Tilburg 1987.

GERBASI, K.C., ZUCKERMAN, M. & REIS, H.T.: Justice Needs a New Blindfold: A Review of Mock Jury Research. Psychological Bulletin, 84, 1977, 323-345.

GILBERT, S.J.: Another Look at the Milgram Obedience Studies: The Role of the Gradated Series of Shocks. Personality and Social Psychology, 7(4), 1981, 690-695.

GOLDBERG, G.N., KIESLER, C.A. & COLLINS, B.E.: Visual Behavior and Face-to-Face Distance during Interaction. Sociometry, 32, 1969, 43-53.

GOLDMEIER, E.: The Memory Trace: Its Formation and Its Fate. Hillsdale, New Jersey 1982.

GOLEMBIEWSKI, R.T.: The Small Group: An Analysis of Research Concepts and Operations. Chicago 1962.

GOLEMBIEWSKI, R.T. & BLUMBERG, A. (Hg.): Sensitivity Training and The Laboratory Approach. Readings about Concepts and Applications. Itasca/Illinois 1970.

GOODALL, J.: Wilde Schimpansen – Verhaltensforschung am Gombe-Strom. Reinbek bei Hamburg 1991.

GRAHAM, D.: Experimental Studies of Social Influence in Simple Judgment Situations. Journal of Social Psychology, 56, 1962, 245-269.

GRAUMANN, C.F.: Interaktion und Kommunikation. In GRAUMANN, C.F. (Hg.): Handbuch der Psychologie (S. 1109-1262). Göttingen 1969.

GRAUMANN, C.F. (Hg.): Sozialpsychologie. Handbuch der Psychologie, Bd. 7/2. Göttingen 1972.

GRAUMANN, C.F.: Power and Leadership in Lewinian Field Theory: Recalling an Interrupted Task. In GRAUMANN, C.F. & MOSCOVICI, S. (Hg.): Changing Conceptions of Leaderships. New York/Heidelberg 1986.

GRAUMANN, C.F.: Heterogonie des Wollens: Eine phänomenologisch-psychologische Anregung zur Neubearbeitung der Psychologie des Wollens. In HECKHAUSEN, H. et al. (Hg.): Jenseits des Rubikon: Der Wille in den Humanwissenschaften. Berlin 1987.

GRAUMANN, C.F.: Der Kognitivismus in der Sozialpsychologie. Die Kehrseite der „Wende". Psychologische Rundschau, 39, 1988, 83-90.

GREIFFENHAGEN, M.: Freiheit gegen Gleichheit. Zur Tendenzwende in der Bundesrepublik. Hamburg 1975.

GRELL, J.: Techniken des Lehrerverhaltens. Weinheim 1975[3].

GRIMM, H. & ENGELKAMP, J.: Sprachpsychologie. Berlin 1981.

GROEBEN, N.: Die Verständlichkeit von Unterrichtstexten. Münster 1978[2].

GROEBEN, N.: Handeln, Tun, Verhalten als Einheiten einer verstehend-erklärenden Psychologie. Tübingen 1986.

GROEBEN, N., WAHL, D., SCHLEE, J. & SCHEELE, B.: Das Forschungsprogramm Subjektive Theorien: Eine Einführung in die Psychologie des reflexiven Subjekts. Tübingen 1988.

GROEBEN, N. & WESTMEYER, H.: Kriterien psychologischer Forschung. München 1975.

GROH, D.: Negative Integration und revolutionärer Attentismus. Die deutsche Sozialdemokratie am Vorabend des Ersten Weltkrieges. Berlin 1973.

GROOT, P. de: Information Transfer in a Socially Roosting Weaver Bird (Quelea quelea. Ploceinae). An Experimental Study. Animal Behavior, 28, 1980, 1249-1254.

GÜNTHER, U.: Gehorsam bei Elektroschocks: Die Experimente von Milgram. In FREY, D. & GREIF, S (Hg.): Sozialpsychologie (S. 445-452). München 1983.

GUZZO, R.A. (Hg.): Improving Group Decision Making in Organizations. New York 1982.

HABERMAS, J. & LUHMANN, N.: Theorie der Gesellschaft oder Sozialtechnologie. Was leistet die Systemforschung? Frankfurt 1971.

HACKMAN, I.R. & MORRIS, Ch.G.: Group Tasks, Group Interaction Process, and Group Performance Effectiveness: A Review and Proposed Integration. Advances in Experimental Social Psychology, 8, 1975, 45-99.

HAGSTROM, W.O. & SELVIN, H.C.: The Dimensions of Cohesiveness in Small Groups. Sociometry, 28, 1965, 30-43.

HAISCH, J.: Rechtspsychologie und angewandte Sozialpsychologie: Psychologische Entscheidungshilfen im Rechtssystem. In SCHULTZ-GAMBART, I. (Hg.): Angewandte Sozialpsychologie (S. 111-119). München/Weinheim 1987.

HAISCH, J. & FREY, D.: Die Theorie sozialer Vergleichsprozesse. In FREY, D. & IRLE, M. (Hg.): Theorien der Sozialpsychologie, Bd. I Kognitive Theorien (S. 75-86). Bern 1984.

HANEY, D., BANKS, S.L. & ZIMBARDO, P.: Interpersonal Dynamics in a Simulated Prison. International Journal of Criminology and Penology, 1, 1973, 69-97.

HAMILTON, D.L. & GIFFORD, R.K.: Illusory Correlation in Interpersonal Perception: A Cognitive Basis of Stereotypic Judgments. Journal of Experimental Social Psychology, 12, 1976, 392-407.

HARE, A.P.: Handbook of Small Group Research. New York 1962.

HARE, A.P.: Bibliography of Small Group Research 1959-1969. Sociometry, 35, 1972, 1-150.

HARRÉ, R. & SECORD, P.F.: The Explanation of Social Behavior. Oxford 1976.

HARTGENBUSCH, H.G.: Untersuchungen zur Psychologie der Wiedererzählung und des Gerüchts. Psychologische Forschung, 18, 1933, 251-285.

HARVEY, I.H., ICKES, W.J. & KIDD, R.F.: New Directions in Attribution Research. Hillsdale/New York 1976.

HATFIELD, E., TRAUPMANN, J., SPRECHER, S., UTNE, M. & HAY, J.: Equity and Intimate Relations: Recent Research. In ICKES, W. (Hg.): Compatible and Incompatible Relationships (S. 91-117). New York 1985.

HAWKINS, C.: Interaction and Coalition Realignments in Consensus Seeking Groups: A Study of Experimental Jury Deliberations. Unpublished doctoral dissertation. University of Chicago/Illinois 1960.

HAYS, R.B.: The Development and Maintenance of Friendship. Journal of Social and Personality Relationship, 1, 1984, 75-88.

HAYS, R.B.: A Longitudinal Study of Friendships Development. Journal of Personality and Social Psychology, 48(4), 1985, 909-924.

HAYTHORN, W., HAEFNER, D., LANGHAM, R., COUCH, A. & CARTER, L.: The Effects of Varying Combinations of Authoritarian and Equalitarian Leaders and Followers. Journal of Abnormal and Social Psychology, 53, 1956, 210-219.

HECKHAUSEN, H.: Wünschen — Wählen — Wollen: In HECKHAUSEN, H., GOLLWITZER, P.M. & WEINERT, F.E. (Hg.): Jenseits des Rubikon: Der Wille in den Humanwissenschaften (S. 3-9). Berlin 1987.

HECKHAUSEN, H.: Motivation und Handeln, 2.Aufl.. Berlin/Heidelberg/New York 1989.

HECKHAUSEN, H., GOLLWITZER, P.M. & WEINERT, F.E. (Hg.): Jenseits des Rubikon: Der Wille in den Humanwissenschaften. Berlin/Heidelberg/New York 1987.

HEIBER, H. (Hg.): Lagebesprechungen im Führerhauptquartier. Protokollfragmente aus Hitlers militärischen Konferenzen 1942-1945. München 1963.

HEIDER, F.: The Psychology of Interpersonal Relations. New York 1958, dt. Ausg. Stuttgart 1977.

HEIRICH, M.: The Spiral of Conflict; Berkeley 1964. New York 1971.

HELL, W.: Psychologie der Informationsverarbeitung: Auf der Suche nach einem Profil. Psychologische Rundschau, 39, 1988, 40-45.

HELWIG, P.: Charakterologie. Stuttgart 1957.

HEMPHILL, J.K. & WESTIE, C.M.: Group Dimensions Descriptions Questionnaire. Educational Testing Service. Princeton/New York 1956.

HENLE, M.: Rediscovering Gestalt Psychology. In KOCH, S. & LEARY, D.E.: A Century of Psychology as Science (S. 100-120). New York 1983.

HENTIG, H. von: Die Wiederherstellung der Politik. Stuttgart/München 1973.

HENTIG, H. von: Die Sache und die Demokratie. Frankfurt 1975.

HEPKE, M.: Information und Lernen. Ein Feldexperiment über die Auswirkungen von unterschiedlichen Informationsmaßen auf die Qualität der Gruppenarbeit. Dissertation. Münster 1975.

HERRMANN, Th.: Lehrbuch der empirischen Persönlichkeitsforschung. Göttingen 1969.

HERRMANN, Th.: Allgemeine Sprachpsychologie. München 1985.

HESSE, H.: Eigensinn. Autobiographische Schriften. Frankfurt 1972, 1986.

HEWSTONE, M., STROEBE, W., CODOL, J.-P. & STEPHENSON, G.M. (Hg.): Introduction to Social Psychology. Oxford 1988.

HIGBEE, K.L., MILLARD, R.J. & FOLKMAN, J.R.: Social Psychology Research During the 1970s: Predominance of Experimentation and College Students. Personality and Social Psychology Bulletin, 8(1), 1982, 180-183.

HILL, G.W.: Group Versus Individual Performance: Are N+1 Heads Better Than One? Psychological Bulletin, 91(3), 1982, 517-539.

HILLGRUBER, A.: Probleme des zweiten Weltkrieges. Köln 1967.

HITLER, A.: Mein Kampf. München 1925, 1942.

HÖHN, E. & SEIDEL, G.: Soziometrie. In GRAUMANN, C.F. (Hg.): Handbuch der Psychologie, Bd. 7/1. (S.375-397). Göttingen 1969.

HÖRMANN, H.: Meinen und Verstehen. Grundzüge einer psychologischen Semantik. Frankfurt a.M. 1976.

HÖSS, R.: Kommandant in Auschwitz. Autobiographische Aufzeichnungen des Rudolf Höss. München 1963.

HOFFMANN, J.: Das aktive Gedächtnis. Berlin 1983.

HOFLING, C.K. et al.: An Experimental Study in Nurse-Physican Relationships. Journal of Nervous and Mental Disease, 143(2), 1966, 171-180.

HOFSTÄTTER, P.R.: Gruppendynamik — Kritik der Massenpsychologie. Hamburg 1956, 1986.

HOFSTÄTTER, P.R.: Gruppendynamik. In HERRMANN, Th. et al. (Hg.): Handbuch psychologischer Begriffe (S. 184-196). München 1977.

HOLLANDER, E.P.: Leadership and Power. In LINDZEY, G. & ARONSON, E. (Hg.): The Handbook of Social Psychology, Vol. 2 (S. 485-537). New York 1985.

HOLZKAMP, K.: Theorie und Experiment in der Psychologie. Eine grundlagenkritische Untersuchung. Berlin 1964.

HOLZKAMP, K.: Kritische Psychologie. Vorbereitende Arbeiten. Frankfurt 1972.

HOPPE, F.: Untersuchungen zur Handlungs- und Affektpsychologie IX: Erfolg und Mißerfolg. Psychologische Forschung, 14, 1930, 1-63.

HOUSE, R.J.: A Path-Goal Theory of Leader-Effectiveness. Administrative Science Quarterly, 16, 1971, 321-338.

HUBER, O.: Entscheiden als Problemlösen. Bern/Stuttgart/Wien 1982.

HÜPPE, A.: Prägnanz – ein gestalttheoretischer Grundbegriff. München 1984.

HUSTON, T.L. & LEVINGER, G.: Interpersonal Attraction and Relationships. Annual Review of Psychology, 29, 1978, 115-156.

HYMAN, H.H. & SINGER, E. (Hg.): Readings in Reference Group Theory and Research. New York 1968.

IRLE, M.: Führungsverhalten in organisierten Gruppen. In MAYER, A. & HERWIG, B. (Hg.): Handbuch der Psychologie, Bd. 9 (S. 521-551). Göttingen 1970².

IRLE, M.: Lehrbuch der Sozialpsychologie. Göttingen 1975.

IRVING, D.: Göring. Eine Biographie. Reinbek b. Hamburg 1986.

ISENBERG, D.J.: Group Polarization: A Critical Review and Meta-Analysis. Journal of Personality and Social Psychology, 50(6), 1986, 1141-1151.

ITANI, J. et al.: The Social Construction of Natural Troops of Japanese Monkeys in Takasakiyama. Primates, 4, 1963, 1-42.

JAGO, A.G. & RAGAN, J.W.: The Trouble with Leader Match Is That It Doesn't Match Fiedler's Contingency Model. Journal of Applied Psychology, 71, 1986, 555-559.

JAMES, J.A.: A Preliminary Study of The Size Determinant in Small Group Interaction. American Sociological Review, 16, 1951, 474-477.

JAMES, L. & JONES, A.: Organizational Climate. Psychological Bulletin, 81, 1974, 1096-1112.

JAMES, R.: Status and Competence of Jurors. American Journal of Sociology, 64, 1959, 563-570.

JANIS, I.L.: Victims of Groupthink. Boston 1972.

JANIS, I.L.: Groupthink: Psychological Studies of Policy Decisions and Fiascos. Boston 1982a.

JANIS, I.L.: Counteracting the Adverse Effects of Concurrence-Seeking in Policy-Planning Groups: Theory and Research Perspectives. In BRANDSTÄTTER, H., DAVIS, J. & STOCKER-KREICHGAUER, G. (Hg.): Group Decision Making (S. 477-501). London 1982b.

JANIS, I.L.: Groupthink. In BLUMBERG, H.H. et al. (Hg.): Small Groups and Social Interaction (S. 39-46). Chichester 1983.

JANIS, I.L. & MANN, L.: Decision Making. New York 1977.

JOHNSON, D.W. et al.: Effects of Cooperative, Competitive and Individualistic Goal Structures on Achievement: A Meta-Analysis. Psychological Bulletin, 89, 1981, 47-62.

JONES, E.E.: Major Developments in Social Psychology During the Past Five Decades. In LINDZEY, G. & ARONSON, E. (Hg.): The Handbook of Social Psychology, Vol. 1 (S. 47-107). New York 1985.

JONES, E.E. & DAVIS, K.E.: From Acts to Dispositions: The Attribution Process in Person Perception. In BERKOWITZ, L. (Hg.): Advances in Experimental Social Psychology, Vol. 2 (S. 219-266). New York 1965.

JONES, E.E. & GERARD, H.B.: Foundations of Social Psychology. New York 1967.

JONES, E.E., KANOUSE, D.E., KELLEY, H.H., NISBETT, R.E., VALINS, S. & WEINER, B.: Attribution: Perceiving the Causes of Behavior. Morriston/ N.Y. 1972.

JORGENSON, D.O. & DUKES, F.O.: Deindividuation as a Function of Density and Group Membership. Journal of Personality and Social Psychology, 34, 1976, 24-29.

JÜTTEMANN, G. (Hg.): Qualitative Forschung in der Psychologie. Weinheim/Basel 1985.

KAHNEMAN, D., SLOVIC, P. & TVERSKY, A.: Judgment under Uncertainty: Heuristics and Biases. Cambridge 1982.

KAMINSKI, G.: Verhaltenstheorie und Verhaltensmodifikation. Stuttgart 1970.

KAMLAH, W. & LORENZEN, P.: Logische Propädeutik. Vorschule des vernünftigen Redens. Mannheim 1967.

KATZ, D. & KAHN, R.L.: Human Organization and Worker Motivation. Industrial Production. Industrial Relations Research Association, 7, 1951, 146-171.

KATZ, D., McCOBY, N. & MORSE, N.C.: Productivity, Supervision, and Morale in an Office Situation. Michigan 1950.

KAUFMANN, H. & KOOMAN, A.: Predicted Compliance in Obedience Situations as a Function of Implied Instructional Variables. Psychonomics Science, 7, 1967, 205-207.

KAWAI, M.: Ecology of Japanese Monkeys. Tokyo 1964.

KEBECK, G.: Emotion und Vergessen. Aspekte einer Neuorientierung psychologischer Gedächtnisforschung. Münster 1982.

KEBECK, G. & SADER, M.: Phänomenologisch-experimentelle Methodenlehre. Ein gestalttheoretisch orientierter Versuch der Explikation und Weiterführung. Gestalt Theory, 6, 1984, 193-245.

KEIL, W. & PIONTKOWSKI, U.: Strukturen und Prozesse im Hochschulunterricht. Weinheim 1973.

KELLEY, H.H.: Communication in Experimentally Created Hierarchies. Human Relations, 4, 1951, 39-56.

KELLEY, H.H.: The Two Functions of Reference Groups. In SWANSONS, G.E., NEWCOMB, T.M. & HARTLEY, E.L. (Hg.): Readings in Social Psychology (S. 410-414). New York 1952.

KELLEY, H.H.: Attribution Theory in Social Psychology. In LEVINE, D. (Hg.): Nebraska Symposium on Motivation (S. 192-238). Lincoln 1967.

KELLEY, H.H.: The Process of Causal Attribution. American Psychologist, 28, 1973, 107-128.

KELLEY, H.H. & THIBAUT, J.W.: Group Problem Solving. In LINDZEY, G. & ARONSON, E. (Hg.): The Handbook of Social Psychology, Vol. 4: Group Psychology and Phenomena of Interaction (S. 1-101). Reading, Mass. 1968.

KERCKHOFF, A.C. & DAVIS, K.E.: Value Consensus and Need Complementarity in Mote Election. American Sociology Review, 27, 1962, 295-303.

KERR, N.L. & BRAY, R.M.: The Psychology of the Courtroom. New York 1982.

KESSLER, J.: An Empirical Study of Six- and Twelve-Member Jury Decision-Making Processes. University of Michigan, Journal of Law Reform, 6, 1973, 712-734.

302

KIESLER, Ch. & GOLDBERG, G.N.: Multidimensional Approach to the Experimental Study of Interpersonal Attraction: Effect of a Blunder on the Attractiveness of a Competent Other. Psychological Reports, 22, 1968, 693-705.

KIPNIS, D., CASTELL, P.J., GERGEN, M. & MAUCH, D.: Metamorphic Effects of Power. Journal of Applied Psychology, 61(2), 1976, 127-135.

KISSEL, S.: Stress-Reducing Properties of Social Stimuli. Journal of Personality and Social Psychology, 2, 1965, 378-384.

KLATZKY, R.L.: Gedächtnis und Bewußtsein. Stuttgart 1985.

KNIPPENBERG, D. van, VRIES, N. de & KNIPPENBERG, A. van: Group Status, Group Size and Attitude Polarization. European Journal of Social Psychology, 20(2), 1990, 253-257.

KNORR-CETINA, K.: Die Fabrikation von Erkenntnis. Frankfurt a. M. 1984.

KÖHLER, W.: Über unbemerkte Empfindungen und Urteilstäuschungen. Zeitschrift für Psychologie, 66, 1913, 51-80.

KÖHLER, W.: Intelligenzprüfungen an Menschenaffen. Berlin 1921.

KÖHLER, W.: Psychologische Probleme. Berlin 1933.

KOFFKA, K.: Principles of Gestalt Psychology. London 1935.

KOMORITA, S.S. & KRAVITZ, D.A.: Coalition Formation: A Social Psychological Approach. In PAULUS, P.B. (Hg.): Basic Group Processes (S. 179-203). New York 1983.

KON, I.S.: Freundschaft. Geschichte und Sozialpsychologie der Freundschaft als soziale Institution und individuelle Beziehung. Reinbek b. Hamburg 1979.

KRAUS, H.: The Many and the Few. Los Angeles 1947

KREBS, D.L.: Altruism — An Examination of the Concept and a Review of the Literature. Psychological Bulletin, 73, 1970, 258-302.

KRECH, D., CRUTCHFIELD, R.S. & BALLACHEY, E.L.: Individual in Society. A Textbook of Social Psychology. New York 1962.

KRONER, B.: Friedensforschung. In ASANGER, R. & WENNINGER, G. (Hg.): Handwörterbuch Psychologie (S. 205-212). München/Weinheim 1988.

KRUSE, L.: Gruppen und Gruppenzugehörigkeit. In GRAUMANN, C.F. (Hg.): Handbuch der Psychologie, Bd. 7/2 (S. 1539-1593). Göttingen 1972.

KRUSE, L. & WINTERMANTEL, M.: Leadership Ms.-Qualified: I. The Gender Bias in Everyday and Scientific Thinking. In GRAUMANN, C.F. & MOSCOVICI, S. (Hg.): Changing Conceptions of Leaderships (S. 171-197). New York/Heidelberg 1986.

KUHL, J.: Motivation und Handlungskontrolle: Ohne guten Willen geht es nicht. In H. HECKHAUSEN, P.M. GOLLWITZER & F.E. WEINERT (Hrsg.): Jenseits des Rubikon: Der Wille in den Humanwissenschaften (S. 101-120). Berlin 1987.

LAMM, H. & TROMMSDORFF, G.: Group versus Individual Performance on Tasks Requiring Ideational Proficiency (Brainstorming): A Review. European Journal of Social Psychology, 3, 1973, 361-388.

LAQUEUR, W.: Terrorismus. Kronberg/Taunus 1977.

LAUGHLIN, P.R. & ADAMOPOULOS, J.: Social Decision Schemes on Intellective Tasks. In BRANDSTÄTTER, H. et al. (Hg.): Group Decision Making (S. 81-94). London 1982.

LAUTH, G.W. & VIEBAHN, P.: Soziale Isolierung. Ursachen und Interventionsmöglichkeiten. München/Weinheim 1987.

LAUX, L.: Psychologische Streßkonzeptionen. In THOMAE, H. (Ed.): Theorien und Formen der Motivation. Enzyklopädie der Psychologie: Motivation und Emotion, Bd. 1 (S. 453-535). Göttingen 1983.

LEARY, M.R. & FORSYTH, D.R.: Attributions of Responsibility for Collective Endeavors. Review of Personality and Social Psychology, 8, 1987, 167-188.

LE BON, G.: Psychologie der Massen. Stuttgart 1982[15].

LEHMENKÜHLER, A. & ROSCHER, H.: Feedback in sozialer Interaktion. Versuche zur Theorie, Messung und praktischen Einübung von Feedback-Verhalten. Unveröffentlichte Zulassungsarbeit zur Diplomprüfung für Psychologen. Münster 1975.

LEHMENKÜHLER, A., ROSCHER, H. & THEIS, W.: Feedback: Anmerkungen zu Funktion und Form. In SADER, M., SCHÄUBLE, W. & THEIS, W. (Hg.): Verbesserung von Interaktion durch Gruppendynamik (S. 85-128). Münster 1976.

LERSCH, Ph.: Gesicht und Seele. München 1955.

LERSCH, Ph. & THOMAE, H. (Hg.): Handbuch der Psychologie, Bd. 4: Persönlichkeitsforschung und Persönlichkeitstheorie. Göttingen 1960.

LEVINE, J.M. & MORELAND, R.L.: Progress in Small Group. Annual Review of Psychology, 41, 1990, 585-634.

LEWIN, K.: Vorsatz, Wille und Bedürfnis. Psychologische Forschung. Zeitschrift f. Psychologie und ihre Grenzwissenschaften, Bd. 7 (S. 330-385). Berlin 1926.

LEWIN, K., LIPPITT, R. & WHITE, R.: Patterns of Aggressive Behavior in Experimentally Created „Social Climates". Journal of Social Psychology, 10, 1939, 271-299.

LEWIN, K., LIPPITT, R. & WHITE, R.: Autocracy and Democracy. An Experimental Inquiry. New York 1960.

LIEBERMAN, M.A., YALOM, I.D. & MILES, M.B.: Encounter Groups: Some First Facts. New York 1973.

LIEBERMAN, M.A. & BOND, G.R.: Self-Help Groups – Problems of Measuring Outcome. Small Group Behavior, 9(2), 1978, 221-241.

LIKERT, R.A.: Organization Theory. New York 1961.

LINDGREN, H.C.: Einführung in die Sozialpsychologie. Weinheim 1973.

LINDGREN, H.C. & LINDGREN, F.: Creativity, Brainstorming, and Orneriness: A Cross-Cultural Study. Journal of Social Psychology, 67, 1965, 23-30.

LINDZEY, G. & BYRNE, D.: Measurement of Social Choice and Interpersonal Attractiveness. In LINDZEY, G. & ARONSON, E.: Handbook of Social Psychology, Bd. 2 (S. 452-525). New York 1968.

LIPPITT, R. & WHITE, R.K.: An Experimental Study of Leadership and Group Life. In NEWCOMB, Th. & HARTLEY, E. (Hg.): Readings in Social Psychology (S. 315-330), New York 1947.

LIST, G.: Sprachpsychologie. Stuttgart 1981.

LORD, R.G., DE VADER, C.L. & ALLIGER, G.M.: A Meta-Analysis of the Relation Between Personality Traits and Leadership Perception: An Application of Validity Generalization Procedures. Journal of Applied Psychology, 71, 1986, 402-410.

LOTT, A.J. & LOTT, B.E.: Group Cohesiveness as Interpersonal Attraction: A Review of Relationships with Antecedent and Consequent Variables. Psychological Bulletin, 64, 1965, 259-309.

LOTT, A.J. & LOTT, B.E.: The Power of Liking: Consequences of Interpersonal Attitudes Derived from a Liberalised View of Secondary Reinforcement. In BERKOWITZ, L. (Hg.): Advances in Experimental Social Psychology, 6, 1972, 109-148.

LÜCK H.E.: Soziale Aktivierung. Untersuchungen zur Gültigkeit der modifizierten Social-Facilitation-Hypothese von Robert B. Zajonc. Köln 1969.

LÜCK, H.E.: Einige Determinanten und Dimensionen des Führungsverhaltens. Gruppendynamik, 1970, 380-394.

LÜCK, H.E.: Führungsforschung im Wandel. Gruppendynamik, 20, 1989, 5-12.

MAASS, A., WEST, S.G. & CLARK, R.D.: Soziale Einflüsse von Minoritäten in Gruppen. In FREY, D. & IRLE, M. (Hg.): Theorien der Sozialpsychologie, Bd. 2: Gruppen- und Lerntheorien (S. 65-92). Bern 1985.

MACKIE, D.M. & GOETHALS, G.R.: Individual and Group Goals. Review of Personality and Social Psychology, 8, 1987, 144-166.

MAIER, N.R.F. & HOFFMAN, L.R.: Quality of first and second solutions in group problem solving. Journal of Applied Psychology, 44, 1960, 278-283.

MALCOLM X.: The Autobiography of Malcolm X. New York 1965.

MANDEL, A. et al.: Einübung in Partnerschaft durch Kommunikationstraining und Verhaltenstherapie. München 1971.

MANN, R.D.: A Review of the Relationship between Personality and Performance in Small Groups. Psychological Bulletin, 56, 1959, 241-270.

MARQUIS, D. G.: Individual Responsibility and Group Decisions Involving Risks. Industrial Management Review, 3, 1962, 8-23.

MARROW, A.: Kurt Lewin — Leben und Werk. Stuttgart 1977.

MARSTON, W.: Studies in Testimony. In SIMON, R. (Hg.): The Sociology of Law. San Francisco 1968.

MASON, W.A.: Socially Mediated Reduction on Emotional Responses of Young Rhesus Monkeys. Journal of Abnormal and Social Psychology, 60, 1960, 100-105.

MAYER, R.E.: Thinking, Problem Solving, Cognition. New York/ San Francisco 1983.

MAYRING, Ph.: Qualitative Inhaltsanalyse. Weinheim/Basel 1983.

McCAULEY, C.R.: The Nature of Social Influence in Groupthink: Compliance and Internalization. Journal of Personality and Social Psychology, 57(2), 1989, 250-260.

McCAULEY, C.R. & SEGAL, M.F.: Social Psychology of Terrorist Groups. Review of Personality and Social Psychology, 9, 1987, 231-256.

McDAVID, J.W. & HARARI, H.: Social Psychology. Individuals, Groups, Societies. New York 1968.

McGRATH, J. & KRAVITZ, D.A.: Group Research. Annual Review of Psychology, 33, 1982, 195-230.

McGUIRE, W.: Toward Social Psychology's Second Century. In KOCH, S. & LEARY, D.E.: A Century of Psychology as Science (S. 558-590). New York 1983.

McLEOD, R.B.: The Phenomenological Approach to Social Psychology. Psychological Review, 54, 1947, 193.

MEEUS, W. & RAAIJMAKERS, Q.: Gewoon gehoorzaam. Een sociaal-psychologisch onderzoek naas gehoorzaamheid. Doctoral dissertation. Rijks Universiteit Utrecht 1984.

MEEUS, W. & RAAIJMAKERS, Q.: Autoritätsgehorsam in Experimenten des Milgram-Typs: Eine Forschungsübersicht. Zeitschrift f. Sozialpsychologie, 1989, 70-85.

MEGARGEE, E.I.: Influence of Sex Role on the Manifestation of Leadership. Journal of Applied Psychology, 53(5), 1969, 377-382.

MEHRABIAN, A.: Nonverbal Communication. Nebraska Symposium, 1971, 107-162.

METZGER, W.: Psychologie. Die Entwicklung ihrer Grundannahmen seit der Einführung des Experiments. Darmstadt 1941, 1954².

METZGER, W.: Gesetze des Sehens. Frankfurt a. M. 1975³.

METZGER, W.: Gestalt-Psychologie. Frankfurt a. M. 1986.

MEYER, W.-U. & SCHMALT, H.-D.: Die Attributionstheorie. In FREY, D. & IRLE, M. (Hg.): Theorien der Sozialpsychologie, Bd. I: Kognitive Theorien (S. 98-136). Bern 1984.

MILGRAM, S.: Behavioral Study of Obedience. Journal of Abnormal and Social Psychology, 67, 1963, 371-378.

MILGRAM, S.: Das Milgram-Experiment. Zur Gehorsamsbereitschaft gegenüber Autorität. Reinbek b. Hamburg 1974, 1982, 1988.

MILLER, A.G.: The Obedience Experiments: A Case Study of Controversy in Social Science. New York 1986.

MILLER, H.L. & SIEGEL, P.S.: Loving. A Psychological Approach. New York 1972.

MISCHEL, W.: Toward a Cognitive Social Learning Reconceptualization of Personality. Psychological Review, 80, 1973, 252-283.

MISCHEL, W.: Introduction to Personality. New York 1976².

MOELLER, M.L.: Anders helfen — Selbsthilfegruppen und Fachleute arbeiten zusammen. Stuttgart 1981.

MOLM, L.D.: The Structure and Use of Power: A Comparison of Reward and Punishment Power. Social Psychology Quarterly, 51(2), 1988, 108-122.

MORELAND, R.L.: The Formation of Small Groups. Review of Personality and Social Psychology, 8, 1987, 80-110.

MORENO, J.L.: Who Shall Survive? Washington 1934.

MORIN, P.: Einführung in die angewandte Organisationspsychologie. Stuttgart 1974.

MOSCOVICI, S.: Sozialer Wandel durch Minoritäten. München/ Wien/Baltimore 1976, dt. Ausg. 1979.

MOSCOVICI, S.: Toward a Theory of Conversion Behavior. Advances in Experimental Social Psychology, 13, 1980, 209-239.

MOSCOVICI, S.: Social Influence and Conformity. In LINDZEY, G. & ARONSON, E. (Hg.): The Handbook of Social Psychology, Vol. 2 (S. 347-412). New York 1985.

MOSCOVICI, S.: Das Zeitalter der Massen. Frankfurt a. M. 1986.

MOSCOVICI, S., LAGE, E. & NAFFRECHOUX, M.: Influence of a Consistent Minority on the Response of a Majority in a Color Perception Task. Sociometry, 32, 1969, 365-380.

MOSCOVICI, S., MUGNY, G. & Van AVERMEAT, E. (Hg.): Perspectives on Minority Influence. Cambridge 1985.

MOSCOVICI, S. & ZAVALLONI, M.: The Group as a Polarizer of Attitudes. Journal of Personality and Social Psychology, 12, 1969, 125-135.

MULDER, M.: Communication Structure, Decision Structure and Group Performance. Sociometry, 23, 1960, 1-14.

MULDER, M.: The Learning of Participation. Unveröffentl. Mskr. Rotterdam 1972.

MURNINGHAN, J.K.: Models of Coalition Behavior: Game Theoretic, Social Psychological, and Political Perspectives. Psychological Bulletin, 85, 1978, 1130-1153.

MURSTEIN, B.I.: A Theory of Marital Choice and Its Applicability to Marriage Adjustment. In MURSTEIN, B.I. (Hg.): Theories of Attraction and Love (S. 100-151). New York 1971.

MURSTEIN, B.I.: Who Will Marry Whom? Theories and Research in Marital Choice. New York 1976.

MUSSEN, P.H. & EISENBERG-BERG, N.: Helfen, Schenken, Anteilnahme. Konzepte der Humanwissenschaften Angewandte Wissenschaft. Stuttgart 1979.

MYERS, D.G. & LAMM, H.: The Group Polarization Phenomenon. Psychological Bulletin, 83, 1976, 602-627.

NASCHOLD, F. & VÄTH, V. (Hg.): Politische Planungssysteme. Köln 1973.

NEBER, H. (Hg.): Angewandte Problemlösepsychologie. Münster 1987.

NEDELMANN, C. & FERSTL, H. (Hg.): Die Methode der Balintgruppe. Stuttgart 1989.

NEMETH, C., ENDICOTT, J. & WACHTLER, J.: From the '50s to the '70s: Women in Jury Deliberations. Sociometry, 39, 1976, 293-304.

NEUBERGER, O.: Führen und Geführtwerden. Stuttgart 1990.

OLMSTED, M.: The Small Group. New York 1959.

OPPENHEIM, A.N.: Communication. In HUMPHREY, G. & ARGYLE, M. (Hg.): Social Psychology Through Experiment. London 1962.

OVSIANKINA, M.: Die Wiederaufnahme unterbrochener Handlungen. Psychologische Forschung, 11, 1928, 302-379.

PAULHUS, D.L. & MARTIN, C.L.: Functional Flexibility: A New Conception of Interpersonal Flexibility. Journal of Personality and Social Psychology, 55, 1988, 88-101.

PAULUS, P.B.: Group Influence on Individual Task Performance. In PAULUS, P.B. (Hg.): Basic Group Processes (S. 97-120). New York 1983.

PERLMAN, D.: Recent Developments in Personality and Social Psychology: A Citation Analysis. Personality and Social Psychology Bulletin, 10(4), 1984, 493-501.

PERLMAN, D. & LIPSEY, M.W.: Who's Who in Social Psychology: A Textbook Definition. Personality and Social Psychology Bulletin, 4(2), 1978, 212-216.

PERRIN, St. & SPENCER, C.: The Asch Effect – A Child of Its Time? Bulletin of The British Psychological Society, 32, 1980, 405-406.

PETERMANN, F.: Veränderungsmessung. Stuttgart 1978.

PETERS, L.H., HARTKE, D.D. & POHLMANN, J.T.: Fiedler's Contingency Theory of Leadership: An Application of Meta-Analysis Procedures of Schmidt and Hunter. Psychological Bulletin, 97(2), 1985, 274-285.

PIONTKOWSKI, U.: Interaktion und Wahrnehmung in Unterrichtsgruppen. Münster 1973.

PIONTKOWSKI, U.: Psychologie der Interaktion. München 1976.

PIONTKOWSKI, U.: Interaktionskonflikte. Sprechen und Handeln in Beeinträchtigungsepisoden. Münster 1988.

POLLEY, R.B., HARE, A.P. & STONE, P.I.: The Symlog Practitioner. Westport 1988.

POPPER, K.: Logik der Forschung. Tübingen 1969[3].

POST, J.M.: Hostility, conformity, fraternity. The group dynamics of terrorist behavior. International Journal of Group Psychotherapy, 36, 1985, 211-224.

PROSE, F.: Abgelehnte und Unbeachtete: zur Differenzierung von Außenseitern in Gruppen. Zeitschrift für Sozialpsychologie, 5, 1974, 30-47.

RANK, S.G. & JACOBSEN, C.K.: Hospital Nurses' Compliance with Medication Overdorse: A Failure to Replicate. Journal of Health and Social Behavior, 18, 1977, 188-193.

RAUSCH, E.: Variabilität und Konstanz als phänomenologische Kategorien. Psychologische Forschung, 23, 1949, 69-114.

RAUSCH, E.: Das Eigenschaftsproblem in der Gestalttheorie der Wahrnehmung. In METZGER, W. (Hg.): Handbuch der Psychologie, Bd. 1 (S. 866-953). Göttingen 1966.

RAUSCH, E.: Selbstdarstellung. In PONGRATZ, L., TAXEL, W. & WEHNER, E.G.: Psychologie in Selbstdarstellungen, Bd. 2 (S. 211-255). Bern 1979.

RAVEN, B.H.: The Nixon Group. Journal of Social Issues, 30(4), 1974, 297-320.

RAVEN, B.H. & RUBIN, Z.: Social Psychology: People in Groups. New York 1976.

REASON, P.: Human Interaction as Exchange and Encounter – A Dialectical Exploration. Small Group Behavior, 11(1), 1980, 3-12.

REINERS, L.: Bismarck 1815-1871. München 1957.

REPETTI, R.L.: Individual and Common Components of the Social Environment and Work and Psychological Well-Being. Journal of Personality and Social Psychology, 52(4), 1987, 710-720.

RICE, R.W., INSTONE, D. & ADAMS, J.: Leader Sex, Leader Success, and Leadership Process: Two Field Studies. Journal of Applied Psychology, 69(1), 1984, 12-31.

RICHTER, H.E.: Der Gotteskomplex. Reinbek 1979.

RING, K., WALLSTON, K. & COREY, K.: Mode of Debriefing as a Factor Affecting Subjective Reaction to a Milgram-Type Obedience Experiment: An Ethical Inquiry. Representative Research in Social Psychology I, 1970, 67-88.

ROGERS, C.: Psychotherapy and Counseling. Boston 1942.

ROGERS, C.: Lernen in Freiheit. München 1969.

ROSENBERG, A.: Das Parteiprogramm. Wesen, Grundsätze und Ziele der NSDAP. München 1922, 1943[25].

ROSENBLATT, P.C.: Cross-Cultural Perspective on Attraction. In HUSTON, T.L.: Foundations of Interpersonal Attraction (S. 79-95). New York/London 1974.

ROSENKRANZ, P., VOGEL, S., BROVERMAN, I. & BROVERMAN, D.M.: Sex-Role Stereotype and Self-Concept in College Students. Journal of Consulting and Clinical Psychology, 32(3), 1968, 287-295.

ROSS, L.: The Intuitive Psychologist and his Shortcomings: Distortions in the Attribution Process. Advances in Experimental Social Psychology, 10, 1977, 173-220.

ROTTER, J., CHANCE, J.E. & PHARES, E.J.: Application of a Social Learning Theory of Personality. New York 1972.

RUBIN, E.: Visuell wahrgenommene Figuren. Kopenhagen 1921.

RUBIN, Z.: From Liking to Loving: Patterns of Attraction in Dating Relationships. In HUSTON, T.L.: Foundations of Interpersonal Attraction (S. 383-402). New York/London 1974.

SADER, M.: Instruktionsverständnis und Testleistung. Frankfurt 1957.

SADER, M.: Klaus Holzkamps „Theorie und Experiment in der Psychologie". Arch. ges. Psychol., 121, 1969, 70-77.

SADER, M.: Rollentheorie. In GRAUMANN, C.F. (Hg.): Handbuch der Psychologie (S. 204-231). Göttingen 1969.

SADER, M.: Psychologie der Persönlichkeit. München 1980.

SADER, M.: Zurück zu Lewin? Methodologische Reflexionen zum gegenwärtigen Stand der Kleingruppenforschung. In ERTEL, S., KEMMLER, L. & STADLER, M. (Hg.): Gestalttheorie in der modernen Psychologie. Darmstadt 1975.

SADER, M.: Rollenspiel als Forschungsmethode. Opladen 1986.

SADER, M.: Sieben Wünsche für eine zukünftige Psychologie. In GROEBEN, N., KEIL, W. & PIONTKOWSKI, U. (Hg.): Zukunfts-Gestalt-Wunsch-Psychologie. Zur Gestalt psychologischer Forschung nach Manfred Sader. Münster 1988.

SADER, M. & KEIL, W.: Bedingungskonstanz in der psychologischen Diagnostik (Sammelreferat). Arch. ges. Psychol., 118, 1966, 279-308.

SADER, M., SIELAND, B. & THEIS, W.: Ein Grundkonzept für ein Interaktionstraining. In SADER, M., SCHÄUBLE, W. & THEIS, W. (Hg.): Verbesserung von Interaktion durch Gruppendynamik (S. 2-58). Münster 1976.

SALDERN, M. von (Hg.): Mehrebenenanalyse. Beiträge zur Erfassung hierarchisch strukturierter Realität. Weinheim/München 1986.

SALEWSKI, Ch.: Personal Space: A New Approach. Poster präsentiert auf dem 5. Kongreß der europäischen Persönlichkeitspsychologen. Ariccia/Rom 1990.

SANDNER, D.: Gruppenanalyse. Theorie, Praxis, Forschung. Berlin 1986.

SARGES, W.: Test des Fiedlerschen Kontingenz-Modells der Führungseffizienz an koagierenden Arbeitsgruppen. Zeitschrift für experimentelle und angewandte Psychologie, 22, 1975, 241-262.

SASS, H.W.: Antiautoritäre Erziehung oder die Erziehung der Erzieher. Stuttgart 1972.

SBANDI, P.: Gruppenpsychologie. Einführung in die Wirklichkeit der Gruppendynamik aus sozialpsychologischer Sicht. München 1973.

SCHACHTER, S.: Deviation, rejection, and communication. Journal of Abnormal Social Psychology, 46, 1951, 190-207.

SCHEELE, B. & GROEBEN, N.: Dialog — Konsens — Methoden zur Rekonstruktion subjektiver Theorien: Die Heidelberger Struktur-Lege-Technik (SLT). Konsensuale Ziel-Mittel-Argumentation und kommunikative Flußdiagramm-Beschreibung von Handlungen. Tübingen 1988.

SCHEIN, V.E.: The Relationship between Sex Role Stereotypes and Requisite Management Characteristics. Journal of Applied Psychology, 57(2), 1973, 95-100.

SCHEIN, V.E.: Relationsphips between Sex Role Stereotypes and Requisite Management Characteristics among Female Managers. Journal of Applied Psychology, 60(3), 1975, 340-344.

SCHELLHORN, K.M.: Krisen-Entscheidung. Der geheime amerikanische Entscheidungsprozeß zur Bombardierung Nord-Vietnams. München 1974.

SCHJELDERUP-EBBE, T.: Zur Sozialpsychologie des Haushuhns. Zeitschrift für Psychologie, 88, 1922, 225-252.

SCHMIDT, F. & HUNTER, J.: Employment Testing: Old Theories and New Research Findings. American Psychologist, 36, 1981, 1128-1137.

SCHMIDT, H.: Vorwort zu: Kritischer Realismus und Sozialdemokratie. Berlin 1975.

SCHNEIDER, H.-D.: Kleingruppenforschung. Stuttgart 1975.

SCHNEIDER-DÜKER, M.: Psychodrama als Forschungsmethode und Forschungsgegenstand. Empirische Perspektiven für die Klinische Psychologie. In VORWEG, M. & ALBERG, T. (Hg.): Psychodrama. Reihe Psychotherapie und Grenzgebiete. Leipzig 1989.

SCHOPENHAUER, A.: Balthasar Gracians Handorakel und Kunst der Weltklugheit. Stuttgart 1946.

SCHRÖDER, A. & SCHMITT, B.: Soziale Unterstützung. In BRÜDERL, L. (Hg.): Theorien und Methoden der Bewältigungsforschung (S. 149-159). Weinheim 1988.

SCHÜLE, W.: Psychologische Grundfragen der gestalttheoretischen Lehre von den Bezugssystemen. Gestalt Theory, 6(4), 1984, 271-287.

SCHUMPETER, J.A.: Kapitalismus, Sozialismus und Demokratie. München 1975[4].

SCHWÄBISCH, L. & SIEMS, M.: Anleitung zum sozialen Lernen für Paare, Gruppen und Erzieher. Reinbek 1974.

SCHWEIKER, U.: Offenheit und Sympathie in Gruppe. Osnabrück 1983.

SCHWINGER, Th.: Konstrukte interpersoneller Beziehungen. (In Vorbereitung) 1991.

SEARS, D.O.: College Sophomores in the Laboratory: Influences of a Narrow Data Base in Social Psychology's View of Human Nature. Journal of Personality and Social Psychology, 51, 1986, 515-530.

SECORD, P.F. & BACKMAN, C.W.: Interpersonal Congruency, Perceived Similarity, and Friendship. Sociometry, 27, 1964, 115-127.

SEMIN, G. & GLENDON, A.J.: Polarization and the Established Group. British Journal of Social and Clinical Psychology, 18, 1973, 191-202.

SEMMER, N.: Streß. In ASANGER, R. & WENNINGER, G.: Handwörterbuch der Psychologie (S. 744-752). München/Weinheim 1988.

SHAW, M.E.: Scaling Group Tasks: A Method for Dimensional Analysis. Gainsville/Florida 1962.

SHAW, M.E.: Group Dynamics. The Psychology of Small Group Behavior. New York 1967[2].

SHAW, M.E.: An Overview of Small Group Behavior. In STAW, B. (Hg.): Psychological Foundations of Organizational Behavior (S. 358-396). Santa Monica/Calif. 1977.

SHEEHAN, N. (Hg.): Die Pentagon-Papiere. Die geheime Geschichte des Vietnamkrieges. München 1971.

SHERIF, M.: The Psychology of Social Norms. New York 1936.

SHERIF, M. & SHERIF, C.U.: Social Psychology. New York 1969.

SIMON, R.J.: The Jury and the Defense of Insanity. Boston/Massachusetts 1967.

SIMS, H.P. & MANZ, C.C.: Observing Leader Verbal Behavior: Toward Reciprocal Determinism in Leadership Theory. Journal of Applied Psychology, 69(2), 1984, 222-232.

SKVORETZ, J.: Models of Participation in Status-Differentiated Groups. Social Psychology Quarterly, 51(1), 1988, 43-57.

SLATER, P.E.: Contrasting Correlates of Group Size. Sociometry, 21, 1958, 129-139.

SLOVIC, P., LICHTENSTEIN, S. & FISCHHOFF, B.: Decision Making. In ATKINSON, R.C. et al. (Hg.): Steven's Handbook of Experimental Psychology, Vol. 2 (S. 673-738). New York 1988.

SORRENTINO, R.M. & FIELD, N.: Emergent Leadership over Time: The Functional Value of Positive Motivation. Journal of Personality and Social Psychology, 50, 1986, 1091-1099.

SPEER, A.: Erinnerungen. Frankfurt 1969.

SPITTLER, G.: Handeln in einer Hungerkrise. Opladen 1989.

SPRECHER, S.: The Relation between Inequity and Emotions in Close Relationships. Social Psychology Quarterly, 49(4), 1986, 309-321.

STADLER, M., SEEGER, F. & RAEITHEL, A.: Psychologie der Wahrnehmung. München 1975.

STEFFEN, J.: Strukturelle Revolution. Von der Wertlosigkeit der Sachen. Reinbek 1974.

STEINER, I.D.: Whatever Happened to the Group in Social Psychology. Journal of Experimental Social Psychology, 10, 1974, 94-108.

STEINER, I.D.: Heuristic Models of Groupthink. In BRANDSTÄTTER, H., DAVIS, J.H. & STOCKER-KREICHGAUER, G. (Hg.): Group Decision Making (S. 503-524). New York 1982.

STEINER, I.D.: Paradigms and Groups: Advances in Experimental Social Psychology, 19, 1986, 251-289.

STEIN-HILBERS, M.: Kriminalität im Fernsehen. Eine inhaltsanalytische Untersuchung. Stuttgart 1977.

STERNBERG, R.J.: Liking versus Loving: A Comparative Evaluation of Theories. Psychological Bulletin, 102(3), 1987, 331-345.

STERNBERGER, D.: Herrschaft und Vereinbarung. Frankfurt a. M. 1986.

STOCKER-KREICHGAUER, G.: Groupthink: Introduction. In BRANDSTÄTTER, H., DAVIS, J.H. & STOCKER-KREICHGAUER, G. (Hg.): Group Decision Making (S. 473-476). New York 1982.

STOGDILL, M.R.: Personal Factors Associated with Leadership: A Survey of the Literature. Journal of Psychology, 25, 1948, 35-71.

STOGDILL, M.R.: Handbook of Leadership. New York 1974.

STONER, J.A.: A Comparison of Individual and Group Decisions Involving Risk. Unpublished master's thesis, Sloan School of Management, Massachusetts Institute of Technology 1961.

STRACK, F.: Social Cognition: Sozialpsychologie innerhalb des Paradigmas der Informationsverarbeitung. Psychologische Rundschau, 39, 1988, 72-82.

STRODTBECK, F.J., JAMES, R. & HAWKINS, C.: Social Status in Jury Deliberations. American Sociological Review, 22, 1957, 713-719.

STRODTBECK, F.J. & MANN, R.: Sex Role Differentiation in Jury Deliberations. Sociometry, 19, 1956, 3-11.

STROEBE, W. et al.: Effects of Physical Attractiveness, Attitude, and Sex on Various Aspects of Interpersonal Attraction. Journal of Personality and Social Psychology, 18, 1971, 79-91.

STRUBE, M.J. & GARCIA, J.E.: A Meta-Analytic Investigation of Fiedler's Contingency Model of Leadership Effectiveness, 90(2), 1981, 307-321.

311

TAJFEL, H.: Human Groups and Social Categories: Studies in Social Psychology. Cambridge 1981.

TAJFEL, H. (Hg.): Social Identity and Intergroup Relations. Cambridge 1982.

TERBORG, J.R.: Women in Management: A Research Review. Journal of Applied Psychology, 62(6), 1977, 647-664.

TESSAR, A., MILLAR, M. & MOORE, J.: Some Affective Consequences of Social Comparison and Reflection Processes: The Pain and Pleasure of Being Close. Journal of Personality and Social Psychology, 54, 1988, 49-61.

THELEN, H.A.: Dynamics of Groups at Work. Chicago 1954.

THOMAE, H.: Der Mensch in der Entscheidung. München 1960.

THOMAE, H.: Das Individuum und seine Welt. Eine Persönlichkeitstheorie. Göttingen 1968.

THOMAE, H.: Konflikt, Entscheidung, Verantwortung. Ein Beitrag zur Psychologie der Entscheidung. Stuttgart 1974.

THOMAE, H.: Dynamik des menschlichen Handelns. Ausgewählte Schriften zur Psychologie 1944-1984. Bonn 1985.

TRÄNKLE ,U.: Fragebogenkonstruktion. In Enzyklopädie der Psychologie: Datenerhebung, Themenbereich B, Serie I, Bd. 2 (S. 223-301). Göttingen 1983.

TRIPLETT, N.: The Dynamogenic Factors in Pacemaking and Competition. American Journal of Psychology, 9, 1897, 503-533.

TUCKMAN, B.W.: Developmental Sequence in Small Groups. Psychological Bulletin, 63, 1965, 384-399.

UNDEUTSCH, U. (Hg.): Handbuch der Psychologie, Bd. 11. Göttingen 1967.

UNGERN-STERNBERG, J. von: Entstehung und Inhalt des Begriffs „Autonomie" in der griechischen Antike. In BATTEGAY, R. & RAUCH-FLEISCH, U. (Hg.): Menschliche Autonomie (S. 9-24). Göttingen 1990.

United States Vietnam Relations 1945-1967. Washington 1971.

VAN AVERMAET, E.: Social Influence in Small Groups. In HEWSTONE, M. et al.: Introduction to Social Psychology. A European Perspective (S. 350-380). New York 1988.

WAHL, D.: Handeln unter Druck – Der weite Weg vom Wissen zum Handeln bei Lehrern, Hochschullehrern und Erwachsenenbildnern. Weinheim 1991.

WALLACH, M.A., KOGAN, N. & BEM, D.J.: Group Influence on Individual Risk Taking. Journal of Abnormal and Social Psychology, 65, 1962, 75-86.

WALLACH, M.A., KOGAN, N. & BEM, D.J.: Group Influence on Individual Risk Taking. In CARTWRIGHT, D. & ZANDER, A. (Hg.): Group Dynamics (S. 430-443). New York 1968.

WATSON, O.M. & GRAVES, T.D.: Quantitative Research in Proxemic Behavior. American Anthropologist, 68, 1966, 971-985.

WATZLAWICK, P., BEAVIN, J.H. & JACKSON, D.D.: Menschliche Kommunikation. Formen, Störungen, Paradoxien. Bern 1969.

WEED, S.E., MITCHELL, T.R. & MOFFIT, W.: Leadership style, Subordinate Personality, and Task Type as Predictors of Performance and Satisfaction with Supervision. Journal of Applied Psychology, 61(1), 1976, 58-66.

WEICK, K.E.: Der Prozeß des Organisierens. Frankfurt a. M. 1985.

WEINBERG, S.B., ROVINSKI, S.H., WEIMAN, L. & BEITMAN, M.: Common Group Problems — A Field Study. Small Group Behavior, 12(1), 1981, 81-92.

WEINERT, A.B.: Lehrbuch der Organisationspsychologie. München/ Weinheim 1987.

WERTHEIMER, M.: Experimentelle Studien über das Sehen von Bewegung. Zeitschrift für Psychologie, 61, 1911, 161-265.

WERTHEIMER, M.: Untersuchungen zur Lehre von der Gestalt. Psychologische Forschung, 1, 1922, 47-58.

WERTHEIMER, M.: Produktives Denken. Frankfurt 1945, 1957.

WESSELLS, M.G.: Kognitive Psychologie. New York 1984.

WHITE, R.K. & LIPPITT, R.: Leader Behavior and Member Reaction in Three „Social Climates". In CARTWRIGHT, D. & ZANDER, A. (Hg.): Group Dynamics (S. 318-335). New York 1953, 1968.

WISWEDE, G.: Rollentheorie. Stuttgart/Berlin/Köln/Mainz 1977.

WITTE, E.: Sozialpsychologie. München 1989.

WITTE, W.: Das Problem der Bezugssysteme. In METZGER, W. (Hg.): Handbuch der Psychologie Bd. 1 (S. 1003-1027). Göttingen 1966.

WITTE, W.: Untersuchungen zur Behinderung des Denkens durch Anschauung. Psychologische Beiträge, 16, 1974, 277-287.

WÖLLER, F.: Psychische Störungen bei Studenten und ihre sozialen Ursachen. Eine empirische Untersuchung unter Göttinger „Lehrer"-Studenten. Weinheim/Basel 1978.

WOLPE, J. & LAZARUS, A.A.: Behavior Therapy Techniques. New York 1968.

WOODMAN, R.W. & SHERWOOD, J.J.: The Role of Team Development in Organizational Effectiveness. Psychological Bulletin, 88, 1980, 166-186.

ZANDER, A.: The Psychology of Group Processes. Annual Review, 30, 1979, 417-451.

ZEIGARNIK, B.: Über das Behalten von erledigten und unerledigten Handlungen. Psychologische Forschung, 9, 1927, 1-85.

ZIMMER, A.C.: Gestalttheoretische Texte — Lektüre für eine aktuelle Psychologie, 11, 1988, 95-121.

ZOLL, R. et al.: Wertheim III. Kommunalpolitik und Machtstruktur. München 1974.

ZURHORST, G.: „Wir spielen die Rolle, wir selbst zu sein". In Thema: Persönlichkeit. Wir Selbstdarsteller (S. 7-24). Weinheim/Basel 1988.

Sachregister

Autorenregister

317

Sozialisation
Enkulturation
Entwicklung, Prägung

Menschliches Verhalten kann nur in Gruppen verändert werden

320